O mito do
TDAH
infantil

Thomas Armstrong

O mito do TDAH *infantil*

101 maneiras de melhorar o comportamento e a atenção de seu filho sem medicamentos, rótulos ou coerção

Título original em inglês: *The Myth of the ADHD Child – 101 Ways to Improve Your Child's Behavior and Attention Span Without Drugs, Labels, or Coercion*
Copyright © 1995, 2017 by Thomas Armstrong. Todos os direitos reservados.
Tradução publicada mediante acordo com TarcherPerigee, selo da Penguin Publishing Group, uma divisão da Penguin Random House LLC.

Este livro contempla as regras do Acordo Ortográfico da Língua Portuguesa.

Editora-gestora: Sônia Midori Fujiyoshi
Produção editorial: Cláudia Lahr Tetzlaff

Tradução: Roberto Melo Moraes
Consultoria especializada: Ana Gabriela Hounie
Psiquiatra. Doutora e Pós-doutora em Ciências pela Faculdade de Medicina da Universidade de São Paulo (FMUSP). Colaboradora do Projeto Transtornos do Espectro Obsessivo Compulsivo (PROTOC) do Instituto de Psiquiatria do Hospital das Clínicas da FMUSP (IPq-HCFMUSP)

Revisão: Depto editorial da Editora Manole
Projeto gráfico e diagramação: Anna Yue
Capa: Ricardo Yoshiaki Nitta Rodrigues

CIP-BRASIL. CATALOGAÇÃO NA PUBLICAÇÃO
SINDICATO NACIONAL DOS EDITORES DE LIVROS, RJ

A765m

Armstrong, Thomas
  O mito do TDAH infantil : 101 maneiras de melhorar o comportamento e a atenção de seu filho sem medicamentos, rótulos ou coerção / Thomas Armstrong ; tradução Roberto Melo Moraes. - 1. ed. - Barueri [SP] : Manole, 2019.
  400 p. ; 23 cm.

  Tradução de: The myth of the ADHD child : 101 ways to improve your child's behavior and attention span without drugs, labels, or coercion
  Inclui bibliografia
  ISBN 9788520456101

  1. Distúrbio do deficit de atenção com hiperatividade - Aspectos morais e éticos. 2. Crianças com distúrbio do deficit de atenção com hiperatividade - Tratamento. 3. Crianças com distúrbio do deficit de atenção com hiperatividade - Educação. I. Moraes, Roberto Melo. II. Título.

18-51590   CDD-618.928589
                 CDU: 616.89-008.61

Meri Gleice Rodrigues de Souza - Bibliotecária CRB-7/6439

Todos os direitos reservados.
Nenhuma parte deste livro poderá ser reproduzida, por qualquer processo, sem a permissão expressa dos editores.
É proibida a reprodução por xerox.
A Editora Manole é filiada à ABDR – Associação Brasileira de Direitos Reprográficos

Edição brasileira – 2019

Direitos em língua portuguesa adquiridos pela:
Editora Manole Ltda.
Av. Ceci, 672 – Tamboré
06460-120 Barueri – SP – Brasil
Fone: (11) 4196-6000
www.manole.com.br
https://atendimento.manole.com.br

Impresso no Brasil
Printed in Brazil

Este livro é dedicado a meu pai
William B. Armstrong, MD

Sumário

Prefácio XIII

Parte I O mito do TDAH e suas falhas

Capítulo 1   A "bolha assassina" do TDAH avança sobre os Estados Unidos e o mundo 3

Capítulo 2   Por que o mito do TDAH não é uma história muito boa? 9

Capítulo 3   Por que medicar as crianças para se comportarem não é uma boa ideia? 19

Parte II Por que há uma epidemia nacional e mundial de TDAH?

Capítulo 4   Razão nº 1: Não deixamos mais as crianças serem crianças 31

Capítulo 5   Razão nº 2: Não deixamos mais os meninos serem meninos 39

Capítulo 6   Razão nº 3: "Desempoderamos" nossas crianças na escola 43

Capítulo 7   Razão nº 4: Transmitimos nosso estresse a nossos filhos. 51

Capítulo 8   Razão nº 5: Deixamos nossos filhos consumirem muito lixo midiático 57

Capítulo 9	Razão nº 6: Focamos muito nas deficiências de nossos filhos e não suficientemente em suas habilidades......	64
Capítulo 10	Razão nº 7: Muitas pessoas têm interesses econômicos particulares de que tudo continue assim como está....	73
Capítulo 11	Como os especialistas em TDAH defendem seu transtorno (e por que seus argumentos tendem a ser incompletos)................................	83
Capítulo 12	O valor das perspectivas múltiplas para melhorar o comportamento da criança e o seu tempo de atenção...	90

Parte III 101 maneiras de melhorar o comportamento e a atenção de seu filho sem medicamentos, rótulos ou coerção

Estratégia nº 1	Deixe seu filho ficar inquieto	109
Estratégia nº 2	Canalize as energias criativas para as artes...........	111
Estratégia nº 3	Enfatize a diversidade, não a deficiência.............	112
Estratégia nº 4	Matricule seu filho em um curso de artes marciais.....	114
Estratégia nº 5	Dedique um tempo à natureza.....................	116
Estratégia nº 6	Mantenha as reuniões familiares	118
Estratégia nº 7	Ensine técnicas de concentração ao seu filho	120
Estratégia nº 8	Descubra qual o momento de maior estado de alerta de seu filho.......................................	122
Estratégia nº 9	Estimule a aprendizagem na prática.................	124
Estratégia nº 10	Construa, pegue emprestado ou compre mobílias móveis	126
Estratégia nº 11	Considere opções de cura alternativas	128
Estratégia nº 12	Cuide-se	130
Estratégia nº 13	Providencie cafés da manhã balanceados............	132
Estratégia nº 14	Dê opções de escolha à criança	134
Estratégia nº 15	Elimine alimentos alergênicos e com muitos aditivos da dieta de seu filho	137
Estratégia nº 16	Utilize música para concentrar e acalmar............	139
Estratégia nº 17	Ensine o seu filho a se monitorar	140
Estratégia nº 18	Use habilidades eficazes de comunicação............	142
Estratégia nº 19	Faça um curso de treinamento para pais	145
Estratégia nº 20	Cultive a criatividade de seu filho	147

Estratégia nº 21 Mantenha uma imagem positiva de seu filho......... 149
Estratégia nº 22 Providencie espaços apropriados para a aprendizagem . 150
Estratégia nº 23 Encoraje os interesses de seu filho................ 152
Estratégia nº 24 Estabeleça regras, rotinas e transições consistentes 155
Estratégia nº 25 Celebre as conquistas.......................... 157
Estratégia nº 26 Reserve um tempo para o seu filho brincar.......... 159
Estratégia nº 27 Seja um *coach* pessoal para o seu filho.............. 161
Estratégia nº 28 Desenvolva a resiliência de seu filho................ 163
Estratégia nº 29 Dê instruções de maneira marcante, que exija atenção . 165
Estratégia nº 30 Limite alimentos não saudáveis (*junk food*).......... 167
Estratégia nº 31 Empodere seu filho com aprendizagem baseada
 na valorização............................... 168
Estratégia nº 32 Apoie a total inclusão de seu filho nas salas de aula
 regulares.................................... 171
Estratégia nº 33 Ensine ao seu filho como o cérebro dele funciona..... 173
Estratégia nº 34 Elimine distrações............................. 175
Estratégia nº 35 Promova exercícios diários...................... 177
Estratégia nº 36 Fomente uma boa comunicação casa-escola.......... 179
Estratégia nº 37 Fortaleça a memória de trabalho de seu filho......... 182
Estratégia nº 38 Limite as mídias de entretenimento................ 183
Estratégia nº 39 Promova experiências de *flow* (fluxo).............. 185
Estratégia nº 40 Use a aprendizagem *on-line* como recurso educacional . 187
Estratégia nº 41 Mostre ao seu filho como utilizar ferramentas
 metacognitivas............................... 189
Estratégia nº 42 Ensine habilidades de autorregulação emocional...... 192
Estratégia nº 43 Ensine meditação *mindfulness* ao seu filho........... 194
Estratégia nº 44 Deixe seu filho envolver-se em conversas espontâneas
 consigo mesmo (autofala)....................... 196
Estratégia nº 45 Promova recreação e atividade física em família...... 197
Estratégia nº 46 Compartilhe técnicas de manejo do estresse......... 199
Estratégia nº 47 Procure aplicativos para celulares que possam ajudar
 seu filho.................................... 202
Estratégia nº 48 Estimule seu filho a ter um mentor................ 204
Estratégia nº 49 Descubra um esporte de que seu filho goste muito..... 205
Estratégia nº 50 Proporcione uma variedade de atividades de
 aprendizagem estimulantes...................... 207
Estratégia nº 51 Ensine habilidades para definir objetivos............ 210

Estratégia nº 52 Forneça *feedback* sobre o seu comportamento
 imediatamente................................. 213
Estratégia nº 53 Trabalhe para promover o bom relacionamento
 professor-criança.............................. 214
Estratégia nº 54 Considere o treinamento *neurofeedback*............. 216
Estratégia nº 55 Use o toque para confortar e acalmar................ 218
Estratégia nº 56 Proporcione oportunidades para a aprendizagem
 por meio do movimento......................... 220
Estratégia nº 57 Reserve espaço para bastante bom humor e risadas.... 222
Estratégia nº 58 Passem momentos positivos juntos................. 224
Estratégia nº 59 Descubra as múltiplas inteligências de seu filho....... 227
Estratégia nº 60 Ensine seu filho a desenvolver a mentalidade
 de crescimento (*growth mind-set*)................ 229
Estratégia nº 61 Use consequências lógicas e naturais como uma
 ferramenta de disciplina......................... 231
Estratégia nº 62 Proporcione acesso à luz natural em todo seu espectro . 233
Estratégia nº 63 Cozinhe alimentos ricos em ácidos graxos ômega-3.... 235
Estratégia nº 64 Considere a terapia familiar....................... 237
Estratégia nº 65 Realce cada dia com ao menos uma experiência nova .. 239
Estratégia nº 66 Propicie modelos positivos de comportamento......... 241
Estratégia nº 67 Descubra e administre os quatro tipos de mau
 comportamento............................... 243
Estratégia nº 68 Crie em conjunto com seu filho um programa de
 modificação de comportamento que proporcione
 um empoderamento interno...................... 245
Estratégia nº 69 Use aromas para acalmar e centrar 248
Estratégia nº 70 Empregue a aprendizagem incidental................ 250
Estratégia nº 71 Descarte influências negativas potenciais para
 o comportamento do seu filho..................... 252
Estratégia nº 72 Sugira estratégias de estudo eficazes 254
Estratégia nº 73 Forneça ao seu filho tarefas reais da vida 257
Estratégia nº 74 Use a pausa de uma maneira positiva................ 260
Estratégia nº 75 Aprimore a autoestima do seu filho 262
Estratégia nº 76 Evite exposição a contaminadores ambientais 265
Estratégia nº 77 Certifique-se de que seu filho desfrute de um período
 suficiente de sono.............................. 267
Estratégia nº 78 Incentive aspirações profissionais positivas 270

Sumário **XI**

Estratégia n° 79 Ensine seu filho a visualizar 272
Estratégia n° 80 Jogue xadrez ou *Go* (*Weiqi*, *Baduk*) com seu filho 275
Estratégia n° 81 Faça seu filho ensinar a uma criança mais nova 277
Estratégia n° 82 Ajude seu filho a se tornar autoconsciente 279
Estratégia n° 83 Utilize os melhores recursos de aprendizagem
informatizada 281
Estratégia n° 84 Deixe seu filho jogar *videogames* que envolvam
e ensinem 282
Estratégia n° 85 Prepare-se para as emoções e arrepios da realidade
virtual e aumentada 284
Estratégia n° 86 Considere métodos alternativos de escolarização 286
Estratégia n° 87 Faça seu filho aprender yoga 288
Estratégia n° 88 Encontre um animal de que seu filho possa cuidar 290
Estratégia n° 89 Apoie o amadurecimento tardio de seu filho 292
Estratégia n° 90 Considere a psicoterapia individual para seu filho 294
Estratégia n° 91 Crie um contrato comportamental positivo com
seu filho 296
Estratégia n° 92 Envolva-se na construção de nichos positivos 299
Estratégia n° 93 Ajude seu filho a desenvolver habilidades sociais 301
Estratégia n° 94 Faça um *lobby* para que a escola de seu filho tenha
um programa de educação física consistente 303
Estratégia n° 95 Apoie os instintos de empreendedorismo de seu filho .. 305
Estratégia n° 96 Use cores para destacar as informações 307
Estratégia n° 97 Faça seu filho criar um blog 308
Estratégia n° 98 Trabalhe para aprimorar a rede social de seu filho 310
Estratégia n° 99 Encoraje projetos de estudo a serem realizados
em casa e na escola 313
Estratégia n° 100 Mostre ao seu filho soluções usadas para resolver
problemas 316
Estratégia n° 101 Ensine estratégias de organização ao seu filho 319

Notas 323
Índice remissivo 377

Prefácio

Assim como uma pessoa se lembra exatamente de onde estava quando uma conhecida figura pública é assassinada, recordo-me perfeitamente de onde me encontrava quando, pela primeira vez, tomei conhecimento do TDA, ou transtorno de déficit de atenção, como então era chamado. Era meados dos anos 1980 e eu estava em meio a pilhas de livros da biblioteca de psicologia, no Tolman Hall, na Universidade da Califórnia, em Berkeley, fazendo a pesquisa para o que viria a ser o meu terceiro livro: *In Their Own Way: Discovering and Encouraging Your Child's Personal Learning Style*.[1] Estava lendo atentamente uma cópia do *Academic Therapy Quarterly*, um periódico publicado em Novato, Califórnia, e notei um artigo sobre um novo transtorno relacionado à atenção. Meu primeiro pensamento foi: "Isso não me parece boa coisa". Criar um transtorno a partir da capacidade de atenção? Dizer que existem déficits para esse processo altamente pessoal e idiossincrático de direcionar a mente? Parecia-me que a atenção era uma função que poderia ser afetada por muitos fatores objetivos e subjetivos: o clima, uma grande refeição, um som alto em um programa da televisão, um latido de cachorro, ansiedade, alegria. Acima de tudo, parecia-me claro que, em geral, as crianças prestam atenção sobretudo às *coisas que lhes interessam*.

Comecei a imaginar se esse novo transtorno de déficit de atenção não era uma maneira sorrateira de definir um conjunto específico de condições, que as autoridades consideravam dignas justamente de atenção. Minha intuição sussurrou-me que o que estava em jogo verdadeiramente era uma preocupação subjacente entre os criadores desse novo transtorno de que havia coisas pelas quais as pessoas normais deveriam se interessar e prestar atenção e que aparentemente isso não acontecia com essas crianças com TDA. Logo, eles deviam obrigatoriamente estar diante de um transtorno médico. Afinal de contas, como uma criança poderia não querer prestar toda a atenção àquelas aulas tão indescritivelmente tediosas? O que levaria uma criança a não poder ou não querer focar sua completa atenção em um livro de estudo ou em instruções para preencher um espaço em branco ou marcar a resposta certa? Que audácia! Que descaramento!

É minha preocupação com esse tema oculto de valores subjacentes sobre o que deveríamos ou não prestar atenção que me fez suspeitar do TDA/TDHA desde o início. Havia indícios desse novo transtorno na psiquiatria soviética dos anos 1950, onde ter as crenças ou valores errados podia levar a um diagnóstico de doença mental. Além disso, não estávamos fazendo isso aos nossos cientistas filósofos ou escritores dissidentes, mas às nossas crianças. Logo as crianças, cujos valores são tão naturais, cujas mentes são tão frágeis e bonitas, cuja natureza desconhece a astúcia e o cinismo. E para piorar a situação, os médicos estavam dando a essas crianças medicamentos para direcionar sua atenção para longe do que realmente lhes interessava, obrigando-as a focar naquilo que os poderes superiores do TDAH determinavam. Havia, em tudo isso, ecos assustadores do livro *1984*, de George Orwell.

Minhas dúvidas e preocupações ficaram incubadas por alguns anos enquanto eu me dedicava a outros interesses. Mas, vinte anos depois, quando escrevi a primeira edição deste livro, então chamado de *O mito do TDA infantil: 50 maneiras de aperfeiçoar o comportamento e a atenção de seu filho sem medicamentos, rótulos ou coerção*, logo após sua publicação comecei a ouvir leitores irados que pensavam que eu estava dizendo que seus filhos não eram desatentos, hiperativos e/ou impulsivos. A maioria deles não havia realmente lido o meu livro.

Se tivessem, teriam descoberto que não disse tal coisa. Mas a maior parte das respostas que recebi foi de apoio, em sua grande maioria, mães falando de como tinham "vivido um inferno" tentando obter respostas sobre a razão das dificuldades pelas quais seus filhos estavam passando, de como haviam recebido uma quantidade enorme de conselhos contraditórios, de como se preocupavam com o fato de dar remédios fortes para seus filhos, e do quanto apreciaram receber 50 estratégias práticas de como ajudar seus filhos sem a utilização de medicação. Curiosamente, a própria comunidade do TDAH (composta por seus principais proponentes, pesquisadores e defensores) permaneceu silenciosa em relação ao livro (uma estratégia astuciosa, imagino, para lidar com pessoas cujas ideias essa mesma comunidade não quer ver anunciadas e propagadas em público).

Agora, 20 anos se passaram e o que você tem em mãos é, em essência, um livro completamente novo. Tanta coisa aconteceu desde a primeira edição deste livro em 1996 que me pareceu que nada menos que reescrever o livro completamente seria necessário. A principal mudança em relação à primeira edição (além da transformação do termo TDA para TDAH) foi a imensa expansão do diagnóstico de TDAH tanto nos Estados Unidos como no mundo, e a taxa de crescimento vertiginosa das prescrições medicamentosas para o tratamento do transtorno. Esta nova edição expandida do livro incorpora as últimas pesquisas sobre o TDAH, incluindo as crescentes literatura e pesquisa críticas de apoio às estratégias não medicamentosas para ajudar crianças desatentas, hiperativas e/ou impulsivas. A única parte do livro original que permaneceu são as 50 estratégias, que foi abreviada para adequar-se à crescente cultura de atenção de curta duração, e então editada e atualizada com novas pesquisas e recursos. Sobretudo, acrescentei *51 novas estratégias práticas* para pais, professores e profissionais da área infantil para ajudar as crianças com suas questões de comportamento e atenção.

O livro está divido em três principais partes. Na primeira, analiso as falhas básicas do que chamo de *mito do TDAH*. Comparo o transtorno com a criatura de ficção científica "A bolha assassina" em sua contínua expansão e incorporação de novos mercados tanto nos Estados Unidos como ao redor do mundo. Então examino por que o mito ou paradigma do TDAH não é uma história muito boa, apontando para as suas muitas inconsistências, lógica defeituosa, conclusões não fundamentadas e outras imperfeições. Finalmente, considero por que medicamentos psicoativos fortes não devem ser usados como tratamentos de primeira linha para crianças desatentas, irrequietas e/ou impulsivas. Detalho alguns dos efeitos colaterais (leves, moderados, graves e potencialmente perigosos à vida) do uso de fármacos tais como Adderall®, Concerta® e Strattera®.

Na Parte II, examino sete razões pelas quais houve um impressionante aumento no número de diagnósticos de TDAH nos Estados Unidos e no mundo. Sugiro que temos uma epidemia de diagnósticos de TDAH em grande escala em razão do seguinte:

1. Não deixamos mais as crianças serem crianças.
2. Não deixamos mais os meninos serem meninos.
3. "Desempoderamos" nossas crianças na escola.
4. Transmitimos nosso estresse a nossos filhos.
5. Deixamos nossos filhos consumirem muito lixo midiático.
6. Focamos muito nas deficiências de nossos filhos e não suficientemente em suas habilidades.
7. Muitas pessoas têm interesses econômicos particulares de que tudo continue assim como está.

Também examino as estratégias defensivas que os partidários do TDAH tipicamente usam em resposta às críticas ao transtorno e explico por que tais argumentos parecem ser incompletos e simplistas. Finalmente, proponho um paradigma que coloca a criança no centro de um modelo com múltiplas perspectivas, permitindo-nos considerar um conjunto muito mais amplo de estratégias práticas para ajudar as crianças diagnosticadas com TDAH do que é possível com a atual visão estreitamente focada e centrada na neurobiologia.

A terceira parte do livro (referente aos últimos dois terços do texto) é dedicada às 101 estratégias práticas não medicamentosas que podem ser utilizadas para melhorar o comportamento e a atenção das crianças diagnosticadas com TDAH. Abarco uma vasta gama de abordagens que incluem:

- *Estratégias comportamentais:* aprimorar o comportamento externo do seu filho (intervalo positivo, contratos positivos, programas positivos de modificação de comportamento, consequências lógicas).
- *Estratégicas biológicas:* aprimorar a bioquímica de seu filho por meio da nutrição (limitação de *junk food*, provisão de um café da manhã balanceado, eliminação de alimentos alergênicos e com muitos aditivos da dieta, adição de ácidos graxos ômega-3).
- *Estratégias cognitivas:* aperfeiçoar a maneira como seu filho pensa (habilidades de automonitoramento, estratégias organizacionais, autorregulação emocional, estabelecimento de metas).

- *Estratégias criativas:* expandir a habilidade de seu filho expressar-se de uma maneira positiva (artes expressivas, música, empreendedorismo, novas experiências de aprendizagem).
- *Estratégias educacionais:* incrementar o desempenho do seu filho em casa e na escola (aprendizagem prática, comunicação casa-escola, estratégias de estudo, aprendizagem *on-line*).
- *Estratégias ecológicas:* para melhorar a habilidade de seu filho ser bem-sucedido em casa e na escola modificando o ambiente (tempo na natureza, um animal para cuidar, limitação das *junk foods*, eliminação das distrações).
- *Estratégias emocionais:* aperfeiçoar a habilidade de seu filho para manejar seus sentimentos (autocontrole emocional, manejo do estresse, ferramentas de autoconsciência, terapia individual e familiar).
- *Estratégias familiares:* criar um clima familiar positivo no qual seu filho possa prosperar (reuniões familiares, exercícios e recreações em família, oportunidades de humor e riso, celebração das conquistas).
- *Estratégias físicas*: utilizar a vitalidade cinestésica-corporal de seu filho para desenvolver seu comportamento e tempo de atenção em casa e na escola (artes marciais, exercícios diários, brincadeiras de lutinha e pega-pega, yoga).
- *Estratégias sociais:* melhorar a maneira com que seu filho relaciona-se com os outros (habilidades sociais, estratégias de comunicação, aprendizagem com os pares, relação criança-professor).

Providenciei ainda um questionário (páginas 95-100) que ajudará a direcioná-lo de forma precisa para as estratégias mais adequadas e específicas às necessidades de seu filho, e fiz referências frequentes às estratégias ao longo do texto para ajudá-lo a determinar quais abordagens podem ser as mais benéficas para seu filho. Para muitas das estratégias, apresentei fontes adicionais e ajuda. Incluí também mais de 400 referências (páginas 323-376) que dão suporte às reivindicações e asserções feitas neste livro e que fornecem, a partir de pesquisas realizadas, evidências da eficácia das 101 estratégias apresentadas.

Observe que, ao longo do livro, evito usar os termos "criança hiperativa e desatenta" e "criança com TDAH" porque sinto que isso implica uma fusão da identidade da criança (parcial ou total) com um conceito que acredito não ser válido nem benéfico para essas crianças. Em vez disso, uso expressões tais como "criança que foi diagnosticada com TDAH" ou "criança identificada com o TDAH", porque o diagnóstico em si é um evento social (ou seja, o ato de um médico diagnosticar um transtorno específico), realizado na vida de uma criança em tempo real, funcionando como uma afirmação verdadeira. Dado o potencial de impacto negativo que o rótulo de TDAH tem sobre uma criança ou adolescente, recomendo aos pais, professores e outros cuidadores evitarem a abordagem rotuladora ("A criança com TDAH") e adotarem uma maneira socialmente consciente ("A criança diagnosticada com TDAH") de descrever a relação de uma criança ou adolescente com o diagnóstico de TDAH.

Gostaria de agradecer a muitas pessoas que ajudaram ao longo dos anos a tornar possível a versão original deste livro, e agora esta nova edição revisada e ampliada. Os agradecimentos incluem muitas crianças e adolescentes que ensinei nas muitas aulas de educação especial nos Estados Unidos e no Canadá e que hoje, em nosso mundo, seriam diagnosticadas com TDAH. Diane Divoky, coautora de um livro dos anos 1970, *O mito da hiperatividade infantil*, que foi a inspiração para este livro e seu título; os milhares de professores para quem dei oficinas sobre TDAH e a criança como um todo durante os últimos 30 anos; os incontáveis pais que telefonaram, mandaram e-mails e me escreveram preocupados com seus filhos diagnosticados com TDAH; minha editora pedagógica, ASCD, que apoiou a publicação de meu livro do professor sobre TDA, intitulado *TDA/TDAH alternativas na sala de aula*; Sharna Olfman e Gwynedd Lloyd, que me convidaram para escrever capítulos sobre TDAH, brincadeiras e mídia para seus livros *All Work and No Play* (2003) e *Critical New Perspectives on ADHD* (2006); Deb Brody, minha primeira editora para *O mito do TDA infantil*, em Dutton; Sara Carder, minha editora atual desta versão ampliada e revisada na TarcherPerigee; minha ex-esposa, Barbara Turner; e por último, mas certamente não menos importante, minha agente literária, Joelle Delbourgo, que é a profissional que sempre sonhei ter quando era um jovem escritor. Espero que considerem este livro instigante para a reflexão e também como um guia positivo para ajudar suas crianças e adolescentes diagnosticados com TDAH a alcançarem todo o seu potencial como seres humanos imprescindíveis, criativos e realizados.

Parte I

O mito do TDAH e suas falhas

1

A "bolha assassina" do TDAH avança sobre os Estados Unidos e o mundo

Recentemente, aconteceu de eu pegar um velho filme, um *cult* clássico dos anos 1950, chamado *A bolha assassina*.[1] É a história de uma ínfima substância gelatinosa, trazida para a Terra por um meteorito, que começa a causar estragos em uma pequena cidade dos Estados Unidos, devorando tudo o que aparece em seu caminho. Quando rola sobre as pessoas, a bolha as incorpora em sua massa e, à medida que faz isso, cresce cada vez mais. Não vou estragar a história dizendo-lhe o fim do filme (*Dica*: tem algo a ver com a mudança climática), mas vou dizer que enquanto estava assistindo ao filme, pensei na epidemia de TDAH nos Estados Unidos. A noção de haver um transtorno de déficit de atenção na mente humana começou como uma ínfima bolha de uma ideia quando foi apresentada pela primeira vez em uma palestra para a Canadian Psychological Association, em 1972, proferida por sua presidente, Virginia Douglas, psicóloga da McGill University. Ela sugeriu que aquilo que então estava sendo chamado *hipercinesia* tinha mais a ver com problemas de atenção do que com comportamento hiperativo.[2] A partir daí, a bolha assassina do TDAH cresceu em tamanho nos laboratórios de ciências cognitivas nos anos 1970 (a psicologia cognitiva tomou o lugar do behaviorismo no final dos anos 1960 como a área da psicologia com maior probabilidade de receber financiamento para pesquisas de universidade, fundações e agências governamentais). Em 1980, o transtorno de déficit de atenção obteve reconhecimento oficial como um transtorno psiquiátrico pela American Psychiatric Association no DSM-3 (*Diagnostic and Statistical Manual of Mental Disorders III*).[3]

Então, a bolha assassina do TDAH englobou uma cidade inteira com a fundação CHADD (*Children and Adults with Attention-Deficit/Hyperactivity Disorder*),* um grupo de defesa dos pais que começou a fazer *lobby* junto ao Congresso Americano para reconhecer legalmente o que era então chamado TDA como uma condição incapacitante sob as leis norte-americanas que tratavam desse assunto. No final dos anos 1980 e início dos 1990, a mídia começou a espalhar esse novo fenômeno em programas de entrevista, artigos em destaque e por meio da cultura popular (em um filme de 1992, *Wayne's World*, por exemplo, o personagem Wayne frequentemente lembrava Garth, seu amigo meio distraído, de tomar a sua Ritalina®).

Percebendo a oportunidade de obter grandes lucros por meio desse novo transtorno de atenção, as grandes companhias farmacêuticas começaram a financiar a CHADD e a financiar médicos, pesquisadores de TDAH e organizações profissionais. Em 1997, a agência norte-americana FDA (Food and Drug Administration) reduziu suas restrições em relação à venda de medicamentos para os consumidores e começou a permitir propagandas de remédios para o TDAH em revistas femininas comerciais televisivos e por meio de folhetos publicitários, aumentando ainda mais a exposição da consciência pública ao fenômeno TDAH e criando também uma demanda ainda maior pela medicação para seu tratamento.[4]

Nos anos 2000, a bolha assassina do TDAH abocanhou uma nova e maior comunidade quando estendeu o alcance do transtorno para incluir os adultos por meio de sites, blogs e redes sociais, salas de bate-papo e fóruns da internet, nos quais eram discutidos os impactos do TDAH no trabalho, no casamento, nas relações pessoais e nas habilidades gerais de enfrentamento de várias situações. Então, a partir de 2010, a bolha assassina do TDAH engoliu e digeriu outra área enorme, o mundo da primeira infância, com crianças de apenas 2 anos de idade sendo diagnosticadas e medicadas por causa de seus déficits de atenção.[5] Quando me sento e contemplo o que aconteceu desde 1972, pergunto-me: existe algum lugar que a bolha assassina do TDAH, agora uma entidade amorfa e gigantesca, ainda não tenha visitado? A resposta: o resto do mundo, por onde o TDAH está se espalhando rapidamente, com taxas de crescimento que em alguns

---

* N.T.: Em português é CATDAH (Crianças e Adultos com Transtorno de Déficit de Atenção e Hiperatividade).

países chega a ser até dez vezes maior quando comparadas a anos anteriores.[6]

Por que chamo o TDAH de um mito?

Antes de avançar mais um passo neste capítulo, tem um detalhe que gostaria de deixar claro. Quando digo que o TDAH é um mito, *não estou definitivamente dizendo que não há crianças (ou adultos) irrequietas, desatentas, hiperativas, impulsivas e/ou desorganizadas nos Estados Unidos e no resto do mundo*. Trabalhei vários anos como professor de educação especial, e, durante meu exercício profissional, ensinei tantas crianças que apresentavam esses traços que comecei a pensar se *todas* as crianças não agiam dessa maneira. Não tenho ilusões sobre os milhões de crianças irrequietas, desatentas e/ou impulsivas lá fora em suas casas e salas de aula em todo os Estados Unidos e em países do mundo que estão exasperando pais, testando a paciência de professores e criando o caos em famílias e escolas em um nível epidêmico. O motivo pelo qual tenho que destacar esse fato é que quando escrevi a primeira edição deste livro, há 20 anos, muitas pessoas (especialmente aqueles diagnosticados com TDAH ou cujos filhos o tivessem sido) ficaram apoplépticos, pensando que eu estava dizendo que eles ou seus filhos não tivessem nenhum problema. Ao longo desses anos, recebi uma considerável quantidade de cartas e e-mails irritados de pessoas que achavam que eu era insensível às suas dificuldades, cego aos seus sintomas e completamente maluco ao dizer que o TDAH é um mito. Desejando não passar pela mesma experiência desagradável, preciso declarar claramente aqui o que quero dizer quando afirmo que o TDAH é um mito. Estou usando a palavra *mito* neste livro nos mesmos termos em que a palavra é usada em seu sentido original, em grego, *mythos*, que significa "história". Durante os últimos 45 anos, uma *história* emergiu para explicar por que algumas crianças são irrequietas, desatentas, desorganizadas, hiperativas e/ou esquecidas (entre outros comportamentos). Essa história tem sido coletivamente contada por muitos agentes diferentes da sociedade, incluindo psicólogos, psiquiatras, pesquisadores acadêmicos, educadores, pais, a indústria farmacêutica, a mídia e aqueles que receberam o diagnóstico. Como qualquer mito, é uma história que tem diferentes versões, mas, em linhas gerais, há uma consistência geral extensiva à narrativa básica.

O mito do TDAH

O TDAH é um transtorno de base neurobiológica, muito provavelmente de origem genética (embora tabagismo pré-natal e intoxicação por chumbo também sejam reconhecidos como fatores que contribuem para o transtorno), que aflige em torno de 11% das crianças norte-americanas entre 5 e 17 anos de idade. De forma significativa, mais meninos parecem possuir esse transtorno do que meninas (meninos 14%, meninas 6%). No entanto, as meninas, embora tenham escapado à detecção por anos, estão sendo identificadas crescentemente como tendo uma versão do TDAH, referida como TDAH – tipo desatento. O TDAH é caracterizado por três principais características: hiperatividade (inquietude, dificuldade de brincar silenciosamente, sempre em movimento, levantando-se frequentemente da cadeira na sala de aula, falando excessivamente), impulsividade (soltando respostas sem pensar, interrompendo os outros, dificuldade de esperar sua vez), e/ou desatenção (esquecimento, desorganização, perda de coisas, erros cometidos por descuido, distrair-se com facilidade, devaneio). O pensamento mais atual identificou três principais grupos de TDAH infantil, um que parece mais hiperativo e impulsivo, outro mais desatento e o terceiro que apresenta as três características. Os sintomas devem durar pelo menos 6 meses, originar-se até os 12 anos de idade, e terem sido observados em diversos ambientes (por exemplo, casa e escola).[8]
Não há testes laboratoriais, marcadores biológicos ou qualquer outro método objetivo disponível para diagnosticar esse transtorno. Instrumentos de avaliação incluem entrevistas com os pais, a criança e o professor; um completo exame médico; e o uso de escalas de classificação de comportamento especificamente concebidas e testes de desempenho. Não há cura conhecida para o TDAH, mas o transtorno pode ser tratado com sucesso na maioria dos casos com a utilização de medicações psicoestimulantes tais como: Ritalina®, Adderall®* ou Concerta®. Outras medicações também têm sido utilizadas, incluindo antidepressivos com o Wellbutrin®, medicações para pressão arterial

---

* N.T.: Adderall é uma mistura de sais estimulantes, anfetamínicos, não disponível no Brasil.

como a clonidina e inibidores de recaptura de norepinefrina como o Strattera®*. Intervenções não medicamentosas incluem modificação comportamental, treinamento parental, configuração estruturada da sala de aula e informação fornecida aos pais e professores sobre a maneira adequada de administrar os comportamentos típicos do TDAH em casa e na escola.

Não existe causa conhecida do TDAH, mas o pensamento atual entende que o transtorno envolve anormalidades estruturais no cérebro e desequilíbrios bioquímicos em áreas cerebrais responsáveis pela atenção, planejamento, atividade motora, incluindo o corpo estriado, o cerebelo, o sistema límbico e o córtex pré-frontal. Os neurotransmissores que parecem estar desregulados no TDAH incluem a dopamina e a norepinefrina.

As crianças que foram diagnosticadas com TDAH podem vivenciar problemas escolares significativos, sofrer de baixa autoestima, ter dificuldades em relacionar-se com os colegas e encontrar problemas com o cumprimento de regras em casa, desencadeando conflitos com os pais e irmãos. Algumas crianças com TDAH também apresentam deficiências de aprendizagem, transtornos de conduta (comportamentos destrutivos e/ou antissociais), síndrome de Tourette (transtorno caracterizado por tiques motores e vocais incontroláveis) e/ou transtornos de humor, incluindo depressão e ansiedade. Embora o TDAH pareça desaparecer em algumas crianças ao redor da puberdade, o transtorno pode se prolongar por toda a vida em 80% daqueles que foram diagnosticados.[9]

Ainda que essa descrição do TDAH omita muitos detalhes e pontos importantes, e que haja divergências dentro da comunidade do TDAH em relação a algumas dessas questões, acredito existir muito pouco em meu relato sobre o transtorno que a maioria dos especialistas em TDAH poderia seriamente contestar. Contudo, quero enfatizar de novo que essa é uma história. Ela pode ser respaldada por milhares de estudos médicos, conforme alegado pela Declaração Internacional Consensual sobre o TDAH, em 2002, assinada por mais de 80 autoridades de liderança nessa área, mas,

---

* N.T.: Strattera (atomoxetina) também indisponível no Brasil.

ainda assim, é apenas uma história extraída daqueles achados da pesquisa.[10] Devemos recordar de que nos tempos antigos, mitos eram histórias que as pessoas contavam para representar algum fenômeno inexplicável em suas vidas (por exemplo, guerras, tempestades, doenças e morte). Aqui também estamos diante de um fenômeno inexplicável: em nossa cultura, milhões de crianças são irrequietas, desatentas, impulsivas e desorganizadas, apesar dos nossos melhores esforços para criá-las e educá-las. E, como antigamente, precisamos ter uma maneira de dar um sentido a essa situação. Naturalmente, os elementos narrativos usados em nossos dias (pesquisa, dados clínicos, estudos epidemiológicos e assim por diante) são muito mais sofisticados do que aqueles usados pelos nossos antepassados (tais como entidades sobrenaturais, mágica, revelação divina). No entanto, a intenção ainda é a mesma: fornecer uma narrativa coerente, facilmente compreensível por uma pessoa comum, para entender por que milhões de crianças não estão agindo da maneira que supomos que deveriam agir.

Como veremos no próximo capítulo, meu maior problema com o mito do TDAH é que simplesmente não se trata de uma história muito boa. Tudo bem, parece boa pelo lado de fora com o fino verniz da autoridade médica, do rigor científico e do apoio governamental. Entretanto, quando cavamos mais fundo na história, começam a aparecer as inconsistências, surgem outras interpretações feitas a partir dos mesmos dados, e começam a surgir histórias alternativas para explicar os mesmos comportamentos de inquietude, desatenção e impulsividade, principalmente quando incluímos outros campos de investigação além da neurociência, da psiquiatria e da psicologia clínica, tais como: sociologia, antropologia, biologia evolucionária, economia, estudos de gênero, estudos de mídia, psicologia do desenvolvimento e teoria de sistemas familiares. No próximo capítulo, coloco em discussão alguns problemas muito específicos com relação ao mito do TDAH e nos capítulos subsequentes, compartilho uma série de interpretações ou histórias alternativas que também podem explicar os milhões de crianças irrequietas, desatentas e impulsivas em nossos lares e escolas.

2

Por que o mito do TDAH não é uma história muito boa?

Uma boa história contém alguns elementos essenciais. Ela deve ter um início irresistível, um meio intenso e um fim convincente e conclusivo. A história do TDAH, por outro lado, tem um começo débil, um meio confuso e um final que parece totalmente fora de controle. Os historiadores do TDAH com frequência situam os primórdios do transtorno em um livro infantil alemão de fábulas, de 1845, intitulado *Struwwelpeter* (no inglês, Shock-Headed Peter).[1] O livro contém um poema chamado *Felipe Irrequieto* (tradução livre) sobre uma criança que se mexe sem parar, solta risadinhas, derruba sua cadeira e não consegue ficar sentada. Essa descrição serviria para muitas crianças dos nossos dias atuais espalhadas pelo planeta. No fim, ele puxa a toalha de mesa (com a comida ainda posta) e se esconde ou fica preso sob ela. De novo, estamos falando de um incidente que poderia acontecer (e provavelmente já aconteceu) com muitas famílias em um momento de suas vidas. O livro de poemas do qual foi tirada essa história também contém vinhetas de uma criança com maus hábitos de higiene, um menino que não quer tomar sua sopa e outro menino que sai de casa com seu guarda-chuva durante uma tempestade e sai voando pelos ares. Quais são as deficiências atuais para as quais esses poemas particulares proporcionam origens históricas?

A história do TDAH: um romance ruim em construção?

O segundo evento fundamentador ocorrido no início da história do TDAH diz respeito a um médico britânico chamado George Still. Em uma série de três palestras no Royal College of Physicians, em Londres, George Still falou sobre crianças que possuíam um "defeito mórbido de controle moral", não associado à "debilidade mental" ou doença clínica. Usar esse argumento como um dos pontos principais da trama para iniciar uma história sobre um transtorno que hoje se diz afligir mais de seis milhões de crianças apenas nos Estados Unidos é uma jogada literária bem fraca, e digo isso como alguém que já escreveu ficção. Still estava falando sobre apenas algumas poucas crianças (ele cita cerca de vinte em suas palestras), e não de 10% de todas as crianças do mundo. Nesses estudos de caso, elas se comportavam de maneiras nem remotamente similares àqueles comportamentos usados como critérios para o diagnóstico de TDAH pelo DSM-5 da American Psychiatric Association. Seus pacientes defecavam na cama, roubavam e mentiam. Um deles aproximou-se de duas crianças em um *playground* e "bateu" suas cabeças, uma contra a outra, à maneira d'*Os Três Patetas,** causando grande dor. Finalmente, o médico atribui os comportamentos dessas crianças a um "defeito moral", construindo uma causa que está ausente no pensamento neurobiológico atual sobre as origens do TDAH (apesar dele dizer ser capaz de identificar os defeitos morais pelo tamanho da cabeça das crianças!). Utilizar uma única criança ficcional de um poema e 20 outras crianças de arquivos de casos clínicos para servir de início de uma história que está afetando a vida de milhões de crianças e adultos no mundo inteiro é, em minha opinião, construir uma estrutura narrativa sobre areia movediça.

A partir desse humilde e irrelevante início, avançamos para o meio da história, quando as coisas começam a ficar um pouco confusas e meio loucas. Depois da Primeira Guerra Mundial, as crianças que tinham sobrevivido a uma epidemia mundial de encefalite e aparentemente apresentavam sintomas parecidos com os do TDAH foram informadas de que sofriam de "transtorno de comportamento pós-encefalítico". Nos anos 1930, dois mé-

---

* N.T.: Trio cômico norte-americano que fez muito sucesso em filmes e séries televisivas, nos anos 1930, 1940, 1950 e 1960.

dicos alemães, Franz Kramer e Hans Pollnow, referiram-se a crianças com sintomas parecidos com aqueles do TDAH como tendo a "doença hipercinética da infância". Na década seguinte, baseados nos casos de crianças que apresentavam esses mesmos sintomas depois de terem sofrido algum dano cerebral real, os médicos dos anos 1940 começaram a usar o termo *dano cerebral mínimo* para descrevê-las por agirem dessa maneira. Nos anos 1960, muitos médicos ficaram insatisfeitos com esse termo por causa da ausência de qualquer dano cerebral detectável, e, assim, cunharam um novo termo para descrever a situação dessas crianças: disfunção cerebral mínima ou DCM (*minimal brain dysfunction* – MBD). Em 1968, com a publicação da segunda edição da bíblia psiquiátrica, o DSM (*Diagnostic and Statistical Manual of Mental Disorders*), o termo *reação hipercinética da infância* transformou-se na nomenclatura correta em circulação para descrever e diagnosticar esse transtorno. Mesmo com todas essas mudanças de nomes, o número de crianças consideradas portadoras da doença definida por qualquer um desses termos era muito pequeno.

Chegamos então a 1972 e ao discurso seminal de Virgínia Douglas sobre déficits de atenção que levou à terceira edição do DSM, em 1980, e o estabelecimento do "transtorno do déficit de atenção" (TDA) "com ou sem hiperatividade" como transtorno psiquiátrico. Finalmente, temos um protagonista da história e um nome que, de uma forma ou de outra, sobreviverá até o presente momento, embora o processo de criação de nomes pareça um pouco com aquele Jogo de Três Copos, conduzido por habilidoso e vigarista prestidigitador. Na revisão da terceira edição do DSM, em 1987, o transtorno foi renomeado para "transtorno do déficit de atenção e hiperatividade". Em 1994, o DSM-4 dividiu o transtorno em três componentes: TDAH do tipo predominantemente desatento, TDAH do tipo predominantemente hiperativo-impulsivo e TDAH do tipo combinado, com as três características presentes.[3] A atual edição do manual, o DSM-5, manteve essa distinção, mas a ampliou para os adultos e mudou a idade máxima do início do transtorno de 7 para 12 anos.

Estamos lidando, claramente, com uma história cujo autor continua mudando a trama à medida que avança. O que vem pela frente? Para dizer a verdade, existe uma nova trama secundária com a qual os pesquisadores do TDAH estão às voltas, sobre um transtorno chamado "tempo cognitivo lento".[4] Eles gostariam de aplicar esse novo rótulo a muitas crianças identificadas como portadoras de TDAH. Talvez Tico,* personagem de uma tirinha cômica de jornal, poderia ser considerado garoto-propaganda. Para adicionar confusão a essa trama instável, grande parte do restante do mundo utiliza um método de classificação completamente diferente do DSM-5, chamado CID (Classificação Estatística Internacional de Doenças e Problemas Relacionados com a Saúde). Este sistema classificatório utiliza um termo completamente *diferente* do TDAH: transtorno hipercinético, ou TH. Ele também define a situação mais estritamente que o DSM-5, considerando a prevalência do transtorno entre 1-3% das crianças do mundo inteiro, em vez dos 5% que é o número citado pela American Psychiatric Association, que, por sua vez, é bem menor que o valor de 11% mencionado pelo Centers for Disease Control and Prevention (CDC).[5]

A discrepância entre os números representa outra razão por que o mito do TDAH não é uma história muito boa: as taxas de prevalência do transtorno variam em todos os lugares. "O percentual estimado de crianças identificadas com TDAH tem variado com o tempo", como assinalado em recente relatório do CDC. De acordo com essa pesquisa, em 2003, 7,8% das crianças tinham o diagnóstico de TDAH; em 2007, esse percentual subiu para 9,5%, e, em 2011, para 11%. Desde 1997, o número de crianças diagnosticadas com TDAH tem crescido 3% por ano. E as taxas de prevalência desse transtorno variam consideravelmente de estado a estado, com um índice mínimo de 5,6%, em Nevada, e máximo de 18,7% em Kentucky.[6] Russell Barkley, uma das personagens mais importantes na promoção do TDAH, diz que a taxa "depende de como escolhemos definir o TDAH, da população estudada, do lugar geográfico da pesquisa e até mesmo do grau de cooperação necessário entre pais, professores e profissionais [...] As estimativas variam de 1 a 20%".[7] Logo, tudo depende de como você conta a história, e no final das contas, podemos ser criativos com as estatísticas. Infelizmente, o fio narrativo sofre.

---

* N.T.: Personagem um tanto preguiçoso de tirinhas de jornal criado em 1938 por Ernie Bushmiller.

O novo diagnóstico do imperador

Outra grande razão por que a história do TDAH é tão maleável e duvidosa é que os instrumentos usados para o diagnóstico são inteiramente subjetivos. Como assinala o neurologista comportamental e crítico do TDAH, Richard Saul:

> Você pode notar que existe algo surpreendente na maneira como definimos essa "doença" — quer dizer, pelos seus sintomas, mais do que por sua causa. Se definíssemos um ataque cardíaco como uma dor no peito, então o tratamento adequado seria a prescrição de analgésicos em vez de ressuscitação cardiopulmonar e correção do dano cardíaco. É fácil encontrar outros exemplos: congestão nasal pode ser sintoma de um resfriado, alergia ou muitas outras condições, mas coriza não é um diagnóstico.[8]

Em relação a "desatenção", por exemplo, o DSM-5, o supremo juiz dos diagnósticos de TDAH nos Estados Unidos, para quem os diagnosticadores apelam, é preciso identificar seis entre nove sintomas, entre os quais "é muitas vezes facilmente distraído" e "frequentemente evita ou não gosta", ou "é relutante em fazer tarefas que exigem esforço mental por um longo período (como trabalho escolar ou dever de casa)".[9] Não existe nada em nenhuma dessas descrições que sugira qualquer tipo de contexto social que pudesse fornecer à pessoa que responde à questão uma melhor oportunidade de chegar a uma conclusão mais fundamentada. Uma pessoa pode estar vivendo em um ambiente onde existem distrações constantes provenientes da televisão, de discussões, do telefone tocando, de campainhas soando, de computadores com seus sinais sonoros, de música tocando, e de outras situações similares, enquanto outra pode morar em uma casa na qual reina um silêncio absoluto. Mas não há permissão para ponderar entre o ambiente barulhento e o silencioso.

De modo similar, uma criança pode evitar, não gostar, ou ser relutante na hora de fazer seu dever de casa porque isso é chato, ou muito difícil, ou porque é excessivo (alguns educadores chegam até mesmo a sugerir que, em primeiro lugar, as lições sequer deveriam ser dadas, insinuando sua falta de valor educacional intrínseco).[10] Esses tipos de contextos sociais, complicações da vida e descobertas de pesquisas não são levados em consideração nos critérios do DSM, e as pessoas são abandonadas sozinhas para apresentar uma resposta consistente tendo como base somente a avaliação subjetiva sobre a aplicabilidade ou não de cada um desses indicadores de TDAH aos seus filhos.

Além do médico, as duas principais fontes para decidir se uma criança tem ou não o TDAH são os pais e os professores. Pense sobre isto: como vocês gostariam que seu *próprio* estado de saúde mental fosse decidido por seus parentes ou ex-professores? Os médicos fornecem escalas de avaliação, *checklists*, ou questionários aos pais e professores, pedindo-lhes que avaliem a criança em vários tipos de comportamento, atribuindo a cada comportamento valores em uma escala de pontos, de modo geral de quatro ou cinco. Esses *checklists* e escalas de avaliação são utilizados em quase 90% dos casos em que as crianças recebem um diagnóstico de TDAH.[11] Um recente estudo sugere que o ASQ, Questionário Abreviado de Conner (*Conners Abbreviated Symptom Questionnaire*), "pode ser o instrumento de diagnóstico mais eficaz para avaliar o TDAH por sua brevidade e alta precisão diagnóstica".[12] Verifiquei a Escala Abreviada de Conner de Avaliação para Professores (*Conners Abbreviated Teacher Rating Scale*) na internet e descobri que ela é constituída de *12 itens*.[13] Imagine a situação: uma professora do Ensino Médio, com trinta crianças disputando sua atenção a cada minuto das aulas, recebendo essa escala de avaliação e solicitada a determinar se o aluno inquieta-se: "nunca", "um pouco", "frequentemente" ou "muito frequentemente".[14] E com base nesses julgamentos ligeiros (lembre-se de que a professora responde a esses questionários entre uma aula e outra enquanto os estudantes mudam de sala)*, o aluno pode descobrir-se rotulado como portador de TDAH e ser medicado. A insanidade desse circo de avaliações instintivas, sem orientações ou experiência, mascaradas com um "escore" quantitativo no relatório do psicólogo, traz à mente o caráter puramente circular do mito do TDAH, como evidenciado nesse curto, porém potente diálogo sugerido pelo psicólogo aposentado Philip Hickley:

> **Pai/Mãe:** "Por que meu filho é tão irrequieto e desatento?"
> **Psiquiatra:** "Porque ele tem uma doença chamada TDAH".

---

* N.T.: Nas escolas norte-americanas, os professores têm salas fixas e os alunos se movimentam entre elas conforme a grade horária das disciplinas.

Pai/Mãe: "Como você sabe que ele tem essa doença?"
Psiquiatra: "Porque ele é muito irrequieto e desatento".[15]

Enquanto isso a investigação segue adiante em busca de alguma maneira objetiva de determinar quem tem e quem não tem TDAH. Os recentes candidatos para a função de marcadores biológicos incluem respostas incomuns a uma atividade de tamborilar o dedo indicador rapidamente (*finger-tapping test**), sensibilidade olfativa (crianças diagnosticadas com TDAH são supostamente mais sensíveis a odores do que crianças típicas em desenvolvimento) e níveis de ferro no cérebro.[16] A despeito dessa busca por evidências objetivas sobre a existência do TDAH, uma declaração internacional consensual sobre biomarcadores para o TDAH afirmou: "Até o momento nenhum biomarcador confiável para TDAH foi descrito... Muito provavelmente, nem um único será identificado".[17]

Rótulo sem causa†

A dificuldade de determinar de forma objetiva quem realmente tem TDAH deve-se em grande parte ao fato de que os cientistas ainda não sabem qual a causa do transtorno. Isso parece estranho para um transtorno que tem sido objeto de milhares de estudos que sustentam a sua existência, mas se lermos nas entrelinhas desses artigos, descobriremos que muito embora esses estudos de fato consigam com frequência diferenciar grupos de crianças classificadas como portadoras de TDAH e crianças típicas em desenvolvimento, não está completamente claro que isso aconteça porque algo chamado TDAH seja responsável pela diferença. Existem, por exemplo, vários estudos que mostram diferenças significativas entre crianças diagnosticadas com TDAH e grupos-controle de crianças sem TDAH em relação a funções executivas (tais como memória de trabalho, inibição e planejamento).[18] Entretanto, outras pesquisas revelaram que os cérebros das

---

* N.T.: Instrumento de avaliação quantitativa empregada para medir o desempenho motor nos membros superiores.
† N.T.: Trocadilho com a expressão "Rebel without a cause", título de um filme norte-americano (Juventude Transviada, em português), de 1955, com James Dean, que se transformou numa referência da geração dos anos 1950.

crianças identificadas como portadoras de TDAH, embora se desenvolvam normalmente, estão atrasados em média 3 anos em relação ao desenvolvimento típico dos cérebros das outras crianças.[19] Funções executivas estão primariamente associadas com o córtex pré-frontal, uma área do cérebro que, de forma característica, não se desenvolve totalmente até os vinte e poucos anos de vida, mesmo em indivíduos com desenvolvimento típico.[20] Portanto, pode ser que as diferenças medidas não sejam resultado de alguma entidade chamada TDAH, mas decorrente de diferenças de maturação cerebral entre as crianças diagnosticadas como portadoras do transtorno e as crianças com desenvolvimento típico do grupo-controle. Vamos explorar esse tópico da maturação cortical em mais detalhes no Capítulo 4.

A maioria das versões das histórias do TDAH faz referência a anormalidades funcionais e estruturais nos cérebros das crianças com o diagnóstico, e usam as pesquisas de escaneamento cerebral como prova de que o transtorno é congênito e não causado por influências ambientais. Contudo, o psicólogo e professor emérito da University of Minnesota, L. Alan Sroufe, observa que:

> Embora a sofisticação tecnológica possa impressionar pais e leigos, esses estudos podem ser enganosos. É claro que os cérebros de crianças com problemas comportamentais vão apresentar anormalidade em escaneamentos cerebrais. Não poderia deixar de ser. Comportamento e cérebro estão interligados. ...Embora possa ser medido, o funcionamento cerebral nada nos diz sobre a origem das anomalias, se estavam presentes no nascimento ou se resultam de algum trauma, estresse crônico ou outras experiências da primeira infância. Uma das descobertas mais fundamentais da neurociência comportamental realizada recentemente foi a de que o desenvolvimento cerebral é moldado pela experiência.[21]

Estudos sugerem, por exemplo, que o estresse traumático pode ter um grande impacto tanto na estrutura como na função do hipocampo, amígdala, córtex pré-frontal e outras áreas críticas do cérebro durante a infância e a adolescência.[22] Vamos explorar o papel que a adversidade pode ter na origem de um diagnóstico de TDAH no Capítulo 7.

De forma similar, uma grande quantidade de pesquisas foi conduzida por cientistas como uma tentativa de provar que existe uma base genética para o TDAH, com níveis de herdabilidade estimados em 80%, o mesmo nível de herança genética encontrado na determinação da altura de uma pessoa.[23] No entanto, no padrão-ouro de testes de herdabilidade, comparando irmãos gêmeos idênticos, um estudo revelou que não há "influência significativa dos fatores genéticos para atividade, atenção e impulsividade", enquanto outro trabalho concluiu que "os genes implicados no TDAH tendem geralmente a ter pequeno efeito ou serem raros... Assim, não podem ser usados como preditores, testes genéticos ou propósitos diagnósticos além do que é esperado por meio do histórico familiar".[24] Além disso, em nossos dias, a pesquisa genética de ponta foca suas investigações nas interações gene-ambiente: genes específicos podem fazer com que uma criança seja ou vulnerável ou resiliente quando exposta a determinados eventos adversos, assim como influências ambientais podem disparar ou desligar a expressão de genes particulares responsáveis pela regulação do desenvolvimento cerebral. Vários estudos, por exemplo, demonstraram como genes específicos interagem com influências ambientais, tais como crítica materna ou trauma na primeira infância, para produzir não apenas sintomas associados ao TDAH, mas também anormalidades estruturais do cérebro relacionadas ao transtorno.[25]

Não me venha com comorbidades

Por fim, ainda existe o assunto espinhoso das "comorbidades" na história do TDAH. Esse divertido termo se refere à situação na qual a criança pode ter TDAH *e também* uma deficiência de aprendizagem e/ou transtorno bipolar e/ou transtorno de ansiedade e/ou um número variado de transtornos mentais ou problemas comportamentais, incluindo transtorno do espectro autista, transtornos alimentares e transtorno de conduta. Em um grande estudo no qual quase 15 mil crianças e adolescentes da Dinamarca foram diagnosticados com TDAH, 52% deles apresentavam ao menos uma outra doença psiquiátrica.[26] Isso levanta uma série de questões preocupantes. Onde termina a ação predominante de um transtorno e começa a de outro? Será que aquilo que os diagnosticadores consideram ser TDAH não é, na verdade, a manifestação de outro transtorno? Se pudéssemos remover os conteúdos desses transtornos comórbidos, quanto de TDAH restaria? O fato de que os médicos estão prescrevendo antidepressivos, de forma crescente, para o TDAH me faz pensar em que grau essas crianças estão sofrendo por causa de depressão, qualquer que seja o tipo (unipolar, bipolar, distimia etc.), sofrimento esse que alimenta sua dificuldade de concentração, sua agitação e sua impulsividade. Um estudo, por exemplo, identificou uma taxa de coexistência de período de vida de 18% entre transtorno bipolar e TDAH, e outros estudos sugeriram que uma comorbidade de TDAH e transtorno pode representar um subtipo clínico distinto.[27] Dada a popularidade do diagnóstico de TDAH nos Estados Unidos, há um risco de que as crianças possam ser rapidamente identificadas com TDAH, quando de fato pode ser a mais profunda e mais problemática questão da depressão camuflada e deixada sem tratamento. No próximo capítulo, abordarei mais uma razão pela qual o TDAH não é uma história muito boa: porque o diagnóstico de TDAH expõe as crianças a medicações potencialmente prejudiciais que podem não ser necessárias em um primeiro momento.

3

Por que medicar as crianças para se comportarem não é uma boa ideia?

Muitos anos atrás, quando a Ritalina® era o medicamento de escolha para TDAH, entrei em uma pequena sala de aula de um centro comunitário, no norte da Califórnia, sentei-me em uma das cerca de 25 cadeiras para o encontro do grupo de apoio CHADD *(Children and Adults with Attention- -Defficit/Hyperactivity Disorders)*. O assunto da noite era medicação para crianças diagnosticadas com TDAH e seria apresentado por um pediatra. Em frente à sala, um grande pedaço de papel colado com fita adesiva na lousa com as palavras "As Crianças com TDA e os Medicamentos" bem no topo. Abaixo desse título, tinha um desenho feito à mão de um rosto triste (um círculo com pontos para os olhos e o nariz, e um traço circular voltado para baixo para a boca), e, perto dele, o de um rosto feliz. Abaixo do título e dos rostos estava uma lista de vários nomes de medicamentos, incluindo estimulantes do sistema nervoso central (Ritalina®, Dexedrin®, Cylert®), antidepressivos (desipramina, imipramina), antipsicóticos (Haldol®, Orap®), anticonvulsivantes (Tegretol®), ansiolítico (BuSpar®) e remédios para pressão arterial (Inderal®, clonidina). Uma linha com uma seta conectava a face infeliz com a feliz. A implicação pareceu ser a de que essas substâncias tornariam uma criança triste em uma criança alegre.

O pediatra logo apareceu e passou uma hora e meia falando para um grupo de 20 pais e eu sobre os prós e os contras da utilização de cada um dos medicamentos listados para controlar hiperatividade, impulsividade e desatenção. A conversa foi pontuada por frequentes perguntas da plateia. Um pai perguntou: "Eu ouvi dizer que a Ritalina® melhora problemas de organização, mas não vi esse efeito em meu filho. Existe outro medicamento para isso?". Outro pai mencionou que seu filho estava tomando Ritalina® há um mês e agora chorava com facilidade. Uma mãe de filhos gêmeos compartilhou sua própria história: "Eu tenho gêmeos que estão tomando Ritalina® há 6 anos. Ouvi dizer que a Ritalina® é a primeira escolha, mas é de ação curta. Brad fica de um jeito, depois de outro, e acho difícil lidar com seu comportamento de montanha-russa".

Depois de o médico ter discutido as pesquisas sobre como determinadas medicações podem realmente estimular as crianças a buscarem a aprovação dos adultos, um pai falou: "Estou sempre dizendo a meu filho para seguir suas próprias decisões. Ele é muito popular. Não consigo me imaginar enfatizando que ele faça todas essas coisas somente para obter minha aprovação. E o que dizer sobre a escolha pessoal?". A resposta do pediatra foi curiosa. Ele respondeu: "Quanta livre escolha realmente temos na vida?". Quanta livre escolha, de fato. Os medicamentos psicoativos tornaram possível para pais e profissionais incentivarem a conformidade das crianças por meios puramente biológicos. Todas as confusões relacionadas ao crescimento — a batalha da criança contra o desejo do adulto, a curiosidade irrequieta e sem fim, as repentinas explosões de raiva, excitação e ciúme — todo esse aborrecimento pode agora ser evitado. Precisamos apenas classificar a criança indisciplinada dentro de um enquadramento científico sólido, dar-lhe um rótulo diagnóstico — TDAH — e controlá-lo por um meio de uma cornucópia psicofarmacêutica de medicamentos de última geração. Os pais não mais precisam fazer tantas perguntas difíceis: "Por que é que meu filho tem tanta raiva da vida?", "Como posso aprender a me comunicar com minha filha?", "Por que meu filho não está animado com a escola?". Em vez disso, eles podem fazer uma consulta com um médico: "O medicamento não está funcionando muito bem. Você tem algum outro que não piore as suas enxaquecas?". "O estimulante que o senhor receitou está ajudando-o a manter o foco, mas ele ainda está agressivo — o que você tem para controlar isso?". "O efeito da medicação do meu filho desaparece nas aulas de matemática. O que eu devo fazer?".

Uma história de conformidade química

A utilização de medicações para o controle do comportamento das crianças certamente não é uma novidade. Galeno, um médico grego do século II, prescrevia ópio para crianças incomodadas por cólicas. No auge da Revolução Industrial, mães e pais operários costumavam encharcar com bebida alcoólica os trapos de morder dos seus bebês durante o choro para criar um efeito soporífero. No final do século XIX, pais consternados se aglomeravam em busca do xarope calmante Winslow, um elixir feito à base de morfina então disponível sem necessidade de uma receita. Mas não foi antes dos anos 1930 que o uso de medicamento para controle comportamental adquiriu um ar de sofisticação ao ser administrado sob a supervisão de um médico licenciado. Foi em 1937 que o médico Charles Bradley, de Providence, Rhode Island, observou como doses regulares de benzedrina, uma anfetamina, acalmava um grupo de crianças com problemas comportamentais e os ajudava a focar de modo mais eficaz nas tarefas escolares.[1] Sua descoberta foi ignorada pela comunidade médica durante as décadas de 1940 e 1950, quando tranquilizantes pareciam ser os principais meios de subjugar crianças difíceis. Entretanto, no início dos anos 1960, pesquisadores da Johns Hopkins University desqualificaram o uso de tranquilizantes para pacificar crianças indisciplinadas e viram como promissor um novo grupo de psicoestimulantes, incluindo o sulfato de dextroanfetamina (agora conhecido por seu nome de marca, Dexedrine®) e o cloridrato de metilfenidato (Ritalina®, desenvolvido pela empresa farmacêutica Ciba-Geigy®), um medicamento similar à anfetamina originalmente aprovado pela FDA (Food and Drug Administration), em 1955, para o controle de depressão suave e senilidade em adultos.[2]

A Ritalina® logo se transformou no medicamento de escolha para controlar a hiperatividade. De acordo com uma pesquisa conduzida em 1971 por Daniel Safer e John Krager, para o Departamento de Saúde da cidade de Baltimore, 40% de todas as prescrições para problemas de comportamento foram de Ritalina® e 36% de Dexedrine®. Em 1987, a situação tinha se alterado dramaticamente, com Dexedrine® sendo responsável por apenas 3% de todas as prescrições e Ritalina® ficando com a maioria do mercado de medicamentos de controle comportamental — 93%.[3] Ao longo dos anos 1990, o uso de medicamentos psicoestimulantes aumentou 700% (um crescimento gritante) nos Estados Unidos, representando cerca de 90% de todo o fornecimento mundial.⁴ Durante os anos 1990 e os anos 2000, outros medicamentos suplantaram a Ritalina® como tratamento de primeira linha para o TDAH. Em 1996, a Farmacêutica Richwood® (que mais tarde fundiu-se com a Shire®) trouxe o Adderall® para o mercado, uma mistura de anfetamina e sais dextroanfetamínicos. Em 2000, a Johnson & Johnson® começou a comercializar o Concerta®, uma versão de longa ação do cloridrato de metilfenidato. Em 2006, a Eli Lilly® introduziu o Strattera®, um inibidor seletivo da recaptação de norepinefrina e o primeiro medicamento não estimulante a ser aprovado para o TDAH. Em 2016, a companhia de medicamentos NeosTherapeutics® recebeu a aprovação da FDA para o Adzenys XR-ODT®, um psicoestimulante de dissolução lenta com sabor de doce.⁵ Desde 2010, as prescrições de medicamentos para o TDAH, impulsionadas em parte pelos novos diagnósticos em adultos, têm crescido 8% ao ano, e até 2020 devem representar 17,5 bilhões de dólares em vendas de medicamentos.⁶ O pediatra de desenvolvimento infantil Lawrence Diller, autor do livro "*Running on Ritalin: A Physician Reflects on Children, Society, and Performance in a pill*",* observa: "Essas cotas de produção continuam a crescer e crescer. Cento e noventa e quatro toneladas de estimulantes legais foram produzidas nesse país em 2013. É o suficiente para fazer 27 comprimidos redondos e azuis de Adderall® 20 mg para cada homem, mulher e criança dos Estados Unidos".⁷

Embora esses medicamentos realmente aumentem o cumprimento das demandas dos pais e professores, e a despeito de resultarem de fato em uma melhoria em curto prazo de atenção, comportamento e funcionamento executivo, essas vantagens têm um preço para as crianças. Neste capítulo, delineei uma série dessas desvantagens. Observe que não sou um cientologista ou um cientista cristão. Não acredito que os psiquiatras estão em conluio com as companhias de medicamentos para controlar as mentes de nossas crianças (ainda que, como você ficará sabendo, existam mais coisas acontecendo entre os médicos e a indústria farmacêutica do que nossos olhos veem). Não acredito que Concerta®, Adderall®, Strattera® e outras medicações jamais devam ser usadas com crianças. *Pelo contrário, acredito que os medicamentos, se prescritos de forma prudente e monitorados*

---

* N.T.: Em português "À base de Ritalina®: Reflexões de um pediatra sobre as crianças, a sociedade e a performance em uma pílula".

firmemente em combinação com a implementação de algumas das estratégias não medicamentosas descritas neste livro, podem representar uma importante ferramenta para os médicos, que, em algumas circunstâncias, podem alçar as crianças para fora de um ciclo de fracasso social, comportamental e/ou acadêmico. Mas acredito que, na grande maioria das vezes, alternativas não medicamentosas devem ser primeiramente consideradas e experimentadas antes de embarcar em um regime de medicação de alteração de comportamento.

Prescrevendo velocidade para uma cultura acelerada

O problema é que as medicações são prescritas muito fácil e rapidamente sem que os profissionais pensem ao menos um pouco em alternativas não medicamentosas, e a utilização desses medicamentos não é suficientemente monitorada pelos médicos.

"Como a maioria das pessoas dos Estados Unidos é diagnosticada com TDAH?", pergunta Stephen Hinshaw, professor de psicologia da Universidade da Califórnia, em Berkeley, e coautor do livro *"The ADHD Explosion: Myths, Medication, Money, and Today's Push for Performance"**: "Uma consulta de 1 a 15 minutos com um pediatra ou com um clínico geral. É assim. Não há reembolso (dos convênios médicos) para uma avaliação médica longa e cuidadosa".[8] Há relatos que indicam que famílias de origens socioeconômicas mais altas pressionaram os médicos a prescrever medicamentos para TDAH para seus filhos lidarem melhor com as crescentes pressões acadêmicas.[9] Por outro lado, alguns médicos utilizaram medicamentos para TDAH para crianças de origens socioeconômicas mais baixas, mesmo quando elas não atendiam aos critérios para um diagnóstico de TDAH, como uma maneira de lhes dar uma força na escola.[10] Mais recentemente, os médicos receberam diretrizes da American Academy of Pediatrics (AAP) afirmando claramente que a terapia comportamental é a estratégia mais eficaz para o tratamento de crianças muito novas com diagnóstico de TDAH e deve ser utilizado antes de prescrever medicamentos. Mesmo assim, muitos médicos ignoram essas recomendações e continuam a prescrever medicação

---

* N.T.: Em português "A Explosão do TDAH: mitos, medicação, dinheiro e a atual pressão por desempenho".

como tratamento de primeira linha.[11] Os médicos também têm prescrito esses medicamentos para TDAH para crianças com menos de 4 anos de idade, apesar das diretrizes da AAP sequer mencionarem o uso da medicação para crianças com 3 anos de idade ou menos.[12]

Talvez a dificuldade mais urgente de muitos medicamentos para o TDAH é o fato de serem muito fortes e potencialmente viciantes. Nas listas da Drug Enforcement Administration (DEA) do governo norte-americano, as medicações para TDAH estão classificadas como substâncias do tipo II (de um total de cinco classificações), definidas como: "substâncias com alto potencial de abuso, cujo uso tem alto potencial de levar à dependência grave (física ou psíquica). Essas substâncias são consideradas perigosas".[13] Incluídas nessa lista, com o Adderall®, Ritalina® e outros psicoestimulantes, estão cocaína, oxicodona e Vicodin®.* Embora os especialistas em TDAH tenham desde há muito sugerido que tomar remédios para o transtorno torne menos provável que a pessoa venha a cair na dependência de drogas mais tarde em sua vida, as pesquisas atuais sugerem que esse simplesmente não é o caso e que a pessoa medicada não tem nem mais nem menos probabilidade de se tornar um viciado em substâncias ilegais em um período posterior de sua vida como resultado do tratamento com medicação para TDAH.[14] Essa pesquisa está baseada na média obtida entre milhares de indivíduos, e para os casos de indivíduos específicos não há uma definição clara sobre a questão. O diagnóstico de TDAH está associado a uma maior probabilidade de abuso de substâncias na adolescência, assim, utilizar uma droga (mesmo uma que seja legal) para ajudar a resolver problemas da vida talvez não seja o melhor modelo de como lidar com a complexidade do mundo atual. O fato de que os próprios medicamentos para TDAH ensejem o abuso deveria aumentar a preocupação de que não sejam utilizados como tratamento de primeira linha para sintomas associados ao diagnóstico de TDAH, mas, ao contrário, fiquem relegados a uma segunda ou terceira opção se as abordagens não medicamentosas não se mostrarem eficazes.[15]

Depois, há ainda a descoberta de que esses remédios realmente não funcionam no longo prazo como pretendido. A maioria dos medicamentos para TDAH dura pouco tempo, mesmo aqueles chamados de longa duração (que se referem ao fato de que seus efeitos duram ao longo de muitas horas em

---

* N.T.: Vicodin® é composto de paracetamol e hidrocodona.

vez de apenas algumas poucas horas). Tão logo a criança deixa de tomar o remédio, os efeitos benéficos desaparecem. Nesse sentido, os medicamentos para TDAH são como curativos adesivos comportamentais, adequados para o controle dos sintomas em curto prazo, mas mecanismos deficientes para determinar uma contribuição duradoura para o bem-estar da criança em longo prazo. Um dos mais conhecidos e respeitados estudos para examinar a eficácia do tratamento de TDAH foi o Estudo do Tratamento Multimodal de TDAH em crianças (TMT):* uma pesquisa colaborativa, realizada pelo National Institute of Mental Health, de caráter longitudinal, iniciada em 1992, que determinou em 2011 que a medicação era o melhor tratamento para o TDAH.[16] Oito anos depois, entretanto, os pesquisadores concluíram que o uso da medicação no estudo não predizia o funcionamento após um período de 6 a 8 anos (havia quatro grupos de tratamento: apenas medicação, apenas terapia comportamental, medicação e terapia comportamental, e cuidados comunitários de rotina). Em 2009, os pesquisadores escreveram no relatório de acompanhamento: "Em quase todas as análises, os grupos de tratamento, originalmente randomizados, não difeririam de forma significativa em relação a medidas repetidas ou variáveis recém-analisadas (por exemplo, notas escolares, prisões, hospitalização psiquiátrica ou outros resultados clinicamente importantes)".[17] James Swanson, um psicólogo da Universidade da Califórnia, em Irvine e um dos autores do estudo original, comentou em um artigo publicado na revista científica *Nature*: "Não tenho conhecimento de nenhuma evidência consistente que mostre que existe um benefício de longa duração por causa do uso da medicação".[18]

O lado escuro das substâncias psicoativas

Então existem os efeitos colaterais. Algumas das reações adversas mais comuns dos psicoestimulantes são diminuição do apetite, insônia e outras dificuldades de sono, dor abdominal, náusea e vômito, dores de cabeça e ansiedade.[19] Esses sintomas, por si mesmos, apesar de desconfortáveis, são de curta duração e podem ser diminuídos ou eliminados por um médico que monitore cuidadosamente a criança enquanto ela está tomando os remé-

---

* N.T.: Em inglês, *Multimodal Treatment of ADHD (MTA) in children*.

dios, durante as mudanças de dose ou de medicamentos, quando necessário (como já mencionei, esse monitoramento nem sempre acontece, e, nesse caso, como pai ou mãe, você deve procurar imediatamente um médico que faça um trabalho de acompanhamento mais adequado). Também deve ser observado, no entanto, que para crianças que precisam tomar medicamentos, mesmo um desconforto de curta duração representa uma nítida desvantagem (uma pergunta ao leitor: você continuaria a tomar um analgésico como Tylenol® se esse lhe causasse qualquer um dos sintomas mencionados?).

O que é mais problemático são as reações adversas de longa duração. Alguns estudos relataram a ocorrência de eventos cardiovasculares anormais causados por psicoestimulantes e atomoxetina (Strattera®), incluindo aumento de pressão arterial e batimento cardíaco, e, raramente, infarto do miocárdio, acidente vascular encefálico, e até mesmo parada cardíaca.[20] A American Heart Association recomenda que, antes de iniciar o tratamento de pacientes com medicamentos para TDAH, deve ser feita uma avaliação completa, incluindo o histórico pessoal e familiar, prestando atenção especial para a presença de quaisquer condições cardíacas.[21] Existem ainda potenciais riscos de psicose decorrente do uso de psicoestimulantes, especialmente se houver um histórico familiar de doenças mentais. Em um estudo recente, pesquisadores compararam dois grupos de pessoas com idades entre 6 e 21 anos, todas elas com um ou ambos pais com transtorno depressivo maior, transtorno bipolar ou esquizofrenia. Os sintomas psicóticos (mais frequentemente alucinações) estavam presentes em 62,5% dos jovens que tomavam estimulantes em comparação com 27,4% dos participantes que nunca tinham tomado estimulantes.[22]

Também há preocupações de que tomar medicamentos para TDAH possa prejudicar a saúde óssea. Jessica Rivera, uma cirurgiã ortopédica do U.S. Army Institute of Surgical Research, em Fort Sam Houston, Santo Antônio, Texas, e seus colegas identificaram 5.313 crianças com idade entre 8 e 17 anos na *National Health and Nutrition Examination Survey* dos Centers for Disease Control and Prevention (CDC). Eles descobriram que crianças tratadas com medicamentos para TDAH tinham densidade mineral óssea mais baixa no fêmur, colo do fêmur e coluna lombar quando comparadas com crianças que não tomavam esses medicamentos.[23] De forma talvez mais ameaçadora, uma pesquisa com dados de mortalidade para crianças e jovens com idade entre 7 e 19 anos revelou uma maior incidência no uso de estimulantes precedendo mortes súbitas sem explicação comparada com indivíduos que nunca tomaram psicoestimulantes e morreram em acidentes automobilísticos.[24]

Menos sérios que os riscos mencionados, embora significativos para as crianças que tomam esses medicamentos, são os custos emocional e psicossocial desse regime de medicação para TDAH. Um estudo indicou que adolescentes com diagnósticos de TDAH que estavam utilizando medicação tinham maior probabilidade de sofrer *bullying* do que aqueles diagnosticados, mas que não estavam tomando os medicamentos.[25] Uma série de relatórios indica que os medicamentos para TDAH são amplamente usados com finalidades recreativas, não médicas; adolescentes e jovens adultos estão dando ou vendendo seus comprimidos prescritos para seus amigos e colegas que os utilizam como um auxílio na hora de estudar ou que os cheiram como a cocaína por causa do efeito estimulante que proporcionam.[26] Esse uso ilícito dos medicamentos pode ter consequências terríveis. Dados da Johns Hopkins Bloomberg School of Public Health revelam que os atendimentos de emergência relacionados ao mau uso do Adderall® aumentaram dramaticamente em jovens adultos entre os anos 2006 e 2011.[27] Por fim, e talvez mais importante para crianças e jovens que têm de tomar esses remédios, alguns deles simplesmente não gostam de tomá-los. Embora estudos revelem que as crianças geralmente têm uma visão favorável dos medicamentos para TDAH, relatos individuais, principalmente de adolescentes, contam uma história diferente.[28] Em um estudo com jovens adolescentes, os comentários incluem declarações tais como estas: "Se eu não estivesse tomando os remédios, iria para a escola feliz e acho que teria um dia muito melhor" (menino, 13 anos), e "eu simplesmente percebo que fico mais feliz quando não tomo o remédio. Fico mais animada, me dou bem com as pessoas" (menina, 12 anos).[29] Em outro estudo, um adolescente informou: "Sinto como se não fosse eu mesmo quando tomo os comprimidos"; e um outro disse: "É como se o remédio estivesse tomando posse de mim e eu não pudesse me controlar, os comprimidos assumem o controle".[30] Talvez a melhor indicação dos sentimentos dos adolescentes sobre os medicamentos para TDAH seja que durante a adolescência, a maioria deles faça a opção de interromper a medicação. Uma análise longitudinal de uma coorte de adolescentes relatou que a taxa de uso de medicamentos prescritos para o TDAH caiu 95% no período que vai dos 15 aos 19 anos de idade.[31]

O que devemos fazer então com todos esses dados? Os pais devem aceitar que seus filhos sejam medicados? Não sou médico, por isso não posso recomendar ou desencorajar o uso da medicação para TDAH em qualquer situação. *Mas sei que você nunca deve interromper a medicação que seu filho está tomando ou mudar sua dose, exceto sob a direção e supervisão de um médico formado (médico da família, pediatra, clínico geral, psiquiatra etc.)* Minha sugestão é que você leve este livro ao consultório do seu médico e compartilhe com ele as 101 estratégias não medicamentosas que são dadas no restante do livro. Discuta com seu médico(a) e veja se ele ou ela não acha que algumas das estratégias listadas mereceriam ser testadas *antes* de iniciar o regime de terapia medicamentosa ou se essas estratégias poderiam ser usadas como um complemento da medicação para manter sua dose a menor possível.

Um estudo sugeriu que quando um medicamento estimulante numa dose mais baixa é associado a um placebo (que a criança sabe que é um placebo), seu efeito é mais eficaz do que uma dose mais alta do mesmo remédio.[32] Se esse for o caso, então, associar as estratégias não medicamentosas deste livro a baixas doses de medicação estimulante certamente também deveria revelar-se benéfico para muitas crianças e adolescentes. Se você ainda não tem médico para seu filho nesse momento, eu recomendaria que começasse procurando um pediatra do desenvolvimento e comportamento. Esta especialidade médica capacita médicos que são mais propensos a ver a situação da criança dentro de um contexto psicossocial mais amplo e mais inclinado também a não confiar em medicamentos para TDAH como o único tratamento para o seu filho. Muitos estão atendendo em consultório particular, outros estão associados a uma clínica, hospital, centro médico ou em universidades. Você pode conhecer melhor o trabalho de um pediatra do desenvolvimento e comportamento consultando a Sociedade Brasileira de Pediatria (SPB).

Em todo o caso, espero que as informações deste capítulo sejam úteis para ajudar você a tomar decisões sobre os medicamentos para o seu filho. Também recomendo que leia livros que tenham uma atitude mais favorável em relação aos medicamentos para TDAH, incluindo os livros *Taking Charge of ADHD: The Complete Authoritative Guide for Parents*, de Russell A. Barkley, e *Delivered from Distraction: Getting the Most Out of Life with Attention Deficit Disorder*, de John J. Ratey.[33] Munido de informações extraídas de uma variedade de pontos de vista, você terá mais chances de tomar as melhores decisões (em conjunto com seu médico) para ajudar seu filho a ser bem-sucedido na escola e na vida.

Parte II

Por que há uma epidemia nacional e mundial de TDAH?

4

Razão nº 1: Não deixamos mais as crianças serem crianças

Todos os bebês manifestam os três sinais de aviso clássicos de TDAH: hiperatividade, desatenção e impulsividade. A menos que estejam dormindo profundamente, estão em movimento constante, explorando de modo hiperativo seus arredores em todas as oportunidades. São facilmente passíveis de distração por qualquer barulho inesperado ou estímulo em seu campo visual: uma pessoa entrando no quarto, um novo brinquedo, a luz sendo acesa ou apagada. E, finalmente, são impulsivos, explodindo de modo repentino em gritos extasiados de alegria ou, ao contrário, contorcendo-se com lágrimas queixosas de desapontamento. Com o tempo, entretanto, acontece algo que chamamos de *amadurecimento*. O cérebro da criança em crescimento atravessa séries complexas de processos de neurodesenvolvimento que incluem a criação de novas células cerebrais (neurogênese), a eliminação do excesso de conexões interneurais, a denominada "poda neuronal" (*pruning*)* e o isolamento dos circuitos nervosos (mielinização). Essas atividades tornam o cérebro mais eficiente no processamento dos sinais vindos do mundo exterior e se manifestam externamente em mudanças observáveis no comportamento da criança.

A criança em desenvolvimento assume gradativamente mais controle sobre seus impulsos (menos impulsividade), fica mais capaz de focar sua

---

* N.T.: Processo regulatório neurológico que facilita uma mudança na estrutura neural por meio da redução do número de neurônios e sinapses.

atenção nas coisas (menos suscetibilidade à distração) e pode permanecer em um mesmo lugar por maiores períodos (menos hiperatividade). Quando uma pessoa atinge o início da vida adulta, os movimentos giratórios do bebê, agitados e grosseiros, tornam-se, no adulto, no tamborilar nervoso de dedos sobre a mesa. A dispersão infantil transforma-se, na maioria dos casos, na mente inquieta (e frequentemente criativa) do adulto. A impulsividade do bebê passa a ser a voz interna do adulto dizendo a si mesmo depois de um contato mais rude, "Rapaz, eu gostaria de dar um murro na boca daquele cara!", mas deixando de agir por impulso.

O cérebro de um portador de TDAH: marchando no ritmo de um marca-passo diferente

Um ponto importante para se ter em mente sobre o desenvolvimento humano é que o caminho que leva dos comportamentos imaturos do bebê até a ações maduras do adulto é diferente para todos. Os cérebros das crianças se desenvolvem em ritmos diferentes. Os neurocientistas nos dizem atualmente que as crianças diagnosticadas com TDAH amadurecem entre 2 e 3 anos mais tarde do que as crianças com desenvolvimento típico, particularmente naquelas áreas do cérebro que envolvem planejamento, inibição de comportamento, foco e outras funções executivas.[1] Um adendo importante para essa observação é o achado de que o chamado cérebro "TDAH", embora atrasado no desenvolvimento, desenvolve-se normalmente. *Ou seja, o cérebro de uma criança identificada como portadora de TDAH não é um cérebro defeituoso, incapacitado ou desordenado. É um cérebro com desenvolvimento tardio. E isso, por sua vez, significa que não devemos considerar as crianças diagnosticadas com TDAH como portadoras de um transtorno neurológico, mas como crianças que manifestam um desenvolvimento diferente.*

Isso faz muito sentido quando examinamos as estatísticas de prevalência do TDAH, ao longo do tempo, desde a infância até a vida adulta. Um estudo concluiu que a taxa de TDAH em um dado grupo diminuiu em 50% a cada 5 anos, de tal forma que uma taxa de prevalência de 4% entre as crianças (esse estudo foi feito em 1996, quando as taxas eram bem menores) decresce para 0,8% entre os adultos com 20 anos de idade, e para 0,05% entre aqueles com 40 anos de idade.[2] Um estudo mais recente sugeriu que na idade de 25 anos, apenas 15% de todos os indivíduos identificados como portadores de TDAH na infância atendem integralmente os critérios para o transtorno (perfazendo uma taxa de 0,6% de todos os adultos jovens usando os mesmos cálculos do primeiro estudo).[3] A pergunta fundamental é: "Para onde foi o TDAH?". A resposta: a maioria daquelas crianças com diagnóstico de TDAH *se livrou do transtorno ao crescer*. Elas amadureceram. Por representarem um grupo de pessoas cujos cérebros amadurecem 2 ou 3 anos mais tarde do que aqueles com desenvolvimento típico da idade, elas demoraram um pouco mais para crescer.

A ideia de que o TDAH representa uma questão de maturação cerebral também é apoiada por pesquisas que sugerem que, sendo todos os outros fatores iguais, a criança que é a mais nova de sua classe é aquela que tem maior probabilidade de ser identificada como portadora de TDAH e de ser medicada. Um estudo revelou que crianças da Islândia entre as idades de 7 a 14 anos que faziam parte do grupo de um terço dos alunos mais novos de suas classes tinham 50% mais chance do que os dois terços restantes de receberem prescrição de psicoestimulantes.[4] Outro estudo com quase um milhão de crianças entre 6 e 12 anos de idade realizado em Columbia, Inglaterra, indicou que meninos nascidos em dezembro eram 30% mais propensos a receber diagnóstico de TDAH do que aqueles nascidos em janeiro do mesmo ano (os alunos nascidos em dezembro são os mais novos de suas classes e aqueles nascidos em janeiro são os mais velhos de suas classes)*.[5] Um estudo taiwanês, que chegou às mesmas conclusões observou: "Como indicador neurocognitivo de amadurecimento, a idade relativa é crucial para determinar o risco de receber o diagnóstico de TDAH e a medicação entre crianças e adolescentes".[6] Se você é pai ou mãe de uma criança que está entre os alunos mais novos da classe, é necessário muita cautela a respeito de qualquer diagnóstico de TDAH ou recomendação de medicamentos.

O desaparecimento da infância em nossa cultura

Prestar atenção aos fatores de desenvolvimento no entendimento da epidemia de TDAH levanta uma questão mais abrangente. Em nossa cultura, já

---

* N.T.: Isso acontece por causa das regras inglesas para as matrículas escolares das crianças. O primeiro ano escolar obrigatório começa no ano em que a criança completa 5 anos.

não deixamos mais as crianças serem crianças. Esperamos que as crianças façam coisas para as quais elas não estão prontas em função de sua fase de desenvolvimento. Pensei que minha esposa, que é psicoterapeuta, estivesse brincando quando me contou que uma de suas pacientes infantis, em idade pré-escolar, tinha uma hora de tarefa escolar para fazer todos os dias. Fico constantemente alarmado com as notícias sobre o aumento da formação acadêmica e a diminuição das brincadeiras livres e das atividades exploratórias práticas em nossos jardins da infância e pré-escolas. Em um estudo recente, pesquisadores da Universidade de Virginia compararam as opiniões e experiências de professores pré-escolares de 1998 àquelas de seus colegas de 2010. Veja o que descobriram: em 1998, 31% dos professores acreditavam que as crianças do jardim de infância deviam aprender a ler; em 2010, esse número tinha disparado para 80%. Em 1998, 87% dos professores disseram que tinham *dramatic play areas** em suas salas de aula; em 2010, esse número caiu para apenas 50%. Em 1998, 20% dos professores disseram que usavam folhas de exercícios matemáticos diariamente. Isso subiu para 35% em 2010.[7] Notícias recentes apontam para um crescimento de suspensões na pré-escola, aumento do número de pais que ensinam seus filhos em idade pré-escolar para prepará-los para o jardim de infância e uma crescente quantidade de pré-escolas concentradas na aprendizagem acadêmica.[8]

Agora exigimos coisas que nem mesmo crianças com um desenvolvimento típico têm cérebros preparados para fazer, quanto mais crianças diagnosticadas com TDAH, cujos cérebros estão atrasados em 2 ou 3 anos em relação aos seus colegas. Causa realmente algum espanto que tenhamos uma epidemia de crianças com sintomas de desatenção, impulsividade e hiperatividade? Um passo importante na luta contra nossa epidemia nacional de TDAH seria a restauração dos jardins de infância e pré-escolas como lugares nos quais as crianças podem ser crianças, onde possam brincar, dramatizar, pintar, cantar, saltitar na gangorra, construir com blocos e expressar sua natureza infantil de outras maneiras criativas. Lembrem-se do significado literal da expressão "jardim de infância".

---

* N.T.: Espaços para as crianças imaginarem e agirem a partir de várias situações domésticas ou papéis sociais, tais como: balançar uma boneca, brincar de médico ou professor etc.

Décadas atrás, as crianças passavam muito mais tempo brincando na natureza, de maneira livre e não engessada, do que fazem as crianças de nossos dias. Lembro-me de brincar durante horas na rua, fora de casa, com as crianças da vizinhança, entretido em jogos de pega-pega que se estendiam por vários quarteirões da cidade, brincando de Rei da montanha, sobre montes de terra escavadas por trabalhadores em alguma obra nos arredores, construindo fortes com pedaços de madeira, realizando concertos de música imaginários (aos 5 anos, eu dublava Elvis cantando *"You ain't nothin' but a hound dog"* para um grupo de crianças do bairro) e até mesmo brincando de casamento (a turma do bairro levou minha "mulher" e eu em um pequeno carrinho vermelho para o *Dairy Queen** para a nossa "lua de mel"). De acordo com Jaak Panksepp, um destacado professor-pesquisador de psicobiologia na Bowling Green State University: "O ato de brincar atualmente está cheio de regras, e de forma crescente é organizado por adultos e parece mais e mais perdido em nossa sociedade, cada vez mais regulada e litigiosa, na qual muitas crianças têm pouca liberdade para negociar o território social em seus próprios termos".[9]

Panksepp acredita que uma das razões para o crescimento excepcional do TDAH em nossa sociedade tem relação com o declínio das atividades fisicamente mais vigorosas, tais como: caçar, escalar, lutar e brincadeiras físicas. Em experimentos com ratos que tiveram seus lobos frontais deliberadamente danificados, o professor-pequisador e seus colegas observaram sintomas similares àqueles do TDAH. Contudo, quando os ratos receberam a oportunidade de brincar, aqueles sintomas diminuíram. Panksepp também notou que quando foram administrados psicoestimulantes, os roedores ficaram menos propensos à brincadeira.[10] Ele acredita que a brincadeira livre é crucial para o desenvolvimento das funções executivas do lobo frontal relacionadas à aprendizagem social; precisamente as áreas que os especialistas em TDAH alegam estar danificadas em crianças identificadas como portadoras do transtorno de déficit de atenção e hiperatividade. Adicione a isso os recentes estudos indicando que os sintomas de TDAH realmente diminuem quando as crianças estão na natureza (ver Estratégia nº 5: Dedique um tempo à natureza), e você começará a ver como o cérebro, a função cerebral e o comportamento parecem estar diretamente ligados

---

* N.T.: Rede de sorveterias e restaurantes norte-americanos.

às mudanças de como nossas crianças têm passado seu tempo livre em nosso atual mundo complexo de alta tecnologia comparado com a maneira como o faziam 50 ou 60 anos atrás, antes que a bolha assassina fosse sequer um pequeno glóbulo.[11]

Não são cérebros "danificados", mas, sim, cérebros melhores

O que acrescenta uma tensão dramática ainda maior a essa situação insustentável baseada no desenvolvimento é que a chamada imaturidade das crianças diagnosticadas com TDAH acaba na verdade por se tornar em algo positivo. *Pode ser de fato melhor ter um cérebro atrasado do que ter um cérebro desenvolvido de forma típica.* A melhor evidência para isso vem do campo da biologia evolutiva em que um conceito chamado *neotenia* (palavra de origem latina que significa "a manutenção da juventude") coloca em primeiro lugar o comportamento juvenil. A neotenia se refere à retenção de traços juvenis durante a maturidade.[12] Stephen Jay Gould, o grande biólogo evolucionista de Harvard, saudou a neotenia como talvez o principal fator da evolução humana.[13] Ele observou, por exemplo, como um chimpanzé jovem se parece muito mais com um ser humano do que quando adulto, porque aqueles traços infantis dessa espécie não se "mantêm" na vida adulta. Nos humanos, por outro lado, o rosto pequeno, o crânio abobadado e o cérebro grande em relação ao tamanho do corpo são traços que são "retidos" na maturidade. Ele escreve: "Se os humanos evoluíram, como acredito, por meio da neotenia [...] então nós somos, em um sentido mais do que metafórico, crianças permanentes".[14]

A neotenia também tem suas dimensões psicológicas. Em seu livro *Growing Young*, o antropologista de Princeton, Ashley Montagu, sugeriu que deveríamos tentar conservar em nossa vida adulta um número de traços neotênicos infantis, incluindo: criatividade, imaginação, ludicidade, curiosidade, vitalidade, humor, capacidade de maravilhar-se e alegria.[15] Esses são traços que muitas crianças diagnosticadas com TDAH demonstram. Infelizmente, os pais e professores tendem frequentemente a considerar essas características como traços negativos: devaneios, brincadeiras mais bruscas que envolvem empurrões e agarramentos, infantilidades e impulsividade. Muitas das estratégias descritas neste livro consideram os atributos que as chamadas crianças imaturas e rotuladas com TDAH manifestam, como traços neotênicos positivos que podem servir de apoio para o bem-estar e a realização de todo o potencial dessas crianças.

O TDAH e o comportamento do adolescente: qual é a diferença?

As considerações sobre o desenvolvimento também devem impactar a maneira como olhamos os *adolescentes* diagnosticados com TDAH. As estatísticas são assustadoras. De acordo com a tabulação da CDC (Centers for Diasease Control and Prevention),[16] mais de 16% dos adolescentes do sexo masculino entre 12 e 16 anos de idade foram diagnosticados com TDAH nos Estados Unidos em algum momento de suas vidas. Lembre-se de que um dos principais componentes do mito do TDAH é que as funções executivas dos indivíduos com o transtorno (capacidade de planejamento, reflexão, inibição de impulsos, foco e assim por diante) são deficientes quando comparadas com grupos-controle com desenvolvimento típico e que essas funções estão estreitamente associadas com os lobos pré-frontais do córtex cerebral. A partir do escaneamento cerebral de adolescentes com desenvolvimento típico engajados em tarefas cognitivas, aprendemos nos últimos anos que as funções executivas do lobo frontal desses jovens estão passando por um estágio crítico de reorganização e amadurecimento.[17]

Embora, aos 15 ou 16 anos de idade, os adolescentes possam fazer juízos de cognição "fria"* sobre coisas (quando estão em um ambiente laboratorial controlado), eles têm grande dificuldade em relação à tomada de decisões quando seus colegas estão presentes ou se estão em meio a uma situação emocional (uma condição chamada *cognição quente*).[18] O ponto é que os cérebros dos adolescentes estão passando por um período importante de amadurecimento e esse é o processo de desenvolvimento *normal*. As reivindicações da comunidade do TDAH de que os lobos pré-frontais dos cérebros dos adolescentes diagnosticados com o transtorno são deficientes e de que as suas funções executivas mentais estão comprometidas não levam em consideração que praticamente todos os jovens estão passando por esse processo. A adolescência é um período repleto de

---

* N.T.: Cognição baseada em raciocínio e lógica.

paixões, péssimas decisões, falta de inibição, não obediência à autoridade e muitos outros desafios, e é provável que os comportamentos típicos do TDAH tenham uma maior associação com a condição de ser um adolescente do que com uma doença chamada transtorno do déficit de atenção e hiperatividade. E em virtude dos adolescentes com frequência rejeitarem tomar os medicamentos e interromperem a sua utilização, é especialmente importante desenvolvermos estratégias não medicamentosas apropriadas à idade para ajudá-los durante esse período desafiador de suas vidas.[19]

Por fim, tem a reação dos adeptos do TDAH que refugam diante desse tipo de análise do desenvolvimento e repreendem de forma raivosa aqueles que ousam dizer: "São apenas as dores do crescimento; ele vai se livrar disso com o tempo". Eles citam estudos prevendo que as crianças que manifestam os sintomas do TDAH aos 3 anos de idade terão esses mesmos sintomas aos 6 anos, e que, assim, deveríamos intervir o mais cedo possível para manter o TDAH sob controle.[20] Essa justificativa implica uma escolha entre, por um lado, a intervenção médica ativa, e por outro, não fazer nada. Mas essa é uma falsa dicotomia. Ninguém está dizendo: "Oh, ele vai se livrar disso com o tempo", colocando em seguida a criança em um quarto vazio por vários anos. As crianças crescem em contextos culturais que ou proporcionam suporte ou suprimem o seu desenvolvimento. Uma característica fundamental do cérebro da criança e do adolescente é sua *neuroplasticidade*.[21] Isso significa que os tipos de experiências às quais as crianças e adolescentes estão expostas durante o crescimento têm um papel crucial na determinação do cérebro que acabarão por ter. Voltaremos a esse conceito na Estratégia nº 33: Ensine ao seu filho como o cérebro funciona; mas, por ora, precisamos reconhecer que dizer algo do tipo: "Ele vai se livrar disso com o tempo", pode ser uma irresponsabilidade se não houver uma reflexão aprofundada sobre como apoiar o desenvolvimento da criança ou do adolescente. Sim, é possível que a criança se livre de seu TDAH ao crescer, mas ainda assim você precisa se certificar de que seu filho (criança ou adolescente) receberá o melhor enriquecimento social, emocional, cognitivo, físico e criativo possível. Quer você acredite em TDAH ou não, todas as crianças precisam ter um ambiente mais perto do ideal possível para apoiar seu crescimento. É esse o objetivo das 101 estratégias descritas na Parte III.

5

Razão nº 2: Não deixamos mais os meninos serem meninos

Um dos achados mais consistentes no campo do TDAH é a preponderância de meninos que são diagnosticados com o transtorno. Utilizando as estatísticas norte-americanas mais recentes que abrangem os diagnósticos de TDAH de 2011 a 2013, 13,3% de todos os meninos foram identificados como portadores do transtorno, comparado com 5,6% das meninas. Entre as idades de 12 a 17 anos, os números eram 16,3% de todos os meninos e 7,1% de todas as meninas.[1] Por que tantos meninos? Alguns sugeriram que as meninas podem ter sido pouco identificadas porque tendem a manifestar um subtipo de TDAH denominado tipo desatento. Em virtude dos sintomas desse subtipo serem em grande medida internos (esquecer coisas, ser mentalmente desorganizado, devanear etc.), eles são menos prováveis de serem observados pelos pais, professores ou médicos comparados com aqueles dos meninos, cujos comportamentos "exteriorizados" fazem com que sejam identificados com os subtipos hiperativo/impulsivo ou combinado de TDAH.[2] Outros sugeriram que pode haver uma tendência de gênero para o estudos de meninos na literatura de pesquisa do TDAH.[3] A questão é: por que os meninos são favorecidos pelos diagnosticadores quando se trata de um transtorno que envolve hiperatividade, impulsividade e/ou desatenção? A resposta pode ser encontrada em nossas concepções, decorrentes de uma cultura em transformação, de como os meninos devem atuar em nossa sociedade.

O declínio do comportamento "masculino" dos meninos

A jornalista de ciência do *New York Times*, ganhadora do Prêmio Pulitzer, Natalie Angier, sugere que o surto de TDAH pode ser decorrente do fato de que não aceitamos mais os comportamentos tradicionalmente típicos dos meninos como sendo normais. Ela escreve:

> Até recentemente, a manjada tautologia "meninos são assim mesmo"* resumia tudo o que os pais precisavam saber sobre seus pacotes de cromossomos-Y. Os meninos vão ser muito barulhentos e insuportáveis. Vão devastar a casa e quebrar as relíquias de família. Transformarão qualquer objeto que seja mais comprido do que largo em uma arma a *laser* com oito configurações, que podem desde paralisar até vaporizar qualquer coisa. Eles vão pular, contar vantagens e lorotas, deixar de fazer a lição de casa e deixar suas cuecas encardidas no chão do banheiro. Mas também serão... meninos. Serão aventureiros e corajosos. Quando caírem, vão levantar, dar uma cusparada cavalheiresca para o lado e vão tentar novamente... [...] Mas hoje, ser até mesmo uma versão pálida desse antigo menino é correr o risco de ver-se sob o escrutínio de pais, professores, orientadores escolares, terapeutas infantis — todos atentos para os vislumbres iniciais de uma síndrome médica, um autêntico transtorno de conduta... Está inquieto, impulsivo, problemático, facilmente entediado? Talvez esteja sofrendo do transtorno de déficit de atenção e hiperatividade, ou TDAH, a doença do momento e o transtorno comportamental mais frequentemente diagnosticado na infância.[4]

No início dos anos 1990, quando estava escrevendo uma coluna mensal para a revista *Parenting*, o psicólogo do desenvolvimento David Elking me disse em uma entrevista algo muito similar ao que Angier estava dizendo: que aquilo que costumávamos chamar de comportamento típico de um menino estava sendo patologizado: transtorno de déficit de atenção. E tudo isso muito antes que 13,3% dos meninos estivessem sendo rotulados com TDAH.

---

* N.T.: Em inglês, a frase é "boys will be boys".

Viva a diferença do cérebro

Sob o risco de parecer um simplório, permita-me dizer isto: os meninos são diferentes das meninas. Os cérebros delas amadurecem antes dos deles; em alguns aspectos, até mesmo dez anos mais cedo.[5] Isso parece familiar? Sim, como discutimos no capítulo anterior, os cérebros das crianças com desenvolvimento típico amadurecem anos antes dos cérebros daquelas diagnosticadas com TDAH. Alguém que acredita que o cérebro de um menino deve amadurecer praticamente na mesma idade que o da menina provavelmente ficará desapontado em relação a essa expectativa e começará a considerar o cérebro do menino como algo fora de ordem, em especial naquelas regiões em que o órgão amadurece por último (não antes do início da vida adulta): as áreas de funções executivas do córtex pré-frontal.[6] Existem também diferenças qualitativas em áreas específicas do cérebro baseadas no sexo, especialmente naquelas áreas em que há muita densidade de receptores hormonais de esteroides sexuais, incluindo diferenças sexuais no hipocampo direito (importante para a aprendizagem e a memória), a amígdala bilateral (envolvida no status social e na experiência de emoções fortes como a alegria e a raiva), e massa cinzenta cortical (o maior componente do sistema nervoso central).[7] Essas diferenças neurológicas básicas na taxa de maturação e na estrutura cerebral levam diretamente a grandes diferenças de comportamento e em características psicológicas entre meninos e meninas.

Meninos na idade pré-escolar se envolvem em atividades físicas vigorosas mais do que as meninas.[8] Nas tarefas de linguagem, precisam empregar múltiplas áreas do cérebro (visual ou auditiva), dependendo de como as palavras são apresentadas, enquanto elas utilizam rede neural unificadora da linguagem para processar as palavras.[9] Os meninos não são adaptados como as meninas na autorregulação das emoções (tal como o uso efetivo de estratégias de enfrentamento para lidar com o estresse).[10] Os meninos são menos capazes de inibir comportamentos do que as meninas, que demonstram um controle mais empenhado sobre suas ações.[11] E talvez o dado mais significativo, em um estudo com 111 meninas e 111 meninos, eles tiveram um desempenho pior do que elas em tarefas que envolviam atenção e planejamento.[12] E lembre-se, estamos falando sobre crianças com um desenvolvimento típico.

A perspectiva de gênero na sala de aula

Deve ser evidente, de imediato, que todas as coisas em que as meninas são melhores do que os meninos são precisamente os tipos de comportamento e habilidades que são necessárias nas salas de aula típicas de educação infantil, pré-escola e ensinos fundamental e médio. Adicione a isso o fato de que os estágios iniciais da vida escolar (pré-escola e ensino fundamental) são dominados por professoras (mulheres), e torna-se claro que o campo de jogo está inclinado fortemente a favor do melhor desempenho das meninas em relação aos meninos, e também da sua menor manifestação de sintomas de TDAH. Utilizando as estatísticas de 2015, 96,8% dos professores de educação infantil e pré-escola e 80,7% dos professores do ensino fundamental são mulheres.[13] Em um estudo sobre as atitudes de professor de pré-escola em relação ao jogar, as professoras são mais propensas a valorizar o jogo calmo e enfatizar a importância do desenvolvimento social, ao passo que os professores (homens) tendem a ressaltar a importância do desenvolvimento físico no jogo.[14] Em outro estudo, foi observado que os médicos têm uma maior tendência a diagnosticar um menino com TDAH do que uma menina, mesmo quando a criança do sexo masculino não atende a todos os critérios para o diagnóstico.[15] No ambiente doméstico, a pesquisa sobre o TDAH é dominada quase inteiramente por relatos e envolvimento das mães, e quando os pais desempenham algum papel, é geralmente o de minimizar os aspectos médicos do diagnóstico de TDAH e de ser contrário ao uso da medicação para o tratamento de seu filho.[16] Todos esses estudos se somam ao fato de que *ser um menino é um fator de risco para receber o diagnóstico de TDAH e a prescrição para o remédio psicoestimulante*. Se deixássemos, uma vez mais, os meninos serem meninos em nossa cultura, é provável que as taxas de TDAH diminuíssem bruscamente em todas as faixas de idade.

6

Razão n° 3: "Desempoderamos" nossas crianças na escola

Falando, ao longo dos anos, com pais de crianças diagnosticadas com TDAH, ouvi frequentemente mães dizendo: "Nós retiramos sua medicação nas férias de verão e nos fins de semana". Também ouvi algo similar de médicos que se referem à concessão de umas "férias dos medicamentos" para essas crianças. Quando escutei pela primeira vez sobre essas férias, me perguntei: "O que as férias de verão e os fins de semana têm em comum?". A resposta ocorreu-me imediatamente: *"Não tem escola"*. As implicações pareciam-me quase bastante perturbadoras para contemplar: os médicos estão prescrevendo medicamentos para crianças para conformá-las às exigências que lhe são feitas pela educação contemporânea. Nesse sentido, as medicações para TDAH parecem funcionar como as substâncias de desempenho que atletas tomam (frequentemente de forma ilegal) para aumentar suas capacidades em um determinado esporte. Mas eu sabia que não poderia ser algo tão simples. Os sintomas do TDAH devem ser observados tanto na escola quanto em casa. Mas se isso é verdade, então, por que tantos pais suspendem a medicação de seus filhos quando eles não têm escola? Por que os pais não os mantêm sob a ação de psicoestimulantes em casa nos períodos em que não há aulas? Como alguém que foi professor de educação especial por vários anos, trabalhando com crianças que tinham problemas de aprendizagem, comportamento e atenção, eu já sabia a resposta. As crianças precisavam dos fármacos para ficar sentadas por longos períodos em suas carteiras ouvindo as aulas dos professores. Necessitavam dos remédios para se concentrar nas "mecanizadas" folhas de tarefa e textos escolares escritos por conselhos pedagógicos, os quais os professores se encarregavam de aplicar. Tinham a necessidade dos medicamentos para prestar muita atenção às questões de uma prova padronizada muito importante para a sua vida escolar. De modo contrário, *não precisavam delas* quando estavam jogando basquete em um centro comunitário, ou durante a caminhada na mata com a família, ou plantando flores no jardim, ou praticando luta livre com um vizinho, ou envolvido em um projeto de arte com um irmão ou irmã, ou divertindo-se com jogos de tabuleiro entre amigos.

Então comecei a perceber que uma grande parte dos diagnósticos de TDAH e da utilização de medicamentos pareciam ter muito a ver com a própria escola e com a maneira particular como essa instituição era conduzida. As crianças das minhas salas de aula de educação especial estavam muito mais envolvidas e tinham menos sintomas de TDAH quando estavam envolvidas na criação de teatros de fantoches, ou cantando, ou desenhando figuras, ou construindo cidades de argila, ou, em um caso, pescando em um lago perto de minha casa depois das aulas. Neste último caso, lembro-me particularmente de um menino que era um terror absoluto na sala de aula sempre que lhe era solicitado fazer algum dever sentado (tais como responder questões de tarefa, apostilas e livros escolares), transformando-se em um menino muito educado e agradável durante nossas escapadelas para pescar.

Aulas tediosas podem estar causando os sintomas de TDAH

Então, talvez, os remédios para TDAH não sejam simplesmente "medicações de adaptação escolar", mas de forma mais apropriada "medicação de adaptação para péssimas práticas escolares". Digo isso como um educador com mais de 40 anos de experiência que entende que o melhor tipo de aprendizagem é a *aprendizagem ativa*, em que as crianças são envolvidas em atividades de aprendizagem manuais, experienciais, colaborativas, reais e criativas, que lhes exigem construir novas ideias e fazer novas conexões para problemas práticos que estão presentes no mundo real. Meus heróis na área da educação que apontaram o caminho para o modo como nossas escolas deveriam funcionar incluem Maria Montessori, John Dewey,

Jean Piaget, Jerome Bruner, John Holt, Jonathan Kozol, Howard Gardner, Deborah Meier, Susan Ohanian e Alfie Kohn.[1] Contrasto esse tipo de abordagem ativa da aprendizagem com o que chamaria de "as piores práticas de aprendizagem", nas quais os estudantes ficam sentados a maior parte do dia em suas carteiras ouvindo exposições insípidas, preenchendo folhas de tarefas para descerebrados, fazendo testes à base de papel e lápis e engajados em aprendizagem "mecânica" (i. e., memorizando). Se houvesse um único momento em uma sala de aula que resumisse esse tipo de abordagem educacional, seria o ator Ben Stein palestrando sobre a lei tarifária Hawley-Smoot* para estudantes do ensino médio no filme *Curtindo a vida adoidado* (1986):

> Em 1930, na Câmara dos Deputados, com maioria do Partido Republicano, em um esforço para aliviar os efeitos da... Alguém sabe? Alguém? ...da Grande Depressão passou a... Alguém? Alguém sabe? A lei tarifária? A lei tarifária Hawley-Smoot? Que..., alguém? Aumentou ou diminuiu? Aumentou os impostos...[2]

Acontece que as crianças diagnosticadas com TDAH têm problemas reais com as piores práticas de aprendizagem, mas respondem muito favoravelmente às "melhores práticas" pedagógicas. Um dos primeiros (e em minha opinião, ainda o único) pesquisadores da comunidade de TDAH que reconheceram isso foi Sydney S. Zentall, uma professora de educação especial da Purdue University. Ao longo dos últimos 40 anos, ela acumulou uma quantidade de artigos publicados que dão suporte à ideia de que crianças diagnosticadas com TDAH requerem *um nível mais alto de estimulação ambiental* do que aquelas com desenvolvimento típico. Refere-se a isso como "a teoria da estimulação ideal".[3] Assim como os psicoestimulantes acalmam as crianças diagnosticadas com TDAH, a estimulação dentro da sala de aula também pode ajudá-las a focar e tornar-se mais envolvidas com o material didático. Sua pesquisa revela, por exemplo, que as crianças identificadas como portadoras de TDAH têm melhor desempenho acadêmico e comportamental quando podem engajar-se em verbalizações

---

* N.T.: *Smoot-Hawley Tariff Act* é uma lei tarifária norte-americana protecionista de 1930 que determinou o valor da tarifa sobre produtos importados.

espontâneas e quando as cores são usadas para realçar as informações.[4] Outro estudo em que estava envolvida indicou que uma simples oferta aos estudantes diagnosticados com TDAH de uma pequena opção de fazer tarefas informatizadas de matemática, nas quais uma voz enunciava o problema e depois mostrava um *feedback* visual das suas respostas, era suficiente para "normalizar" seu desempenho.[5]

Outros pesquisadores descobriram a mesma coisa. Em um estudo, crianças da primeira à quarta série foram emparelhadas e divididas em dois grupos, um com crianças diagnosticadas com TDAH e o outro como grupo-controle. Os grupos foram então observados durante as aulas regulares. Os pesquisadores se concentraram no desempenho dos dois grupos sob duas condições de aprendizagem: 1) quando envolvidos em uma aprendizagem passiva (escutar uma aula, leitura silenciosa de um livro, olhar para uma folha de tarefa); e 2) quando empenhados em uma aprendizagem ativa (escrita, leitura em voz alta, conversa com um professor ou colega sobre o assunto em questão). Os resultados indicaram que, na situação de aprendizagem passiva, os alunos do grupo identificado com TDAH exibiram menores índices de envolvimento acadêmico e maiores de respostas não relacionadas à tarefa pedagógica comparados aos do grupo-controle. Nenhuma surpresa. Mas o interessante foi a constatação de que não havia diferenças entre os dois grupos quando *todos* estavam envolvidos na condição de aprendizagem ativa (os observadores não sabiam quem estava ou não identificado como portador de TDAH — estavam "cegos" para esse fato). Em outras palavras, quando estavam ativamente envolvidas na aprendizagem, as crianças rotuladas como portadoras de TDAH eram indistinguíveis das crianças consideradas normais. Os autores do estudo concluíram dizendo: "Embora todos os estudantes se beneficiem do aumento de oportunidades de responder de forma ativa aos suportes didáticos, isto é especialmente verdadeiro para os alunos com TDAH".[6]

O que me surpreende é *quão pequenas precisam ser as mudanças para normalizar os comportamentos de crianças diagnosticadas com TDAH*. Os educadores deveriam estar fazendo *muito mais* do que isso. Eles deveriam estar envolvendo as crianças identificadas como portadoras de TDAH em projetos de construção manual, desenvolvimento de invenções, realização de passeios, arte criativa, entrevistas com membros da comunidade, produção de investigações ecológicas, organização de debates, formação de uma organização modelada na ONU e muito mais. Mas temos que responder a uma grande questão: em que medida esses tipos de aprendizagem estimulante estão sendo aplicados para *todas* as crianças nas escolas? A resposta é "muito raramente". Na verdade, as piores práticas educacionais são ainda mais prevalentes do que eram décadas atrás quando Zendall iniciou seu trabalho. Nesse fato, reside a grande razão para o aumento massivo de diagnósticos de crianças com TDAH. Permitam-me explicar por que isso é assim contando uma história triste sobre o que aconteceu com a educação norte-americana ao longo dos últimos 50 anos.

Um conto triste: a educação norte-americana ladeira abaixo — 1966-2016

Nos anos 1960 e 1970, impulsionada pelo trabalho de pensadores como John Holt, Jerome Bruner, Jonathan Kozol e outros educadores progressistas, a educação dos Estados Unidos estava viva com iniciativas positivas e ativas que incluíam educação aberta, aprendizagem de artes expressivas, educação afetiva, escolas sem paredes e outras formas de aprendizagens centradas no estudante. Em 1983, contudo, o ministro de educação Terrell Bell publicou um relatório nacional da National Comission on Excellence in Education, chamado "Uma nação em risco", que criticava os padrões medíocres da educação do país. O relatório observava: "Se um poder estrangeiro hostil tivesse tentado impor sobre os Estados Unidos o desempenho educacional medíocre atual, veríamos isso como um ato de guerra". O relatório solicitava um currículo mais rigoroso, exigências acadêmicas mais severas e padrões mais altos.[7] Nesse momento, a maré começou a mudar da aprendizagem centrada no estudante para a aprendizagem dirigida pelo professor, da aprendizagem para o teste, da exuberância na aprendizagem para a prestação de contas sobre o conteúdo aprendido. Durante os anos 1990, uma série de conferências foi convocada e assistida por governadores, executivos de grandes corporações e funcionários federais que deu início à elaboração de um conjunto de iniciativas destinado a criar uma legislação nacional para um sistema de educação mais responsável e dirigido pelos professores.

Esse esforço alcançou seu ápice com a passagem da lei norte-americana *No child left behind*, promulgada pelo Presidente George W. Bush em janeiro de 2002. Essa lei exigiu que as escolas dos Estados

Unidos fizessem "avanços anuais adequados" em direção a provas padronizadas ou enfrentariam penalidades severas. Em 2009, um esforço para a ampliação da reforma escolar foi iniciado por governadores e superintendentes estaduais de educação com o estabelecimento da *Common Core State Standards Initiative*. Foi uma medida destinada a estabelecer um conjunto uniforme de parâmetros curriculares do jardim de infância até a última série do ensino fundamental a ser adotada em todos os estados americanos.

Ao tomar posse em 2009, o presidente Barack Obama criou um novo programa federal chamado *Race to the Top*, que concedia verbas federais para os estados que se envolviam nas reformas educacionais, tais como:

- Estabelecimento de sistemas de dados para rastrear o desempenho dos estudantes.
- Criação de um componente de valor-agregado para a avaliação do desempenho dos professores, baseado, em parte, nos resultados dos respectivos estudantes em testes realizados.
- Estabelecimento de programas acadêmicos solidamente fundamentados no *Common Core State Standards*.

Em 2015, por fim, o Congresso aprovou a lei *Every Student Succeeds Act (ESSA)*, que substituiu a lei *No child left behind* e deu maior flexibilidade aos estados para determinar a qualidade das escolas, mas ainda dentro dos padrões rigidamente determinados — um sistema de aprendizagem com prestação de contas, dirigido pelo professor, orientado pelos testes.

O que torna essa história tão triste é sua ênfase nos testes padronizados, seu foco na uniformidade do currículo acadêmico, sua conversão dos alunos em fontes de dados e seu método de avaliar os professores a partir dos resultados dos testes dos alunos.

Mesmo se tentássemos intencionalmente, não conseguiríamos criar um ambiente de aprendizagem mais sombrio, que trabalha para sufocar a expressão de energias criativas, estreitar o alcance da realização humana, entorpecer a curiosidade natural das crianças, suprimir o prazer nato de aprender de toda criança e ignorar a enorme diversidade de métodos disponíveis para introduzir os estudantes nesse incrível mundo que nos rodeia.

Crianças diagnosticadas com TDAH: nossos canários na mina de carvão?

Esse tipo de "currículo de prestação de contas" é ruim para *todas* as crianças. Como ex-assistente da Secretaria de Educação dos Estados Unidos, Diane Ravitch observou: "O que estamos ensinando atualmente é obediência, conformidade, cumprimento de ordens... Certamente não estamos ensinando nossas crianças a pensar fora da caixinha".[8] Mas os estudantes que sofrem de maneira particular são aqueles que tem a maior aversão neurobiológica a uma aprendizagem cuja abordagem está centrada na realização de testes de apostilas e livros didáticos.

Estou falando sobre crianças as quais rotulamos como portadoras de TDAH e medicamos muitas vezes porque as escolas não conseguiram estimulá-las da maneira ideal. Existe uma crescente literatura científica que corrobora essa visão. Um recente artigo publicado na *Pediatrics*, uma revista da American Medical Association, por exemplo, postulou uma conexão entre a pressão para o sucesso acadêmico que ocorreu ao longo das últimas duas ou três décadas e o aumento de número de crianças diagnosticadas com TDAH. Os autores escrevem: "Não é de surpreender que o aumento das exigências acadêmicas levasse ao diagnóstico de TDAH. Embora seja uma condição neurobiológica com causas genéticas, o TDAH é definido por comportamentos que dependem da idade, relacionado às demandas do ambiente e que ocorre em um espectro de comportamentos típicos das crianças. O diagnóstico é baseado principalmente nos relatos de professores e cuidadores, que podem ser influenciados pelas expectativas de comportamento. Enquanto as crianças pequenas enfrentarem demandas acadêmicas crescentes, algumas serão vistas como desajustadas e serão diagnosticadas como portadoras de TDAH".[9] Outro estudo revelou que aquilo que é verdadeiro para crianças menores também é válido para aquelas com idade entre 6 e 13 anos. Utilizando os relatórios da *National Survey of Children's Health* de 2003, 2007 e 2011, os pesquisadores descobriram que as crianças abaixo ou próximas da linha de pobreza, em estados que promulgaram as leis de prestação de contas educacionais depois do programa *No child left behind*, tinham maior probabilidade de serem diagnosticadas com TDAH quando comparadas com aquelas de mesmo nível socioeconômico de estados que passaram essas leis anos antes.[10] Um estudo posterior apresentou a mesma descoberta de forma mais contundente: "As crianças de estados com leis de responsabilidade mais rigorosas são mais propensas a serem diagnosticadas com o transtorno de déficit de atenção e hiperatividade (TDAH) e consequentemente a receber prescrição de remédios psicoestimulantes para controlar esses sintomas".[11]

Então, o que crianças rotuladas como portadoras de TDAH têm a dizer sobre sua experiência de aprendizagem nas salas de aula atuais sob o regime de prestação de contas mais rigoroso? De acordo com uma pesquisa, as crianças diagnosticadas com TDAH relatam sentir menos apoio à sua autonomia, sentem-se menos vinculadas a seus professores e menos capazes na sala de aula quando comparadas com seus colegas não diagnosticados com o transtorno. Eles também perceberam suas salas de aula como ambientes mais controladores.[12] Para aqueles que podem dizer "Essas são as salas de aula que temos e as crianças diagnosticadas com TDAH têm que adequar-se ao programa e tomar seus medicamentos para o transtorno, se é isso o que lhes é exigido", deve-se ressaltar que as crianças não são programadas pela natureza para aprender dessa maneira. Nas comunidades ancestrais de caçadores e coletores, as crianças aprendiam as habilidades de sua cultura por meio do envolvimento direto com o mundo natural. Muito dessa aprendizagem acontecia durante as brincadeiras. As crianças tinham que aprender como navegar em seu mundo, identificar plantas, fazer ferramentas, cozinhar e instruir-se em muitas outras habilidades manuais. Agora, subitamente, elas têm que ficar sentadas por longos períodos olhando para uma lousa cheia de pequenos registros e riscar essas marcas em pedaços de papel com finos bastões de madeira. É de espantar que tenhamos um número crescente de crianças com a atenção vagando por coisas que lhes são muito mais interessantes? Nas comunidades de mineradores de carvão, era tradicional para os mineiros levar uma gaiola com um canário junto com eles para a mina. Se o oxigênio dentro da escavação começasse a diminuir por algum tipo de bloqueio ou por causa de gases tóxicos, os canários, tendo menos capacidade respiratória que os humanos, cairiam do seu poleiro. Isso alertaria os mineiros de que não havia ar suficiente para respirar e eles poderiam sair da mina a tempo. As crianças diagnosticadas com TDAH são os nossos canários das minas de carvão, avisando-nos que não existe ar suficiente para respirar nas nossas salas de aula e que é melhor começar a trabalhar rapidamente e construir salas de aula mais humanas, divertidas e envolventes antes que as paredes de nossa cultura desmoronem completamente.

7

Razão nº 4: Transmitimos nosso estresse a nossos filhos

Um componente fundamental do mito do TDAH é a afirmação de que se trata de um transtorno neurobiológico. O "fato" é conveniente porque isola o transtorno de qualquer mácula de associação com problemas familiares, criação familiar deficiente, abuso infantil, pobreza e outras doenças sociais. Os defensores do TDAH continuam a dizer repetidas vezes em resposta aos críticos: o TDAH não é causado por uma criação familiar deficiente. Se houver sugestões de uma vida familiar estressante na casa de uma criança diagnosticada com TDAH, esses defensores do transtorno frequentemente concluem que a criança é a provável causadora do estresse da família por causa do seu comportamento descontrolado, desobediente, irrequieto e/ou desorganizado.[1] Quando digitei os termos *criança* e *TDAH* no Google Acadêmico, descobri que a maioria esmagadora dos artigos de revistas científicas estava relacionada à criança como causadora do estresse dos pais, e não aos pais como responsáveis pelo estresse do filho. Mas os psicólogos Soly Erlandsson e Elizabeth Punzi mencionaram a crença de Françoise Dolto, uma psiquiatra e psicanalista infantil francesa, de que "o pai/mãe que está profundamente incomodado com o comportamento do filho é quem precisa de tratamento". Erlandsson e Punzi continuam:

> Hoje, no entanto, a mudança de foco da criança para os pais é percebida quase como uma ameaça não apenas a estes, mas também, ironicamente, aos especialistas em TDAH. Não é culpa dos pais que seu filho esteja agindo de forma divergente. Tais problemas de comportamento na criança podem, contudo, estar ligados a uma situação

desequilibrada dentro da família e ao histórico familiar. Em vez de examinar a dinâmica familiar e as disfunções ocultas dos pais, com certeza é menos complicado colocar a culpa na criança.[2]

Certamente não é minha intenção culpar os pais pelos diagnósticos de TDAH de seus filhos. Mas também considero inaceitável culpar a vítima (a criança) pelo impacto de seus comportamentos de TDAH sobre os familiares. Como psicólogo acadêmico, estive mergulhado por décadas em uma literatura científica que considera fundamentais os acontecimentos iniciais dos anos de desenvolvimento de uma criança — especialmente aqueles que envolvem os pais. Estes têm uma enorme influência formativa que afeta o comportamento e a personalidade dos filhos e tem consequências futuras pelo resto de suas vidas. Meus mestres que me levaram a essa perspectiva incluem, entre outros, Sigmund Freud, Carl Jung, Alfred Adler, Erik Erikson, John Bowlby, Carl Rogers e Albert Bandura.[3] Não há praticamente nenhuma menção desses pensadores fundamentais na literatura sobre o TDAH. Em seu lugar, se o assunto dos pais é levantado em livros e artigos de revistas científicas sobre o transtorno (o que é frequente), a discussão gira em torno de como ajudar os pais a lidar com a doença da criança identificada com o TDAH, a explicar o transtorno para a criança, como usar estratégias de modificação de comportamento para controlar os sintomas da criança, como lidar com a adesão à medicação, como se comunicar e cooperar com a escola em relação ao comportamento TDAH da criança, e, claro, como enfrentar as dificuldades apresentadas pelo papel desempenhado pela criança identificada com o TDAH na criação do estresse familiar.[4] Nos últimos 5 anos, porém, tem surgido uma crescente literatura focada na ideia de que os ambientes que cercam a criança, e em particular a presença de pobreza, estresse, censura dos pais e/ou trauma e abuso, podem ser fatores significativos que contribuem para um diagnóstico de TDAH. Neste capítulo, observo uma parte dessa literatura e examino o que ela pode nos dizer sobre a epidemia de TDAH nos Estados Unidos e ao redor do mundo.

A adversidade como um gatilho para o TDAH

Se uma criança cresce em um ambiente em que os pais brigam por questões financeiras, onde o uso de drogas é habitual e a violência ocorre diariamente — como com frequência é o caso em áreas de pobreza — então a capacidade de autorregular as emoções, concentrar-se nos estudos, determinar objetivos e dedicar-se a outras funções executivas importantes pode ser muito diminuída. Uma recente revisão sistemática dos estudos sobre fatores psicossociais no TDAH revelou que dos 42 trabalhos sobre esse assunto, cerca de 35 acharam uma clara associação entre desvantagem socioeconômica e TDAH. Os dados sugeriram que as crianças de famílias de status socioeconômico (SSE) baixo tinham entre 1,85 e 2,21 vezes mais chances de serem diagnosticadas com TDAH do que aquelas de famílias de alto SSE.[5] Outros estudos demonstraram que o nível do SSE é que havia contribuído para o diagnóstico de TDAH, e não os sintomas de TDAH da criança que levaram a família à pobreza.[6]

Os fatores essenciais nas famílias de baixo SSE que contribuem para um diagnóstico de TDAH são tabagismo materno durante o período pré-natal, conflito familiar e apego materno insatisfatório. Outros fatores incluem crueldade entre cônjuges, abuso de substâncias, comportamento criminal dos pais e falta de envolvimento dos pais com o filho.[7] Uma pesquisa com mais de um milhão de crianças de crianças na Suécia observou uma associação entre jovens mães solteiras com (fatores vinculados com baixo SSE) e um diagnóstico de TDAH em uma ou mais crianças.[8] Os estudos também mostraram que crianças em projetos de acolhimento familiar/adoção têm três vezes mais chances de receber diagnóstico de TDAH do que aquelas que não estão nessa situação.[9]

Os pais ou cuidadores fornecem o modelo de formação básico para o desenvolvimento social, emocional e cognitivo da criança. Se essa relação é prejudicada por interações disfuncionais, então os sintomas de TDAH podem ser uma consequência. Certa pesquisa, por exemplo, sugere que se uma criança é exposta a altos níveis de crítica dos pais, menos ela está propensa a vivenciar a remissão dos sintomas de TDAH que frequentemente acontece quando a criança passa da adolescência para o início da vida adulta (um desenvolvimento que exploramos no Capítulo 3).[10] Outras pesquisas apontam para o papel do trauma emocional inicial como um fator que contribui para o diagnóstico do TDAH. Um trabalho feito a partir do *National Longitudinal Study of Adolescent Health* (Estudo Nacional Longitudinal da Saúde do Adolescente), por exemplo, revelou associações entre o TDAH do tipo desatento com negligência, abuso físico e mesmo abuso sexual autorrelatados por pais ou cuidadores.[11] Outro estudo com 13.054

adultos realizado a partir do *Canadian Community Health Survey* (Pesquisa de Saúde Comunitária Canadense), de 2005, indicou que a probabilidade de ser diagnosticado com TDAH era sete vezes maior se o indivíduo tivesse sido abusado na infância, depois de controlar os grupos para idade, raça, gênero, divórcio, vício em drogas e longo desemprego parentais.[12]

O estresse da violência pode ser um importante fator que contribui para as anormalidades estruturais e funcionais do cérebro infantil encontradas em crianças diagnosticadas com TDAH. Como a especialista britânica em saúde infantil, Elspeth Webb, diz: "As crianças expostas à violência precocemente mostram respostas alteradas para o confronto e o conflito; em essência, elas estão "programadas" (*hard-wired*) para serem ansiosas, distraíveis, altamente agitadas e, em situação de conflito, agressivas de forma impulsiva... Essas crianças apresentam hiperatividade, distraimento e agressividade impulsiva, e, desse modo, é fácil perceber como podem preencher os critérios para o diagnóstico de TDAH".[13] Um estudo revelou que a grande exposição ao estresse resultava em maiores níveis de liberação de norepinefrina (o neurotransmissor regulado pelo Strattera®, entre outros medicamentos) e que isso, por sua vez, estava associado a um baixo desempenho em atenção em indivíduos diagnosticados com TDAH".[14] Durante encontros estressantes, o eixo hipotálamo-hipófise-adrenal (HHA), decisivo para a regulação de nossas respostas às experiências estressantes da vida, torna-se deficiente, e áreas do sistema límbico, incluindo o hipocampo (importante para memória e aprendizagem), começam a demonstrar anormalidades. De forma similar, um trauma tem um impacto negativo no sistema dopaminérgico cerebral, que é o principal neurotransmissor alvejado pelos medicamentos para o TDAH.[15] Finalmente, há evidências de que as funções executivas associadas com o córtex pré-frontal são danificadas por experiências traumáticas precoces.[16]

A grande cortina de fumaça do TDAH

Uma das consequências da negação crônica da comunidade do TDAH sobre o papel do conflito familiar e da adversidade social nos sintomas do transtorno é que essas condições tendem, assim, a ser varridas para baixo do tapete, enquanto os problemas manifestos — os sintomas da criança — são controlados com medicamentos que proporcionam apenas um alívio temporário, e as questões mais profundas não são enfrentadas. Como afirmou L. Alan Sroufe, pesquisador-chefe de um estudo de 40 anos com 200 crianças nascidas na pobreza:

> "Descobrimos que o ambiente da criança é preditivo do desenvolvimento dos problemas do transtorno de déficit de atenção... Muitas crianças abastadas são também diagnosticadas com TDA. Os problemas comportamentais nas crianças têm muitas causas. Entre elas estão estresses familiares como violência doméstica, falta de apoio social de amigos ou familiares, situações de moradia caóticas, incluindo mudanças frequentes e, especialmente, padrões de intrusividade parental que envolve estimulação para a qual o bebê não está preparado. Por exemplo, um bebê de 6 meses de idade está brincando e o pai/mãe o pega rapidamente por trás e o mergulha no banho. Ou uma criança de 3 anos de idade está ficando frustrada por não conseguir resolver um problema e o pai ou a mãe a ridiculariza ou a insulta. Práticas como essa estimulam excessivamente e ainda comprometem o desenvolvimento da capacidade de autorregulação da criança."

Sroufe prossegue dizendo que medicar uma criança não aborda essas questões mais profundas: "Medicar as crianças, em primeiro, lugar, não faz nada para mudar as condições que lhes tiram dos trilhos a capacidade de desenvolvimento. Essas condições ainda estão recebendo pouca atenção. Os responsáveis pelas decisões políticas estão tão convencidos de que as crianças com déficits de atenção têm uma doença orgânica que praticamente suspenderam a busca por um entendimento compreensivo do transtorno".[17]

TDAH: nem tudo está nos genes

Isso não é o mesmo que dizer que fatores orgânicos não têm um papel no desenvolvimento dos sintomas do TDAH. Mas é quando as condições ambientais adversas interagem com as vulnerabilidades genéticas que os sintomas do TDAH podem se manifestar. Um estudo encontrou uma relação entre a variação no gene do transportador da serotonina (5-HTTLPR) e a intrusividade dos cuidadores (em oposição a um cuidado adequado, caloroso, afetuoso e apoio físico e emocional) na produção de sintomas de TDAH em um grupo de crianças em idade pré-escolar de instituições.[18] Outro estudo mostrou que o alelo de sete repetições *DRD4* (uma versão do gene do receptor de dopamina associado com o diagnóstico de TDAH) aumenta a suscetibilidade da criança para se envolver em "busca de sensações"* em resposta à baixa qualidade de cuidado parental recebido tais como raiva, rejeição e/ou estima negativa da criança pelos pais.[19]

Ter um filho diagnosticado com TDAH não significa que você seja um abusador infantil ou um pai ou mãe medíocre ou negligente. Contudo, esses estudos devem nos despertar para o fato de que o TDAH não é um tipo de falha genética nata que transforma crianças em ameaças familiares, mas sim que fatores psicossociais desempenham um importante papel na gênese de hiperatividade, falta de atenção e impulsividade. Quando uma criança vivencia sintomas evidentes de depressão ou ansiedade, os pais e profissionais de saúde mental geralmente são rápidos em começar a procurar eventos na vida dessa criança que possam explicar esses sintomas em vez de, precipitadamente, lançar mão da medicação que os interromperia (embora os medicamentos possam ser, e, em muitos casos são, uma parte importante do tratamento de transtornos de humor e ansiedade). O mesmo deveria acontecer quando a criança apresenta sintomas de hiperatividade, desatenção e impulsividade. Se mais atenção se concentrasse na contribuição que o impacto de experiências adversas de vida tem sobre a origem do TDAH, haveria menos urgência em fazer os sintomas desaparecerem com um comprimido e muito mais disposição para a utilização de estratégias não medicamentosas para fortalecer a vida social e emocional da criança e criar experiências positivas que beneficiariam todos os familiares.

---

* N.T.: Tendência da pessoa para procurar a novidade, a variedade e a complexidade, sensações e experiências intensas e a vontade de correr riscos pelo prazer de tais experiências.

8

Razão nº 5: Deixamos nossos filhos consumirem muito lixo midiático

Era inevitável que acontecesse. Novas pesquisas revelam que atualmente os seres humanos têm uma capacidade de atenção mais curta do que a de um peixe-dourado. A capacidade média de atenção das pessoas caiu, nos últimos 15 anos, de 12 segundos no início do milênio para 8 segundos em 2015 (o peixe-dourado pode manter seu foco de atenção cerca de 9 segundos).[1] Agora, faça este pequeno experimento. Acesse o YouTube® e assista a um episódio da série televisiva de 1956 *The Honneymooners* chamado "A Dog's Life".[2] Enquanto assiste, conte o número de mudanças de cena e de enquadramento, deslocamentos físicos, alterações sonoras, de situação e emocionais (*alerta de spoiler: a ação acontece em um único quarto durante os primeiros 11 minutos*). Então acesse o trailer do filme *Nerve: um jogo sem regras*, de 2016, sobre um aluno do ensino médio que entra em um jogo de realidade virtual *on-line* do tipo verdade ou desafio (menos a verdade).[3] Repita o mesmo procedimento de contagem anterior. Consegue fazer isso? Muito rápido? Vários anos atrás, especialistas em mídia começaram a falar em "sacudidas por minuto" como uma maneira de medir as mudanças que ocorrem em uma tela de um momento para o outro. O Center for Media Literacy, em Malibu, Califórnia, definiu "sacudida" como "o momento de excitação gerado por uma risada, uma ação violenta, uma perseguição de carro, um corte rápido de enquadramento — qualquer incidente acelerado que atrai espectador ao programa".[4] Com o ritmo turbinado da mídia contemporânea faz mais sentido falar em "sacudidas por segundo". Está me acompanhando?

Tenho outra pergunta: algo disso teria a ver com um transtorno cujas duas primeiras palavras do nome são déficit de atenção? Bem, de acordo com a comunidade TDAH, não. Na verdade, a Declaração Internacional de Consenso sobre o TDAH, assinada por mais de 80 especialistas, negou especificamente qualquer papel dos meios de comunicação na origem do TDAH quando fustigaram os críticos que alegam "que quaisquer problemas comportamentais associados ao TDAH são simplesmente o resultado de problemas domiciliares, *tempo excessivo vendo televisão ou jogando videogames*, dieta, falta de amor e atenção, ou intolerância da escola ou do professor".[5] Já vimos neste livro como as pesquisas sustentam a ligação entre o TDAH e as regras de responsabilização escolares, assim como a conexão entre o transtorno e as condições domiciliares adversas. Neste capítulo, vamos nos ocupar da questão de saber se o aumento das mídias em nossa cultura (tais como a televisão, os *videogames*, a internet, mensagens eletrônicas e os aplicativos para celulares) tem alguma relação com a rápida expansão dos diagnósticos de TDAH nos últimos anos. A diminuição da capacidade de atenção diz que sim. Começando com os estudos realizados no início dos anos 1970 que examinaram a primeira implantação da televisão nas comunidades rurais do Canadá (estudos que concluíram que a TV tinha um impacto negativo no comportamento e em competências cognitivas infantis), houve um crescente número de investigações sobre as relações entre mídia, aprendizagem, funcionamento executivo, comportamento e TDAH.[6]

Como nossos cérebros ficam viciados em mídia

Mas, antes, acredito que seria útil parar por um momento e verificar o que a mídia realmente faz ao nosso sistema nervoso. Em 1927, o psicólogo russo Ivan Pavlov (famoso por seus experimentos dos cães salivantes) escreveu sobre "resposta orientadora". Essa é definida como a reação imediata de um organismo a qualquer mudança no ambiente, próximo ao "reflexo de sobressalto".[7] Quando encontra um novo estímulo, tais como um barulho repentino ou um clarão de luz brilhante, o organismo presta-lhe atenção antes de identificar a sua fonte. Do ponto de vista evolucionista, a "resposta orientadora" foi vital para alertar os seres humanos para qualquer ameaça potencial vinda de seus arredores (um animal predador, uma tribo hostil, mau tempo), de modo que pudessem mobilizar seus recursos para se envolver em uma luta contra a ameaça ou para "dar no pé". A partir dos anos 1950 (embora já houvesse vislumbres disso na virada do século xix para o xx), os cientistas começaram a conceituar outra resposta do sistema nervoso que chamaram de "habituação", uma tendência do organismo a tornar-se cada vez menos responsivo a exposições repetidas de um mesmo estímulo.[8] É um pouco como a história *"O menino que gritou lobo"*, em que, inicialmente, os gritos de alarme falso de perigo do pastorinho eram respondidos com uma ação rápida e decisiva pelos aldeões, mais tarde, depois de repetidos gritos de alarme falsos do menino, passaram a ser ignorados pelos habitantes da aldeia (muito prejudicial para ele e seu rebanho).

Essas respostas biológicas primitivas são exatamente as que os criadores de shows televisivos e comerciais exploraram ao longo das últimas cinco décadas. Eles usaram mudanças de enquadramento, alternância de cenas, ênfases de cor, modulações sonoras e situações de grande força emocional *para capturar a atenção das pessoas* para que elas comprassem os produtos anunciados em seus shows (sendo essa a parte mais importante de todas as manipulações midiáticas). Com o tempo, à medida que o público se habituava aos efeitos ilusórios, os produtores midiáticos precisavam subir as apostas e proporcionar barulhos mais altos, rupturas mais rápidas, sinais mais chamativos e conteúdo emocionalmente mais atrativo. Quando os consumidores se habituavam a essas novas mudanças, os produtores aumentavam o estímulo ainda mais, e assim continuaram até finalmente chegarmos aos atuais padrões frenéticos (*adrenaline-pumping*) da mídia mundial. É por isso que os seriados dos anos 1950 nos surpreendem pela lentidão e imobilidade quando comparados à montanha-russa de emoções dos trailers de filmes e videoclipes da MTV®.

Também há outra série de eventos acontecendo em nosso sistema nervoso que tem um grande impacto em nossas reações, e não apenas a televisão e os *videogames*, mas as redes sociais, a internet, os aplicativos para celulares e as mensagens eletrônicas. Sempre que nos estimula, a mídia libera recompensas para nosso sistema nervoso. O centro de recompensa em nosso cérebro é ativado por uma grande variedade de gatilhos tecnológicos: curtidas no Facebook®, viralizações na internet, toques de celulares anunciando a chegada de uma mensagem eletrônica, estatísticas de tráfego de blogues, *re-tweetagens* e outros prazeres digitais. O alvo desses estímulos são as *vias dopaminérgicas do cérebro*, especialmente uma área chamada *estriado ventral* e outra dentro dessa denominada *núcleo accumbens*, que é como uma estação retransmissora para o processamento de estímulos gratificantes no cérebro: as sensações prazerosas que obtemos dos nossos contatos da rede social, nossa pontuação e distintivos no *videogame*, nossa avidez insaciável por notícias, fofocas e informações da internet e nossa necessidade propulsora da busca por outras formas de entretenimento midiático. A psicóloga comportamental Susan Weinschenk coloca muito bem a questão quando escreve: "Agora, com a internet, o Twitter® e as mensagens eletrônicas, temos uma gratificação quase instantânea ao desejo de procurar. Quer falar com alguém imediatamente? Mande uma mensagem e as respostas virão em segundos. Quer dar uma olhada em alguma informação? É só digitar o assunto do seu interesse no Google®. Quer ver o que seus colegas profissionais estão fazendo? Acesse o LinkedIn®. É fácil entrar em um *loop* induzido de dopamina. A dopamina cria o ímpeto para a procura e, então, somos recompensados pela busca, o que nos faz continuar procurando. Fica cada vez mais difícil não checar o e-mail, parar de mandar mensagens eletrônicas ou deixar de checar seu celular para ver se não tem uma nova mensagem ou texto".[9] Os cientistas detectaram a liberação de dopamina estriada durante a atividade de jogar *videogames* e têm evidências da redução do número de receptores e transportadores de dopamina (os veículos de transmissão dessa substância nas sinapses das células cerebrais) em pessoas viciadas em internet.[10] Esses e outros estudos sugerem que o uso intenso de mídia esgota a dopamina disponível, que é necessária para o melhor funcionamento do cérebro.

O novo transtorno da cidade: TDAM
(transtorno de déficit de atenção para a mídia)

A distância entre esses achados e a epidemia de TDAH nos Estados Unidos é mínima. Os relatórios sobre as causas do TDAH frequentemente fazem referência à desregulação dos caminhos da dopamina e às anormalidades no estriado do cérebro. Há ecos dos estudos que acabamos de citar em relatórios que relacionaram o TDAH às anormalidades dos receptores e transportadores de dopamina estriada e à redução da atividade dopaminérgica estriada.[11] Para completar o quadro, vários estudos agora ligam o TDAH diretamente à utilização da mídia. Um grupo de 1.323 participantes (no meio da infância) foi avaliado durante um período de 13 meses, e tanto ver televisão como jogar *videogames* foram associados com problemas de atenção subsequentes.[12] Outro estudo vinculou a dependência da internet ao TDAH, juntamente com outras doenças psiquiátricas como depressão e fobia social.[13] Finalmente, uma metanálise de 45 estudos empíricos sobre a utilização da mídia e os comportamentos de crianças e adolescentes relacionados ao TDAH revelou uma pequena, mas significativa relação entre o transtorno e o hábito midiático.[14] Dimitri A. Christakis, diretor do Center of Child Health, Behavior and Development, do Hospital de Crianças de Seattle, escreveu: "Por muitos anos, meu laboratório vem explorando o que chamamos de hipótese da superestimulação: a noção de que superestimular o cérebro nos primeiros anos de vida vai condicioná-lo a exigir altos níveis de *input* e o levará, posteriormente, a uma capacidade reduzida de atenção. Descobrimos que uma exposição a programas televisivos com ritmo acelerado nos primeiros anos de vida aumenta o risco de déficits de atenção na idade escolar. Verificamos também que a estimulação cognitiva das crianças durante o mesmo período de vida em termos de leitura, canto e brincadeiras diminui o risco de déficits de atenção. Simplificando, existem coisas que podemos fazer pelas crianças que maximizam seu potencial genético. Infelizmente, não estamos fazendo essas coisas".[15]

Salvando as crianças da ameaça midiática atual

As estatísticas mais recentes disponíveis sobre a utilização da mídia entre todas as crianças e os adolescentes dos Estados Unidos (relatório de 2010 baseado em dados de 2002) revelam que *a criança comum entre 8 e 18 anos de idade gasta cerca de 7 horas por dia usando algum tipo de mídia*. Aproximadamente 2/3 da porção televisiva dessa dieta midiática envolviam cenas violentas, incluindo violência na programação infantil.[16] Christakis notou que crianças novas estão gastando 30% de suas horas de vigília diante de uma tela (e essa estatística foi registrada antes do advento da tecnologia das telas sensíveis ao toque [*touchscreen*] e dos aplicativos para celulares).[17] Mesmo a American Academy of Pediatrics (APA), reconhecendo que nossas vidas estão agora imersas em um mundo digital, afrouxou seus padrões originais (que eram "nada de TV para crianças menores de 2 anos de idade", e não mais do que 2 horas de mídia para crianças com mais idade). A APA sugere agora que os pais "monitorem" a "dieta midiática de seus filhos".[18] Jordan Shapiro, escritor de mídia, concorda que é o momento de mudar as diretrizes, afirmando: "As telas são atualmente uma parte onipresente de nossas vidas. É uma tecnologia totalmente integrada à experiência humana. Nessa altura, preocupar-se com a exposição a telas é como inquietar-se por estar exposto à agricultura, à água encanada, à palavra escrita ou aos automóveis. Para o bem ou para o mal, a transição das tecnologias de informação digitais para as telas já aconteceu e, hoje, a resistência é inútil. A retórica do tempo de exposição à tela que acompanhou a televisão — quando essa tecnologia ainda estava em sua época formativa — deixou de ser relevante".[19]

Concordemos ou não com esse ponto de vista (e eu não concordo), o aumento da onipresença da mídia em nossa cultura parece ter caminhado lado a lado com a escalada do número de crianças e adolescentes diagnosticados com TDAH. Como vimos, existem claros mecanismos neurológicos que parecem conectá-los. Felizmente, os pesquisadores proveram os pais com algumas ideias de como lidar com esse dilema da mídia. Os estudos sugerem, por exemplo, que a mídia *violenta* exerce maior impacto sobre a atenção e o comportamento. A exposição crônica à violência da mídia parece afetar adversamente áreas pré-frontais do cérebro responsável pelo controle da emoção e da inibição.[20] Além disso, estudos revelam que a mídia *educacional* pode não ter os mesmos efeitos negativos sobre a atenção e o comportamento de crianças menores do que parecem ter a programação de *entretenimento*, incluindo aquela com mais *violência*.[21] Por fim, existem indícios, como observado anteriormente, de que quando crianças pequenas se envolvem em atividades de alfabetização familiares (tais como leitura compartilhada, visitas a bibliotecas e leitura prazerosa) ou de canto, dança e brincadeiras livres, o risco de comportamentos hiperativos e de quantidade de televisão assistida diminuem. (Forneço outras sugestões para a redução do impacto negativo que a mídia tem sobre as crianças na Estratégia nº 38: Limite as mídias de entretenimento.)[22] Mas deveríamos dar um passo atrás e fazer um inventário do que está acontecendo às nossas crianças nessa terra arrasada da mídia. Há 50 anos, o professor canadense e futurista de mídia, Marshall McLuhan, falava de uma geração de crianças cuja visão de mundo não seria mais baseada no penoso pensamento "um passo de cada vez", mas antes em *flashes* instantâneos da informação sensorial imediata.[23] Esse tempo chegou. Contudo, o que McLuhan pode não ter visto em sua bola de cristal foi que milhões de crianças de sua "aldeia eletrônica" acabassem sendo rotuladas como portadoras de TDAH e medicadas com poderosas substâncias de tipo II na lista de entorpecentes do Departamento Americano de Narcóticos simplesmente porque estavam respondendo de um modo biologicamente programado a uma enorme mudança cultural.

9

Razão nº 6: Focamos muito nas deficiências de nossos filhos e não suficientemente em suas habilidades

Imagine por um momento que o mundo foi magicamente transformado em um jardim de flores. Nessa nova sociedade, alguns são petúnias, outros begônias e ainda outros tulipas. Digamos que, nesse mundo de flores, os psiquiatras são as rosas. Visualize comigo a cena em que a psiquiatra Rosa vê seu primeiro paciente. Trata-se de um Copo-de-leite. A médica começa seu trabalho diagnóstico fazendo uma biópsia da clorofila e enviando-a ao laboratório. Depois ela mede as características vitais do Copo-de-leite, incluindo sua espádice amarela, sua espátula branca e seu caule verde. Por fim, ela administra EFCNR, que é a Escala Floral de Classificação de Normalidade para as Rosas, que faz perguntas como: "Em uma escala de 1 a 5, como você se sente sob a chuva?" e "Você alguma vez causou vômito, inchaço ou diarreia em algum animal que lhe arrancou um pedaço com uma mordida?". Três dias depois, a psiquiatra Rosa recebe o resultado da biópsia de clorofila do laboratório e encontra-se com o Copo-de-leite em sua sala de espera, um canteiro de jardim. "Bem, eu tenho más e boas notícias", ela informa ao Copo-de-leite. Segundo o meu critério diagnóstico, você tem transtorno de déficit de pétalas, ou TDP. Não temos certeza quanto à causa. Achamos que se trata de algum tipo de desequilíbrio químico. Pode ser genético e você pode de fato transmitir essa doença para seus filhos. A boa notícia é que o nosso representante local de herbicidas acabou de deixar justamente algumas amostras de um novo medicamento chamado Petalin, e se você tomá-lo regularmente poderá aprender a viver uma vida bem-sucedida e produtiva em um canteiro arenoso de algum lugar". O Copo-de-leite, abalado, pega silenciosamente as amostras de Petalin e vai embora para levar uma nova vida como uma flor portadora de um transtorno.

O mito do cérebro normal

A história pode lhe parecer estranha e ridícula porque *um Copo-de-leite é simplesmente o que é*, uma variedade entre uma imensa diversidade de flores. Não se espera que tenha pétalas. E tem outras características que o tornam único. Mas nesse pequeno esboço literário, o Copo-de-leite é visto como deficiente porque não atende aos critérios que a psiquiatra Rosa tem para uma flor, que incluem, presumivelmente, ter muitas pétalas, ser perfumada e se apresentar com uma variedade de cores atraentes. Há um paradoxo aqui no que diz respeito à diversidade em nossa própria sociedade superpovoada de gente. Por um lado, valorizamos a biodiversidade, que provê a humanidade com prazer estético, alimentos e substâncias curativas, entre muitos outros benefícios, e celebramos a diversidade cultural, que proporciona ao nosso mundo novas ideias, padrões originais de comportamento e variados tipos de tradições poderosas. Por outro lado, parece que quando se trata de diferenças entre cérebros humanos, retornamos ao livro psiquiátrico de Rosa — o Manual Diagnóstico e Estatístico de Transtornos Mentais (DSM) — e procuramos defeitos, déficits e disfunções em vez de recursos, possibilidades e dons.

Nesse momento, você pode argumentar que precisamos ter certos padrões para julgar a capacidade neurológica. Concordo que os padrões são importantes em algumas áreas. Existe, por exemplo, um bloco de metal no subsolo do Bureau of Weights and Measurements nos arredores de Paris, cercado por três campânulas de vidro para protegê-lo de qualquer coisa que possa danificar sua superfície. Trata-se do padrão quilograma ao qual todos os outros quilogramas do mundo devem estar equiparados. Porém, note: não existe nenhum cérebro humano no Smithsonian Institution ou no National Institute of Mental Health, ou em qualquer outro lugar, que represente o "cérebro normal" ao qual todos os outros cérebros devam se equivaler. E se não existe nenhum padrão ou cérebro normal na realidade, então, como podemos dizer quais cérebros em nosso mundo são normais e quais são anormais?[1]

A comunidade do TDAH gosta de exibir os milhares de estudos realizados para "provar" que o TDAH existe. Conforme mencionado anteriormente, concordo que muitos desses estudos mostram diferenças entre os cérebros de crianças e adolescentes diagnosticados com TDAH e aqueles considerados desenvolvidos de forma típica ou os chamados "normais" (e o que isso afinal significa atualmente?). Mas esses estudos encontraram algo chamado TDAH carimbado em algum dos cérebros dessas crianças? Evidentemente não. Como observamos no Capítulo 2, não há marcadores biológicos de espécie alguma para esse transtorno. De fato, os cientistas descobriram que os processos e estruturas cerebrais de algumas crianças diagnosticadas com TDAH podem ser diferentes daqueles de crianças com desenvolvimento típico (entretanto, peço que se lembre do que foi dito até esse ponto do livro sobre como muitas dessas diferenças são provavelmente causadas por fatores ambientais). Ainda assim, estamos falando aqui de *diferenças*, não de transtornos.

O mundo TDAH: inundado por um mar de negatividade

A resposta da comunidade dos adeptos do TDAH foi clara: é um transtorno real. Um "informativo" disponível no site do guru do TDAH, Russel Barkley, fornece uma lista detalhada de aspectos negativos relacionados ao TDAH. Segundo Barkley, as crianças identificadas com TDAH manifestam alguns dos seguintes déficits:

- Resposta inibitória deficiente.
- Controle precário dos impulsos.
- Capacidade reduzida de adiamento de gratificação.
- Atividade excessiva de tarefas irrelevantes.
- Atenção sustentada prejudicada.
- Baixa persistência de esforço em tarefas.
- Memória de trabalho debilitada.
- Desenvolvimento atrasado da linguagem interna e obediência a regras.
- Dificuldades no controle de emoções, motivação e excitação.
- Habilidades diminuídas na resolução de problemas.
- Engenhosidade e flexibilidade reduzidas na busca de objetivos de longo prazo.

Em termos de futuras consequências, de acordo com a lista de Barkley, as pessoas com TDAH são mais propensas que a população geral a:

- Ter escolaridade deficiente na vida adulta.
- Experimentar dificuldades de adaptação profissional.
- Ser subempregado.
- Mudar de empregos de forma mais frequente.
- Ter uma maior rotatividade de amizades e relacionamentos amorosos.
- Ser mais propenso à discórdia conjugal e ao divórcio.
- Ser mais susceptível à direção veloz e ter mais multas e acidentes de trânsito e suspensões da carteira de habilitação.[2]

Essa ladainha de aspectos negativos se aplica, em princípio, apenas àqueles indivíduos que não tomaram sua medicação, não tentaram qualquer intervenção não medicamentosa baseada em evidências e passaram a maior parte do tempo em torno de pessoas que as viam em grande parte sob suas características mais desfavoráveis.

Recorde que o termo TDAH é composto na realidade por três desvantagens: *déficit, hiperatividade e transtorno*. Enquanto tal, ocupa seu lugar na história da educação especial em meio a uma longa série de termos incapacitantes: *débil mental, imbecil, idiota, retardado, hipercinético, portador de disfunção cerebral mínima*. Um olhar sobre os pioneiros da educação especial no século xx revela uma história pouco confiável de estereótipos negativos e baixas expectativas. Esse catálogo inclui o eugenista Henry H. Goddard, que cunhou o termo diagnóstico *retardado* em 1910; o neuropatologista Samuel Orton, que, em 1925, pediu aos professores que lhe encaminhassem alunos "que fossem considerados defeituosos, retardados ou incapazes na vida escolar"; o neuropsiquiatra Alfred A. Strauss, que, nos anos 1940, na Wayne County Training School, em Michigan, elaborou a psicopatologia da "lesão cerebral mínima"; e os psicólogos Samuel Kirk e William Cruickshank, que "inventaram" o termo *dificuldade de aprendizagem* em 1963, em um quarto de hotel.[3] Ninguém consultou as próprias crianças sobre os termos desumanizantes usados para descrevê-las e, em muitos casos, as consequências psicológicas de tais rótulos negativos foram devastadoras. Em um estudo, falando sobre o seu TDAH, uma criança relata: "É como uma doença devorando você, sabe, você tenta se comportar, mas ela continua em sua cabeça, fazendo você parar de se comportar, e eu sempre me encrenquei com isso".[4] Falando sobre a rotulação do TDAH, os psicólogos clínicos italianos Antonio Iudici e Elena Faccio escreveram: "Após a rotulagem diagnóstica, as crianças vão aprender a atitude de "descomprometimento" e irresponsabilidade que os adultos implementaram contra elas. Por exemplo, em caso de sucesso ou comportamento "apropriado", as crianças diagnosticadas atribuirão o crédito dessa conquista a sua medicação; se falharem, pensarão que a doença é mais forte do que qualquer coisa que possam fazer".[5] As crianças rotuladas são, rotineiramente, agrupadas em salas de aula isoladas ou em trailers nos fundos dos prédios escolares comuns e ensinadas em "aulas especiais" utilizando materiais ultrapassados, técnicas pedagógicas baseadas em memorização por repetição e programas de modificação de comportamento controlados externamente.[6]

Diversidade, não deficiência

Como professor de educação especial nos anos 1970 em Montreal, Canadá, e no norte da Califórnia, Estados Unidos, ensinei crianças rotuladas como "pedagogicamente prejudicadas", "deficientes na aprendizagem" e "com comportamento desordenado", que logo descobri que possuíam muitos atributos positivos. Minhas crianças eram artistas, contadores de histórias, atletas, dramaturgos e músicos, e manifestavam muitos outros talentos. Ainda assim, em minha classe, *elas eram definidas por aquilo que não conseguiam fazer em vez de serem pelo que poderiam fazer*. Por fim, compreendi que se uma criança tivesse dificuldades de aprendizagem, comportamentais ou motivacionais, o que precisava, mais do qualquer outra coisa, era estar cercada de adultos que vissem o *melhor* nela, não o *pior*.

Então, nos anos 1980, entrei em um curso de pós-graduação e completei minha dissertação sobre os *pontos fortes* das crianças rotuladas como "deficientes na aprendizagem".[7] Ao longo dos anos, ampliei meu interesse em direção a uma abordagem baseada nesses pontos fortes para incluir crianças e adolescentes diagnosticados com TDAH. Na verdade, descobri uma nova perspectiva de aproximação que, acredito, proporciona um contexto mais positivo para pensar sobre as crianças diagnosticadas com TDAH do que o modelo médico, cheio de doenças e assolado por transtornos, usado praticamente por todo pesquisador, clínico e professor da comunidade do TDAH. Essa nova abordagem é chamada *neurodiversidade*. E surgiu originalmente da comunidade dos direitos dos autistas, quando membros desse grupo declararam que *não eram doentes, mas diferentes*.[8] A primeira utilização do termo aconteceu em um artigo de 1998 a revista *The Atlantic*, quando o jornalista nova-iorquino Harvey Blume escreveu: "A neurodiversidade pode ser tão crucial para a humanidade como a biodiversidade o é para a vida em geral. Quem pode dizer qual forma de conexões cerebrais (*wiring*) vai provar-se melhor em um determinado momento?".[9] Uma das prioridades da minha atividade tem sido aplicar a neurodiversidade a outros "transtornos", incluindo o TDAH.[10] O que faz da neurodiversidade um modelo melhor do que aquele médico, orientado pela noção de déficit, é que essa abordagem reconhece *tanto os desafios como os pontos fortes* dessas crianças.

A vantagem do TDAH

Nas duas últimas décadas, houve um rápido crescimento da literatura sugerindo que as crianças, adolescentes e adultos diagnosticados com TDAH manifestam um número de atributos, habilidades, pontos fortes e características positivas. Uma professora de estudos criativos da Universidade da Georgia, Bonnie Cramond, comparou as características de pessoas criativas com os sinais anunciadores do TDAH e descobriu que, com exceção dos termos usados (positivos para as pessoas criativas e negativos para aquelas diagnosticadas com TDAH), esses traços eram praticamente idênticos".[11] O artista espontâneo, por exemplo, se tornou o diletante impulsivo, o escritor divergente foi reduzido ao cê-dê-efe que se distrai com facilidade, e o músico com vitalidade transbordante passou a ser o cabeça-de-vento hiperativo. Em um estudo, os indivíduos com TDAH superaram um grupo-controle de participantes sem TDAH nas Tarefas de Usos Incomuns, que é uma medida de pensamento divergente (um importante componente do comportamento criativo).[12] Um estudo mais recente descobriu que os adultos identificados como portadores de TDAH mostravam maiores níveis de pensamento criativo original no Teste Torrance Abreviado para Adultos e níveis mais altos de realizações criativas do mundo real comparados com aqueles com desenvolvimento típico.[13] Em um estudo com adolescentes, um grupo identificado como portador de TDAH exibiu uma habilidade aprimorada para superar a influência restritiva dos modelos (os componentes do grupo foram capazes, por exemplo, de inventar suas próprias e surpreendentes ideias mesmo quando recebiam exemplificações que podiam influenciá-los a pensar de modo mais convencional em relação aos modelos apresentados).[14] Um estudo com crianças entre 12 e 13 anos de idade concluiu que meninos e meninas diagnosticados com TDAH tiveram maior pontuação em testes de pensamentos criativos verbais e originalidade não verbal.[15] Talvez seja mais revelador um estudo de criatividade em crianças diagnosticadas com TDAH mostrando que tinham resultados piores no Teste Torrance de Pensamento Criativo Figurado (não verbal) quando estavam sob tratamento farmacológico (tomando metilfenidato), e pontuações maiores quando não estavam medicados.[16]

Outros estudos mostraram ligações entre o TDAH e o empreendedorismo. Existem exemplos de muitos empresários bem-sucedidos que foram diagnosticados com o transtorno, incluindo o magnata bilionário Richard Branson, o pioneiro de corretagem Charles Schwab, o fundador da IKEA, Ingvar Kamprad, o criador da JetBlue, David Neeleman, e a mundialmente renomada economista Diane Swonk.[17] Um estudo recente com donos de pequenas empresas francesas sugere uma ligação entre os sintomas de TDAH e uma orientação ao empreendedorismo.[18] Paul Orfalea, fundador da Kinko, diagnosticado com TDAH, diz: "Como tenho uma tendência para divagar, nunca passo muito tempo em meu escritório. Meu trabalho era ir de loja em loja e observar os que as pessoas estavam fazendo certo. Se tivesse ficado em meu escritório o tempo todo, não teria descoberto todas aquelas maravilhosas ideias que ajudam a expandir os negócios.[19] Martha Denckla, uma cientista pesquisadora do Kennedy Krieger Institute, nota que embora as crianças identificadas como portadoras de TDAH possam não se sobressair de forma especial na aprendizagem acadêmica, elas tendem a ser *boas aprendizes incidentais*.[20] Isso é exatamente o que descobri em minha experiência como professor. Essas crianças são muito boas em prestar atenção em coisas às quais não deveriam estar atentas, e, com frequência, é precisamente essa forma de perceber que as leva a descobrir coisas novas.

Como disse Matthew Kutz, 13 anos, estudante identificado como portador de TDAH: "Ter TDAH significa ver coisas que outras pessoas não percebem. Quando você vê um pêssego, você vê um tipo de fruta. Eu vejo a cor, a textura e o campo onde cresceu... Por ter TDAH, quando leio um livro sobre vida marinha, minha mente me permite viajar com os peixes e imaginar a vida submarina. Ou posso ler um livro sobre astronomia e dançar entre as estrelas".[21] Hoje, alguns educadores consideram os comportamentos não relacionados às tarefas escolares como fatores que contribuem para a aprendizagem e o entendimento do mundo ao nosso redor.[22] Além disso, a pesquisa documentou como estímulos irrelevantes, porém novos, aperfeiçoaram de fato o desempenho de crianças diagnosticadas com TDAH.[23]

Por que o TDAH ainda está no patrimônio genético?

Na verdade, os sintomas do TDAH, embora disfuncionais em certos contextos sociais (como a sala de aula tradicional dirigida pelo professor), podem ter sido vantajosos não apenas para empresários errantes e jovens sonhadores, mas também para seres humanos pré-históricos. Isso pode ajudar a responder por que genes para as assim chamadas desatenção, hiperatividade e impulsividade foram selecionados de forma adaptativa para a evolução da humanidade.[24] Em uma sociedade coletora e caçadora, as vantagens pertenceriam ao indivíduo com a capacidade de:

- Estar constantemente em movimento procurando por alimento, abrigo e outros itens essenciais (hiperatividade).
- Monitorar continuamente todos os estímulos ambientais para identificar quais poderiam ser danosos ou úteis para a sobrevivência (atenção flutuante).
- Responder rapidamente a um som ou visão de seus arredores que poderiam sinalizar o ataque de um predador (impulsividade).

Em outras palavras, os três sinais de aviso clássicos do transtorno, considerados incapacitantes pela comunidade do TDAH, podem ter sido exatamente o que a humanidade precisava para sobreviver, se multiplicar e desenvolver ao longo de dezenas de milhares de anos. Existe alguma sustentação para essa hipótese nos estudos que rastreiam a distribuição de genes em diferentes populações. Em um estudo, descobriu-se que a presença de um gene ocasionalmente associado ao TDAH (o alelo de 7 repetições *DRD4*, gene da dopamina) era maior entre as populações caçadoras-coletoras do Brasil comparado com outras que eram agrícolas.[25] Embora ainda esteja em debate, essa teoria levanta a questão mais ampla de que os sintomas do TDAH, vistos como uma deficiência dentro do escopo estreito das tarefas de salas de aula, lições de casa, afazeres escolares e horários, são uma vantagem quando observados no contexto mais abrangente da história da humanidade. Também vimos neste capítulo como esses sintomas servem como uma qualidade positiva no mundo complexo dos nossos dias, no qual traços relacionados ao TDAH ajudaram pessoas a alcançar o sucesso nas artes, negócios, economia e em outras áreas de atuação. Não seria hora de parar de usar o termo sombrio TDAH, com seus três aspectos negativos, e começarmos a escrever, pesquisar e pensar sobre essas crianças, adolescentes e adultos em termos de seus pontos fortes e qualidades?[26]

10

Razão nº 7: Muitas pessoas têm interesses econômicos particulares de que tudo continue assim como está

Milhões de pessoas consideram o TDAH como um fato científico estabelecido. Entretanto, se você transpuser a respeitabilidade externa, descobrirá que existe uma complexa rede de interesses econômicos significativos que mantém a chamada realidade objetiva do transtorno circulando. Sob os estudos de pesquisa, os dados clínicos, os testemunhos de autoridades respeitáveis, e o apoio de agências governamentais, universidades e outras instituições de prestígio, existem complexas forças financeiras em ação que alimentam a bolha assassina do TDAH, impulsionam sua introdução em novos mercados (tais como TDAH em crianças pequenas, em adultos, e prospecção de mercados no exterior) e prometem manter e mesmo expandir sua presença em um futuro próximo. Neste capítulo, avaliaremos algumas dessas relações subjacentes e veremos o que podemos concluir sobre sua influência na rotulagem e medicação de milhões de crianças nos Estados Unidos e no mundo.

Medicando as crianças ali na farmácia

O fator econômico mais significativo que impulsiona o crescimento do TDAH ao redor do mundo é a participação ativa das gigantescas companhias farmacêuticas na comercialização agressiva dos medicamentos para o transtorno, incluindo marcas como Venvanse®, Concerta®, Aderall® e Strattera®. De acordo com a empresa de inteligência de negócios GBI Research, em 2013, o mercado de medicamentos para o TDAH totalizou quase 12 bilhões de dólares, com o total de 68 "novas terapias" (o termo orwelliano* para medicamentos) para o transtorno atualmente em processo de desenvolvimento para futura potencial aprovação da Food and Drug Administration (FDA).[1] O custo desses medicamentos não é barato. Os preços por uma centena de comprimidos na sua dose média variam entre 140 dólares para a Ritalina® e chega a 635 dólares para o Strattera®[†]. De forma perturbadora, existem medicamentos que parecem ser comercializados especialmente para as necessidades e gostos das crianças pequenas.[2] Methylin® da companhia Alliant, por exemplo, é apresentado na forma de um xarope com sabor de uva, com a seguinte mensagem de venda: "Dê-lhes a uva!".[3] O Adzenys®, da Neos Therapeutics, recentemente aprovado pela FDA para consumo infantil, é uma anfetamina mastigável com sabor de bala.[4]

O fator mais importante para que a comercialização da medicação para o TDAH tenha se tornado tão potente em nossa cultura está relacionado a uma decisão fundamental da FDA em 1997 (concluída em 1999) de permitir que as companhias farmacêuticas anunciassem seus produtos diretamente para os consumidores por meio da televisão, revistas, internet e outros canais de mídia.[5] Essa propaganda direta para o consumidor teve como consequência indesejada uma remodelação profunda na relação médico-paciente. Segundo Joe Dumit, professor de antropologia da Universidade da Califórnia, em Davis, "essas propagandas frequentemente retratam consumidores ativos transformados em pacientes, que prestaram atenção à televisão ou a sites da internet e reconheceram o risco de que seus médicos pudessem estar errados ou fazendo diagnósticos incorretos. Os consumidores podem se diagnosticar *on-line* ou mesmo simplesmente ao ouvir os sintomas conforme definidos pelo anúncio, e cada vez mais, estão chegando aos consultórios de seus médicos com demandas em vez de perguntas. Por causa das múltiplas pressões derivadas do curto tempo de atendimento por paciente, do acompanhamento das mudanças rápidas

---

*   N.T.: Referência ao escritor inglês George Orwell, mais especificamente ao seu livro "*1984*" que discorre sobre um futuro distópico.

†   N.T.: A Ritalina® no Brasil custa em média de 120 a 200 reais para tratar uma criança por um mês. O Strattera® não está disponível no Brasil. Nos Estados Unidos, os remédios são pagos pelos planos de saúde ao contrário do que ocorre no Brasil. Os preços dos medicamentos controlados vendidos diretamente ao consumidor são exorbitantes.

de informação e das restrições das empresas de planos de saúde e seguradoras, os médicos, por sua vez, estão bastante vulneráveis a essas exigências".[6] As evidências sugerem que a propaganda direta para o consumidor aumenta a venda dos medicamentos, e que, embora em alguns casos isso ajude a evitar a subutilização dos remédios, em muitas outras ocasiões leva ao abuso farmacológico.[7]

O *marketing* da medicação para o TDAH: os persuasores mal dissimulados

A publicidade que promove as medicações para o TDAH foi projetada por profissionais de *marketing* para comover os pais. Por exemplo, um anúncio do Concerta®, de 2009, da companhia Janssen, mostra um menino de cabelos encaracolados fazendo sua tarefa escolar e abaixo da imagem o seguinte texto: "Se o seu filho luta contra o transtorno de déficit de atenção e hiperatividade (TDAH), Concerta® pode ajudá-lo a pegar o caminho do sucesso". Outra propaganda, da Shire, fabricante do Adderall®, mostra o desenho a giz de cera de uma criança com o título "Minha família", no qual o pai e a mãe aparecem com rostos infelizes, e apenas a parte de cima da criança é retratada de forma completa enquanto a parte debaixo é representada por um rabisco na forma de um redemoinho. Na legenda, lê-se: "A perturbação do TDAH afeta muito mais que suas notas".[8] Outro anúncio do Aderall® mostra uma mãe abraçando seu pequeno filho enquanto o texto promete: "Finalmente!! Trabalho escolar que corresponde à sua inteligência. Momentos familiares que duram horas. Amigos que lhe pedem que se junte ao grupo. Uma solução confiável para o TDAH".[9] A Shire financiou um gibi para crianças diagnosticadas com TDAH chamado "Medikidz* explicam como viver com o TDAH", distribuído entre os consultórios médicos presumivelmente para serem entregues aos pacientes mirins recém-diagnosticados.[10]

---

*   N.T.: Medikidz é uma turma de cinco super-heróis de um planeta chamado Mediland, um lugar gigante na forma de um corpo humano; cada um dos seus componentes é especialista em uma parte do corpo.

Os defensores do *marketing* direto ao consumidor para os medicamentos para TDAH dizem que essa abordagem proporciona aos pais informações valiosas sobre o transtorno e assegura que mais pessoas necessitadas receberão o tratamento. O que está implícito nesse raciocínio, contudo, é o pressuposto de que as informações serão corretas. Mas como apontam Jonathan Leo, professor de neuroanatomia da Lincoln Memorial University e Jeffrey Lacasse, professor de assistência social na Universidade Estadual da Flórida: "Se os anúncios forem incorretos, então a relação médico-paciente fica muito complicada, uma vez que uma explicação médica que difere da informação disseminada pela propaganda seria recebida com resistência e confusão pelo paciente".[11] E muitas vezes, essas reivindicações publicitárias se tornam de fato fraudulentas. A Shire Pharmaceuticals, por exemplo, foi multada em 56,5 milhões de dólares em 2014 por alegar em anúncios que seu produto Aderall® XR era clinicamente superior a outros medicamentos porque evitaria o baixo desempenho acadêmico e "normalizaria" seus consumidores na medida em que estes seriam indistinguíveis dos seus colegas não portadores de TDAH.[12] O repórter do *New York Times* e autor do livro *"ADHD Nation: Children, Doctors, Big Pharma and the Making of an American Epidemic"*, Alan Schwarz em uma nota para um jornal intitulada "A venda do TDA" aponta: "várias vezes, desde 2000, a FDA citou todas as principais medicações para o TDAH por propaganda falsa e enganosa – estimulantes como Aderall®, Concerta®, Focalin® e Venvanse® e não estimulantes como Intuniv® e Strattera®".[13] As companhias farmacêuticas têm laços fortes com muitos sites da internet que alegam fornecer informações objetivas sobre o TDAH aos pais e aos adultos que suspeitam ter o transtorno. De acordo com um estudo, entre os 57 principais sites sobre TDAH (ranqueados pelo Google e Yahoo!), 37 são administrados por corporações farmacêuticas, e a qualidade da informação desses portais é considerada fraca com um forte viés a favor de explicações biogenéticas para o TDAH.[14]

A grande recompensa na promoção dos medicamentos para o TDAH

Nessa emaranhada rede de influência econômica, outra vertente é o apoio financeiro que as companhias farmacêuticas dão aos indivíduos e aos grupos que são os principais atores nas áreas de pesquisa, diagnóstico e tratamento do TDAH, às vezes sem o conhecimento público. Atuando em defesa de pais de crianças e adultos portadores de TDAH, o grupo CHADD (*Children and Adults with Attention-Deficit/Hyperactivitiy Disorder*), por exemplo, estava recebendo secretamente, durante anos, dinheiro de companhias farmacêuticas, até que essas conexões financeiras viessem à tona depois que a PBS* revelou os acordos desleais entre o grupo e os fabricantes de remédios[15] – o grupo foi fundamental para que o TDA (transtorno do déficit de atenção, como então era conhecido) obtivesse, na década de 1990, a classificação de condição incapacitante nas leis federais norte-americanas que tratam das deficiências de saúde. Hoje o grupo informa regularmente o montante que recebe por ano da indústria farmacêutica. No ano fiscal de 2008-2009, por exemplo, o CHAAD recebeu US$ 1.174.626,00 da Eli Lilly, da divisão McNeil da Johnson & Johnson, Novartis, Shire dos Estados Unidos e UCB, gastando US$ 330.000,00 dólares em sua conferência anual, US$ 114.950,00 em sua festa de aniversário de 20 anos, e US$ 187.747,00 em salários com o seu diretor executivo.[16] Entre 2006 e 2009, somente a Shire pagou 3 milhões de dólares para que a revista bimestral *Attention* do grupo CHADD fosse distribuída nacionalmente nos Estados Unidos para os consultórios médicos.[17]

Os médicos que fazem o diagnóstico do transtorno e a prescrição dos muitos medicamentos para o TDAH são outra ligação fundamental no canal de comercialização empregado pelas grandes companhias farmacêuticas. Esses fabricantes de remédios normalmente realizam seminários de "aperfeiçoamento profissional" para médicos em que são promovidos os benefícios dos novos produtos lançados pelas empresas. O repórter do *New York Times*, Alan Schwarz, descreveu um desses encontros patrocinados pela Shire para promover o Aderall® XR, no qual um psiquiatra de Denver, pago pela empresa para fazer uma palestra, entrou em cena para dar informações imprecisas sobre o TDAH e esse medicamento para uma plateia de 75 médicos.

Segundo a reportagem de Schwarz, o médico disse aos seus colegas para instruir seus pacientes sobre a natureza vitalícia do transtorno, apesar das evidências de que muitos indivíduos, se não a maioria, deixam de atender os critérios para o TDAH depois da adolescência (como observado

---

* N.T.: Rede de televisão norte-americana de caráter educativo-cultural.

no Capítulo 4). Ele também afirmou que os estimulantes não eram substâncias de abuso (a despeito do fato de serem restritas pelo governo federal justamente em razão do seu potencial de abuso), e que os efeitos colaterais do Aderall® XR eram "normalmente suaves" apesar das evidências clínicas de insônia, supressão significativa do apetite e mudanças de humor.[18] A indústria farmacêutica também influencia as decisões médicas sobre os medicamentos para TDAH por meio de frequentes contatos que os médicos têm com os representantes de vendas das companhias. Brian Lutz, um vendedor entrevistado por Schwarz em sua reportagem, representante da Shire que vendeu o Aderall® XR entre 2004 e 2009, disse que visitava individualmente cerca de 70 psiquiatras a cada 2 semanas, em sua região de atuação, Oakland, na Califórnia, somando *entre 30 e 40 encontros com cada médico por ano*. Brian disse ao repórter que se fosse questionado por um médico sobre efeitos colaterais ou potencial de abuso, ele os minimizava, remetendo-o às informações impressas com letras minúsculas na bula do medicamento. Embora tenha a sensação de que nunca mentiu sobre os produtos para os médicos, o representante se arrepende de seu papel na promoção do medicamento, dizendo: "vendemos esses comprimidos como se eles fossem carros, quando sabemos que eles não são simplesmente isso".[19]

Ainda mais preocupante é a evidência de que os próprios cientistas que se comprometeram em legitimar o TDAH e seus vários tratamentos farmacológicos por meio de suas pesquisas ditas objetivas foram eles mesmos patrocinados pelos fabricantes de remédios. Em 2008, uma investigação do senado revelou que Joseph Biederman, Timothy E. Wilens e Thomas J. Spencer, três dos pesquisadores mais prolíficos e altamente respeitados pela comunidade do TDAH, foram substancialmente subsidiados por companhias farmacêuticas e omitiram a declaração de grande parte de seus rendimentos.[20] A indústria dos remédios pagou 1,6 milhão de dólares somente para Biederman a título de honorários por palestras e consultorias. Suas pesquisas eram então usadas pelas empresas farmacêuticas para seus esforços de promoção e comercialização de seus produtos. Como Schwarz observou especificamente em relação à pesquisa de Biederman: "Essas descobertas normalmente emitiram três mensagens: o transtorno era subdiagnosticado; os estimulantes eram eficazes e seguros; e o TDAH não tratado com medicamentos levava a riscos significativos de fracasso acadêmico, dependência de drogas, acidentes automobilísticos e problemas com a lei".[21] Os três pesquisadores foram por fim punidos por suas instituições, Harvard Medical School e Massachusetts General Hospital, por violações das políticas de conflitos de interesse em decorrência do acobertamento das suas relações financeiras com a indústria farmacêutica.[22] Mantendo a transparência de seu próprio envolvimento com as companhias farmacêuticas, Russel Barkley, indiscutivelmente o pesquisador mais confiável e respeitado no universo do TDAH e autor do livro bestseller *"Vencendo o TDAH"*, revelou durante uma apresentação em PowerPoint, em 2009, suas relações financeiras com a Eli Lilly, Shire, Medice, Mc-Neil, Janssen-Ortho, Janssen-Cilag e Novartis.[23] Finalmente, e talvez o mais chocante de tudo, a própria organização que estabeleceu os critérios para o TDAH em seu *Manual Diagnóstico e Estatístico* (DSM), a American Psychiatric Association, recebe um significativo financiamento da indústria farmacêutica.[24]

Ganhando a vida com o TDAH

Embora as companhias farmacêuticas representem a força promocional primária da atual epidemia de diagnósticos de TDAH, elas não são de forma alguma o único engenho econômico que impulsiona essa pandemia adiante. O trem da alegria do TDAH representa a galinha dos ovos de ouro para muitos interesses econômicos, inclusive para indivíduos que comercializam algum dos seguintes itens:

- Produtos para portadores de TDAH.
- Acampamentos para portadores de TDAH.
- Escolas direcionadas para portadores de TDAH.
- Serviços de *coaching* para portadores de TDAH.
- Tutores para portadores de TDAH.
- Agências de aconselhamento amigáveis em relação aos portadores de TDAH.
- Escritórios de advocacia que ajudam os pais de crianças diagnosticadas com TDAH a negociar e movimentar-se no labirinto da educação especial.
- Clínicas, hospitais e agências comunitárias de saúde mental com centros especializados em TDAH.

- Organizações não governamentais que representam os interesses dos portadores de TDAH.
- Consultórios médicos e psicológicos especializados em TDAH.
- Revistas médicas que se beneficiam da publicidade de medicamentos para TDAH.

Outro grande beneficiário financeiro do TDAH é a educação pública. Em 1975, o congresso norte-americano aprovou a lei *Education for All Handicapped Children Act*, que obrigou que crianças com necessidades especiais recebessem educação apropriada em "um ambiente minimamente restritivo".[25] As crianças diagnosticadas com os sintomas do TDAH não eram originalmente elegíveis para receber assistência nessa lei. Mas em 1990, o grupo de defesa CHADD fez um forte *lobby* no congresso para transformar o TDAH em um termo designativo de uma deficiência a ser inserido na reformulação da lei, rebatizada como *Individuals with Disabilities Education Act* (IDEA). Contudo, diante da forte oposição de muitos grupos educacionais e de direitos civis que acreditavam que outro rótulo estigmatizante iria apenas prejudicar as crianças, *o congresso recusou-se a certificar o TDAH como uma deficiência elegível para obtenção de fundos federais e serviços escolares*.[26] O que muitas pessoas não perceberam é que, no ano seguinte, o TDAH/TDA basicamente entrou pela porta dos fundos por meio de uma carta do Departamento de Educação dos Estados Unidos que foi distribuída silenciosamente para os superintendentes da rede escolar de todos os estados, especificando três maneiras pelas quais as crianças com o transtorno de déficit de atenção poderiam qualificar-se para os serviços de educação especial nas escolas estaduais sob as leis em vigor.[27] Finalmente, em face da pressão continuada do CHADD e de outros grupos lobistas do TDAH, o congresso inseriu as palavras para TDA e TDAH na lei quando esta foi revalidada em 1997. Como a jornalista Melina Sherman salientou:

> A confirmação da lei (IDEA) que passou em 1997 significou a existência legislativa do TDAH pelo seu reconhecimento como um transtorno de aprendizagem elegível para uma série de serviços federais gratuitos de educação especial. As crianças identificadas com TDAH poderiam a partir de então receber serviços de aconselhamento, fisioterapia, diagnóstico e prescrição medicamentosa, reabilitação e muito mais. O destaque entre esses serviços foi o desenvolvimento de Programas de

Educação Individualizados, que deu às crianças diagnosticadas com TDAH o direito a classes especiais adaptadas às suas necessidades específicas, assim como ensino separado[1] a um número reduzido de tarefas de casa e a um tempo adicional para a realização das provas.[28]

Isso abriu as comportas para as crianças diagnosticadas com TDAH receberem os serviços prescritos pela lei em escolas de todo o país e de fato proporcionou empregos para muitos dos cerca de meio milhão de professores de educação especial dos Estados Unidos, que atualmente ganham, em média, uma salário anual de US$ 56.800,00.[29] E esses professores, por sua vez, necessitam de treinamentos de estabelecimentos de ensino superior e universidades, mais materiais instrucionais para suas aulas, assim, outro beneficiário da epidemia de TDAH é a indústria de livros didáticos que publica conteúdos relacionados ao transtorno, abocanhando uma parte dos 14 bilhões de dólares da receita das vendas anuais desses produtos. Outros indivíduos e organizações que ganham com o crescimento do TDAH incluem:

- Produtores de currículos estruturados e programas de modificação de comportamento.
- Autores de escalas de avaliação de comportamento (embora os números não tenham sido divulgados, foram vendidas milhões de cópias das escalas de Conners ao longo dos anos, por exemplo).
- Aplicativos para TDAH.
- Pôsteres sobre TDAH, adesivos e planilhas de comportamento (para recompensar o bom desempenho).
- Um monte de bugigangas, incluindo temporizadores (*timers*) para manter as crianças dentro dos horários.

Uma nova geração dos chamados jogos para treinamento cerebral em computador, incluindo Lumosity, Cogmed, e ACTIVATE, também estão entrando no mercado na esperança de entregar para as crianças diagnosticadas com TDAH a mesma espécie de benefícios produzidos pelos medicamentos.[30] Além disso, novas maneiras de avaliar o TDAH estão sendo desenvolvidas, incluindo o Sistema de Quociente TDAH (*The Quotient ADHD System*), comprado da Bio Behavioral Diagnostics pela gigante da educação Pearson, que usa uma série de tarefas de desempenho e questões psicológicas para diagnosticar o TDAH. Assim como os gigantes da indústria farmacêutica, a empresa foi submetida a uma investigação da FDA a respeito do material de TDAH publicado.[31]

Cultivo de potencialidades *versus* obtenção de lucros

O fato de que pessoas ganham dinheiro com o TDAH não é a questão a ser avaliada aqui. Muita gente que ganha a vida, total ou parcialmente, por causa da presença do TDAH em nossa sociedade está fazendo um excelente trabalho em benefício de crianças e adolescentes (professores de educação especial, por exemplo). No entanto, quando os meios de subsistência estão conectados com o TDAH, as pessoas que dependem dessa fonte de sustento têm maior propensão a resistir às sugestões de que o transtorno possa ser uma falácia. Ainda assim, o verdadeiro problema dos interesses financeiros relacionados ao TDAH ocorre quando as pessoas começam a vender, propagandear, e promover produtos e serviços não porque desejam ajudar as crianças e os adolescentes a realizar todo o seu potencial, mas sim porque anseiam maximizar seus próprios potenciais de lucro. Sequer mencionamos o setor da sociedade que mais ganha financeiramente com o mito do TDAH: os acionistas das grandes empresas farmacêuticas e corporações educativas mundiais, que veem os preços das suas ações subirem a cada vez que o médico faz a prescrição de um remédio para o TDAH ou que um administrador ou psicólogo escolar compra um programa curricular ou de avaliação relacionado ao transtorno. Quando os lucros estão impulsionando o aumento de diagnósticos de TDAH e da utilização de medicamentos, devemos começar a questionar as explicações científicas para esses incrementos. Nesse caso, já sob suspeição pelos motivos discutidos em capítulos anteriores deste livro, a ideia do TDAH pode ser acusada dessa incursão desenfreada em nossa cultura, ao menos em parte, por causa da ganância humana.

11

Como os especialistas em TDAH defendem seu transtorno (e por que seus argumentos tendem a ser incompletos)

As autoridades do TDAH não aceitam as críticas ao seu transtorno de forma passiva. Em uma série de declarações, entrevistas, transmissões, artigos em periódicos, livros e postagens em blogs, médicos, cientistas, doutores, psicólogos e defensores dos pais que apoiam o mito do TDAH geraram uma defesa estridente de sua posição e procuraram de diversas maneiras desacreditar aqueles que fazem muitas perguntas sobre a realidade do TDAH. Neste capítulo, examino seus argumentos e discuto por que suas respostas foram, para citar o subtítulo do próprio capítulo, incompletas. Farei isso dando os nomes das várias estratégias usadas para combater a evidência e o raciocínio dos críticos, fornecendo exemplos de como fazem isso e explorando as falhas em suas defesas.

A defesa *ad hominem* ("ataque à pessoa")

Começarei com a mais precária das refutações, ou seja, se você não tiver uma resposta muito boa a um conjunto de argumentos, então ataque a pessoa ou as pessoas que o apresentaram em vez das ideias colocadas em discussão. Na Declaração Internacional do Consenso sobre o TDAH, assinada por mais de 80 professores, clínicos e pesquisadores do transtorno, há a afirmação: "A visão de um punhado de médicos não especializados de que o TDAH não existe é contrastada com os pontos de vista do consenso científico que afirma a existência do transtorno como se ambas as perspectivas tivessem o mesmo mérito".[1] Aqui, vemos os críticos escarnecidos como "médicos não especializados". Presumivelmente, um "médico especializado" seria aquele que aceita a realidade do TDAH, assim, basicamente, nada é antecipado aqui além da ideia de que aqueles médicos que não creem na realidade do TDAH são diferentes daqueles que acreditam. Então, para piorar um pouco a situação, as palavras "como se ambas as perspectivas tivessem o mesmo mérito" são adicionadas ao final da frase. Esse é o tipo de frase que uma pessoa pode usar contra um adversário para nocauteá-lo. "Então você diz que os Republicanos são melhores que os Democratas, como se sua visão tivesse o mesmo mérito que a minha, sei, sei..." A declaração do consenso também critica os críticos do TDAH como "médicos alternativos". Suponho que isso incluiria os críticos da base neurobiológica do TDAH tais como L. Alan Sroufe, professor emérito da University of Minnesota School of Education and Health Development; Peter Conrad, professor da cadeira Harry Coplan de Ciências Sociais da Brandeis University; e Eric Taylor, o ex-chefe do Departamento de Psiquiatria Infantil e Juvenil do King's College, em Londres.

A defesa do "grande truque da inversão"

O estratagema da inversão procura desarmar um argumento, não pela argumentação sobre os fatos reais apresentados, mas por meio da distração da mera contraposição. Assim, por exemplo, contra a evidência apresentada no Capítulo 7 – as dificuldades familiares podem contribuir para a sintomatologia – os defensores do TDAH respondem alegando que é o contrário: as crianças identificadas com TDAH criam famílias problemáticas. Outro exemplo da defesa do tipo grande truque da inversão ocorreu quando surgiu um artigo no periódico *Pediatrics*, em 2004, sugerindo que, entre as crianças, a exposição precoce à televisão leva a subsequentes problemas de atenção.[2] Logo em seguida, um "comentário de pesquisa" surgiu na revista *Attention*, da CHADD, declarando que: "problemas precoces de comportamento podem levar ao hábito de ver mais televisão ao invés do excesso de televisão causar problemas de atenção posteriores".[3] O grande truque da inversão ataca outra vez.

A defesa "espantalho"

O argumento "espantalho" é aquele em que alguém procura desacreditar o ponto de vista em questão, transformando-o em uma ou mais declarações simples que são clara e obviamente erradas (e, em alguns casos, sequer fazem parte do debate) e, então, prossegue na refutação desses argumentos evidentemente fracos como se estivesse lidando com as críticas mais complexas e matizadas da perspectiva original. Por exemplo, no site da WebMD, em uma opção chamada "TDAH: mitos e fatos – visão geral do assunto", é apresentado como um mito: "TDAH é causado por criação deficiente dos filhos. Todas as crianças precisam de disciplina."[4] Ora, que eu saiba, nenhum crítico do consenso do TDAH realmente apresentou tal argumento. De fato, esse homem de palha em particular parece muito similar aos comentários que ouvi dos disciplinadores grisalhos da Era da Depressão sobre o TDAH no sentido de que: "Tudo o que a criança realmente precisa é um bom tapa na cabeça". Refutar a declaração simplista de que "o TDAH é causado por criação deficiente dos filhos" evita um argumento mais complexo (apresentado no Capítulo 7) de que fatores adversos no ambiente familiar da criança, tais como abuso físico ou trauma, podem prejudicar o desenvolvimento neurológico e dessa forma podem estar ligados aos sintomas do TDAH.

A defesa do argumento da autoridade

A defesa do argumento da autoridade, muito testada ao longo dos tempos, diz o seguinte: "As autoridades estão ao meu lado. Ponto-final!". Tal argumento era usado constantemente na Idade Média como uma maneira de argumentar sobre questões científicas e filosóficas ("Aristóteles disse isso, logo deve ser verdade"). Um bom exemplo dessa defesa deficiente dentro da comunidade do TDAH é dado pela Declaração de Consenso sobre o TDAH: "Todas as principais associações médicas e agências de saúde governamentais reconhecem o TDAH como um transtorno genuíno porque as evidências científicas indicativas de sua existência são avassaladoras." Contudo, o transtorno não se torna verdadeiro simplesmente porque uma associação médica assim o declara. A American Psychiatric Association classificava a homossexualidade como um transtorno mental até 1973, e uma força-tarefa da American Psychological Association se encontrou com funcionários da CIA durante a administração de George W. Bush para aconselhá-los sobre formas eficazes de sustentar justificações éticas e legais para a tortura de indivíduos suspeitos de terrorismo.[5] Desde quando ser uma autoridade equivale a representar a verdade?

A defesa do susto

O modo particular de argumento conhecido como defesa do susto foi empregado com variados graus de sucesso por políticos durante milênios. Basicamente, diz: "Se você seguir os argumentos dos meus críticos, então coisas ruins acontecerão aos seus entes queridos". É uma forma de argumentação especialmente condenável porque procura explorar os medos, ansiedades e preocupações mais profundas que todos os seres humanos vivenciam, em graus diversos, e faz isso principalmente como um meio de alcançar os próprios objetivos particulares do argumentador. Nesse caso, as autoridades do TDAH argumentam que as críticas contra o transtorno podem causar danos reais às crianças e aos adolescentes ao influenciar os pais para que não deixem seus filhos serem diagnosticados e medicados adequadamente. Isso equivale a suspender medicamentos vitais a uma pessoa doente ou privar de alimentos uma criança faminta. Em uma declaração dada durante uma reação ao livro de Richard Saul *"ADHD Does Not Exist"*, a chefe executiva da CHADD, Ruth Hughes, disse: "Esse livro contribui para o estigma do TDAH e prejudica o diagnóstico e tratamento de milhares de pessoas que têm verdadeiramente o transtorno e cujas vidas seriam melhoradas de forma significativa com o tratamento".[6] Outra declaração desse argumento é dada por Zeigler Dendy, um ex-educador especial, psicólogo escolar e autor de livros sobre como ensinar crianças diagnosticadas com o TDAH: "Só espero que as pessoas não digam que essas crianças não precisam de tratamento ou de medicação, porque senão elas vão desenvolver falhas de aprendizagem".[7] E Ned Hallowell, coautor do livro *bestseller* sobre TDAH *"Tendência à distração"*, escreve sobre suas preocupações em relação à crítica midiática do TDAH: "De qualquer modo, estremeço realmente diante desses artigos, porque receio que as pessoas terão medo de conseguir a ajuda de que precisam".[8] Nessas perspectivas, não é articulada a ideia de que as pessoas poderiam realmente se *beneficiar* ao ouvir uma variedade de pontos de vista sobre o TDAH e assim estar em uma posição melhor para tomar uma decisão consciente sobre as suas próprias necessidades de cuidados médicos ou sobre as necessidades de seus filhos.

A defesa da reafirmação do óbvio

O modo de argumentação de reafirmar o óbvio afirma que sabemos que o TDAH existe porque podemos ver os sintomas do transtorno com os nossos próprios olhos. O especialista em TDAH, Ned Hallowell, usa esse tipo de defesa quando escreve:

> TDAH é uma designação abreviada de uma coleção de sintomas que existem com certeza. Pode-se discutir com o termo, como certamente faço, mas ninguém com olhos para ver e ouvidos para escutar afirmaria que não existem crianças ou adultos que se encaixam nos critérios para TDAH como estabelecidos no DSM-5. De fato, existem milhões de crianças e adultos que correspondem à definição de TDAH. Dizer, então, que o transtorno não existe é como afirmar que o nariz do seu rosto não existe. Você pode não querer chamá-lo de nariz, mas qualquer que seja o nome que lhe dê, ele está lá.

O problema com essa defesa é que ela não nos diz nada que seja desconhecido. O critério do DSM-5 inclui descrição de sintomas que claramente existem. Isso não prova que uma entidade clínica neurobiológica chamada TDAH está causando esses sintomas. Fui explícito ao apontar isso no Capítulo 1 ao dizer que estou bem consciente da presença de crianças desatentas, hiperativas e impulsivas em nossa sociedade. Como Hallowell aponta, o fato é tão óbvio como o nariz em seu rosto. Que eu saiba, não existem críticos do TDAH que neguem a existência desses sintomas. As questões importantes são: por que esses sintomas existem? Que explicações podemos lhes dar? O que fazemos em relação a esses sintomas? Em outras palavras, o que está realmente em debate aqui são os muitos pressupostos dos especialistas em TDAH que implicam a colocação de milhões de crianças sob um rótulo (TDAH), com o argumento de que os sintomas são devidos a fatores biogenéticos e a afirmação de que podem ser mais bem tratados com medicamentos psicoativos.

A defesa da analogia frágil

Outra resposta às críticas ao TDAH envolve o uso de analogias para defender a existência do transtorno. O melhor exemplo dessa defesa, e em minha opinião o mais engraçado, ocorre na Declaração Internacional de Consenso sobre o TDAH, em sua conclusão, quando afirma (depois de usar o argumento do homem de palha): "Publicar relatos de que o TDAH é um transtorno fictício ou meramente um conflito entre os Huckleberry Finns* atuais e seus cuidadores equivale a declarar que o planeta Terra é plano, e que a lei da gravidade questionável e a tabela periódica de química é uma fraude." A implicação aqui é a de que o conceito de TDAH é tão sólido como a lei da gravidade. Não está claro qual é o fundamento para alcançar esse julgamento. Mas o que está evidente, tanto quanto sei, é que não há debate sobre a lei da gravidade fora de um seleto grupo de físicos que ainda está tentando reconciliar a força gravitacional com as outras três forças da natureza (eletromagnética, nuclear forte, nuclear fraca), ao passo que existe um debate bastante acalorado sobre o TDAH. Onde há fumaça, há fogo. E dizer que o TDAH é tão incontestável quanto a lei da gravidade é fechar os olhos para uma multidão de argumentos (muitos deles apresentados neste livro) por que esse transtorno não pode ser uma construção tão válida quanto seus especialistas alegam.

As questões levantadas neste livro sobre a natureza espúria da história do TDAH não são respostas inequívocas e definitivas que refutam de forma cabal a existência desse transtorno. Ao contrário, tentei levantar dúvidas sobre os pressupostos subjacentes à presença generalizada do diagnóstico de TDAH em nossa cultura. A melhor abordagem para combater meus pontos de vista ou as opiniões de outros críticos sobre o TDAH não deveria ser constituída das defesas frágeis descritas neste capítulo, mas antes um discurso ponderado que respeitasse as ideias em debate. Esse é o lugar onde a batalha relacionada ao TDAH deve ser travada, não em um campo de amplas generalidades, conclusões arrebatadoras e raciocínios

---

* N.T.: Huckleberry Finn é o personagem principal do livro clássico de Mark Twain, "*As aventuras de Huckleberry Finn*", que resolve fugir em uma balsa pelo Rio Mississipi para fugir do pai alcoólico e violento, que o espanca e quer saber apenas de sua herança. Na fuga encontra o escravo fugido Jim, com quem vive grandes experiências.

falaciosos. Muitas das alegações feitas neste livro não procedem apenas de pesquisas médicas, mas também de análises sociológicas, estudos antropológicos, resenhas psicodinâmicas, relatórios econômicos e outras fontes legítimas de investigação. Um debate verdadeiramente frutífero a respeito da existência do TDAH será construído, por fim, sobre as fundações de perspectivas múltiplas e uma diversidade de pontos de vista sobre como as crianças crescem, aprendem e participam do mundo ao seu redor.[9]

12

O valor das perspectivas múltiplas para melhorar o comportamento da criança e o seu tempo de atenção

O psicólogo humanista Abraham Maslow uma vez escreveu: "Se a única ferramenta que você possui é um martelo, suponho que seja tentador tratar tudo como se fosse um prego".[1] Infelizmente, essa parece ser a situação do TDAH e dos seus maiores defensores. Ao ligar o transtorno a causas consideradas neurobiológicas em sua origem, os médicos de TDAH limitaram dramaticamente o número de ferramentas que podem usar para ajudar milhões de crianças que estão enfrentando dificuldades de comportamento e atenção. Ao transformar crianças irrequietas em pacientes clínicos, fez-se *de fato* do *remédio* a arma mais importante disponível para derrotar a hiperatividade, impulsividade e desatenção – recurso que inclui substâncias psicoativas poderosas como Ritalina®, Aderall®, Concerta® e Strattera®. Para ser justo, a comunidade do TDAH também permite em seu seletivo círculo de tratamentos uma abordagem não medicamentosa básica para o problema. De volta ao behaviorismo dos anos 1950, quando B. F. Skinner e seu modelo de aprendizagem de reforço (condicionamento) dominaram a psicologia norte-americana, muitos especialistas do TDAH (embora nem todos) defendem fortemente a terapia comportamental como um tratamento eficaz, o que frequentemente se traduz em dar às crianças adesivos de carinhas sorridentes, pontos que podem ser trocados por brinquedos e privilégios, e outros reforçadores externos para moldar seu comportamento. Fora a doutrinação dos pais, professores e crianças nos fundamentos do mito do TDAH, mais um pouco de terapia cognitiva para compor o cenário, isso é praticamente tudo que está disponível para os pais preocupados usarem com seus filhos inquietos, desatentos e/ou impulsivos. Não é uma caixa de ferramentas muito grande.

Se as autoridades do TDAH tivessem incorporado ao seu conjunto básico de crenças os achados da sociologia, psicologia psicodinâmica, psicanálise, teorias dos sistemas familiares, antropologia, ecologia humana, psicologia de desenvolvimento e outros campos de investigação, teriam expandido dramaticamente a variedade de ferramentas disponíveis para ajudar essas crianças a se desenvolverem bem. Em tal cenário interdisciplinar, as crianças identificadas como portadoras de TDAH não mais serão vistas apenas em termos de seu comportamento inadequado e de seus cérebros famintos por medicação. Claro que a comunidade do TDAH dirá de imediato que certamente presta muita atenção à vida social da criança, suas necessidades de desenvolvimento, seu bem-estar emocional, sua situação familiar, sua diversidade cultural e outros fatores que compõem uma abordagem geral para os seus problemas. Contudo, cada um desses componentes permanece em um plano secundário ao núcleo biológico essencial do transtorno.

A psicologia do desenvolvimento, por exemplo, é importante para os pesquisadores e clínicos do TDAH principalmente na medida em que avança uma melhor compreensão de como esse transtorno com bases neurobiológicas varia na manifestação dos sintomas e exige diferentes formas de avaliação e tratamento da infância à vida adulta. As dimensões emocional, social, educacional e familiar são importantes pois representam aspectos da vida da criança que estão prejudicados por esse transtorno biogenético. A dimensão cultural é importante na medida em que os pais de diferentes culturas podem ser mais ou menos inclinados a aceitar ou rejeitar o diagnóstico e o tratamento farmacológico indicado pelos médicos. A Figura 1 mostra uma representação gráfica de como os especialistas em TDAH fizeram da neurobiologia o centro em torno do qual os outros domínios giram (aos quais adicionei os domínios comportamental, cognitivo, criativo, ecológico e físico).

Tudo o que é necessário para mudar esse ponto de vista neurobiológico limitado e expandir amplamente o número de ferramentas disponíveis para ajudar as crianças diagnosticadas com TDAH é substituir esse modelo biocêntrico por um modelo centrado na criança, que incorpora a biologia simplesmente como *um* dos domínios importantes para o bem-estar infantil (Figura 2). Quando damos o mesmo peso potencial para cada um

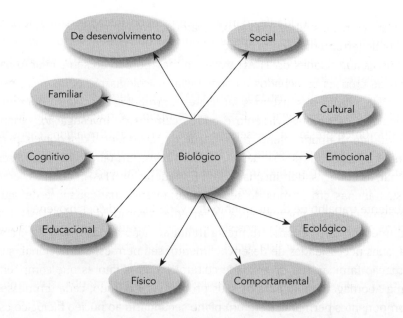

FIGURA 1

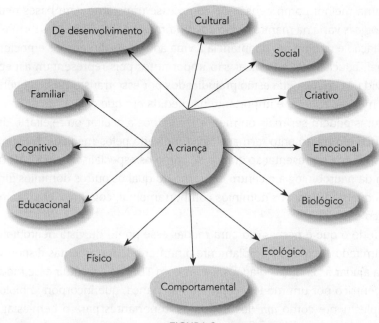

FIGURA 2

desses domínios da vida da criança, abrimos oportunidades para uma ampla gama de estratégias não medicamentosas que podem ser usadas para ajudar crianças diagnosticadas com TDAH, incluindo as 101 estratégias descritas neste livro.

Cada criança diagnosticada com TDAH difere de toda outra criança às vezes de forma significativa. Essa é outra razão por que um rótulo de tamanho único presta um desserviço a essas crianças. Em alguns casos, o aspecto biológico representa *de fato* a questão mais importante em relação a uma criança em particular. Richard Saul, em seu livro *"ADHD Does Not Exist: The Truth About Attention Deficit and Hyperactivity Disorder"*, faz um excelente trabalho de delineamento das variadas condições biogenéticas e físicas que podem subjazer aos sintomas de hiperatividade, desatenção e/ou impulsividade.[2] Sua lista inclui condições tais como problemas visuais e auditivos, transtorno de processamento sensorial, distúrbios convulsivos, síndrome alcoólica fetal, esquizofrenia, transtornos de humor, transtornos do espectro autista/Asperger e transtorno bipolar. De forma similar, o aspecto biológico é importante quando a criança é alérgica a determinados alimentos ou recebeu uma nutrição deficiente. Para outras crianças, o fator mais decisivo pode ser de desenvolvimento, como, por exemplo, no caso de uma criança cujo cérebro amadurece 2 ou 3 anos depois daquelas que têm um desenvolvimento típico. Outras crianças ainda podem se beneficiar de forma mais significativa mantendo-se o foco no domínio educacional, especialmente quando são sensíveis à aprendizagem ativa e precisam de um currículo dinâmico para manter sua atenção. Os componentes familiares e emocionais podem ser relevantes para uma criança traumatizada por abuso infantil ou outras formas de estresse domiciliar.

Dispor de uma ampla gama de perspectivas teóricas e práticas abre espaço para a enorme diversidade que os pesquisadores veem nas crianças diagnosticadas com TDAH. Os estudiosos procuram há décadas melhores maneiras de distinguir crianças que têm diferentes problemas em relação ao TDAH, mas tudo o que criaram foram subtipos e comorbidades que misturam e combinam sintomas com outras condições incapacitantes. Na realidade, entretanto, as crianças vêm em todas as cores do arco-íris. De fato, um pesquisador de TDAH começou a mover a abordagem na direção correta ao sugerir que a capacidade de atenção, o funcionamento executivo e outros sintomas do transtorno representam um *espectro* (assim como o autismo) de comportamentos que se estendem de altamente funcional a gravemente prejudicado.³ Na verdade, para mais de 6 milhões de crianças diagnosticadas com TDAH nos Estados Unidos, existem mais de 6 milhões de razões para os seus comportamentos únicos. A melhor abordagem geral para esses problemas, então, é um espectro compreensivo, não vamos chamá-los de "tratamentos", que de novo evoca um modelo médico, mas, de maneira mais adequada, de *soluções* para ajudar essas crianças a alcançar sucesso na escola e em suas vidas.

As 101 estratégias que delineio neste livro proporcionam um bom ponto de partida para esse projeto. Não estou sugerindo, claro, que os pais usem *todas* elas. Providenciei um questionário e um diagrama mostrado a seguir para ajudá-lo a filtrar as estratégias que têm maior probabilidade de sucesso com seu filho em particular. Assim, por exemplo, se o seu filho, criança ou adolescente, tem uma autoestima baixa, sugeri algumas estratégias baseadas no aspecto emocional que podem ajudá-lo a afirmar suas capacidades específicas em sua vida. Para a criança que tem habilidades elevadas de aprendizagem física e que escala paredes quando não há algo mais interessante para fazer, indiquei várias opções, incluindo esportes que funcionam melhor com crianças irrequietas, formas práticas de aprender coisas novas e artes marciais. Por fim, embora o livro tenha a palavra *infantil* em seu título, a maioria das estratégias da Parte III se aplica de modo igualmente adequado aos *adolescentes*. Para ajudar os pais a avaliar as estratégias mais apropriadas aos seus filhos (crianças e adolescentes), forneci uma faixa etária para cada estratégia (não há recomendações para as menores de 4 anos de idade porque tenho fortes reservas contra o fato dessas crianças serem diagnosticadas com TDAH).

Leia os itens desse questionário e assinale aqueles que parecem se aplicar ao seu filho ou a você. Depois volte aos itens assinalados e grife ou faça uma cópia das estratégias listadas para eles. Isso lhe proporcionará um bom ponto de partida para começar a implementar um plano geral para ajudar seu filho (criança ou adolescente).

Questionário para escolher as melhores estratégias para o seu filho (criança ou adolescente)

O seu filho:

- ___ Consome mais mídia de entretenimento (por meio de televisão, computador, celular, *tablet*, *videogames*, internet) do que você considera adequado? (Estratégia nº 38: Limite as mídias de entretenimento).
- ___ É irrequieto na escola e/ou agitado em casa durante as refeições e/ou na hora das lições escolares? (Estratégia nº 1: Deixe seu filho ficar inquieto; Estratégia nº 10: Construa, pegue emprestado ou compre mobílias móveis).
- ___ Se diverte fazendo coisas que envolvem expressão criativa (tais como pintura, música, dança, teatro)? (Estratégia nº 2: Canalize as energias criativas para as artes; Estratégia nº 16: Utilize música para concentrar e acalmar; Estratégia nº 20: Cultive a criatividade de seu filho).
- ___ Tem problema para dormir à noite? (Estratégia nº 77: Certifique-se de que seu filho desfrute de um período suficiente de sono).
- ___ Come muitos alimentos não saudáveis (*junk food*) (Estratégia nº 30: Limite alimentos não saudáveis (*junk food*).
- ___ Apresenta mais hiperatividade, facilidade para a distração e/ou impulsividade logo depois de comer? (Estratégia nº 15: Elimine alimentos alergênicos e com muitos aditivos da dieta de seu filho).
- ___ Sai apressado sem tomar o café da manhã ou come apenas carboidratos de manhã, mas não proteínas? (Estratégia nº 13: Providencie cafés da manhã balanceados).
- ___ Faz você ficar estressado com muita frequência? (Estratégia nº 12: Cuide-se).
- ___ Adora estar diante do computador? (Estratégia nº 40: Use a aprendizagem *on-line* como recurso educacional; Estratégia nº 47: Procure aplicativos para celulares que possam ajudar seu filho; Estratégia nº 54: Considere o treinamento *neurofeedback*; Estratégia nº 83: Utilize os melhores recursos de aprendizagem informatizada; Estratégia nº 84: Deixe seu filho jogar *videogames* que envolvam e ensinem; Estratégia nº 85: Prepare-se para as emoções e arrepios da realidade virtual e aumentada; Estratégia nº 97: Faça seu filho

criar um blog; Estratégia nº 100: Mostre ao seu filho soluções usadas para resolver problemas).

- ____ Parece especialmente sensível às cores (i. e., tem opiniões fortes sobre determinadas cores)? (Estratégia nº 96: Use cores para destacar as informações).
- ____ Parece ter baixa autoestima? (Estratégia nº 21: Mantenha uma imagem positiva de seu filho; Estratégia nº 23: Encoraje os interesses de seu filho; Estratégia nº 25: Celebre as conquistas; Estratégia nº 31: Empodere seu filho com aprendizagem baseada na valorização; Estratégia nº 33: Ensine ao seu filho como o cérebro funciona; Estratégia nº 75: Aprimore a autoestima do seu filho; Estratégia nº 82: Ajude seu filho a se tornar autoconsciente).
- ____ Tem habilidades de estudo fracas? (Estratégia nº 1: Deixe seu filho ficar inquieto; Estratégia nº 34: Elimine distrações; Estratégia nº 44: Deixe seu filho envolver-se em conversas espontâneas consigo mesmo (autofala); Estratégia nº 72: Sugira estratégias de estudo eficazes).
- ____ Tem boa imaginação? (Estratégia nº 2: Canalize as energias criativas para as artes; Estratégia nº 20: Cultive a criatividade de seu filho; Estratégia nº 79: Ensine seu filho a visualizar).
- ____ Adora participar de jogos? (Estratégia nº 80: Jogue xadrez ou *Go* (*Weiqi*, *Baduk*) com seu filho; Estratégia nº 84: Deixe seu filho jogar *videogames* que envolvam e ensinem).
- ____ Parece ficar para trás de seus colegas de classe em idade e/ou maturidade? (Estratégia nº 26: Reserve um tempo para o seu filho brincar; Estratégia nº 89: Apoie o amadurecimento tardio de seu filho).
- ____ Tem um aumento de sintomas quando há uma mudança na rotina (Estratégia nº 24: Estabeleça regras, rotinas e transições consistentes).
- ____ Gosta de esportes? (Estratégia nº 4: Matricule seu filho em um curso de artes marciais; Estratégia nº 35: Promova exercícios diários; Estratégia nº 49: Descubra um esporte de que seu filho goste muito; Estratégia nº 94: Faça um *lobby* para que a escola de seu filho tenha um programa de educação física consistente).
- ____ Gasta muito tempo sentado em casa? (Estratégia nº 5: Dedique um tempo à natureza; Estratégia nº 35: Promova exercícios diários).

- _____ Adora quando a família faz coisas conjuntamente (Estratégia nº 6: Mantenha as reuniões familiares; Estratégia nº 45: Promova recreação e atividade física em família; Estratégia nº 57: Reserve espaço para bastante bom humor e risadas; Estratégia nº 58: Passem momentos positivos juntos).
- _____ Tem dificuldade em aprender por meio das tradicionais aulas expositivas, folhas de tarefa e apostilas escolares? (Estratégia nº 9: Estimule a aprendizagem na prática; Estratégia nº 36: Fomente uma boa comunicação casa-escola; Estratégia nº 40: Use a aprendizagem *on-line* como recurso educacional; Estratégia nº 56: Proporcione oportunidades para a aprendizagem por meio do movimento; Estratégia nº 59: Descubra as múltiplas inteligências de seu filho; Estratégia nº 99: Encoraje projetos de estudo a serem realizados em casa ou na escola).
- _____ Não tem muitos amigos e/ou tem dificuldades interpessoais com colegas e irmãos? (Estratégia nº 81: Faça seu filho ensinar a uma criança mais nova; Estratégia nº 93: Ajude seu filho a desenvolver habilidades sociais; Estratégia nº 98: Trabalhe para aprimorar a rede social de seu filho).
- _____ Parece mostrar habilidades ou interesses empreendedores? (Estratégia nº 78: Incentive as aspirações profissionais positivas; Estratégia nº 95: Apoie os instintos de empreendedorismo de seu filho).
- _____ Adora estar rodeado de animais? (Estratégia nº 88: Encontre um animal de que seu filho possa cuidar).
- _____ Tem problemas com o professor da escola? (Estratégia nº 36: Fomente uma boa comunicação casa-escola; Estratégia nº 53: Trabalhe para promover um bom relacionamento professor-criança).
- _____ Diz coisas como "Não consigo fazer isso, eu sou assim" e "Meu TDAH não me deixa ser bom (ou inteligente)? (Estratégia nº 60: Ensine seu filho a desenvolver a mentalidade de crescimento (*growth mind-set*).
- _____ Se dá bem com adultos mais velhos de seu mundo? (Estratégia nº 48: Estimule seu filho a ter um mentor; Estratégia nº 66: Propicie modelos positivos de comportamento).
- _____ Faz birra ou tem chiliques quando as coisas não são à sua maneira? (Estratégia nº 42: Ensine habilidades de autorregulação

emocional; Estratégia nº 43: Ensine meditação *mindfulness* ao seu filho; Estratégia nº 46: Compartilhe técnicas de manejo de estresse).

- ____ Estuda em casa e/ou escola em ambientes fechados sem boa iluminação ou janelas? (Estratégia nº 62: Proporcione acesso à luz natural em todo seu espectro).
- ____ Fica motivado quando alguma coisa é nova ou diferente da rotina? (Estratégia nº 39: Promova experiências de *flow* (fluxo); Estratégia nº 50: Proporcione uma variedade de atividades de aprendizagem estimulantes; Estratégia nº 65: Realce cada dia com ao menos uma experiência nova; Estratégia nº 70: Empregue a aprendizagem incidental).
- ____ Gosta de ficar com crianças mais novas? (Estratégia nº 81: Faça seu filho ensinar a uma criança mais nova).
- ____ Não responde bem aos programas controladores de modificação de comportamento? (Estratégia nº 68: Crie em conjunto com seu filho um programa de modificação de comportamento que proporcione um empoderamento interno; Estratégia nº 74: Use a pausa de uma maneira positiva; Estratégia nº 91: Crie um contrato comportamental positivo com seu filho).
- ____ Anda em lugares onde pode entrar em contato com toxinas ambientais (como chumbo)? (Estratégia nº 76: Evite exposição a contaminadores ambientais).
- ____ Tende a ter uma mente que vagueia, uma atenção que deriva e/ou uma tendência para o devaneio? (Estratégia nº 7: Ensine técnicas de concentração ao seu filho; Estratégia nº 43: Ensine meditação *mindfulness* ao seu filho; Estratégia nº 54: Considere o treinamento *neurofeedback*).
- ____ Apresenta sintomas de depressão, ansiedade ou outros sinais de estresse emocional? (Estratégia nº 64: Considere a terapia familiar; Estratégia nº 90: Considere a psicoterapia individual para seu filho).
- ____ Tem problemas crônicos de adaptação às configurações das salas de aula da escola pública e aos professores, ano após ano? (Estratégia nº 86: Considere métodos alternativos de escolarização).
- ____ Tem dificuldades de se organizar em relação às tarefas escolares, ao espaço do quarto ou a outros setores da vida? (Estratégia nº

22: Providencie espaços apropriados para a aprendizagem; Estratégia nº 101: Ensine estratégias de organização ao seu filho).

- ____ Gosta de ficar nas redondezas de casa e da escola? (Estratégia nº 1: Deixe seu filho ficar inquieto; Estratégia nº 4: Matricule seu filho em um curso de artes marciais; Estratégia nº 10: Construa, pegue emprestado ou compre mobílias móveis; Estratégia nº 26: Reserve um tempo para o seu filho brincar; Estratégia nº 49: Descubra um esporte de que seu filho goste muito; Estratégia nº 56: Proporcione oportunidades para a aprendizagem por meio do movimento; Estratégia nº 87: Faça seu filho aprender yoga; Estratégia nº 94: Faça um *lobby* para que a escola de seu filho tenha um programa de educação física consistente).
- ____ Começa a se agitar quando se sente entediado ou não suficientemente estimulado? (Estratégia nº 50: Proporcione uma variedade de atividades de aprendizagem estimulantes).
- ____ Tem dificuldade de relaxar ou se sente estressado em diferentes momentos do dia? (Estratégia nº 7: Ensine técnicas de concentração ao seu filho; Estratégia nº 43: Ensine meditação *mindfulness* ao seu filho; Estratégia nº 46: Compartilhe técnicas de manejo do estresse; Estratégia nº 55: Use o toque para confortar e acalmar).
- ____ Se esquece frequentemente de coisas que disse ou leu ou que deveria lembrar? (Estratégia nº 37: Fortaleça a memória de trabalho de seu filho; Estratégia nº 41: Mostre ao seu filho como utilizar ferramentas metacognitivas; Estratégia nº 80: Jogue xadrez ou Go [*Weiqi*, *Baduk*] com seu filho).

Como pai/mãe, você...

- ____ Foca muito a atenção nas dificuldades, déficits e/ou disfunções de seu filho? (Estratégia nº 3: Enfatize a diversidade, não a deficiência; Estratégia nº 21: Mantenha uma imagem positiva de seu filho; Estratégia nº 25: Celebre as conquistas).
- ____ Observa que seu filho parece melhor em determinados momentos do dia? (Estratégia nº 8: Descubra qual o momento de maior estado de alerta de seu filho).
- ____ Fica estressado(a), regularmente, com os comportamentos de seu filho? (Estratégia nº 12: Cuide-se).

- ____ Gasta muito tempo dizendo ao seu filho o que e como fazer as coisas? (Estratégia nº 14: Dê opções de escolha à criança).
- ____ Passa maus bocados com a abordagem modelo da medicina convencional para ajudar seu filho ou quer explorar abordagens multiculturais? (Estratégia nº 11: Considere opções de cura alternativas).
- ____ Se sente inseguro(a) com suas habilidades de pai ou mãe? (Estratégia nº 19: Faça um curso de treinamento para pais; Estratégia nº 92: Envolva-se na criação de nichos positivos).
- ____ Tem dificuldades de falar com seu filho sobre coisas que são importantes para ele? (Estratégia nº 18: Use habilidades eficazes de comunicação).
- ____ Tem um excelente relacionamento com seu filho? (Estratégia nº 27: Seja um *coach* pessoal para seu filho; Estratégia nº 28: Desenvolva a resiliência de seu filho).
- ____ Tem preocupações em relação ao seu filho ser alvo de piada na escola por ser um aluno de educação especial? (Estratégia nº 32: Apoie a total inclusão de seu filho nas salas de aula regulares).
- ____ Quer descartar outras causas potenciais (além do TDAH) para as dificuldades de comportamento e atenção de seu filho? (Estratégia nº 71: Descarte influências negativas potenciais para o comportamento do seu filho).
- ____ Tem dificuldades de obter a atenção de seu filho para tarefas, refeições e outras atividades diárias? (Estratégia nº 29: Dê instruções de maneira marcante, que exija atenção).
- ____ Gostaria de ter melhores estratégias para disciplinar seu filho? (Estratégia nº 19: Faça um curso de treinamento para pais; Estratégia nº 52: Forneça *feedback* sobre seu comportamento imediatamente; Estratégia nº 61: Use consequências lógicas e naturais como uma ferramenta de disciplina; Estratégia nº 67: Descubra e administre os quatro tipos de mau comportamento).
- ____ Acredita que mudanças de dieta podem resultar em melhorias significativas no período de bom comportamento e atenção de seu filho? (Estratégia nº 13: Providencie cafés da manhã balanceados; Estratégia nº 15: Elimine alimentos alergênicos e com muitos aditivos da dieta de seu filho; Estratégia nº 30: Limite alimentos não saudáveis (*junk food*); Estratégia nº 63: Cozinhe alimentos ricos em ácidos graxos ômega-3).

Estratégias classificadas por tipo de abordagem

Como uma ajuda adicional para personalizar estratégias para as necessidades de seu filho, organizei as 101 estratégias deste livro de acordo os domínios da vida de uma criança a serem abordados (ver a Figura 2, na página 92). Observação: algumas estratégias estão listadas em mais de uma categoria.

Comportamental
(Estratégias que melhoram os comportamentos observáveis de seu filho)
- Estratégia nº 14: Dê opções de escolha à criança.
- Estratégia nº 24: Estabeleça regras, rotinas e transições consistentes.
- Estratégia nº 29: Dê instruções de maneira marcante, que exija atenção.
- Estratégia nº 52: Forneça *feedback* sobre o seu comportamento imediatamente.
- Estratégia nº 61: Use consequências lógicas e naturais como uma ferramenta de disciplina.
- Estratégia nº 67: Descubra e administre os quatro tipos de mau comportamento.
- Estratégia nº 68: Crie em conjunto com seu filho um programa de modificação de comportamento que proporcione um empoderamento interno.
- Estratégia nº 74: Use a pausa de uma maneira positiva.
- Estratégia nº 91: Crie um contrato comportamental positivo com seu filho.

Biológica
(Estratégias dietéticas que afetam a bioquímica de seu filho)
- Estratégia nº 13: Providencie cafés da manhã balanceados.
- Estratégia nº 15: Elimine alimentos alergênicos e com muitos aditivos da dieta de seu filho.
- Estratégia nº 30: Limite alimentos não saudáveis (*junk food*).
- Estratégia nº 63: Cozinhe alimentos ricos em ácidos graxos ômega-3.

De desenvolvimento

(Estratégias que leva em conta os padrões únicos de desenvolvimento de seu filho)

- Estratégia nº 5: Dedique um tempo à natureza.
- Estratégia nº 26: Reserve um tempo para o seu filho brincar.
- Estratégia nº 89: Apoie o amadurecimento tardio de seu filho.

Cognitiva

(Estratégias que melhoram o modo como seu filho pensa)

- Estratégia nº 7: Ensine técnicas de concentração ao seu filho.
- Estratégia nº 17: Ensine o seu filho a se monitorar.
- Estratégia nº 33: Ensine ao seu filho como o cérebro funciona.
- Estratégia nº 37: Fortaleça a memória de trabalho de seu filho.
- Estratégia nº 41: Mostre ao seu filho como utilizar ferramentas metacognitivas.
- Estratégia nº 42: Ensine habilidades de autorregulação emocional.
- Estratégia nº 43: Ensine meditação *mindfulness* ao seu filho.
- Estratégia nº 44: Deixe seu filho envolver-se em conversas espontâneas consigo mesmo (autofala).
- Estratégia nº 46: Compartilhe técnicas de manejo do estresse.
- Estratégia nº 51: Ensine habilidades para definir objetivos.
- Estratégia nº 54: Considere o treinamento *neurofeedback*.
- Estratégia nº 60: Ensine seu filho a desenvolver a mentalidade de crescimento (*growth mind-set*).
- Estratégia nº 79: Ensine seu filho a visualizar.
- Estratégia nº 80: Jogue xadrez ou *Go* (*Weiqi, Baduk*) com seu filho.
- Estratégia nº 101: Ensine estratégias de organização ao seu filho.

Criativa

(Estratégias que proporcionam maneiras pelas quais as energias exuberantes de seu filho podem ser canalizadas)

- Estratégia nº 2: Canalize as energias criativas para as artes.
- Estratégia nº 20: Cultive a criatividade de seu filho.
- Estratégia nº 39: Promova experiências de *flow* (fluxo).
- Estratégia nº 65: Realce cada dia com ao menos uma experiência nova.
- Estratégia nº 95: Apoie os instintos de empreendedorismo de seu filho.

- Estratégia nº 97: Faça seu filho criar um blog.

Cultural

(Estratégias que são sensíveis ao contexto cultural mais amplo de seu filho)
- Estratégia nº 11: Considere opções de cura alternativas.

Ecológica

(Estratégias que modificam o ambiente de modo a melhorar a habilidade de seu filho de obter sucesso na escola e na vida)
- Estratégia nº 5: Dedique um tempo à natureza.
- Estratégia nº 8: Descubra qual o momento de maior estado de alerta de seu filho.
- Estratégia nº 10: Construa, pegue emprestado ou compre mobílias móveis.
- Estratégia nº 16: Utilize música para concentrar e acalmar.
- Estratégia nº 22: Providencie espaços apropriados para a aprendizagem.
- Estratégia nº 26: Reserve um tempo para o seu filho brincar.
- Estratégia nº 30: Limite alimentos não saudáveis (*junk food*).
- Estratégia nº 34: Elimine distrações.
- Estratégia nº 38: Limite as mídias de entretenimento.
- Estratégia nº 47: Procure aplicativos para celulares que possam ajudar seu filho.
- Estratégia nº 50: Proporcione uma variedade de atividades de aprendizagem estimulantes.
- Estratégia nº 62: Proporcione acesso à luz natural em todo seu espectro.
- Estratégia nº 71: Descarte influências negativas potenciais para o comportamento do seu filho.
- Estratégia nº 76: Evite exposição a contaminadores ambientais.
- Estratégia nº 77: Certifique-se de que seu filho desfrute de um período suficiente de sono.
- Estratégia nº 83: Utilize os melhores recursos de aprendizagem informatizada.
- Estratégia nº 85: Prepare-se para as emoções e arrepios da realidade virtual e aumentada.
- Estratégia nº 88: Encontre um animal de que seu filho possa cuidar.

- Estratégia n° 92: Envolva-se na construção de nichos positivos.
- Estratégia n° 96: Use cores para destacar as informações.

Educacional

(Estratégias que melhoram o desempenho de seu filho na escola)
- Estratégia n° 1: Deixe seu filho ficar inquieto.
- Estratégia n° 9: Estimule a aprendizagem na prática.
- Estratégia n° 31: Empodere seu filho com aprendizagem baseada na valorização.
- Estratégia n° 32: Apoie a total inclusão de seu filho nas salas de aula regulares.
- Estratégia n° 36: Fomente uma boa comunicação casa-escola.
- Estratégia n° 40: Use a aprendizagem *on-line* como recurso educacional.
- Estratégia n° 56: Proporcione oportunidades para a aprendizagem por meio do movimento.
- Estratégia n° 59: Descubra as múltiplas inteligências de seu filho.
- Estratégia n° 70: Empregue a aprendizagem incidental.
- Estratégia n° 72: Sugira estratégias de estudo eficazes.
- Estratégia n° 73: Forneça ao seu filho tarefas reais da vida.
- Estratégia n° 84: Deixe seu filho jogar *videogames* que envolvam e ensinem.
- Estratégia n° 86: Considere métodos alternativos de escolarização.
- Estratégia n° 94: Faça um *lobby* para que a escola de seu filho tenha um programa de educação física consistente.
- Estratégia n° 99: Encoraje projetos de estudo a serem realizados em casa e na escola.
- Estratégia n° 100: Mostre ao seu filho soluções usadas para resolver problemas.

Emocional

(Estratégias que melhoram a maneira como seu filho se sente)
- Estratégia n° 2: Canalize as energias criativas para as artes.
- Estratégia n° 3: Enfatize a diversidade, não a deficiência.
- Estratégia n° 21: Mantenha uma imagem positiva de seu filho.
- Estratégia n° 23: Encoraje os interesses de seu filho.
- Estratégia n° 25: Celebre as conquistas.

- Estratégia nº 28: Desenvolva a resiliência de seu filho.
- Estratégia nº 31: Empodere seu filho com aprendizagem baseada na valorização.
- Estratégia nº 42: Ensine habilidades de autorregulação emocional.
- Estratégia nº 46: Compartilhe técnicas de manejo do estresse.
- Estratégia nº 64: Considere a terapia familiar.
- Estratégia nº 66: Propicie modelos positivos de comportamento.
- Estratégia nº 75: Aprimore a autoestima do seu filho.
- Estratégia nº 78: Incentive aspirações profissionais positivas.
- Estratégia nº 82: Ajude seu filho a se tornar autoconsciente.
- Estratégia nº 90: Considere a psicoterapia individual para seu filho.

Familiar

(Estratégias que ajudam a criar um clima familiar positivo no qual seu filho possa prosperar)
- Estratégia nº 6: Mantenha as reuniões familiares.
- Estratégia nº 19: Faça um curso de treinamento para pais.
- Estratégia nº 24: Estabeleça regras, rotinas e transições consistentes.
- Estratégia nº 25: Celebre as conquistas.
- Estratégia nº 45: Promova recreação e atividade física em família.
- Estratégia nº 57: Reserve espaço para bastante bom humor e risadas.
- Estratégia nº 58: Passem momentos positivos juntos.
- Estratégia nº 64: Considere a terapia familiar.

Física

(Estratégias que fazem uso da natureza física de seu filho para melhorar seu comportamento e capacidade de atenção)
- Estratégia nº 1: Deixe seu filho ficar inquieto.
- Estratégia nº 4: Matricule seu filho em um curso de artes marciais.
- Estratégia nº 9: Estimule a aprendizagem na prática.
- Estratégia nº 26: Reserve um tempo para o seu filho brincar.
- Estratégia nº 35: Promova exercícios diários.
- Estratégia nº 49: Descubra um esporte de que seu filho goste muito.
- Estratégia nº 55: Use o toque para confortar e acalmar.
- Estratégia nº 56: Proporcione oportunidades para a aprendizagem por meio do movimento.

- Estratégia n° 87: Faça seu filho aprender yoga.
- Estratégia n° 94: Faça um *lobby* para que a escola de seu filho tenha um programa de educação física consistente.

Social

(Estratégias que melhoram a maneira como seu filho se relaciona com outras pessoas)
- Estratégia n° 18: Use habilidades eficazes de comunicação.
- Estratégia n° 27: Seja um *coach* pessoal para seu filho.
- Estratégia n° 48: Estimule seu filho a ter um mentor.
- Estratégia n° 53: Trabalhe para promover o bom relacionamento professor-criança.
- Estratégia n° 81: Faça seu filho ensinar a uma criança mais nova.
- Estratégia n° 93: Ajude seu filho a desenvolver habilidades sociais.
- Estratégia n° 98: Trabalhe para aprimorar a rede social de seu filho.

Ao contrário dos medicamentos psicoativos, essas estratégias não têm efeitos colaterais maléficos, e de fato a maioria delas é boa para *todas* as crianças, não apenas para aquelas rotuladas com o TDAH. Teste algumas estratégias e verifique se elas produzem resultados positivos. Em caso afirmativo, incorpore-as à vida de seu filho regularmente e continue a introduzir mais estratégias ao longo do tempo. Você vai gostar de ver que está enriquecendo não apenas a vida de seu filho, mas de toda a sua família. Boa sorte e divirta-se.

Parte III

101 maneiras de melhorar o comportamento e a atenção de seu filho sem medicamentos, rótulos ou coerção

Estratégia nº 1

Deixe seu filho ficar inquieto
(Idade: 4-18 anos)

"Pare de se mexer!", "Tire a mão de mim!", "Jogue o chiclete fora", "Não se agite!". Essas frases são comumente ouvidas quando professores sobrecarregados e pais supervisionam crianças instaladas em suas cadeiras fazendo tarefas escolares ou jogados sobre as mesas da cozinha às voltas com seu dever de casa. No momento, surgem novas pesquisas sugerindo que tais comportamentos, como bater os pés, mascar chicletes, balançar as pernas, inclinar a cadeira e tamborilar os dedos não são tão ruins afinal de contas. Os cientistas dividiram as crianças entre 10 e 17 anos em dois grupos, aquelas diagnosticadas com TDAH e as que têm um desenvolvimento típico. Instalaram sensores de movimento nos quadris das crianças como uma maneira de registrar a movimentação das pernas. Então os participantes se envolveram em tarefas computadorizadas que exigiam atenção aos detalhes e clareza cognitiva. Foi mostrada aos participantes uma seta na tela, e eles tinham que pressionar um botão indicando a direção apontada. A seta estava ladeada por outras que apontavam para diferentes direções (exigindo mais concentração focada para evitar a confusão). Os resultados indicaram que as crianças identificadas com o TDAH tiveram um melhor desempenho na tarefa quando estavam se mexendo, mas o mesmo não aconteceu com aquelas com desenvolvimento típico.[1] Julie B. Schweitzer, professora do Departamento de Psiquiatria e Ciências Comportamentais da Universidade da Califórnia, na Davis School of Medicine, e uma das pesquisadoras responsáveis por esse estudo, sugeriu que a movimentação constante provavelmente aumentou a estimulação mental nessas crianças da mesma maneira que um psicoestimulante.[2]

As escolas estão começando a reconhecer os benefícios da agitação e estão incorporando esse conhecimento à rotina escolar. Na Quaker School, em Horsham, Pensilvânia, os professores mantêm caixas de "ferramentas de agitação" disponíveis, bolas Silly Putty (uma espécie de massa de modelar) e Koosh (bolas coloridas formadas por centenas de filamentos de plástico flexível) para serem usadas sempre que as crianças tiverem vontade.[3] Scott Ertl, ex-professor da escola de ensino fundamental, desenvolveu a Bouncy Bands, uma corda elástica que é instalada nas pernas das cadeiras ou carteiras escolares, na qual os alunos podem apoiar, pressionar e balançar os pés.

Em casa, você pode incrementar os horários da tarefa escolar de seu filho, mantendo algumas dessas "ferramentas de agitação" espalhadas pelos ambientes domiciliares. Outras dessas ferramentas podem ser bola de tênis, goma de mascar, exercitador de mão (daqueles usados em treinamento *fitness*), limpadores de cachimbo para torcer, um cordão de contas, um parafuso e porca tamanho gigante (para apertar e desapertar), papel e lápis para rabiscar (a pesquisa sugere que o ato de rabiscar também pode ajudar na compreensão e foco) e outros pequenos objetos que seu filho pode manusear de forma segura e silenciosa enquanto trabalha.[4] As palavras-chaves aqui são "de forma silenciosa". Evite objetos que fazem barulhos (cliques, toques ou chocalhos) que podem perturbar outras pessoas em casa (a não ser que seu filho esteja fazendo atividades sozinho em um quarto com bom isolamento acústico). Permitir que seu filho se agite enquanto trabalha cria uma situação em que todos ganham: a criança aumenta sua capacidade de foco e você tem uma coisa a menos para se preocupar.

Para mais informações
Therapyshoppe.com. A loja vende uma série de ferramentas manuais de agitação e outros materiais terapêuticos práticos para terapeutas, professores e pais.

Estratégia n° 2

Canalize as energias criativas para as artes
(Idade: 4-12 anos)

No Capítulo 8, detalhei algumas das ligações que existem entre o TDAH e a criatividade. De certo modo, a desatenção, hiperatividade e/ou impulsividade de seu filho é simplesmente uma energia mental e física dispersa que pode ser direcionada para um objetivo relevante. Existem várias coisas que você pode fazer em casa para canalizar essas energias criativas de seu filho para as *artes*. Em primeiro lugar, identifique um espaço em sua casa em que possa instalar um "cantinho da bagunça". Os materiais podem incluir tinta para pintura a dedo, argila para modelagem, tintas, pincéis e um cavalete, papéis para desenho, lápis de cor, material para colagem, tais como revistas velhas, retalhos ou amostras de papel de parede, roupas coloridas, papel e/ou cola. Certifique-se de que esse canto da criatividade esteja em uma parte da casa onde a bagunça possa ser facilmente limpa, talvez cobrindo o chão com jornais ou lençóis velhos, ou uma lona plástica, ou então instalando o "cantinho da bagunça" no porão ou na garagem. Aqui estão algumas ideias:

- Providencie uma caixa grande de papelão e crie um teatro de fantoches para seu filho. Compre uns fantoches bem simples em uma loja de brinquedos, ou faça os seus próprios com meias velhas, e deixe o seu filho encenar shows de fantoches com seus amigos.
- Separe roupas de segunda mão e as coloque em um contêiner resistente para usar como uma caixa de fantasias. Deixe seu filho se vestir à vontade e representar encenações especiais, peças ou danças, caracterizado da maneira que quiser.
- Crie um canto do músico abastecido com instrumentos de percussão e aparelho de som que tenha o recurso de gravação. Seu filho pode gravar suas apresentações ou tocar suas músicas favoritas.

Por fim, para crianças com aptidões especiais e grande motivação, considere a possibilidade de aulas de música, de dança ou cursos de artes em que possam desenvolver seus talentos de uma maneira mais formal. Mas não pressione seu filho a fazer essas atividades; oriente-se pelos próprios interesses da criança em buscar o estudo formal e tente manter uma distância respeitosa em relação ao seu trabalho criativo, a não ser que seja convidado para participar.

Na escola, pressione por um programa de artes forte que inclua aulas de música, dança, teatro e artes visuais. Esses programas são os primeiros a serem cortados quando há problemas orçamentários, ainda assim, para seu filho, podem ser os cursos em que ele vai obter seus maiores sucessos. Encoraje o professor de seu filho a incorporar as artes nas atividades regulares de sala de aula. Quando lecionei em escolas públicas, proporcionava um "momento de escolha" regular durante o dia, no qual os alunos podiam desenhar, fazer projetos de arte, escutar música ou serem criativos de outras maneiras. Os professores também devem trazer a arte para o currículo por meio de aulas de história nas quais os alunos desempenhem papéis dos personagens envolvidos (role-play), desenhem imagens para ilustrar problemas matemáticos, criem *raps* e músicas sobre figuras da literatura. Ao fornecer ao seu filho materiais artísticos de expressão e um ambiente apropriado para usá-los em casa, bem como lutar pela presença das artes na escola, você pode fazer as vezes de um "patrono artístico" e ajudar a movimentar as energias criativas de seu filho em direção a objetivos e projetos que lhe darão profunda satisfação de ser criativo e bem-sucedido.

Para mais informações
Susan Schwake. *Art lab for kids: 52 creative adventures in drawing, paiting, printmaking, paper, and mixed media – for budding artists of all ages*. Beverly, MA: Quarry Books, 2012.

Estratégia n° 3

Enfatize a diversidade, não a deficiência
(Idade: 4-18 anos)

Acho que o maior problema que tenho com o rótulo de transtorno do déficit de atenção e hiperatividade é que não há nada em sua descrição que forneça qualquer indicação das qualidades positivas presentes nas crianças ou adolescentes que estão sendo rotulados. Isso pode ter consequências devastadoras. Desde a publicação do livro *"Pygmalion in the classroom"**, 50 anos atrás (em que se relata uma experiência em que os professores foram induzidos de forma enganosa a pensar que um grupo de crianças se destacaria no ano seguinte e as expectativas dos professores acabam por se concretizar†), estudos mostraram que as expectativas têm um papel enorme em como as crianças se sairão na vida e na escola.[1]

Quando rotulada como portadora de TDAH, os pais, professores, especialistas e as outras pessoas tendem a lançar mão de um *discurso de inaptidão* ao se relacionar com a criança, algo que enfatiza mais os seus problemas do que suas possibilidades. Imagine se Leonardo da Vinci fosse um estudante diagnosticado com o transtorno, em uma sala de aula atual. Eis aqui um diálogo possível durante uma conferência para discutir seu Programa de Educação Individualizada (PEI):

> **Psicólogo escolar:** "Bom, eu apliquei alguns testes nele, mas sua atenção estava em outro lugar."
> **Especialista de aprendizagem:** "Estou preocupado porque ele escreve de trás para a frente de vez em quando. Como vocês sabem, isso é um ligeiro sinal de disfunção neurológica."
> **Professor de sala de aula:** "É verdade, já o vi fazendo isso na sala de aula. Minha impressão é de que ele nunca completa uma tarefa. Ele começa alguma coisa e logo perde o interesse. Está sempre rabiscando as margens das folhas de tarefa que recebe. E quando não está rabiscando, está sonhando acordado, olhando pela janela."[2]

Enquanto conversam, ninguém parece reconhecer a grandeza do pequeno Leonardo, e até suas capacidades são transformadas em problemas. Como os professores de educação Patricia Cahill Paugh e Curt Dudley-Marling notam em relação às crianças com necessidades especiais: "O déficit de construção dos alunos e da aprendizagem continua a dominar a maneira como os estudantes são vistos, como os ambientes escolares são organizados e como as técnicas educacionais e avaliações são implementadas."[3]

---

* N.T.: Em português, "Pigmaleão na sala de aula".
† N.T.: Na psicologia, o efeito pigmaleão (ou efeito Rosenthal) é o fenômeno em que, quanto maiores as expectativas que se têm relativamente a uma pessoa, melhor o seu desempenho.

O conceito de neurodiversidade (discutido no Capítulo 9) nos fornece uma escapatória dessa espiral negativa. Deveríamos considerar as crianças rotuladas como portadoras de TDAH como flores frágeis, brotos surpreendentes, floração requintada e orquídeas exóticas. Quando você falar com seu filho sobre o TDAH, tente evitar a desajeitada maquinaria de metáforas utilizadas pelos especialistas no transtorno para explicar o fenômeno (por exemplo, "seu motor funciona muito rápido"), e, em vez disso, fale sobre a maravilhosa diversidade dos animais, plantas, árvores, vida marinha, pássaros e outros organismos do nosso mundo (a National Geographic é uma revista magnífica para esse propósito), e diga que o mesmo acontece com os seres humanos e o cérebro (ver também a Estratégia n° 33: Ensine ao seu filho como o cérebro dele funciona). Lembre seu filho que todos os seres têm pontos fortes e fracos e que o essencial para o sucesso na vida é aprender como maximizar nossas forças e minimizar nossas fraquezas. A diversidade é fundamental para o equilíbrio do mundo, e a diversidade de seu filho é uma parte importante dessa riqueza.

Para mais informações
Thomas Armstrong. *The power of neurodiversity: unleashing the advantages of your differently wired brain.* Cambridge, MA: Da Capo, 2010.

Estratégia n° 4

Matricule seu filho em um curso de artes marciais
(Idade: 5-16 anos)

Nos dias de hoje, uma cena comum em muitos *playgrounds* espalhados pelo país é aquela de crianças praticando seus movimentos de karatê, judô e taekwondo. Inspirados por uma enxurrada de filmes estrelados por super-heróis com Bruce Lee, Chuck Norris e Jean-Claude Van Damme, as crianças de 5 a 16 anos de idade se interessam pela prática das técnicas das artes marciais de origem asiática tradicional que remonta a várias centenas de anos. No momento, parece que as artes marciais são um veículo maravilhoso para o desenvolvimento do autocontrole, concentração e habilidades sociais de crianças diagnosticadas como portadoras de TDAH.[1]

O karatê e outras modalidades de artes marciais ajudam, de forma variada, as crianças com problemas de atenção e comportamento. Primeiro, treinam as crianças para o controle de seu suprimento inesgotável de energia. Para crianças que parecem estar à mercê do seu comportamento aparentemente incontrolável, esses esportes oferecem a oportunidade de começar a direcionar sua energia mental e física de uma forma intencional e concentrada. Em segundo lugar, as artes marciais capacitam as crianças a se sentirem bem consigo mesmas, aprimorando sua aptidão para a autodefesa, melhorando sua coordenação motora e desenvolvendo uma habilidade que é muito valorizada entre seu grupo de amigos. Em terceiro lugar, elas promovem o respeito pelos outros por meio de rituais de cortesia (tais como curvar-se ao cumprimentar o oponente, esperar sua própria vez) e favorecem ainda os valores éticos incorporados a cada uma das práticas. Finalmente, dão às crianças uma maneira aceitável de lidar com seus sentimentos agressivos sem machucar os outros e a si mesmas.

Existem muitas diferenças entre a imensa variedade de modalidades de artes marciais ensinadas. Algumas das principais tradições são as seguintes:

- *Karatê* (palavra japonesa que significa "de mãos vazias"). Valoriza bloqueios defensivos e o uso dos movimentos de chute e golpes com braços e mãos.
- *Judô*. Uma arte japonesa (cujo nome, contudo, provém de uma palavra chinesa que significa "caminho gentil") que enfatiza a derrubada do oponente e o uso da pressão em diferentes pontos do corpo para imobilizar o adversário.
- *Aikido* (palavra japonesa para expressar o "caminho da unificação com a energia da vida"). Ensina técnicas defensivas equivalentes às do judô, mas com menos ênfase no contato físico com o oponente.
- *Taekwondo*. Uma espécie de karatê coreano que se concentra em movimentos de chute.
- *Kenpo*. Uma versão americanizada das artes marciais asiáticas que combina habilidades tradicionais com as técnicas do boxe moderno.
- *Tai Chi Chuan*. Uma arte marcial chinesa (literalmente "punho do limite supremo") que nas versões mais ocidentais ensina movimentos específicos executados lentamente sem contato com o oponente e como meio de aprimoramento do bem-estar.

- *Karobis.** Uma combinação contemporânea de karatê, tai chi e ginástica aeróbica.

Para encontrar um curso de artes marciais para seu filho procure opções mais baratas oferecidas por centros comunitários e de educação física, programas extracurriculares ou centros recreativos. (Uma lista abrangente de organizações de artes marciais pode ser conferida buscando na internet.) Há também excelentes programas disponíveis por meio de empresas privadas que operam por intermédio de filiadas. Você pode encontrar informações sobre esses programas fazendo pesquisas na internet. Verifique se os instrutores têm certificados de organizações nacionais e internacionais respeitáveis. Reserve um tempo com seu filho para observar uma ou duas aulas para se sentir confortável com o ambiente. Não hesite em perguntar aos instrutores sobre dúvidas e compartilhar quaisquer preocupações que você tenha. Uma vez que seu filho tenha sido matriculado, ajude a manter seu interesse em um nível alto, dando-lhe regularmente a oportunidade de mostrar o que aprendeu. Juntos, assistam a demonstrações de artes marciais feita por adultos, e incentive seu filho a se manter firme quando ele se sentir entediado ou desanimado. Logo que começar a perceber como as artes marciais estão transformando de forma positiva suas atitudes para consigo mesmo e para com os outros, ele não vai mais querer abandonar o curso.

Para mais informações
Mike Massi. *Martial arts drills and games for kids: over 50 exciting drills and games for kids that'll keep your students training through black belt* [Kindle]. Bellevue, WA: Amazon Digital Services, 2012.

Estratégia n° 5

Dedique um tempo à natureza
(Idade 4-18)

Talvez eu soe como um velho grisalho e melancólico (tenho 66 anos), mas quando era criança, eu costumava passar muitas horas do dia com meus

---

* N.T.: Modalidade esportiva desconhecida no Brasil.

amigos correndo pelos campos, brincando nos parques e aproveitando os dias de verão caindo em algum dos 11 mil lagos de Minnesota. De forma crescente, as crianças dos nossos dias estão deixando de ter esse mesmo tipo de experiência. Agora, grande parte do tempo de lazer é gasto em ambientes fechados, diante de uma tela de celular, *tablet*, televisão, computador ou *videogame*. De acordo com uma recente pesquisa da *The Nature Conservancy*, uma organização dedicada à proteção dos recursos naturais mundiais, apenas 10% das crianças entrevistadas relataram passar algum tempo em contato com a natureza de forma regular e diária, enquanto 88% mencionaram ficar *on-line* diariamente.[1] Estamos todos conscientes do impacto que um estilo de vida sedentário tem sobre a obesidade entre as crianças.[2] Muito menos conhecido, no entanto, é a influência que a privação do contato com a natureza está exercendo sobre o comportamento e a capacidade de atenção de nossas crianças, especialmente aquelas diagnosticadas como portadoras de TDAH. Vários estudos atuais revelam que quando crianças e adolescentes identificados como portadores de TDAH passam algum tempo em meio à natureza, os sintomas do transtorno diminuem e a taxa de declínio é diretamente proporcional ao nível do "estado selvagem" do ambiente natural (por exemplo, as matas têm um nível mais "selvagem" do que parques de cidade).[3]

Ao planejar as férias, considere a possibilidade de uma expedição a pé ou uma estadia em um *camping* antes de marcar aquela viagem para Walt Disney World. Você também não precisa preparar seus filhos e ir para o Grand Canyon para obter esse "efeito verde". Um estudo sugeriu que mesmo escassos 20 minutos gastos em um parque podem aumentar a capacidade de atenção das crianças diagnosticadas com TDAH.[4] Se você não tem um parque nas redondezas, leve seu filho para o quintal, ao jardim de um amigo ou a um campo próximo para organizar um jogo com bola com crianças da vizinhança. Mesmo uma simples caminhada em uma área arborizada pode ser um passo na direção certa. E não deixe o inverno interferir nos seus planos. Como dizem os noruegueses: não existe isso de tempo ruim, mas sim de estar inadequadamente vestido. Richard Louv, autor do livro *"A última criança na natureza: resgatando nossas crianças do transtorno do déficit de natureza"*, acha que o tempo em meio à natureza, mesmo não sendo uma panaceia, deveria se tornar uma alternativa regular não medicamentosa para diminuir os sintomas do TDAH. Ele diz: "Uma caminhada na mata seria um tratamento perfeito: não é estigmatizante, não tem efeitos colaterais preocupantes e é de graça."[5]

Para mais informações

Richard Louv. *A última criança na natureza: resgatando nossas crianças do transtorno do déficit de natureza.* Aquariana, 2016.

Richard Louv. *Vitamin N: The essential guide to a nature-rich life.* Chapel Hill, NC: Algonquin, 2016. Mais de 500 atividades para conectar crianças e adultos à natureza.

Estratégia n° 6
Mantenha as reuniões familiares
(Idade: 4 a 18 anos)

Uma reunião familiar é um encontro regular programado de todos os familiares para discutir questões de importância mútua. Tais encontros funcionam como um lugar em que pais e filhos, igualmente, podem compartilhar experiências positivas, expressar sentimentos, planejar coisas divertidas para fazer juntos, estabelecer regras familiares, resolver problemas, lidar com situações recorrentes e resolver problemas de forma cooperativa. Os pais e as crianças participem como iguais nessas reuniões em família. Essa estrutura democrática ajuda a assegurar que os pais não sejam vistos como tiranos e que proporcionam oportunidades para que as crianças participem da solução dos problemas, das tomadas de decisões, da construção de consensos e de várias habilidades importantes para se dar bem com os outros.

Os encontros familiares funcionam a partir da combinação acordada entre seus membros, com horários agendados regulares (normalmente uma vez por semana), com uma duração definida (de 20 a 30 minutos é o recomendado para as crianças menores, e de uma hora para as crianças mais crescidas). Na primeira reunião, um presidente deve ser nomeado. Inicialmente, um dos pais pode assumir esse papel para servir de modelo de comportamento para seus filhos. Mas a função da presidência deve ser rotativa e semanal de modo que cada membro da família tenha a oportunidade de experimentar a condição de facilitador. Um "escrivão" ou secretário responsável por redigir um resumo da reunião também deve ser escolhido, e essa função também deve ser alternada a cada semana (crianças muito pequenas que ainda não desenvolveram as habilidades da escrita podem fazer o registro usando um aplicativo de gravação de um *tablet* ou celular). A estrutura básica de um encontro se parece com algo assim:

- Faça um resumo da reunião anterior (isto é, a leitura do registro feito).
- Discuta assuntos antigos.
- Apresente novos assuntos.
- Resuma o encontro e as decisões tomadas.

As minutas do encontro podem ser postadas durante a semana em um quadro de avisos na cozinha de modo que todos os membros da família tenham um ponto de referência sobre as decisões e acordos feitos.

Em uma reunião familiar, as decisões e acordos são costumeiramente feitos por consenso em vez da regra da maioria. O consenso significa que todos os familiares precisam trabalhar de modo ativo para encontrar uma solução cooperativa para todas as questões familiares. Quaisquer acordos feitos por meio do encontro familiar são válidos até a reunião seguinte. Se os pais ou os filhos estão insatisfeitos com os resultados do acordo em algum momento durante a semana, é necessário que adiem a manifestação de sua insatisfação até o próximo encontro. Contudo, um "livro dos encontros" especial pode ser providenciado para que os membros da família possam registrar seus sentimentos e colocar questões de interesse na pauta da próxima reunião.

É muito importante, principalmente nos estágios iniciais do estabelecimento das reuniões familiares, incentivar o envolvimento das crianças. Os pais podem facilmente sobrecarregar a reunião com seus conselhos, repreensões, ideias e julgamentos. Faça um esforço consciente de se conter no início e deixe seus filhos apresentarem sugestões, levantarem questões e planejarem eventos. Garanta que a reunião familiar seja positiva e proativa. Se tudo o que você faz na reunião é criar problemas, fazer críticas e distribuir castigos por mau comportamento, seus filhos logo irão perder o interesse, com toda a probabilidade. Comece seus encontros de modo positivo compartilhando experiências construtivas e elogiando ou valorizando outros membros da família por coisas que aconteceram durante a semana (ver também Estratégia nº 25: Celebre as conquistas). Termine as reuniões com uma atividade divertida, tais como um jogo, esporte ou filme (ver também Estratégia n° 45: Promova recreação e atividade física em família).

Acima de tudo, mantenha o foco da família. Se você tem um filho diagnosticado com TDAH, então é provável que ele esteja habituado a ser separado por comportamentos desordeiros e perturbadores. Tente com afinco não transformar os encontros familiares em um momento de focar nos problemas causados por esse filho. Se os comportamentos do seu filho diagnosticado com TDAH continuarem a aparecer de forma frequente na agenda do encontro, lembre-se de enquadrar esses problemas como uma questão familiar, busque dicas de soluções apresentadas por ele, coloque na agenda um número suficiente de itens relacionados a outros membros da família para que ele não se sinta o "escolhido", e proporcione a esse filho, de forma regular, a experiência de ser o presidente e o secretário. Quando seu filho começar a se sentir mais como um igual nas reuniões familiares, seus próprios poderes internos de autocontrole e autodisciplina provavelmente serão ativados e utilizados para resolver não apenas suas próprias dificuldades, mas também aquelas dos outros membros da família.

Para mais informações
Elaine Hightower e Betsy Riley. *Our family meeting book: funny and easy ways to manage time, build communication and share responsibility week by week*. Minneapolis, MN: Free Spirit, 2002.

Estratégia n° 7

Ensine técnicas de concentração ao seu filho
(Idade: 6 a 18 anos)

A capacidade de estar atento ao ambiente imediato é uma aptidão que provavelmente já existia desde o início da evolução das diferentes formas de vida. Afinal, um organismo incapaz de estar atento ao seu ambiente era muito frequentemente comido por um predador e assim não podia passar seus genes para a próxima geração. Na sociedade atual, as exigências feitas à atenção de uma pessoa se tornaram cada vez mais complexas. Para uma criança diagnosticada com TDAH, essas demandas têm mais a ver com as instruções de pais e professores do que com a prevenção da extinção. Contudo, o desenvolvimento da atenção representa de fato um tipo de habilidade de sobrevivência para essas crianças – ao menos em termos de uma adaptação satisfatória à sociedade ao seu redor. Essa habilidade pode ser treinada? A resposta é um sólido sim. Por milhares de anos, os seres humanos aprenderam a controlar a atenção utilizando técnicas meditativas especialmente concebidas para essa finalidade. Iogues, xamãs e outros praticantes treinaram suas mentes para bloquear pensamentos distrativos, desenvolver tranquilidade mental e até mesmo controle sobre as funções autônomas como frequência cardíaca e temperatura epidérmica (ver também Estratégia n° 43: Ensine meditação *mindfulness* ao seu filho).

As pesquisas atuais sugerem que exercícios de foco ou técnicas meditativas podem ser usadas com sucesso no auxílio a crianças diagnosticadas com TDAH.[1] Seguem algumas estratégias para ajudá-lo a começar:

- *Peça ao seu filho para focar sua atenção por um determinado período exclusivamente em um objeto em algum lugar da casa e descrever o que ele está experimentando.* Isso exigirá que ele preste muita atenção a cores, formas, sombras, texturas. Usando uma vela como um exemplo, você pode dizer: "O que você vê? Sinta a cera. Você percebe a parte laranja da chama?
- *Jogue o jogo da atenção.* Semelhante às brincadeiras de olhar que às vezes as crianças fazem, essa atividade envolve olhar para um objeto com foco total. A última pessoa a parar de olhar ganha a jogada. Os objetos a serem observados incluem uma fotografia, um brinquedo preferido, uma árvore ou uma nuvem.
- *Foque em imagens internas como uma maneira de treinar a concentração.* Você pode sugerir que seu filho imagine seu lugar favorito, seu melhor amigo ou sua cor favorita. Limite a atividade a não mais que 3 minutos para começar e então, gradativamente, aumente o tempo (ver também Estratégia n° 79: Ensine seu filho a visualizar).

Se essas atividades fazem seu filho ficar ansioso ou confuso, ou são percebidas como uma obrigação ou tarefa, então pare de fazê-las. Entretanto, se seu filho acha que são divertidas e mostra níveis crescentes de capacidade ao longo do tempo, então, provavelmente, vale a pena continuar.

O treinamento da atenção tem sido comparado, algumas vezes, ao adestramento de cães. Você coloca o cachorrinho sobre chão coberto de jornal, sabendo que ele vai sair dali. Quando sai, você pega o bichinho e o coloca de volta sobre o jornal. Se ele sair novamente, você continua a recolocá-lo no lugar indicado repetidamente, até que, finalmente, o cãozinho aprende onde tem de ir. A mente pode vaguear como um cachorrinho. Muitos profissionais e pais de crianças rotuladas como portadoras de TDAH são testemunhas de como as mentes dessas crianças com frequência vagueiam de forma tão incansável como seus corpos. Às vezes, isso é um trunfo – coloca a criança no caminho de uma criatividade exuberante e de formação de ideias novas e inovadoras. Mas quando chega o momento de executar uma tarefa relativamente menos criativa, como um teste de ortografia ou se lembrar de levar o lixo para fora, então a capacidade de focar no trabalho em questão pode se tornar muito importante para a adaptação bem-sucedida de seu filho à vida.

Para mais informações
Deborah Plummer. *Focusing and calming games for children: mindfulness strategies and activities to help children to relax, concentrate and take control.* London, Jessica Kingsley, 2012.

Estratégia n° 8

Descubra qual o momento de maior estado de alerta de seu filho
(Idade: 7 a 18 anos)

Febre da primavera*. A sesta da tarde. A segunda-feira insuportável. As maneiras pelas quais marcamos o tempo são cruciais para o nosso comportamento e bem-estar. A área da *psicologia do tempo*[†] estuda os efeitos

---

* N.T.: Expressão norte-americana que designa aquele momento em que todos anseiam pela chegada do verão, pelo fim das aulas e início das férias, que lá ocorre nos meses junho, julho e agosto.
† N.T.: Em inglês, *chronopsychology*, estudo científico da forma como as mudanças nos nossos ciclos diários de sono podem influenciar negativamente a nossa capacidade de trabalhar bem.

de nossos ritmos biológicos internos, sensíveis à passagem do tempo nas dimensões física, cognitiva e emocional de nossas vidas. E porque esses ritmos internos afetam o alcance da atenção humana, o que aprendemos com essa área de estudo pode ser bastante útil para os jovens e crianças que foram identificados como portadores de déficits de atenção. É possível, de fato, identificar quais os melhores momentos do dia do seu filho em termos de capacidade de concentração, de resolução de problemas e de memorização.

Os marcadores de tempo internos mais importantes que temos são os ritmos circadianos, que ocorrem em ciclos solares de 24 horas e lunares de 25 horas. Durante esses ciclos, existe uma flutuação na eficiência das moléculas neurotransmissoras que regulam quimicamente os ciclos de sono e vigília. Os estudos sugerem que as crianças diagnosticadas com TDAH alteram os ciclos circadianos que afetam seus padrões de sono e resultam em padrões atípicos de vigilância e desatenção durante o dia, incluindo sonolência diurna (ver Estratégia nº 77: Certifique-se de que seu filho desfrute de um período suficiente de sono). As crianças com o desenvolvimento mais típico mostram um padrão de estarem mais atentas durante a manhã, mas isso pode ser diferente para crianças diagnosticadas com TDAH, e, na adolescência, há definitivamente uma mudança na maioria dos adolescentes em direção ao "ser noturno" (uma propensão a estar mais alerta mais para o fim do dia).

Uma sugestão para ajudar a monitorar o melhor horário de alerta do seu filho é manter um diário ao longo de um período de uma semana ou mais (e, se possível, que o professor de seu filho faça o mesmo) e identificar seus melhores horários de alerta (você também pode fazer com que sua criança ou adolescente mantenha seu próprio diário de estado de alerta). Se ele parece estar mais alerta de manhã, essa é a hora ideal para fazer testes, anotações, aprendizagem por meio de folhas de tarefas e outros tipos de trabalhos a se fazer sentado, enquanto a noite pode ser o pior momento do dia para fazer os deveres de casa. Nesse caso, você pode sugerir que seu filho faça a tarefa escolar de manhã, antes de ir para escola. Por outro lado, se você descobrir que ele está mais para uma coruja, ou para um ser noturno, então pode ser que alcance o ponto mais alto de sua atenção e aprendizagem somente depois de voltar das aulas. Assim, fazer à noite as lições de casa ainda não realizadas pode ser totalmente adequado. Além disso, se você descobrir que, na escola, o período da tarde está sendo reservado para testes, aulas orais, exercícios e trabalhos que devem ser feitos sentados na cadeira escolar, pode ser sensato conferir com o professor dele ou coordenador pedagógico escolar sobre a possibilidade de flexibilizar essa agenda vespertina para permitir atividades mais arejadas mentalmente como artes, educação física e aprendizagem baseadas na realização de projetos. Em todo o caso, pode ser muito importante para o sucesso escolar, e da vida, de seu filho se você e ele puderem descobrir aquelas ilhas especiais de prontidão durante o dia e o ano em que ele é e particularmente bom em concentrar seu esforço e fazer as coisas.

Estratégia nº 9

Estimule a aprendizagem na prática
(Idade: 4 a 12 anos)

"Tire esse brinquedo daí!", "Pare de mexer no apontador de lápis!", "Você não consegue aprender a não mexer nas coisas?". Esses comentários parecem familiares? Se você tem um filho, ou já ensinou alguma vez uma criança, então provavelmente está familiarizado com essas frases ou outras similares. E se essa criança foi diagnosticada com TDAH, aí é que já teve mesmo mais do que a porção necessária de histórias que seguem nessa mesma linha. Apesar de todos os problemas que tais comportamentos causam, por trás desses aborrecimentos se encontra uma necessidade importante para o seu filho: ter uma experiência prática de contato direto com o mundo.

Dos contatos que mantive ao longo dos anos com os pais e professores que lidaram com crianças identificadas como portadoras de TDAH, é claro para mim que muitas dessas crianças têm uma necessidade ainda maior de aprendizagem na prática do que a maioria de seus colegas. Aqui estão algumas maneiras socialmente apropriadas para as crianças diagnosticadas com TDAH satisfazerem sua necessidade de explorar, trabalhar, construir e resolver problemas usando as mãos de modo que não se tornem elas mesmas um aborrecimento em suas mãos.

- *Dê alguma coisa para seu filho fazer com as mãos quando estiver envolvido com atividades estacionárias.* Se seu filho tem que ficar sentado

por longos períodos em um carro durante uma viagem, por exemplo, garanta que ele tenha materiais para manter suas mãos ocupadas. Algumas possibilidades incluem pequenos quebra-cabeças (Cubo de Rubik), bonecos de super-heróis em miniatura, cordões/barbantes/ fios para manusear e fazer formas e figuras entrelaçando-o com os dedos, Traço Mágico ou qualquer outro dispositivo simples para desenhar (ver também Estratégia nº 1: Deixe seu filho ficar inquieto).
- *Proporcione oportunidades para a estimulação táctil.* Alguns professores criaram uma "banheira táctil" que consiste em uma pequena piscina rasa de plástico preenchida com qualquer uma das seguintes substâncias: água, aveia, areia, farinha de milho, papel picado, bolinhas de isopor, farinha de trigo, entre outros possíveis ingredientes. Esse ambiente proporciona muita estimulação táctil quando as crianças pegam o material, o esfregam entre as mãos, o utilizam para construir ilhas, castelos ou outras fantasias criativas.
- *Forneça materiais tridimensionais de construção para brincar à vontade.* Os exemplos incluem os blocos Lego, blocos de madeira, blocos geométricos de montagem, material para fazer colares, origami, argila, cartas de baralho para construir castelos. Providencie um espaço aberto no qual seu filho possa trabalhar com projetos em desenvolvimento sem ter que desmontar as estruturas já feitas entre uma e outra sessão de brincadeira.
- *Use materiais de manipulação para ajudar seu filho a entender assuntos escolares.* Existe uma grande variedade de materiais práticos para ensinar conceitos matemáticos de forma concreta, incluindo Escala Cuisenaire, Material Dourado Montessori, cubos de plástico encaixáveis, Geoboards, Tangrams e Number-Box. Para aprender conceitos científicos, as crianças podem realizar experimentos científicos práticos. Mesmo a leitura pode se tornar algo manual se você fornecer livros especiais: livros em que figuras se formam quando as páginas são viradas (os chamados "livros *pop-up*"), livros com cheiros e texturas, livros de tocar e sentir, livros que podem ser desmontados e remontados de diversas maneiras, e letras de plástico ou magnéticas para formar palavras e sentenças.

Um pai ou mãe permitiu que seu filho pintasse, a dedo, as paredes do chuveiro com creme de barbear (é fácil de limpar). Outro deixou que o seu "pintasse" a calçada com água em um dia muito quente (a "pintura" evapora com o calor). Com essas e outras maneiras, você pode evitar que seu filho fique muito sensível, ajudando-o a entrar em contato com novos materiais e proporcionando estratégias que permitem que ele "segure com firmeza" as coisas da vida.

Para mais informações
Kids travel: a backseat survival kit. The Editors of Klutz Press. Palo Alto, CA. Klutz, 1994.

Estratégia nº 10

Construa, pegue emprestado ou compre mobílias móveis (Idade: 4 a 16 anos)

As crianças que têm permissão para ficar inquietas, apertar bolinhas antiestresse, ou se agitar em casa ou na escola podem ser mais capazes de se concentrar em seus trabalhos (ver Estratégia nº 1: Deixe seu filho ficar inquieto), mas é possível que surjam dificuldades ligadas a algumas dessas ideias. A criança que fica balançando constantemente para a frente e para trás sobre apenas duas pernas da cadeira corre o perigo de derrubar coisas como o nosso *Felipe Irrequieto* do Capítulo 2. O formato rígido das mobílias escolares pode, naturalmente, limitar a capacidade do estudante de se movimentar sem bater suas canelas ou panturrilhas. Os assentos e encostos duros das cadeiras de madeira, metal ou plástico podem encorajar o deslizamento do corpo para baixo e resultar em má postura, que, por sua vez, pode ter um impacto negativo na coluna vertebral da criança. Em resposta a esses e outros desafios, existe um movimento crescente na educação para fornecer às crianças móveis ergonômicos, que lhes permitam maior liberdade para girar, ficar em pé, rodopiar e/ou saltar enquanto estão envolvidas no trabalho escolar ou na lição de casa. Na Mary Lee Burbank School, em Belmont, Massachusetts, a sala de aula da professora do segundo ano, Katie Caritey, tem duas mesas que permitem trabalhar em pé ou sentado, onde as crianças podem fazer seus trabalhos na posição que preferirem. Os comentários entre os alunos incluem estes:

- [As mesas] "me ajudam a me concentrar sem mesmo pensar sobre o que os outros estão fazendo."
- "Poder ficar em pé ou balançar minhas pernas me ajuda a acalmar meu cérebro e aí posso pensar melhor."
- "Quando chego à escola, de manhã, meu cérebro está cansado e ainda não está preparado para aprender. Sentar nessa mesa faz meu cérebro acordar e me deixa pronto para pensar."[1]

A cada dia, Caritey escolhe as crianças que vão usar as mesas especiais, dando preferência para aquelas que estão particularmente cheias de energia ou que estão com dificuldades de terminar seu trabalho. As pesquisas dão suporte a sua estratégia. Em um estudo, estudantes com hiperatividade e dificuldades de atenção usaram bolas de ginástica (grandes bolas de plástico resistente sobre as quais se pode sentar) na sala de aula por um período de 12 semanas. Os resultados indicam níveis aumentados de atenção e diminuídos de hiperatividade, e capacidade de ficar mais tempo dedicado a uma tarefa quando envolvidos em seus trabalhos escolares.[2] Em outro estudo, as crianças diagnosticadas com TDAH podiam se sentar em cadeiras giratórias e girar enquanto estavam envolvidas em uma série de tarefas cognitivas, tais como memorização e repetição de um conjunto de números. As crianças se saíram melhor quando estavam nas cadeiras giratórias do que quando estavam em cadeiras normais. É interessante notar que os estudantes sem o diagnóstico de TDAH tiveram um desempenho pior quando estavam nas cadeiras giratórias.[3]

Além dos equipamentos já mencionados, existe uma grande variedade de tipos de móveis que proporcionam a possibilidade de movimento aos alunos, tais como:

- Banquetas Hooki (elas giram enquanto as crianças trabalham).
- Cadeiras com pedais (as crianças podem manter seus pés em movimento).
- Cadeiras de ajoelhar (as crianças se sentam em um assento baixo diante do qual apoios almofadados permitem o ajoelhamento).
- Cadeiras Howda (cadeiras sem pernas que permitem que os alunos se sentem perto do chão e se balancem).
- Descansos de pés Webble Active (com encaixes para os pés para facilitar sua movimentação).

Os pais não precisam gastar muito dinheiro para proporcionar um mobiliário especial (amigável ao movimento) para as horas de fazer a tarefa escolar. As possibilidades que cabem no orçamento incluem velhas cadeiras giratórias de escritório, uma cadeira de balanço fora de uso, uma bicicleta ergométrica na garagem, ou uma mesa de trabalhar em pé que você mesmo pode construir.

Para mais informações
Moving Minds by Gopher: http://www.moving-minds.com; 1-855-858-8551. Uma loja *on-line* de móveis ergonômicos, bolas de ginástica, mesas de trabalhar em pé e outras soluções para assentos ativos para casa e escola.

Estratégia n° 11

Considere opções de cura alternativas
(Idade: 8 a 18 anos)

Os tratamentos utilizados para o TDAH desde a sua origem no início dos anos 1970 foram baseados na tradição médica ocidental de 350 anos de idade que considera as drogas e as intervenções cirúrgicas como os principais meios de tratar sintomas físicos, mentais e emocionais e suas causas subjacentes. Embora essa tradição tenha sido crucial para salvar vidas, reduzir o sofrimento e estender a vida de centenas de milhões de pessoas, existem outras tradições médicas, algumas delas milenares, que também podem ser formas válidas de administrar os sintomas de hiperatividade, falta de atenção e impulsividade da criança. Nos anos 1990, o Congresso dos Estados Unidos estabeleceu um gabinete de medicina alternativa no National Institutes of Health (hoje chamada de National Center for Complementary and Integrative Health), que vem avaliando evidências, fazendo pesquisas, publicando informações e treinando médicos nas práticas derivadas de muitas dessas tradições. Apenas recentemente, contudo, os pesquisadores começaram a investigar o uso de abordagens terapêuticas alternativas para o tratamento de TDAH. Uma pesquisa de 2003 indicou que 50% das crianças diagnosticadas com TDAH estavam sendo tratadas com terapias complementares e integrativas, mas apenas 11% dos pais estavam comunicando aos seus médicos que faziam isso.[1]

E mesmo quando comunicavam, um estudo de 2013 sugeriu que menos de 50% dos médicos estavam interessados em aprender mais sobre as alternativas.[2]

Muitos pais provêm de tradições culturais que têm usado abordagens médicas alternativas em suas famílias por gerações, enquanto outros pais tornaram-se conscientes dessas tradições mais recentemente por meio de amigos ou meios de comunicação de massa. Algumas das principais tradições de cura alternativas a considerar são:

- *Medicina Chinesa Tradicional.* Uma tradição de 2.500 anos. Segundo essa tradição, o TDAH é resultado, entre outras coisas, de uma desarmonia entre os dois princípios vitais, *yin* e *yang*, e deficiências, desequilíbrios ou hiperatividade da força vital (*qi*) nas conexões entre o coração, baço, fígado, vesícula biliar e/ou rins. Os tratamentos incluem acupuntura, ervas, exercícios físicos (*qigong*), modificações dietéticas e mudanças de estilo de vida.[3]
- *Medicina Ayurveda.* Uma tradição fundada na Índia, cujas origens dizem remontar a 5.000 anos A.C. O TDAH é visto como uma condição causada pela deficiência ou enfraquecimento do pensamento racional (*dhee*), o poder de retenção da mente (*dhriti*) e memória (*smriti*), resultando em contato impróprio dos sentidos com seus objetivos no mundo. Os tratamentos incluem ervas, dieta, aromaterapia, massagem e yoga.[4]
- *Quiropraxia.* Fundada pelo curador norte-americano D. D. Palmer na década de 1890; manipulações da coluna, massagens e suplementos nutricionais são usados para administrar os sintomas de TDAH.[5]
- *Homeopatia.* Fundada pelo médico alemão Samuel Hahnemann no final do século XVIII. Com base na ideia de "igual para tratar o igual" (princípio da semelhança), os praticantes usam pequenas doses repetidas de certas ervas medicinais associadas à hiperatividade e a outros sintomas de TDAH para tratar o paciente.[6]

Consulte o médico de seu filho antes de iniciar quaisquer tratamentos alternativos e/ou complementares, pois pode haver interações prejudiciais com a medicamentação prescrita para o TDAH (especialmente quando as substâncias homeopáticas precisam ser ingeridas ou injetadas). Ao mesmo tempo, a combinação do uso de medicamentos para o TDAH juntamente com abordagens alternativas pode ser mais poderosa que a utilização exclusiva da medicação. Se possível, trabalhe com um médico especializado em medicina pediátrica integrativa, uma especialidade em ascensão.[7] Se você não estiver trabalhando com um médico, certifique-se de encontrar um profissional licenciado e certificado em uma ou mais dessas terapias alternativas de cura que têm experiência em trabalhar com crianças e adolescentes com diagnóstico de TDAH.

Para mais informações
National Center for Complementary and Integrative Health: 9000 Rockville Pike, Bethesda, MD 20892; nccih.nih.gov. Fornece informações sobre como encontrar um médico especializado em saúde complementar e integradora em sua área.

Estratégia nº 12

Cuide-se
(Idade: 18 a 88 anos)

Ao longo dos anos, muitos pais me ligaram, escreveram ou falaram comigo pessoalmente sobre a angústia que sofreram como resultado de ter uma criança com necessidades especiais. Às vezes, essa dor decorre das tentativas dos pais em motivar outras pessoas – especialmente as escolas – a entender e aceitar seus filhos. Como um dos pais colocou em uma mensagem *on-line*: "Veja, eu tenho um sonho de estar vivendo uma realidade em que ao levantar, não preciso explicar para mais ninguém por que meu filho é do jeito que ele é". Outras vezes, a frustração decorre do conflito direto com a criança. Nenhum dos pais expressou esse sentimento de dor melhor do que uma mãe da Louisiana que me escreveu e disse: "Para ser sincera, gostaria de poder trocar essa criança. Às dez da manhã, ela já acabou comigo. Estou muito infeliz. Se eu tivesse um marido, provavelmente me divorciaria dele".

Em toda essa controvérsia sobre as formas apropriadas de ajudar as crianças diagnosticadas com TDAH, as necessidades de seus pais são muitas vezes ignoradas. No entanto, as pesquisas sugerem que esses mesmos pais são vítimas – vítimas de um sistema que se recusa a compreender seus filhos, do comportamento imprevisível de suas próprias crianças e de outros fatores de estresse que tornam o trabalho de ser um bom pai ou uma boa mãe especialmente difícil. Apesar dos comentários que fiz no Capítulo 7 sobre como o estresse dos pais contribui para sintomas de TDAH, uma série de estudos também aponta para os altos níveis de estresse envolvidos na criação de uma criança com diagnóstico de TDAH.[1]

Essas descobertas sugerem que, para lidar com o estresse, os pais de crianças com diagnóstico de TDAH podem exigir tanta ajuda quanto os filhos. Se querem ser de grande ajuda para seus filhos, esses pais precisam de estratégias para cuidar e obter apoio de seu ambiente. Um pai ou mãe mais calmo, feliz e seguro está em uma posição muito melhor para responder adequadamente aos comportamentos difíceis da criança do que alguém com raiva, em estado de ansiedade ou insegurança. Ao aprenderem maneiras eficazes de cuidarem de si mesmos, os pais também servem de modelo para importantes habilidades de autoajuda para seus filhos. Finalmente, quando os pais focam a atenção em suas próprias necessidades, eles se libertam da tendência de se concentrar exclusivamente nos problemas de seus filhos. Eles começam a ver que o mundo não gira em torno da "deficiência" de seus filhos e que esse simples *insight* pode proporcionar a distância necessária de um relacionamento pai/filho que tem o potencial de ser algo muito tempestuoso. Algumas atividades que você pode fazer para reduzir seus próprios níveis de estresse incluem:

- Assistir a filmes divertidos.
- Ler por prazer.
- Ouvir músicas relaxantes.
- Passar tempo em contato com a natureza.
- Sair para jantares românticos com seu companheiro(a).
- Participar de celebrações religiosas de sua comunidade.
- Reunir-se com amigos.
- Praticar ou ver esportes.
- Meditar.
- Praticar yoga ou *Tai Chi*.
- Sair à noite para assistir a peças teatrais, musicais ou concertos.
- Tomar banhos de banheira cheia de espuma.
- Organizar viagens divertidas, cruzeiros ou férias.
- Praticar jardinagem.

Garanta a programação de várias dessas ou outras atividades similares a cada semana para que você tenha uma maneira de recarregar suas baterias regularmente. Outra estratégia importante para se cuidar é estabelecer um sistema de apoio eficaz. As pesquisas sugerem que os pais que experimentam níveis mais altos de apoio social (de fontes familiares e comunitárias) percebem melhorias comportamentais mais evidentes em seus filhos quando cursam programas de treinamento para pais.[2]

Utilize os recursos familiares, como avós ou amigos da família, para obter apoio. Às vezes, apenas saber que você pode chamar um parente ou amigo para obter uma palavra de encorajamento, simpatia ou aconselhamento ajuda a reduzir o peso decorrente de uma situação difícil com seu filho. Recursos comunitários também estão disponíveis para apoiar os pais. Algumas cidades têm uma linha direta de estresse para os pais em que você pode pedir conselhos imediatos. Além disso, muitas comunidades têm centros especiais para pais que oferecem aulas, aconselhamento e outros recursos para os que estão em dificuldade (ver Estratégia n° 19: Faça um curso de treinamento para pais). Finalmente, considere a ajuda profissional para lidar com seus níveis de estresse. Ao fazer de *si mesmo* o foco de atenção para uma mudança, você descobrirá recursos internos para enriquecer não só a sua experiência como pai ou mãe, mas sua experiência como uma pessoa em sua inteireza.

Para mais informações
Mark Bertin, Ari Tuckman. *Mindful parenting for ADHD: a guide to cultivating calm, reducing stress, and helping children thrive.* Oakland, CA: New Harbinger, 2015.

Martha Davis, Elizabeth Robbins Eshelman, Matthew McKay. *Manual de relaxamento e redução do estresse.* Editora Summus, 1996.

Estratégia n° 13
Providencie cafés da manhã balanceados
(Idade: 4 a 18 anos)

Quando eu era criança, o café da manhã de domingo geralmente consistia em alguns pães doces que minha mãe havia assado nas primeiras horas da manhã. As tardes de domingo eram consumidas em horas de sono (às vezes na igreja), ou apenas ficando vagamente irrequieto ou irritado. A ciência agora apoia a ideia de que um café da manhã rico em carboidratos (pãezinhos doces, panquecas com caldas, *waffles* pingando geleia, ou até torradas e manteiga) torna mais provável a possibilidade de que uma criança tenha dificuldades em prestar atenção nas horas seguintes a uma refeição desse tipo.[1]

Comer esses alimentos ricos em carboidratos eleva os níveis de disponibilidade do neurotransmissor serotonina no cérebro, fazendo com que a pessoa que assim se alimentou se sinta sonolenta, inquieta, irritável ou desatenta. As elevações repentinas dos níveis de disponibilidade de serotonina também podem reduzir os níveis de disponibilidade de outros neurotransmissores, como dopamina e norepinefrina. A proteína, no entanto, aumenta o nível de aminoácidos, que servem para bloquear muitos dos efeitos da serotonina. Para ajudar a garantir que os dias escolares das crianças sejam livres dessas variações de atenção e humor, forneça aos seus filhos cafés da manhã que tenham um bom equilíbrio entre carboidratos complexos (por exemplo, cereais, pão, massa), proteínas (como leite, iogurte, queijo ovos, carne magra, peixe, aves) e frutas (como suco, frutas frescas, frutas em conserva). O gráfico abaixo oferece alguns exemplos do que pode constituir uma refeição matutina pobre, em uma coluna, e uma boa na outra:

Cafés da manhã que "favorecem a desatenção"	Cafés da manhã que "favorecem a atenção concentrada"
Hash brown* e *catchup*, suco de toranja	Ovo cozido, *muffins* com manteiga de amêndoas, leite
Cereais açucarados sem leite, água	Granola e leite, uma maçã
Panquecas e *waffles* com xaropes	Panquecas com multigrãos e compota de maçã, nozes e iogurte, chá quente ou gelado adoçado com mel
Rolinhos doces e/ou roscas, suco com alto teor de frutose	Burrito de feijão com salsa, uma vitamina de leite com banana, mel e gelo (*smoothie* de banana)

(continua)

---

* N.T.: Prato típico de café da manhã norte-americano feito de batata ralada frita com pouca gordura.

Cafés da manhã que "favorecem a desatenção"	Cafés da manhã que "favorecem a atenção concentrada"
Muffins, suco de laranja industrializado e congelado	Ovos mexidos, suco de laranja natural feito na hora
Doces, soda limonada	Aveia, castanha e um pouco de leite
Torrada com manteiga, café com açúcar	Omelete de vegetais e queijo, uma bebida a base de água (3/4) e suco de fruta (1/4)

Para as crianças que são resistentes aos alimentos saudáveis listados na tabela, tente incrementar a refeição, variando a aparência e os ingredientes do café da manhã. Para servir a aveia, por exemplo, crie o "o Homem Aveia": coloque as uvas na parte superior para representar os olhos de uma face, a ponta de uma banana para o nariz e algumas nozes (ou uma pequena porção de iogurte) para simbolizar a boca sorridente. Outra maneira de encorajar o seu filho a comer alimentos mais nutritivos é permitir que ele faça escolhas sobre o que quer comer de manhã. Se ele tiver idade suficiente, envolva-o na preparação de suas próprias refeições. Você poderá perceber que ele vai começar a canalizar algumas de suas energias frenéticas para essa tarefa culinária matinal.

Para mais informações

Missy Chase Lapine. *The sneaky chef: simple strategies for hiding healthy foods in kids' favorite meals*. Philadelphia, Running Press, 2007.

Missy Chase Lapine. *The sneaky chef to the rescue: 101 all-new recipes and "sneaky" tricks for creating healthy meals kids will love*. Philadelphia, Running Press, 2009.

Estratégia n° 14

Dê opções de escolha à criança
(Idade: 4 a 18 anos)

Poucas crianças diagnosticadas com TDAH têm a oportunidade de dar uma opinião importante no processo de tomada de decisão que afetará a sua educação. Muitas crianças nem sequer têm a chance de assistir a reuniões de esclarecimentos especiais nas quais sua situação educacional está sendo discutida. De forma especial, poucas, se é que alguma, têm a oportunidade de ter uma opinião sobre se devem ser medicadas ou a respeito de outras abordagens de tratamento que podem ser usadas para ajudá-las (não conheço pesquisas sobre o a participação das crianças, por mínima que seja, no tratamento).

Essa oportunidade perdida pode ter consequências devastadoras. Algumas crianças responderão com raiva. Infelizmente, um número muito maior delas terá uma morte espiritual lenta e silenciosa por achar que sua voz pessoal foi ignorada e sua dignidade esquecida. Por fora, parece que a criança perdeu a motivação, recolheu-se ou está deprimida (o que será interpretado pelos médicos como um *fator de comorbidade*), mas essencialmente o que aconteceu foi que a sua chama interna desapareceu. Sua paixão foi extinguida. Lamentavelmente, muitos programas orientados para o TDAH ainda adicionam um insulto à situação já difícil, fornecendo a essas crianças possibilidades falsas de escolha. Um livro sobre o TDAH aconselha os pais de crianças desatentas a dizer algo assim: "Filho, olhe para mim! Você pode escolher!". Essa situação consiste em um adulto ditando para uma criança as condições do seu comportamento futuro.

Quando pais e professores *empoderam* seus filhos diagnosticados como portadores de TDAH com a possibilidade de escolhas, as crianças não mais precisam manipular seu meio ambiente para obter o que querem. Muitos dos comportamentos indesejáveis mostrados por essas crianças são, em um nível mais profundo, tentativas de exercer algum tipo de controle sobre seus arredores. O próprio ato de escolher serve como uma força calmante e estabilizadora para algumas crianças. A capacidade de escolher é como um músculo. Fica mais forte à medida que é usado.

Você pode ajudar seu filho a exercitar seus "músculos de escolha" de várias maneiras. Na escola, ele deve ter a permissão de participar de reuniões importantes em que seus objetivos educacionais estão sendo traçados, e deve ter a oportunidade de fazer perguntas, comentários e ter suas ideias respeitadas e incluídas na discussão. Na sala de aula, os professores devem oferecer a essas crianças oportunidades de escolha ao longo do dia. Essas escolhas podem incluir o seguinte:

- Quais problemas de matemática resolver ("Você pode resolver os problemas da página 54 ou da página 55.").

- Qual livro ler ("Você pode ler *Tom Sawyer* ou *Huckleberry Finn*.").
- Qual tipo de lição de casa fazer ("Você pode escrever um ensaio ou fazer uma entrevista gravada com um especialista.").
- O tipo de projeto de maior duração para se envolver ("Nesse ano, você pode fazer um ensaio fotográfico, um diorama, um mural ou uma peça sobre a Independência do Brasil.").

Além disso, pais e professores devem ter materiais educacionais nos quais exista a possibilidade de escolha. Por exemplo, a coleção de livros "Escolha sua Aventura" permite que as crianças parem em pontos diferentes da história e façam escolhas sobre o que o herói deve fazer. Suas escolhas os levam a qualquer um dos variados finais de história. Programas de computador também permitem que as crianças façam escolhas. Em um aplicativo para celular gratuito, *The Oregon Trail*, as crianças têm a oportunidade de fazer uma viagem por computador em todo o país, decidindo o que levarão, e quando confrontados com obstáculos no caminho, como lidar com cada problema, um a um.

Em casa, deixe seu filho escolher o horário, lugar e método para fazer tarefas escolares ou domésticas. Se você usa recompensas e punições na educação comportamental de seu filho, ao menos permita seu envolvimento na decisão sobre quais serão, e assim ele se sentirá como um parceiro em sua própria reabilitação (ver Estratégia nº 68: Crie em conjunto com seu filho um programa de modificação de comportamento que proporcione um empoderamento interno; Estratégia nº 74: Use a pausa de uma maneira positiva; e Estratégia nº 91: Crie um contrato comportamental positivo com seu filho). Envolva seu filho nos momentos de decisões familiares sobre onde ir para o jantar ou como passar um fim de semana, ou para onde ir em uma viagem de férias. E na hora de ir para a cama, não lhe dê a falsa escolha do tipo "é do meu jeito ou de jeito nenhum". Em vez disso, ofereça-lhe uma escolha real: "Você quer ir para a cama com seu pijama azul ou com o vermelho?". Essa abordagem preserva a dignidade de seu filho, permite que "flexione seus músculos de escolha", e faz tudo isso ao mesmo tempo em que mantém a questão "ir ou não ir dormir" fora da mesa de negociação. Lembre-se de que, ao dar à sua criança a oportunidade de fazer pequenas e constantes escolhas enquanto é jovem, você torna muito mais provável a possibilidade de que, mais tarde em sua vida, ela tome as decisões corretas quando as grandes decisões de fato entrarem em cena.

Para mais informações

John Holt. *Como as crianças aprendem*. Versus Editora, 2007. Um livro clássico que traz uma mensagem importante sobre o respeito à dignidade de suas crianças e o apoio à sua capacidade de fazer boas escolhas em sua aprendizagem, em casa e na escola. O livro ilustra como os esforços de controle autoritário dos adultos podem deixar as crianças perdidas, confusas e derrotadas.

Estratégia n° 15

Elimine alimentos alergênicos e com muitos aditivos da dieta de seu filho
(Idade: 4 a 18 anos)

Nos últimos 20 anos, os cientistas descobriram muito sobre a relação entre a dieta e os sintomas do TDAH. Embora essa área ainda seja assombrada pela controvérsia e haja muito a ser feito em termos de pesquisas futuras, existe um consenso emergente de que dietas que eliminam aditivos alimentares específicos e/ou certos alimentos (trigo, nozes, leite e soja) têm um efeito agregado reduzido, mas significativo na melhora dos comportamentos relacionados ao TDAH em crianças e adolescentes, e podem ter um impacto ainda maior em um seleto grupo de crianças diagnosticadas com TDAH.[1]

A melhor maneira de saber se um determinado aditivo alimentar ou alérgeno está contribuindo para os sintomas de TDAH do seu filho é configurar a chamada dieta de eliminação para testar o impacto de alimentos ou aditivos específicos sobre a atenção e/ou comportamento. Isso começa com a criação de uma *dieta hipoalergênica*. Esta é uma dieta que restringe a ingestão da criança a uma pequena seleção de alimentos que demonstrou desempenhar pouca importância na criação de reações alérgicas ou comportamentais. Então, ao longo de um período de dias, os alimentos são introduzidos lentamente na dieta da criança, um de cada vez, enquanto os pais ou o médico fazem o monitoramento, observando o recrudescimento de sintomas do TDAH, bem como o aparecimento potencial de sintomas físicos como irritabilidade, fadiga, nariz entupido, olheiras, inchaço ao redor dos olhos, dor abdominal e/ou dores de cabeça. Para implementar o que é popularmente conhecido como a dieta Feingold, você também precisa eliminar conservantes específicos, corantes alimentares, sabores artificiais, realçadores de sabor (como o glutamato monossódico) e alimentos que contenham salicilatos, um produto químico encontrado em muitas frutas (como bananas, abacaxis e tâmaras). Uma vez que os alimentos responsáveis ou aditivos são descobertos por meio desses recrudescimentos dos sintomas, eles podem ser removidos da dieta, embora alguns especialistas recomendem alterná-los dentro e fora da dieta em um futuro próximo.

Naturalmente, uma intervenção dessa magnitude requer a cooperação de toda a família. É especialmente importante que você consulte seu filho para se certificar de que ele está disposto a acompanhar os sacrifícios que podem ser necessários para tornar o esforço um sucesso. Caso contrário, essa dieta se torna uma força de controle externo que ele pode muito bem tentar sabotar. Dependendo da sua idade, a criança pode ser envolvida em uma aprendizagem sobre diferentes aditivos e/ou alérgenos, descobrindo como ler o rótulo dos ingredientes de alimentos industrializados e explorando ideias criativas de culinária que estão livres desses ingredientes. Se seu filho é mais velho e gosta de escrever ou manter estatísticas, ele também pode querer participar do processo de monitoramento. Você pode até fazer um jogo chamado "Descubra o culpado". Além disso, certifique-se de obter apoio de outras famílias que participam da mesma dieta ou de dietas similares. Organizações como a Feingold Association podem colocá-lo em contato com as famílias participantes e fornecer uma lista de alimentos que provocam reações e aditivos mais comuns, guias de compras, receitas criativas e informações sobre o que se deve observar em estabelecimentos populares e de *fast-food*. Alterar a dieta de seu filho pode envolver um grande comprometimento de tempo (alguns cientistas especularam se a cooperação familiar não é, verdadeiramente, o fator decisivo na mudança de comportamento), mas lembre-se disso: o que pode estar consumindo seu filho é o que ele está comendo (Ver também Estratégia nº 30: Limite alimentos não saudáveis (*junk food*), para uma abordagem da dieta que é muito mais fácil de ser implementada).

Para mais informações
The Feingold Association of the United States: 11849 Suncatcher Dr. Fishers, IN 46037; 1- 631-369-9340; feingold.org.

Estratégia n° 16

Utilize música para concentrar e acalmar
(Idade: 6 a 18 anos)

"Quem canta seus males espanta", diz o velho ditado. Mas isso também se aplica ao mal do TDAH? Acredito que sim. Muitos pais de crianças que foram diagnosticadas com TDAH me disseram que seus filhos têm problemas para reagir a palavras (instruções dos professores, diretivas dos pais), mas não à música. Na verdade, eles até sugerem que, para algumas dessas crianças, a música serve como um trunfo real para ajudar a acalmar e se concentrar.

Novas pesquisas indicam que a aprendizagem de um instrumento musical, em especial as que envolvem a ocupação regular do tempo com um grupo, pode melhorar as habilidades de função executiva.[1] Em um estudo, os alunos aprenderam a música gamelã, um estilo de orquestra indonésia que inclui muito ritmo e sincronização, e depois de um ano, eles melhoraram sua atenção em testes cognitivos. O pesquisador principal observou: "É possível que o dia da prática musical possa se tornar uma intervenção não farmacológica para problemas como o transtorno de déficit de atenção e hiperatividade (TDAH)".[2] Outro estudo sugeriu que a música pode aumentar a disponibilidade de dopamina nas sinapses cerebrais.[3]

Os pesquisadores sinalizam que enquanto para algumas crianças diagnosticadas com TDAH há um efeito positivo na concentração pelo fato de haver uma música de fundo, para outras isso pode ser fonte de distração.[4] Em razão desse efeito diferencial, sugiro que você faça uma experiência com seu filho, permitindo-lhe estudar ou se envolver em outras tarefas com sua música preferida ao fundo, por alguns dias, e depois sem a música durante o mesmo período. Então, você pode comparar os resultados, incluindo um olhar sobre a produtividade e a precisão do trabalho concluído, atitudes e sentimentos que surgiram, e coisas que você e seu filho ou adolescente podem ter notado sobre os aspectos benéficos ou prejudiciais da música. Veja se diferentes tipos de música fazem diferença nos resultados. Para as situações escolares, você pode se aproximar de um professor e sugerir um experimento similar. Nas minhas próprias aulas de educação especial, deixava os alunos ouvirem sua música favorita nos fones de ouvido desde que fizessem progresso. A música não era permitida se houvesse a indicação de que distraísse ou incomodasse os estudantes individualmente de que modo fosse. Nos tempos antigos e ainda hoje em algumas culturas, a música é prescrita para tratar doenças emocionais e físicas, como os médicos de hoje prescrevem medicamentos. Para as dificuldades de atenção e comportamento de seu filho, a música pode muito bem ser a boa medicação que você está procurando.

Para mais informações
Don Campbell. *The Mozart effect for children: awakening your child's mind, health, and creativity with music*. Nova York, William Morrow, 2002. Ao concentrar-se principalmente na música clássica e nas canções infantis desde o nascimento até os 10 anos de idade, esse livro aponta para o poderoso impacto que a música pode ter na percepção, bem-estar emocional, desenvolvimento da linguagem, aprendizado e atenção.

Estratégia n° 17
Ensine o seu filho a se monitorar
(Idade: 7 a 18 anos)

Uma grande parte da vida de muitas crianças que foram diagnosticadas com TDAH envolve a percepção de outras pessoas monitorando o seu comportamento. O médico usa escalas de avaliação para analisar seus sintomas. O professor usa listas de verificação de comportamento e pontuação de teste para rastrear seu desempenho. Os pais usam *feedback* verbal e às vezes um pequeno grito corretivo "para ele saber com quantos paus se faz uma canoa". Mas a realidade da situação é que queremos que as crianças e os adolescentes monitorem seu *próprio* comportamento e desempenho, de modo que internalizem o olhar crítico sobre si mesmos em qualquer momento, sem que alguém sempre precise lhes dizer o que fazer. Felizmente, há uma série de estratégias simples que os pais e os professores podem transmitir às crianças para ajudá-las a observar sua própria atenção, comportamento e/ou desempenho acadêmico, permitindo assim modificar a forma como atuam, aprendem e atendem às exigências externas.

Um princípio de terapia comportamental pode ser traduzido em uma regra simples: se você pedir a alguém para contar um comportamento específico em si mesmo que deseja eliminar (ou adquirir), essa pessoa começa automaticamente a mudar esse comportamento. Um professor pode, por exemplo, pedir a um aluno que cai de sua cadeira regularmente na escola para acompanhar o número de vezes que faz isso, todos os dias, e que escreva o número em um pedaço de papel para lhe ser entregue ao final do dia. Dessa forma, a criança se torna o "dono" de seus próprios comportamentos e geralmente deseja diminuir sua frequência a cada dia. Outras ferramentas que as crianças podem empregar para se apropriar de seus próprios comportamentos incluem listas de verificação, escalas de classificação (as mesmas utilizadas pelos pais e professores para classificá-las) e gráficos (com os quais podem acompanhar seus comportamentos ao longo do dia, semana ou mês). Para configurar um programa de automonitoramento, sente-se com seu filho e estabeleça em parceria com ele um comportamento específico que querem vê-lo aumentar ou diminuir, escolha uma maneira de monitorar o comportamento, fixe intervalos de tempo (por exemplo, a cada 5 minutos durante uma sessão de lição de casa) para *check-ins* quando ele avaliará como está fazendo e, finalmente, um momento em que vocês podem avaliar juntos as melhorias que aconteceram no decorrer de um longo período.

A tecnologia fornece ferramentas mais sofisticadas para o envolvimento em um automonitoramento. O recurso "marcador de tempo" (*timer*) em *smartphones*, por exemplo, pode ser configurado para emitir sinais sonoros em intervalos periódicos. A criança pode monitorar um comportamento (como, por exemplo, "Eu tenho prestado atenção no meu dever de casa?") durante uma sessão de estudo. Da mesma forma, a área da informática pessoal se associou à tecnologia vestível para criar dispositivos como o MotivAider®, que se parece com um *beeper* e pode ser fixado em um cinto ou na cintura. O usuário pensa em uma palavra, frase ou imagem que se relaciona com o comportamento que deseja eliminar ou cultivar (por exemplo, "Fique focado no meu trabalho"), e depois programa o dispositivo para vibrar em intervalos selecionados. Quando a vibração é sentida, o usuário pensa automaticamente na mensagem. O automonitoramento rende muito bem em termos de bom desempenho na escola. Um estudo de crianças do ensino fundamental diagnosticadas com TDAH concluiu que o automonitoramento da própria atenção e o acompanhamento de seu desempenho acadêmico melhorou a capacidade de se manterem focadas na tarefa de estudar ditado e aumentou os resultados das provas ortográficas.[1] Outros estudos mostraram resultados positivos similares.[2] E, o mais importante, o automonitoramento habilita as crianças a assumirem a responsabilidade por suas próprias ações, levando--as a maiores níveis de desenvolvimento e maturidade.

Para mais informações
www.iwillgraduate.org. Soluções baseadas na internet para autogestão e conexões de suporte para estudantes do ensino médio. Site de suporte *on--line* para um aplicativo Android (I-Connect) que fornece opções customizáveis de automonitoramento (por exemplo, "Estou na tarefa?") com avisos sonoros, luminosos intermitentes ou vibratórios. Coleta dados ao longo do tempo que podem ser analisados e interpretados com um professor, pai ou outro mentor.

Estratégia nº 18
Use habilidades eficazes de comunicação (Idade: 4 a 18 anos)

Quando confrontados com os comportamentos disruptivos de uma criança, alguns pais têm um impulso reativo quase irresistível de perseguir, persuadir, ameaçar, lutar, confrontar, julgar, criticar ou ridicularizar. A pesquisa mostra, de fato, que os pais de crianças diagnosticadas com TDAH, em particular, tendem a usar significativamente mais manifestações de comando e sentenças negativas e menos comunicações neutras e positivas com seus filhos, comparados aos pais de crianças com desenvolvimento típico.[1] No entanto, tais comunicações raramente têm o pretendido efeito positivo no comportamento das crianças. Mais frequentemente, elas pioram uma relação entre pais e filhos já comprometida. É por isso que o desenvolvimento de padrões de comunicação familiar mais positivos representa um componente importante no esforço para melhorar o comportamento de uma criança e a paz de espírito dos pais.

Os especialistas em Disciplina Positiva, H. Stephen Glenn e Jane Nelsen, sugerem que a base para uma relação entre pais e filhos bem-sucedida é o "diálogo baseado na firmeza com dignidade e respeito". Eles aconselham os pais a evitar cinco barreiras básicas de comunicação para desenvolver a proximidade e a confiança com seus filhos:

- *Suposição.* "Eu não te contei isso porque eu sabia que você ficaria com raiva."
- *Resgate de socorro.* "Agora, lembre-se de levar seu dever de casa para a escola."
- *Direção.* "Pegue suas roupas."
- *Expectativa.* "Eu pensei que poderia contar com você para se comportar."
- *Comportamentos de adultos.* "Você pode mais do que isso!"

Em vez disso, eles sugerem que os pais podem *melhorar* imensamente seus relacionamentos com seus filhos empregando cinco construtores de comunicação:

- *Verificação.* "O que você estava pensando que eu queria que você fizesse?" (Sem sarcasmo)
- *Investigação do que, por que e como?* "O que você poderia fazer diferente?" "Por que você estava tão bravo comigo?" "Como isso aconteceu?"
- *Encorajamento.* "Eu realmente ficaria feliz se você arregaçasse as mangas e limpasse a garagem."
- *Comemoração.* "Eu acho que você fez um ótimo trabalho em sua lição de casa."
- *Respeito.* "Eu adoraria ouvir suas ideias para resolver esse problema."

Essas comunicações positivas ajudam os pais a entrar no mundo de seus filhos pequenos ou adolescentes para perceber quais sentimentos, motivações e intenções podem estar por trás de seus equívocos comportamentais. Além disso, esses padrões de comunicação premiam as crianças por um comportamento positivo. Em vez de fechar o diálogo por meio das cinco *barreiras* à comunicação, os *construtores* ajudam a abrir conversas significativas entre pai/mãe e filho, conversas que podem impedir a necessidade de um ultimato e, em vez disso, levar a uma resolução pacífica dos conflitos.

Um dos principais fatores para o desenvolvimento de canais positivos de comunicação com sua criança ou adolescente envolve a utilização da escuta ativa. Isso significa colocar toda a sua atenção na disposição para escutar as preocupações, sentimentos e necessidades do seu filho, e deixá-

-lo saber que é escutado e compreendido. Se o seu filho chega a entrar na sala com lágrimas, por exemplo, a escuta ativa significa ser capaz de fazer contato com ele, usar uma comunicação construtiva ("O que está acontecendo? Por que você está tão chateado?"), ouça atentamente as suas palavras ("Billy me atingiu e, em seguida, Mary disse que eu era um chorão"), e depois reflita com ele, sobre o que você ouviu e que seus sentimentos são apropriados ao acontecido ("Parece que Billy e Mary estão te tratando mal. Isso deve ter realmente chateado você.").

Outra habilidade de comunicação importante envolve o uso de mensagens "Eu". Quando você precede uma comunicação com a palavra *Eu*, você a personaliza para que seu filho não se sinta julgado ou comandado por uma terceira força arbitrária e impessoal ("Eu estou realmente chateado de você bater em sua irmã" em vez de "Você acabou de infringir a regra número quatro da casa que diz 'Não bater'"). Os especialistas em treinamento de pais Don Dinkmeyer e Gary D. McKay recomendam que as mensagens do tipo "Eu" incluam três componentes: *uma descrição clara do comportamento, o sentimento que esse deflagra em você e as consequências do comportamento*. Eles usam uma fórmula simples para lembrar como expressar as mensagens "Eu":

1. Quando: "Quando você fez uma birra no chão da cozinha."
2. Eu sinto: "Eu fiquei com raiva..."
3. Porque: "Porque passei toda a manhã limpando para deixar tudo brilhando para a festa desta noite!"

Esse tipo de comunicação permite que as crianças vejam diretamente como suas ações têm um impacto no ambiente e, o mais importante, faz isso sem culpar ou julgar.

Finalmente, preste atenção à comunicação não verbal. Certifique-se de que sua mensagem não verbal corresponde ao modo verbal, ou seu filho pode ficar confuso (por exemplo, dizendo que "quebrar a mesa de centro não é um grande problema", enquanto fica com o rosto vermelho de raiva). Pode exigir uma sintonia mais fina de sua parte, mas por fim provavelmente seus esforços para desenvolver padrões de comunicação positivos com seu filho serão recompensados com uma relação mais próxima entre pais e filhos e com menos reviravoltas e mais pontos de convergência (ver também Estratégia nº 19: Faça um curso de treinamento para pais).

Para mais informações
Don Dinkmeyer Sr., Gary D. McKay e Don Dinkmeyer Jr. *The parent's handbook: systematic training for effective parenting.* Fredericksburg, VA: STEP, 2008.
Haim G. Ginott. *Entre Pais e Filhos.* Campus, 2004.
H. Stephen Glenn and Jane Nelsen. *Raising self-reliant children in a self-indulgent world: seven building blocks for developing capable young people.* New York: Harmony, 2000.

Estratégia n° 19
Faça um curso de treinamento para pais
(Idade: 18 a 88 anos)

Ser pai ou mãe é um trabalho árduo. Sê-lo de uma criança com um diagnóstico de TDAH pode ser ainda mais difícil de acordo com vários estudos que relatam as dificuldades enfrentadas pelas famílias que têm uma criança ou crianças identificadas como portadoras de TDAH. Mas seja a criança que provoca os pais, ou estes que estão agravando a condição da criança, é preciso que haja uma mudança no que os clínicos chamam de *ciclo coercivo* que existe em muitas famílias que enfrentam o TDAH. Esse ciclo refere-se a um padrão familiar negativo em que o comportamento de uma criança (não obedecendo o pedido ou a demanda de um pai) provoca uma resposta negativa do adulto (gritando, criticando e castigando), o que, por sua vez, cria mais comportamento problemático da criança, até que seja alcançado um certo ponto no qual a criança passe a obedecer aos pais ou os pais desistam e abandonem sua posição e aceitem a atitude da criança. Isso desencadeia um padrão crônico de interações negativas que levam a resultados ruins para a criança em termos de comportamento agressivo, habilidades sociais interrompidas, relacionamentos prejudicados com os pares e desempenho escolar insuficiente. A pesquisa revela que o nível de conflito é alto em famílias com crianças que foram diagnosticadas com TDAH e que, nessas famílias, os pais usam estratégias mais negativas e ineficazes com seus filhos (como afirmações de poder, punições, atitudes inconsistentes) do que os pais de crianças com desenvolvimento típico.[1] Os pais de crianças com diagnóstico de

TDAH também sentem menor autoeficácia em sua capacidade de ajudar seus filhos, se sentem menos bem-vindos pelas escolas e professores de seus filhos e menos capazes de gastar tempo e energia para ajudar seus filhos na vida escolar em comparação com pais de crianças não diagnosticadas com TDAH.[2]

Felizmente, a pesquisa também sugere que o treinamento dos pais pode ajudar a reconfigurar as interações negativas. Os melhores programas de parentalidade se concentram nos problemas subjacentes que impedem a boa comunicação entre pai e filho.

Os Centers for Disease Control and Prevention (CDC) sugerem que os melhores programas para pais possuem algumas das seguintes atribuições:

- Ensinar aos pais habilidades de escuta ativa.
- Ajudar as crianças a reconhecer, identificar e rotular as emoções.
- Reduzir padrões de comunicação negativos (sarcasmo, crítica etc.).
- Prestar atenção positiva aos comportamentos apropriados das crianças.
- Envolver-se em atividades com a criança que sejam positivas, divertidas, criativas e de fluxo livre.

O CDC também observa que os melhores formatos de treinamento para os pais incluem um componente em que estes podem interagir diretamente com seus filhos *durante a aula de treinamento* e receber *feedback* instantâneo (não simplesmente ouvir palestras, fazer dramatizações ou praticar novas estratégias com seus filhos em casa).[3]

Você pode encontrar aulas de treinamento para pais em várias configurações, incluindo centros comunitários de pais, cursos de extensão universitária, clínicas e hospitais que se concentram em questões de TDAH, organizações religiosas, empresas privadas franqueadas, instituições de caridade que patrocinam cursos e especialistas individuais que fazem *workshops* e aulas em curso (ver a seguir um site que pode ajudá-lo a encontrar um curso). Escolha um curso de pais que se centre em estratégias de parentalidade positivas e habilite as crianças a ter sucesso em vez de um que enfatize principalmente "mandar as crianças para uma área de reflexão", dando-lhes recompensas pelo bom comportamento e envolvendo outras formas de controle externo ou coerção positiva. Ser um pai ou mãe positivo é a atividade mais importante que pode contribuir para a melhora do nosso mundo. Certifique-se de obter a ajuda necessária para se tornar o melhor pai ou mãe que você pode ser.

Para mais informações
National Parenting Education Network: npen.org/professional-development/parenting-education-networks-organizations-and-programs-by-state. Inclui o diretório Parenting Education Networks, Organizações e Programas por Estado.

Estratégia n° 20
Cultive a criatividade de seu filho
(Idade: 4 a 16 anos)

Uma das características mais pronunciadas de crianças e adolescentes que acabam por ser diagnosticados com TDAH é que são crianças "fora da caixa". Elas não olham para o mundo da mesma forma que as crianças e os filhos mais disciplinados e organizados de nossa sociedade. Eles acordam, criam ideias selvagens, fazem coisas únicas, têm opiniões originais sobre as coisas e exalam mais vitalidade e energia do que a criança mediana. Uma grande questão deve ser: por que rotulamos *essas* crianças com um transtorno e não como crianças excessivamente conscientes e ansiosas para obter a aprovação dos professores e da administração da escola? Pessoas que são servilmente obedientes à autoridade adulta são uma ameaça muito maior para a sociedade do que aqueles que são mais rebeldes e independentes (eu preciso dar exemplos?).[1]

Embora já tenha apresentado um pouco de evidência no Capítulo 8 para as habilidades criativas de crianças diagnosticadas como TDAH, vários especialistas da área alegaram que as crianças com o diagnóstico não são mais criativas do que seus pares e, em alguns casos, são até menos por causa de sua falta de foco.[2] Se o seu filho tira notas mais altas do que a média dos seus colegas em um teste de criatividade não é realmente a questão aqui. De fato, a pessoa verdadeiramente criativa terá maior probabilidade de se sair *pior* nesses testes, uma vez que apresenta problemas para se adequar ao formato regimental de testes padronizados e aos protocolos rígidos do examinador de teste (os testes devem ser realizados exatamente da mesma forma que eram feitos quando foram a princípio validados). O foco real deve ser o que você pode fazer para validar a natureza criativa do seu filho e como pode ajudá-lo a expandi-la. Em muitos casos, crianças diagnosticadas com TDAH são como recipientes repletos de energia vital à procura de locais para fluir. Aqui estão algumas diretrizes para apoiar o processo criativo do seu filho:

- *Nutra sua própria criatividade.* Seu filho olha para você como um modelo, então desempacote esses materiais de pintura, instrumentos musicais, argila ou colagem e seja criativo ao lado da sua criança ou adolescente.
- *Evite julgamentos, críticas e comparações.* Esses são os inimigos mortais da criatividade que podem detê-lo em seu caminho, mesmo o elogio imerecido pode destruir a criatividade (a criança criará coisas apenas para agradar você e para obter mais elogios).
- *Honre a individualidade do seu filho.* Aceite as criações dele, mesmo que pareçam defeituosas ou incompletas aos seus olhos. A criatividade é mais um processo do que um produto acabado.
- *Não force o seu filho a fazer algo "criativo".* O empurrão para produzir pode sair pela culatra. As pessoas criativas, às vezes, passam por longos períodos de estagnação ou inatividade antes da inspiração entrar em cena.
- *Forneça os recursos de que seu filho precisa.* Se ele gosta de rabiscar com lápis de cor em um bloco de desenho, não o sobrecarregue com uma variedade de materiais de artistas profissionais. Ouça suas necessidades e forneça-lhe o que for necessário e requisitado (talvez uma caixa de lápis de cor maior ou mais folhas de papel).

A infância é uma época de curiosidade, inventividade e criatividade para todas as crianças. Honrar e incentivar o desenvolvimento criativo de crianças diagnosticadas com TDAH, que pensam de formas originais, incomuns ou inovadoras, estão entre as melhores coisas que você pode fazer por elas.

Para mais informações
Bobbi Connor. *The giant book of creativity for kids: 500 activities to encourage creativity in kids ages 2 to 12 – play, pretend, draw, dance, sing, write, build, tinker.* Boulder, CO: Roost Books, 2015.

Estratégia n° 21

Mantenha uma imagem positiva de seu filho
(Idade: 4 a 18 anos)

O poeta alemão Goethe disse uma vez: "Trate as pessoas como se elas fossem o que deveriam ser, e assim ajude-as a se tornar o que elas são capazes de ser". Isso significa que devemos manter em nossa mente a visão mais positiva possível de nossos filhos. Um dos maiores problemas que tenho com o mito do TDAH é que ele cria uma imagem da criança baseada em doenças, danos e déficit – não em ativos, asserções e vantagens. É por isso que recomendo que pais e profissionais evitem usar termos como o filho com TDAH para descrever uma criança que está tendo problemas de aprendizagem ou de comportamento. Se uma criança está tendo problemas em casa ou na escola, a última coisa que ela precisa é ser carimbada com um novo rótulo. O que ela precisa acima de tudo é estar cercada por adultos que vejam suas qualidades, o que tem de melhor.

Os defensores do mito do TDAH às vezes dizem que a própria utilização do rótulo do TDAH é libertadora para muitos pais e filhos. Ter um nome para colocar em algo que tem sido preocupante durante anos oferece um meio de controlar e, em certa medida, triunfar sobre essa confusão. Não é incomum que um pai diga: "Eu pensava que meu filho estava louco..., ...eu estava louco..., ...que meu filho era preguiçoso e desmotivado... Agora eu percebo que é tudo porque ele tem TDAH!". Eu concordaria que o uso do termo TDAH é um degrau acima em relação aos rótulos informais como "estúpido", "louco", "pirralho", "idiota" e "ameaça à sociedade". No entanto, acredito que há mais degraus na escada de rótulos que podemos adotar para construir imagens mais positivas dessas crianças.

Imagino que alguns pais tenham dificuldades iniciais para criar imagens positivas de seus filhos. Se você teve anos difíceis de birras, lutas de poder, desafios e outras dificuldades, então as características positivas podem não vir facilmente à mente. No entanto, gostaria de convidá-lo a reformular alguns dos termos negativos que você pode estar usando para descrever seu filho por outros termos mais positivos que servirão como "ímãs de esperança" pelos quais seu filho pode ser atraído. Aqui estão alguns exemplos:

Em vez de pensar em seu filho como	Pense nele como
• Hiperativo • Impulsivo • Distraído • Sonhador/divagador • Desatento • Imprevisível • Contestador • Teimoso • Irritável • Agressivo • Portador do transtorno de atenção	• Energético • Espontâneo • Criativo • Imaginativo • Pensador de amplo espectro • Flexível • Independente • Comprometido • Sensível • Determinado • Único

Não se esqueça de que uma criança *hiperativa* é uma criança *ativa*. As energias que muitas crianças chamadas portadoras de TDAH possuem representam um valioso recurso natural que, corretamente canalizado, pode realmente fazer a diferença no mundo.

Para mais informações

Robert Rosenthal e Lenore Jacobson. *Pygmalion in the classroom: teacher expectation and pupils' intellectual development*. Carmarthen, UK: Crown House, 2003. Descreve o famoso experimento educacional em que as expectativas dos professores aumentaram o crescimento intelectual dos estudantes.

Estratégia nº 22

Providencie espaços apropriados para a aprendizagem
(Idade: 4 a 18 anos)

As crianças diagnosticadas com TDAH que frequentemente estão em movimento ou que possuem um foco de atenção mais amplo podem precisar de um espaço de aprendizado maior ou mais flexível do que a criança mediana. Muitas dessas crianças são obrigadas e estudar em salas de aula superlotadas que permitem pouca flexibilidade e sob condições que podem até mesmo piorar os sintomas hiperativos. Quando os animais são enjaulados por longos períodos, os sintomas do estresse – incluindo agressão e hiperatividade – ocorrem em níveis epidêmicos. Resultados similares podem ser observados em populações humanas.[1] A professora da Universidade Rutgers, Carol S. Weinstein, comentou: "Em lugar nenhum [a não ser nas escolas] grandes grupos de indivíduos são espremidos em um contato tão íntimo, por tantas horas, e ainda por cima com a expectativa de atingir a máxima eficiência em difíceis tarefas de aprendizagem e interação harmoniosa".[2]

Aglomeração não é o único problema em relação à questão de proporcionar espaços adequados para a aprendizagem. Os espaços escolares e domésticos podem desencadear sintomas latentes de hiperatividade ou piorar os *já manifestos*. A especialista em *design* de salas de aula Anita Olds descreve alguns dos problemas em muitas escolas: "A esterilidade e a homogeneidade dos parâmetros físicos da sala de aula podem atenuar a excitação e interferir com as habilidades das crianças para ficarem alertas e atentas. Pisos de lajotas luzidias e de cores frias, cadeiras e mesas seriadas de *design* idêntico e acabamentos toscos, paredes de cores opacas que não têm mudanças de textura ou tonalidades contrastantes, tetos de altura uniformes que aumentam a sensação de pequenez dos ocupantes da sala e luzes fluorescentes, que espalham, indiscriminadamente, uma luminosidade constante e de alta potência em todas as atividades, tudo isso contribui para sentimentos de tédio, apatia e repulsa para as configurações em que a aprendizagem ocorre." (Ver também Estratégia nº 10: Construa, pegue emprestado ou compre mobílias móveis e Estratégia nº 62: Proporcione acesso à luz natural em todo seu espectro.)[3] Em um espaço de sala de aula maçante como esses, as crianças diagnosticadas com TDAH podem achar necessário criar sua própria estimulação por meio de agitação, divagação, socialização ou vaguear errante para encontrar os níveis habitualmente mais altos de sua cota de excitação.

Na escola, essas crianças devem ter suas próprias mesas ou áreas de aprendizado designadas para elas. Em casa, seu filho deve ter sua própria área de estudo particular. Pode ser uma mesa em um canto da sala ou um recanto especial em sótão ou escritório. Certifique-se, no entanto, de que é confortável e relativamente livre de grandes distrações, como o som de televisão ou de conversas (ver também a Estratégia nº 34: Elimine distrações e Estratégia nº 72: Sugira estratégias de estudo eficazes). As salas de aula devem ter uma variedade de espaços de estudo para acomodar as necessidades dos diferentes estados de energia das crianças. A consultora de estilos de aprendizagem Rita Dunn fez com que seus alunos estudassem em vários espaços inovadores, incluindo uma banheira de matemática (uma banheira solta em que se pode deitar apenas enquanto se faz uma tarefa de matemática), e lugares de leitura como uma tenda indígena, um sofá, uma barraca e uma cadeira de balanço. Em algumas escolas em que trabalhei, os pais ofereceram seu tempo para criar mezaninos especiais de várias dimensões, onde as crianças podiam se aconchegar em espaços privados para estudar. Para fornecer mais variedade nos espaços de sala de aula, Anita Olds sugere alguns dos seguintes acréscimos: almofadas, plantas, móveis macios, móveis para crianças, celulares, murais, carpetes, toldos e divisórias de parede. O mesmo tipo de variedade deve existir nas áreas de estudo da criança em casa. Certifique-se de que seu filho tenha um papel na concepção dessas áreas. O espaço em que seu filho está aprendendo deve ser considerado quase sagrado no sentido de que ele está concebendo novas ideias. Vamos tratar essas áreas com respeito e, então, proporcionar aos nossos filhos o espaço que eles precisam para aprender.

Para mais informações
Kids' rooms: simple projects for designing child-friendly spaces in your home. Stockholm: Bonnier Books, 2007.

Estratégia n° 23

Encoraje os interesses de seu filho
(Idade: 4 a 12 anos)

Alguns pesquisadores do TDAH sugeriram que as crianças diagnosticadas com transtorno têm um déficit de motivação.[1] Acredito que esse rótulo, como o próprio TDAH, é enganador. Crianças diagnosticadas com o transtorno não têm déficit motivacional. Elas têm motivações direcionadas para outros objetivos, que são considerados sem importância pelos especialistas em TDAH, e nem sempre são motivadas por coisas pelas quais as autoridades *querem* que elas sejam motivadas. As recompensas que estimulam os chamados filhos normais – elogios, uma boa nota em um boletim, uma mesada semanal – nem sempre são eficazes com crianças diagnosticadas com TDAH. Esses filhos são mais propensos a seguirem seu próprio caminho e a serem impulsionados por motivações e interesses internos. Então, quais são esses interesses? Infelizmente, na literatura do TDAH não há praticamente nada sobre o que realmente interessa a essas crianças. Por que não sabemos se as crianças diagnosticadas com TDAH adoram lagartos, astronomia, rochas, música, viagens de campo, carpintaria ou mil outras coisas? É porque os defensores do TDAH estão muito mais focados em quais assuntos as crianças com o transtorno *não estão* interessadas: palestras, livros didáticos, planilhas, rotinas aborrecidas, instruções infinitas, habilidades de rotina e assim por diante. Aparentemente, essas são as coisas que os profissionais do TDAH consideram mais importantes na vida. Por que mais eles alegariam que a falta de interesse em relação a essas questões é suficiente para classificar as crianças como portadoras de um transtorno de motivação com base neurológica?

A tabela de 105 atividades abaixo representa apenas uma pequena fração da gama de possibilidades de interesses, mas pode, no entanto, ajudá-lo a começar a se concentrar no que motiva *seu* filho.

A melhor maneira de descobrir os interesses do seu filho é observá-lo nos momentos em que ninguém está lhe dizendo o que fazer. Quais são as coisas que o fazem transbordar de entusiasmo, excitação, interesse e paixão? Quais são as atividades que mais absorvem suas energias e atenção? Uma vez que você descobriu quais são essas atividades, trabalhe delicadamente para ajudar a preservar esses interesses, fornecendo recursos que podem ajudá-lo a manifestá-los ou ampliá-los em outras direções. Uma mãe de um garoto de 12 anos de idade diagnosticado com TDAH, por exemplo, ajudou a estimular seu interesse em animais trazendo para a casa uma tartaruga e alguns crustáceos que ele poderia cuidar e estudar.

É importante não sobrecarregar os interesses de uma criança com muita "ajuda" de adultos. Muitas vezes, as crianças preferem se envolver em hobbies e atividades por si mesmas e podem resistir a interferências adultas, por mais bem-intencionadas que sejam. Considere os interesses do seu filho – por mais triviais que pareçam ou quão longe do mundo prático – com um senso de dignidade e respeito. É muito mais provável que os interesses pessoais do seu filho o levem a um futuro bem-sucedido do que os medicamentos de TDAH ou programas de modificação de comportamento. Um dos pais me contou como sua filha com falta de atenção e inquieta de

QUAIS OS INTERESSES DE SEU FILHO(A)?		
Figuras de ação	Desenho	Fotografia
Aviões	Alimentação	Imagens
Aquários	Ecologia	Teatro
Arte	Eletricidade	Brincadeiras
Astronomia	Eletrônica	Poesia
Balões	Pintura a dedo	Fantoches
Bolas	Pescaria	Quebra-cabeças
Beisebol	Futebol americano	Rádio
Figurinhas de beisebol	Jardinagem	Livros
Ciclismo	Geografia	Carimbos
Biografias	Caminhadas	Corridas
Aves	História	Ficção científica
Blocos	Hóquei	Escotismo
Jogos de tabuleiro	Insetos	Conchas do mar
Barcos	*Playgrounds*	Códigos secretos
Corpo humano	Pipas	Costura
Bolhas	Lego	Canto
Baralho	Lagartos	Skate
Carpintaria	Máquinas	Patinação
Carros e caminhões	Mágica	Observação celeste
Histórias em quadrinhos	Ímãs	Futebol
Torcida organizada	Faz de conta	Colecionar selos
Laboratório de química	Maquiagem	Contação de histórias
Cerâmica com argila	Leitura de mapas	Animais empalhados/ bichos de pelúcia
Relógios	Bolinhas de gude	Natação
Roupas	Artes marciais	Conversação
Coleção de moedas	Matemática	Telefone
Pintura	Microscópios	Televisão
Computadores	Soldados em miniatura	Contar piadas
Culinária	Dinheiro	Viagem
Dança	Cinema	Arborismo
Escavação	Música	*Videogames*
Dinossauros	Instrumentos musicais	Água
Bonecas	Outras culturas	Previsão do tempo
Dramaturgia	Animais de estimação	Escrita

9 a 11 anos criou um mundo imaginário de "Wee Pals"*. Havia 164 dessas criaturas fantasiosas ao todo – e para cada uma delas, ela deu um nome especial, personalidade e um conjunto de características únicas. Ela até criou casas e móveis para eles. Com 23 anos idade, ela havia transformado esse interesse em uma carreira de sucesso coordenando vários departamentos de um escritório de advocacia. Então, o que interessa ao seu filho?

Para mais informações
Monica McCabe Cardoza. *Child's play: enriching your child's interests, from rocket science to rock climbing, stamp collecting to sculpture*. New York: Citadel, 2003.

Estratégia n° 24

Estabeleça regras, rotinas e transições consistentes (Idade: 4 a 16 anos)

Se existe uma máxima relacionada ao TDAH em que incrédulos e crentes podem concordar é que as crianças com esse rótulo de sopa de letras precisam de consistência e estruturas confiáveis em sua vida diária. Pesquisadores do Instituto de Desenvolvimento Humano da Universidade da Califórnia, Berkeley, identificaram três estilos primários de atuação dos pais que têm uma semelhança impressionante com o conto de fadas "Cachinhos Dourados e os três ursos". Um estilo de parentalidade oferece muito controle, outro fornece muito pouco, e o terceiro consiste apenas na quantidade certa de estrutura na vida de uma criança.[1] São eles:

- *O estilo autoritário* (a "família da parede de tijolos rígidos"). A especialista em parentalidade Barbara Coloroso identifica esse tipo de família como formada por pais ditadores que exigem obediência cega de seus filhos. Essas famílias combinam altas expectativas, consistência robótica e alto controle com baixos níveis de afeto e comunicação.

---

* N.T.: Tirinha cômica do cartunista norte-americano Morrie Turner.

- *O estilo permissivo de criação infantil* (a "família das águas-vivas"). Esses pais são essencialmente o oposto dos pais autoritários. Eles projetam alto afeto e comunicação, mas têm pouco controle, são inconsistentes ou irregulares nas rotinas diárias e fornecem poucas expectativas claras para seus filhos.
- *O estilo confiável de parentalidade* (a "família com estrutura"). Esta abordagem parental ideal combina os melhores aspectos dos dois primeiros padrões. Esses pais fornecem regras e expectativas claras e consistentes no contexto de uma família carinhosa e amorosa.

Pesquisas sugerem que as crianças que são criadas em famílias estruturadas mostram maior independência, liderança, responsabilidade social, originalidade, autoconfiança e orientação para a realização. Os filhos de famílias de paredes de tijolos rígidos, por outro lado, tendem a ser obedientes, mas menos independentes ou confiantes em si mesmos, enquanto as crianças em famílias de águas-vivas são as que demonstram a pior dificuldade: falta de responsabilidade social e de um sentimento forte de independência, baixos níveis de autoconfiança e altos de ansiedade.

Todas as crianças precisam de limites claros e consistentes. Mas as crianças que são inconsistentes em seus comportamentos precisam ainda mais dessa estabilidade. Se uma criança que já se sente como a bola da vez em uma mesa de bilhar tem que viver em uma família na qual as refeições são aleatórias, as regras são aplicadas de forma inconsistente, e os eventos surgem sem aviso prévio, então é provável que queira pular fora do jogo. Consequentemente, uma responsabilidade primária para pais e professores de crianças que já têm dificuldades comportamentais é fornecer um espaço seguro e protegido em casa e na escola, um ambiente com regras consistentes, rotinas regulares e transições eficientes para ajudar a abrir um caminho habitual ao longo do dia. Algumas das seguintes sugestões podem ajudar a atingir esses objetivos:

- Garanta que se seu filho se levante aproximadamente na mesma hora todas as manhãs, tenha refeições regulares com os familiares e vá para a cama no mesmo horário todas as noites (ver também a Estratégia nº 77: Certifique-se de que seu filho desfrute de um período suficiente de sono).

- Crie um calendário especial diário e/ou semanal com seu filho, em que ele possa escrever ou desenhar os eventos que estão se aproximando. Mantenha esse calendário no quarto da criança, onde ela possa vê-lo frequentemente. Uma série de aplicativos para celulares e *tablets* também estão disponíveis, incluindo Cozi e HomeRoutines.
- Quando eventos imprevisíveis estiverem surgindo no horizonte, prepare seu filho para esse fato com algumas palavras ("Hoje, quando pegá-lo na escola, não iremos para casa. Vamos para o aeroporto para receber a vovó para uma visita."). Pode ser útil sugerir que seu filho visualize o novo evento para que, quando esse venha a se realizar, não seja tão perturbador para a sua rotina diária.

Se a vida do seu filho foi instável até agora e/ou as regras foram aplicadas de maneira inconsistente, a princípio ele pode responder à "nova consistência" com irritação, raiva ou outros sentimentos negativos. No entanto, quando sua consistência é acompanhada por um sentimento de respeito e cuidado com seu filho, você pode ter certeza de que está lhe fornecendo a estrutura que ele precisará para fazer seu próprio caminho no mundo como um adulto.

Para mais informações
Michele Borba. *The big book of parenting solutions: 101 answers to your everyday challenges and wildest worries.* San Francisco: Jossey-Bass, 2009.
Barbara Coloroso. *Vale a pena ter filhos.* Cultrix, 2010.

Estratégia n° 25
Celebre as conquistas
(Idade: 4 a 18 anos)

Pense em um dia típico com seu filho ou adolescente. Você o lembrou três vezes para que limpasse seu quarto? Você gritou para que ele não tirasse o brinquedo de sua irmã? Você o colocou de castigo por desobediência? Os dias e as noites dos pais que têm uma criança com diagnóstico de TDAH podem ser preenchidos com eventos estressantes como esses e muitos outros similares. Mas e as coisas que seu filho fez durante o dia?

Esses eventos passaram silenciosamente, sem reconhecimento? Se assim for, essa estratégia pode ajudar você a destacar essas ocorrências positivas e informar seu filho de que as viu e valorizou o esforço dispensado para alcançá-las.

Há várias maneiras pelas quais você pode comemorar sucessos sempre que você "flagrar seu filho sendo bom" ou quando vê que ele fez algo que merece reconhecimento especial. Aqui estão algumas sugestões:

- Durante as refeições familiares, mencione algo positivo que você viu seu filho (criança ou adolescente) fazendo durante o dia.
- Tire fotos de seu filho (criança ou adolescente) exibindo algo realizado ou alcançado do qual se sente orgulhoso e as publique (com sua permissão) em um "quadro de avisos de celebração".
- Quando seu filho (criança ou adolescente) consegue algo de grande importância, leve a família a um restaurante e comemore com um jantar.
- Deixe seu filho (criança ou adolescente) fazer uma festa com seus amigos em sua casa para celebrar eventos importantes (ganhar um prêmio, receber um prêmio no escotismo, obter boas notas, ser mencionado nas notícias, se formar).
- Escreva uma carta ao seu filho (criança ou adolescente), informando-o de que viu e apreciou as coisas positivas que ele fez naquele dia ou semana, e depois liste-as.
- Faça certificados de sucesso personalizados que possa dar ao seu filho (criança ou adolescente) em reconhecimento por realizações positivas (personalizá-las para incluir o evento positivo).
- Faça *cupcakes* e, quando seu filho tiver feito algo especial, coloque uma vela acesa em um deles e apresente-a ao seu filho, talvez com uma música (que tal "Parabéns a você"?).
- Faça um vídeo de seu filho narrando sua própria história de sucesso que possa ser ilustrada com acessórios cenográficos.
- Antes da hora de dormir, repasse com seu filho as coisas positivas que ele fez durante o dia.

Nenhum evento é pequeno demais para ser comemorado. Você pediu a seu filho (criança ou adolescente) para tirar o lixo e ele só se incumbiu do cesto de seu quarto, então, comemore o que ele fez em vez de repreendê-lo por se esquecer dos outros quartos. Veja o lado positivo de coisas que inicialmente podem parecer-lhe negativas. Assim, se seu filho joga muito *videogame*, em vez de reclamar e dizer que é hora de fazer outra coisa, mostre algum interesse em suas pontuações e comemore com seus escores. Essas intervenções podem parecer triviais para você, mas têm um efeito cumulativo ao longo do tempo. No final das contas, elas capacitarão seu filho a se sentir bem consigo mesmo e ajudarão a promover os tipos de atitudes e comportamentos que você deseja que ele tenha durante o resto de sua vida.

Para mais informações
Jenny Rosenstrach. *How to celebrate everything: recipes and rituals for birthdays, holidays, family dinners, and every day in between*. New York: Ballantine Books, 2016.

Estratégia n° 26

Reserve um tempo para o seu filho brincar (Idade: 4 a 10 anos)

As crianças em sua maioria pararam de brincar em nossa cultura, e as consequências dessa tendência podem ser devastadoras para a sociedade. As crianças já não passam horas sonhadoras brincando de faz de conta, correndo nos campos, imaginando-se piratas, escalando árvores, transformando caixas de papelão em castelos e sendo capitão de submarino na banheira. Em vez disso, estão dentro de casa vendo televisão, navegando na internet e enviando mensagens de texto para seus amigos. Um dos resultados dessa mudança drástica no comportamento, nos momentos de lazer, é a crescente incidência do transtorno de déficit de atenção e hiperatividade. Quando as crianças brincam, de acordo com o neurocientista Jaak Panksepp, elas exercitam seus lobos frontais e estabelecem importantes conexões neurais para o sistema límbico ou cérebro emocional.[1] Estas são as áreas do cérebro mais ameaçadas em crianças diagnosticadas como portadoras do TDAH. Panksepp indicou que o jogo facilita a inibição dos comportamentos (um desenvolvimento positivo) e que os fármacos de TDAH realmente reduzem a índole brincalhona em ratos e crianças.[2]

Deixe-me esclarecer o que quero dizer quando eu digo *jogar*. Não falo sobre competição de futebol, *videogame*, jogos educativos ou jogos que tenham regras amplamente compostas e supervisionadas por adultos. Estou falando de jogos iniciados por crianças que incluem coisas como viagens imaginativas, cenários do tipo faz de conta, produtos criativos como tortas de lama, atividades vigorosas em brinquedos de *playground* e brincar de lutinhas em ambientes naturais. Essas são as atividades que ajudam o cérebro de uma criança a crescer e levam ao desenvolvimento cognitivo, social e emocional. Além disso, quando as crianças brincam, elas fazem o mesmo que as pessoas altamente criativas como Albert Einstein, Isaac Newton e a ganhadora do Prêmio Nobel Barbara McClintock fizeram quando brincaram com ideias.[3] As crianças precisam dispor de muito tempo para se envolver em jogos imaginativos, brincadeiras mais vigorosas, atividades criativas usando qualquer material ao alcance das mãos. Aqui estão algumas orientações para facilitar um ambiente em que seu filho pode se envolver em uma brincadeira livre:

- Você pode e deve ser brincalhão com seu filho para deixá-lo ter um modelo a partir do qual possa criar seus próprios padrões de brincadeira.
- Não diga ao seu filho como brincar; no máximo, participe de um cenário de jogo que seu filho criou e o convidou para participar, mas não banque o protagonista e, acima de tudo, não controle a ação.
- Tenha materiais ao redor da casa e no quintal que sirvam a uma peça infantil imaginada pela criança, incluindo roupas velhas para se caracterizar, materiais artísticos, caixas de papelão, uma casa na árvore, revistas antigas para cortar e colar, e uma variedade de brinquedos, bonecas e bonequinhos em miniatura (figuras de ação, soldados, edifícios, árvores).
- Dê ao seu filho acesso a um parque, ambiente natural ou *playground* onde ele possa se envolver espontaneamente em atividades divertidas sozinho ou com amigos (ver também Estratégia nº 5: Dedique um tempo à natureza).

Mais importante, dê ao seu filho um *tempo* para brincar. Muitas crianças têm hoje horários diários preenchidos com aulas, orientadores, aulas de piano, prática de futebol e outras atividades que não deixam tempo extra para brincar livremente sem regras rígidas. Ao dar a sua criança várias horas de brincadeira semanalmente (livre de tecnologia), você pode ajudá-la a desenvolver as conexões neurológicas que levam a comportamentos amadurecidos em atividades que envolvem pensamento, participação, socialização e autorregulação emocional.

Para mais informações
David Elkind. *The power of play: learning what comes naturally.* Cambridge, MA: Da Capo, 2007. Um dos psicólogos de desenvolvimento mais conhecidos dos Estados Unidos fornece informações indispensáveis sobre o que constitui uma brincadeira de verdade e como promovê-la em casa, na escola e na comunidade.

Estratégia n° 27
Seja um *coach* pessoal para o seu filho (Idade: 8 a 18 anos)

Há alguns anos, quando o TDAH para adultos se tornou uma grande tendência, surgiu um novo tipo de especialista na comunidade do TDAH chamado *coach* (treinador) de portadores do transtorno. O treinador estava lá para encorajar, motivar, ajudar a estabelecer metas, disponibilizar recursos, oferecer estratégias e, de outras maneiras, fazer o que um treinador esportivo faz para uma equipe de atletas: apoiar o esforço enquanto fica fora do jogo. O modelo de treinamento oferece uma oportunidade para os pais que estão dispostos a gastar um pouco de tempo extra para ajudar seus filhos a terem sucesso. Ao ser um treinador para o seu filho, você pode se separar um pouco do seu papel de ser pai ou mãe – em que você se sente pessoalmente responsável por vesti-lo, alimentá-lo e discipliná-lo – e oferecer conhecimento para ajudá-lo a encontrar suas próprias soluções para o que a vida colocar em seu caminho.

A descrição do trabalho de um *coach* de TDAH bem-sucedido para seu filho inclui os seguintes deveres (usando o dever de casa como exemplo). Você pode:

- *Ajudar seu filho a criar estratégias motivadoras.* "Que tipo de ideias ou sentimentos podem ajudar a motivá-lo a terminar seu dever de casa?"
- *Ajudar seu filho a estabelecer metas realistas para si mesmo.* "Quantas questões de português você acha que pode fazer em uma hora?"
- *Pensar nos recursos que possam ser úteis para o seu filho.* "Conheço alguns sites na internet que você pode verificar informações para ajudá-lo com sua tarefa."
- *Ajudar a desenvolver habilidades de gerenciamento de tempo.* "Se você usar um temporizador, vai poder acompanhar quanto tempo tem para terminar sua tarefa."
- *Sugerir soluções alternativas para ajudar seu filho a atingir um objetivo.* "Se você usar o programa de computador Dragon Naturally-Speaking que baixamos, você pode economizar tempo para organizar suas ideias para o resumo do livro que precisa escrever." (Ver também a Estratégia nº 100: Mostre ao seu filho soluções usadas para resolver problemas).
- *Ajudar seu filho a identificar seus pontos fortes e como usá-los.* "Você adora tirar fotos com seu telefone, então, que tal usar algumas delas para ilustrar esse trabalho que está escrevendo?"
- *Estimular o seu filho a pensar sobre as expectativas que os outros têm em relação a ele.* "O que exatamente o seu professor lhe falou sobre como fazer a tarefa?"
- *Pedir ao seu filho para considerar o que ele poderia ter feito de forma diferente.* "O que você acha que poderia ter feito na tarefa de casa que você obteve uma nota baixa na semana passada para transformá-la em um projeto nota 10?"
- *Incentivar o seu filho a dar o seu melhor.* "Eu vi você fazer coisas incríveis com outras tarefas que seu professor lhe deu, então eu sei que você pode dar conta dessa também."
- *Celebrar as realizações.* Ver Estratégia nº 25: Celebre as conquistas.

Lembre-se de que, assim como você não deve fazer o dever de casa do seu filho, é importante ajudá-lo a elaborar suas próprias soluções para as dificuldades e dúvidas que surgem sobre questões relacionadas a como fazer suas tarefas escolares, completar as obrigações domésticas, se dar bem com os colegas, construir um melhor relacionamento com o professor e economizar sua mesada para um objetivo especial. E não se esqueça: como *coach*, você também faz parte da torcida, então seja positivo, irradie muita energia e acredite na capacidade do seu filho para se tornar vitorioso em qualquer desafio que tenha que enfrentar.

Para mais informações
Nikki Grant. *Life coaching for kids: a practical manual to coach children and young people to success, well-being and fulfillment.* London: Jessica Kingsley, 2014.

Estratégia n° 28

Desenvolva a resiliência de seu filho
(Idade: 7 a 18 anos)

O grande inventor Thomas Edison, que muitas pessoas acreditam que teria sido diagnosticado com TDAH se vivesse no século XXI, uma vez completou uma série de dez mil experimentos sobre uma invenção particular que ele estava tentando desenvolver. Nenhum conseguiu produzir os resultados esperados: "Não falhei", disse Edison. "Acabei de encontrar 10 mil coisas que não funcionarão".[1] O cientista seguiu em frente e registrou mais de mil patentes por suas invenções. Sua energia e espírito intrépidos representam um traço psicológico fundamental que dá às pessoas a capacidade de enfrentar dificuldades sem se recuar: *resiliência*. A resiliência é a capacidade de manter uma atitude positiva e proativa em relação a si mesmo e ao seu próprio lugar no mundo mesmo em meio a adversidades severas.

Muitas crianças com diagnóstico de TDAH passam por grandes adversidades em suas vidas ainda muito jovens. Eles têm problemas interpessoais com professores, colegas e pais, dificuldade em tarefas escolares e domésticas e desafios a enfrentar em relação à organização, participação e orientação de suas atividades diárias. Talvez não seja surpreendente que um estudo recente tenha concluído que adolescentes com diagnóstico de TDAH apresentam níveis de resiliência mais baixos do que os adolescentes com desenvolvimento típico.[2] No entanto, a boa notícia é que os indivíduos podem mudar notavelmente de uma atitude mal-adaptada para uma resiliente. Embora os próprios eventos da vida tenham uma forte influência no desenvolvimento da resiliência, de acordo com algumas pesquisas, o fator mais importante no desenvolvimento desse atributo em uma criança ou adolescente é *ter pelo menos um relacionamento estável e comprometido com um pai ou mãe, cuidador ou outro adulto acolhedor em sua vida.*[3]

Você pode ser essa pessoa. Mas para maximizar a probabilidade de seu filho se tornar um daqueles indivíduos sortudos que têm uma atitude resiliente, há várias estratégias que você pode usar em suas interações com ele. Você pode criar resiliência em seu filho, ajudando-o a:

- *Reestruturar eventos negativos em oportunidades de aprendizagem positivas.* Não pense consigo mesmo: "A vida é uma droga, eu fiquei de castigo na escola na semana passada", mas, em vez disso, perceba: "Aprendi duas maneiras de evitar receber um castigo de algumas crianças que estavam lá comigo e me ensinaram".
- *Diferenciar entre coisas que ele pode controlar e aquelas que não pode.* Pense assim: "Ok, eu recebi uma nota muito baixa nesse exame da semana passada. Não posso mudar isso, mas, se eu estudar bastante, posso melhorar minha nota na próxima prova".
- *Ver tarefas difíceis como desafios em vez de situações de prováveis fracassos.* Não pense consigo mesmo: "Eu sei que minha professora quer me pegar de calça curta", mas em vez disso acreditar: "Vou mostrar ao meu professor que suas primeiras impressões de mim estavam erradas".
- *Considere os contratempos como temporários e não como um estado permanente das coisas.* Não se sinta: "Eu sou apenas uma dor de cabeça". Mas em vez disso perceba: "Eu parecia ruim quando comecei a lutar, mas eu vou detonar e as coisas vão melhorar, eu apenas sei disso".
- *Tomar a decisão de se ver como protagonista e não como vítima.* Não pense consigo mesmo: "Esse valentão vai me dar uma surra depois da escola hoje", mas, em vez disso: "Vou levar meus amigos comigo quando sair da escola para esse valentão ver que tenho amigos com quem posso contar".

Ao falar com seu filho, use algumas das estratégias de comunicação listadas em outras partes deste livro (Estratégia nº 18: Use habilidades eficazes de comunicação) e oriente-o gentilmente na direção certa, sugerindo coisas que ele possa dizer a si mesmo depois de passar por uma situação negativa em sua vida, seja uma ruptura com uma namorada ou uma nota ruim em uma prova importante. Se praticar essas estratégias junto com ele, você estará fornecendo um bom modelo de comportamento que o incentivará a se tornar mais resiliente diante dos desafios da vida, tanto os que já enfrentou como com aqueles que inevitavelmente aparecerão mais adiante.

Para mais informações
Kenneth R. Ginsberg. *Building resilience in children and teens: giving kids roots and wings*, 3.ed. Elk Grove Village, IL: American Academy of Pediatrics, 2014.

Estratégia nº 29

Dê instruções de maneira marcante, que exija atenção
(Idade: 4 a 16 anos)

Um problema comum que pode irritar os pais de crianças que foram diagnosticadas com TDAH é ficar dando ordens para elas ("Pegue o lixo", "Faça sua lição de casa") e não ser obedecido. Essa é uma questão que merece ser discutida, não interessando aqui se a criança transgressora não ouviu (como as crianças muitas vezes alegam), esqueceu (outra boa desculpa), ou como os especialistas em TDAH afirmam, não conseguiu cumprir por causa de algum déficit de processamento central (apesar disso, ver a Estratégia nº 37: Fortaleça a memória de trabalho de seu filho). O que realmente interessa é encontrar uma maneira de levar as crianças a seguirem as instruções. De fato, existem muitas maneiras de conseguir a atenção de uma criança, maneiras melhores e que podem até mesmo ser agradáveis para pais e filhos.

Um princípio fundamental no desenvolvimento de ferramentas para obter atenção é torná-las vívidas e atraentes. De acordo com Tony Buzan, autor do livro *"Use both sides of your brain"*, as pessoas são mais propensas a responder e a lembrar de algo se o "algo" em questão:

- Tem movimento (cinético).
- É colorido.

- É imaginativo.
- É exagerado de alguma forma.
- É inédito.
- Tem características multissensoriais.
- É absurdo.

Com base nesses elementos, aqui estão algumas sugestões para a próxima vez que você passar instruções ao seu filho ou lhe disser algo importante:

- *Cante as instruções para ele.* Os pais do mundialmente famoso pianista Arthur Rubinstein fizeram isso quando outros métodos não funcionaram com o jovem prodígio.
- *Fale utilizando metáforas visuais.* Uma mãe que estava constantemente lembrando seu filho para desligar as luzes quando saísse da sala teve sucesso quando lhe disse para "ligar o escuro".
- *Use sinais físicos.* Para tirar o lixo, crie um gesto pré-combinado – como segurar o nariz e dizer "Eca!" –, como um código para a criança fazer a tarefa que lhe foi atribuída.
- *Use fotos como pistas ilustradas.* Tire uma foto do quarto do seu filho quando estiver limpo. Então, da próxima vez que você quiser que ele limpe seu quarto, simplesmente mostre-lhe a foto ou coloque no prato na mesa do café da manhã como lembrete.
- *Envolva seu filho (criança ou adolescente) na criação de dispositivos que despertem a atenção.* Ele pode, por exemplo, querer desenhar suas próprias imagens (como uma lata de lixo, uma sala desordenada com uma flecha apontando para uma sala limpa, uma mesa bem definida) que qualquer um da família pode então lhe mostrar quando tiver se esquecido de fazer uma tarefa.
- *Toque seu filho enquanto lhe dá instruções.* Isso age como "aterramento" para a criança e torna mais provável que ela fique atenta.
- *Envolva seu filho em uma ação física.* Antes de dizer algo a ele, jogue uma peteca ou uma bola dizendo "Pegue!", e depois diga rapidamente quais as informações importantes.

Não há razão para que você tenha que ser um "pai-papagaio" gritando sem parar as mesmas instruções repetidas vezes para seus filhos desatentos. Se há alguma ave que serve de inspiração, os pais (e os professores) devem ser mais como pavões, exibindo orgulhosamente uma plumagem colorida de estratégias para ganhar o reconhecimento de uma criança.

Para mais informações
Eric Jensen. *Brain compatible strategies: hundreds of easy-to-use brain-compatible activities that boost attention, motivation, learning, and achievement.* Thousand Oaks, CA: Corwin Press, 2004. Estratégias para chamar a atenção do cérebro.

Estratégia n° 30

Limite alimentos não saudáveis (junk food)
(Idade: 4 a 18 anos)

Durante quase 50 anos, um pequeno, mas comprometido grupo de pais percebeu muito claramente que a comida era um dos principais fatores que contribuíam para a hiperatividade de seus filhos ou para os sintomas de TDAH – apesar das negativas de especialistas do transtorno. Muitos desses pais buscaram o apoio na dieta Feingold, dietas hipoalergênicas ou outras formas de modificar o consumo de alimentos para seus filhos (Ver Estratégia n° 15: Elimine alimentos alergênicos e com muitos aditivos da dieta de seu filho). No entanto, durante todo esse tempo, pouca atenção foi dada ao impacto do verdadeiro lixo que milhões de crianças estavam consumindo diariamente do McDonald's, Burger King, Hardee's, KFC, Wendy's, Jack in the Box, Carl's Jr., e outras redes de *fast-food*. Acontece que, simplesmente eliminando ou reduzindo o tempo de consumo de alimentos altamente processados e com alto teor de gordura do seu filho, você pode aliviar um pouco os seus sintomas de TDAH.

Nos últimos 5 anos, uma série de estudos internacionais apontam para uma ligação entre o consumo de *junk food* e o TDAH. Um estudo com crianças em idade escolar em Teerã, no Irã, encontrou um elo entre um padrão alimentar do tipo *fast-food* e o TDAH.[1] Pesquisadores coreanos que estudavam as dietas de crianças do ensino fundamental entre 7 e 12 anos de idade concluíram que havia uma conexão entre uma dieta de "lanches" (salgadinhos) e o transtorno, e, inversamente, que uma "dieta saudável tradicional" (baixo teor de gordura, alto índice de carboidrato, alta ingestão de ácidos graxos e minerais) foi associada a menores probabilidades de ter TDAH.[2] E um estudo australiano sugeriu que um padrão dietético ocidental com ingestão mais alta de gordura total, gordura saturada, açúcares refinados e sódio e deficientes em ácidos graxos ômega-3, fibras e ácido fólico foi associado ao diagnóstico de TDAH em adolescentes.[3] Curiosamente, parece haver uma notável ausência de pesquisa nos Estados Unidos, levantando a questão se a indústria de *fast-food*, cuja sede corporativa se situa principalmente nesse país, poderia ter exercido alguma influência no direcionamento das agendas de pesquisa.[4]

Os pais que ainda querem levar seus filhos para redes de *fast-food* fariam bem em apoiar seus filhos na escolha de alimentos saudáveis oferecidos pelo menu. Em vez de um *cheeseburger* duplo, batatas fritas e um leite maltado, escolha uma salada de frango grelhado, fatias de maçã e um chá gelado. No entanto, a escassez de alimentos verdadeiramente saudáveis na maioria dos cardápios das redes de *fast-food* deve ser um aviso para os pais pararem de frequentá-las e começarem uma prática mais frequente de alimentação nutritiva em casa. O McLanche Feliz pode ser uma refeição infeliz para seu filho e sua família quando os sintomas do TDAH começam a aparecer.

Para mais informações
Eric Schlosser. *País fast food*. Ática, 2001.

Estratégia n° 31

Empodere seu filho com aprendizagem baseada na valorização
(Idade: 7 a 18 anos)

Uma das coisas que descobri ao longo dos meus anos como professor de educação especial é que, quando se trata de ajudar as crianças com necessidades especiais, as escolas tendem a concentrar a maior parte de sua energia em remediar fraquezas e não em aproveitar os pontos fortes. Se o aluno é fraco na leitura e tem dificuldades auditivas de sequenciamento, por exemplo, ele provavelmente gasta seu tempo misturando fonemas (as unidades de som como enes e emes, pês, bês, dês e tês etc. que compõem palavras com aquelas letras) usando algumas das seguintes estratégias: preenchendo planilhas de conscientização fonológica, praticando habilidades de decodificação enquanto lê em um grupo ou com a professora, ou jogando um jogo de tabuleiro fonético com colegas de classe. Quaisquer que sejam os pontos fortes que o aluno tenha (habilidade musical, digamos) serão desconsiderados e usados talvez, no máximo, como uma recompensa por completar suas planilhas de fonética (permitindo que ele ouça sua música favorita).

Por outro lado, se as escolas realmente utilizassem a aprendizagem baseada nos pontos fortes das crianças, então seriam mais criativas sobre seus métodos didáticos e usariam as capacidades musicais do aluno para ajudá-lo a aprender a ler. Como eles podem fazer isso? De várias maneiras. Primeiro, eles poderiam usar letras musicais para suas músicas favoritas como os textos para usar em sua leitura prática. Em segundo lugar, os professores poderiam tratar cada um entre as dezenas de fonemas da língua portuguesa como um som musical, ou um som da natureza, e se divertir com o aluno colocando esses sons de forma criativa. Em terceiro lugar, eles poderiam fazê-lo trabalhar em um programa de computador que diminua a velocidade do som do fonema (para que realmente tenha uma qualidade musical) e depois pedir que ele misture ou combine os diferentes sons juntos. Atualmente, muitas escolas não empreendem esse tipo de aprendizagem baseada em pontos forte. Como parte de sua defesa do seu filho na escola, isso é algo que você pode e deve falar com os professores dele (a aprendizagem baseada nos pontos fortes do aluno é uma tendência crescente na educação). Mas você também pode usar essa estratégia para ajudar seu filho a completar seu trabalho escolar em casa. O quadro a seguir oferece algumas sugestões sobre como você pode fazer isso.

SE A CRIANÇA ESTIVER TRABALHANDO EM SUAS HABILIDADES OU EM ASSUNTOS	E UM DE SEUS PONTOS FORTES TEM	CONSIDERE ESSA ESTRATÉGIA DE APRENDIZAGEM
Lista de soletrar	Habilidade artística	Proponha que ele faça pinturas a partir das palavras da lista (por círculos e raios na palavra bicicleta)
Lista de vocabulário	Expressividade dramática	Sugira que faça encenações dos sentidos das diferentes palavras da lista
Um trabalho sobre o que fez durante as férias	Amor por cavalos	Encoraje-o a escrever sobre o haras que visitou
Memorização da tabela de multiplicação	Habilidade atlética (basquete)	Faça recitar as contas à medida que arremessa a bola ao cesto
Estudo para uma prova de história	Excelentes habilidades sociais	Recomende que faça um grupo de estudos com os colegas
Entendimento de um conceito científico	Habilidade manual	Sugira que construa um modelo feito à mão ou faça uma experiência para ilustrar o conceito

Ao falar sobre seu filho diagnosticado com TDAH, Shelley e Andy Raffino, de Chicago, observaram: "Passamos tanto tempo tentando corrigir as fraquezas do nosso filho que nunca nos concentramos em seus pontos fortes. A constante negatividade, pressão e medicação destruíram a confiança de Robbie."[1] Certifique-se de que você não venha a cometer o mesmo erro. Use os pontos fortes de seu filho para ajudá-lo a desenvolver suas áreas de maior necessidade.

Para mais informações
Thomas Armstrong. *Neurodiversity in the classroom: strength-based strategies to help students with special needs succeed in school and life*. Alexandria, VA: ASCD, 2012.

Estratégia nº 32

Apoie a total inclusão de seu filho nas salas de aula regulares
(Idade: 7 a 18 anos)

Para muitos pais de crianças que foram diagnosticadas com TDAH, a ideia de obter serviços de educação especial do sistema escolar público local parece muito tentadora. Simplesmente faz sentido intuir que, se uma criança está tendo problemas em um ambiente de sala de aula regular, ela deve ser removida desse ambiente e colocada em outro onde *possa* ser bem-sucedida. Então, quando estiver "melhor", a criança poderá ser recolocada no programa regular. Seja como for, essa é a teoria.

Contudo, a verdade da educação especial, é algo totalmente diferente. A educação especial existe como seu próprio universo autossuficiente, com seus próprios testes especiais, textos especiais, materiais especiais, jargões e *problemas* específicos. O seu filho tem toda a chance de acessar um mundo no qual ele será definido de acordo com a sua *incapacidade*, não sua *habilidade*. Como uma prisão, a sala de aula da educação especial poderá ser o lugar onde sua criança aprenderá maus comportamentos especiais de verdadeiros causadores de problemas escolares. Crianças em salas de aulas regulares podem então começar a olhar para o seu filho como um esquisito, um "atrasado", ou pior. Professores de programas regulares podem começar a ver o seu filho como um aprendiz "incapaz" em vez de um estudante com um futuro brilhante. Em vez de extrair o melhor de seu filho, apoiado por professores e experiências de aprendizagem positivas, a sala de aula da educação especial pode passar a maior parte do tempo concentrando-se nos pontos fracos dele. Quantos adultos gostariam de ter suas próprias limitações pessoais destacadas 6 horas por dia, cinco dias por semana?

Deixe-me dizer desde já que nem todas as salas de aula de educação especial são assim. Muitos programas especiais são ministrados por professores altamente comprometidos que ensinam baseados nos pontos fortes do estudante, usando estratégias de aprendizado de última geração e trabalhando intensamente para que a criança volte para um ambiente de sala de aula regular o mais rápido possível. Mas, em geral, os pais de crianças com diagnóstico de TDAH são aconselhados a pensar em termos de *total inclusão* em uma sala de aula regular para seus filhos.

As vantagens de seu filho ser totalmente *incluído* em uma sala de aula não rotulada e não monitorada (em oposição a uma sala de aula separada que conte apenas com alunos de educação especial) são muitas. Primeiro, seu filho estará exposto a modelos positivos pelo comportamento dos outros alunos. Esse contato pode ser fundamental para ajudar seu filho a desenvolver habilidades sociais importantes, se essa área tiver sido um problema no passado. Em segundo lugar, o seu filho terá uma chance muito maior de não ser identificado como uma criança especial (uma criança em uma sala de aula de educação especial comentou que o "ed" do termo *'especial ed'* significava "extra devagar")*. Em vez disso, seu filho será visto como uma pessoa "normal" – uma condição (não ser rotulado) da qual as crianças desejam desesperadamente usufruir durante seus anos de crescimento. Em terceiro lugar, seu filho aprenderá os mesmos temas que todas as crianças de sua idade aprendem em vez de seguir um currículo separado em uma classe especial. Isso significa que terá menos probabilidade de ficar atrasado em relação aos seus colegas, o que normalmente acontece quando a criança é transferida temporariamente para uma sala de aula especial. Finalmente, ele encontrará uma rica diversidade de origens e estilos de aprendizagem entre seus pares em vez de estar em um grupo no qual todos compartilham o mesmo rótulo ou algum estigma semelhante.

Certifique-se, porém, de que a escola do seu filho oferece um apoio total para a inclusão completa, incluindo pessoal de suporte extra e um currículo baseado em aprendizagem diferenciada (aprendizagem adaptada às necessidades de cada criança). Não ter esse suporte é quase tão ruim quanto não receber nenhum serviço. Em uma sociedade como a nossa, que está se tornando cada vez mais diversificada, é especialmente importante fornecer às crianças a mensagem de que as diferenças são bem-vindas. Em uma sala de aula verdadeiramente inclusiva, as diferenças do seu filho podem ser celebradas juntamente com as de todos os outros.

---

* N.T.: Nos Estados Unidos, a educação especial para alunos com necessidades especiais é abreviada na expressão *"special ed"* (*special education*).

Para mais informações
William Henderson. *The blind advantage: how going blind made me a stronger principal and how including children with disabilities made our school better for everyone.* Cambridge, MA: Harvard Education Press, 2011.

Estratégia n° 33
Ensine ao seu filho como o cérebro dele funciona (Idade: 7 a 18 anos)

Os especialistas em TDAH defendem o esclarecimento das crianças recém-diagnosticadas sobre o que é o transtorno, como isso os afeta, como é tratado e como eles podem prosperar apesar das dificuldades. Um dos componentes desse plano de reeducação geralmente inclui uma descrição de como funciona o cérebro do TDAH. Infelizmente, essas explicações muitas vezes deixam bastante a desejar. Há uma preocupação especial em enfatizar o assunto usando metáforas relacionadas ao mundo das máquinas. Em um livro escrito para crianças com diagnóstico de TDAH intitulado *"Otto Learns About His Medicine"*, Otto é um jovem carro que visita um especialista em motores e recebe um aditivo especial que permite que seu motor funcione com a velocidade correta.[1] Outras metáforas de máquina utilizadas pelos defensores do TDAH incluem o cockpit de um avião a jato, um trem que está indo muito rápido, um videocassete (que exige que você toque o botão de pausa a cada 30 segundos) e uma Ferrari com freios defeituosos.[2] Há alguns problemas com o uso de analogias com máquina para o chamado cérebro TDAH. Em primeiro lugar, mesmo que não esteja explícita na explicação, há uma sensação subjacente nessas analogias de que há algo de errado com a máquina, portanto, deve estar quebrada. Lembre-se de que muitos de nossos insultos se utilizam de metáforas semelhantes ("Ele tem um parafuso a menos na cabeça", por exemplo).

Em segundo lugar, pesquisas recentes em neurociências sugerem que o cérebro não é uma máquina. É mais como uma floresta tropical. De acordo com o biólogo ganhador do Prêmio Nobel Gerald Edelman: "O cérebro não tem nenhum tipo de manual de instruções, como um computador. O cérebro de cada indivíduo é mais como uma floresta tropical única, em fervilhante crescimento, decadência, competição, diversidade e seleção".[3]

A teoria de Edelman sobre o que ele chama de "darwinismo neural" foi considerada pelo neurologista e ensaísta Oliver Sacks como "de verdade, a primeira teoria global da mente e da consciência, a primeira teoria biológica da individualidade e da autonomia".[4]

Esse tipo de explicação tem muito mais chance de atrair o interesse das crianças, especialmente daquelas que amam a natureza. As conexões bioelétricas de neurônios dentro do cérebro podem ser comparadas a raios e relâmpagos na floresta tropical (quando temos grandes ideias, afinal, temos *"brainstorms"*). O refluxo e o fluxo de neurotransmissores nas sinapses entre células cerebrais podem ser comparados com as marés. Os dendritos, ou ramos que atingem os neurônios para se conectarem com outros neurônios, podem ser relacionados às árvores e aos ramos da floresta tropical. A incrível resiliência do cérebro – a sua capacidade de se recuperar de lesões, traumas ou danos – pode ser equiparada à forma como uma floresta imediatamente começa a renascer após um incêndio.

Além disso, uma floresta tropical está cheia de diversidade, o que é uma boa maneira de falar sobre a diversidade dos cérebros e o valor da multiplicidade para a humanidade, porque há grandes tesouros escondidos na floresta tropical (como ervas curativas), assim como existem preciosos tesouros escondidos na floresta cerebral de seu filho. Finalmente, você pode falar sobre neuroplasticidade e sobre como os dendritos ou ramos do cérebro literalmente crescem em resposta a experiências de aprendizado positivas (assim como a chuva faz as árvores crescerem). Como um estudante do ensino médio comentou, depois de aprender sobre a neuroplasticidade do cérebro: "Eu imagino que os neurônios fazem conexões no meu cérebro quando estudo. Sinto que estou mudando meu cérebro quando aprendo algo, compreendo, e reviso o que aprendi".[5] Essa metáfora da "floresta cerebral" fornece uma analogia muito mais realista do cérebro e permite uma compreensão aprofundada da mais incrível forma orgânica do universo.

Para mais informações

JoAnn Deak. *Your fantastic elastic brain*. San Francisco: Little Pickle Press, 2010. Este livro para crianças não usa uma analogia da floresta tropical, mas fornece um excelente livro ilustrado sobre o funcionamento do cérebro por meio da neuroplasticidade, para as idades entre 4 e 8 anos.

JoAnn Deak e Terrence Deak. *The owner's manual for driving your adolescent brain*. San Francisco: Little Pickle Press, 2013.

Estratégia n° 34

Elimine distrações
(Idade: 7 a 18 anos)

Às vezes é ótimo ter um cérebro disparando em diferentes direções, fazendo conexões, percebendo as coisas, ardendo em toda a sua glória. Esse tipo de funcionamento, afinal, é uma característica importante da mente criativa. Por outro lado, há momentos em que é preciso concentrar-se na tarefa em questão. Para o seu filho, isso pode se traduzir em coisas como tirar o lixo, fazer problemas de matemática, ler um livro ou limpar seu próprio quarto. Consequentemente, quando coisas estranhas impedem a execução de tarefas a serem feitas, aprender a lidar com as distrações pode se tornar uma habilidade valiosa a ser desenvolvida, especialmente se seu filho tiver um cérebro altamente propenso à distração. Aqui está um procedimento para ajudar seu filho (criança ou adolescente) a aprender como lidar com distrações que o impedem de fazer tarefas que exigem foco. Usando o quadro de exemplo mostrado a seguir como um guia, peça ao seu filho que escreva na parte superior de um pedaço de papel a tarefa específica em que ele estará trabalhando. (Nota: você pode fazer isso junto com ele). Em seguida, preencha cada coluna:

- *Coisas que podem me distrair.* Esta lista pode incluir um telefone celular, o som da televisão, o ruído de fundo das pessoas falando, um brinquedo favorito fazendo sons, *pop-ups* nas mídias sociais, membros da família que entram na sala.
- *Como eu sei que estou distraído.* Estes são os "sinais de alerta", as pistas físicas internas ou as comportamentais externas que seu filho (criança ou adolescente) pode aprender a reconhecer como indicadores de que está desfocado em relação à tarefa. Sensações emocionais ou corporais, ações físicas como sair da cadeira ou entrar na cozinha em busca de algo para comer e fantasias mentais que o desviam são alguns exemplos dessas pistas. (Ver também a Estratégia n° 17: Ensine o seu filho a se monitorar.)
- *Como lidar com a distração.* Esta é a coluna mais importante e é onde seu filho arquiteta um plano de ação de estratégias engenhosas, como recitar um mantra do seguinte tipo "Eu vou ficar focado"

ou colocar alguns tampões nos ouvidos para desligar a influência das distrações reconhecidas por meio dos sinais de alerta.
- *Coisas que podem me ajudar a me concentrar.* Nesta coluna, seu filho deve listar coisas que podem ajudá-lo a se concentrar na tarefa em questão, como aumentar o brilho na tela do computador ou se remover para uma sala mais silenciosa. Observe que seu filho pode listar coisas para se concentrar que, aos pais, podem parecer distrações, mas lhe dê a oportunidade de demonstrar se essas coisas listadas funcionam ou não.

COISAS QUE PODEM ME DISTRAIR	COMO SABEREI QUE ESTOU DISTRAÍDO	COMO LIDAREI COM AS DISTRAÇÕES	COISAS QUE PODEM AJUDAR A ME CONCENTRAR
Pop-ups em meu computador	Quando acesso o Facebook para fazer algumas postagens	Desligando a opção *pop-up* enquanto escrevo	Transformar a fonte que uso em azul e negrito
Minha irmã, que é uma bebê, chorando	Quando começo a ficar nervoso (ficar com o rosto e o peito quentes)	Colocando fones de ouvido	Uma música relaxante com o volume baixo

Algumas dicas para o seu filho ter em mente ao trabalhar na eliminação de distrações e permanecer focado em um projeto incluem:

- *Mantenha a tarefa simples.* Se houver 25 problemas de matemática para fazer, faça intervalos a cada cinco problemas resolvidos.
- *Escolha a hora específica que você planeja fazer a tarefa.* Embora os especialistas geralmente recomendem fazer as tarefas necessárias antes da recreação ou outras atividades, seu filho pode ter um tempo ou estilo diferente para fazer as coisas, então deixe-o determinar o horário, mas então sugira que ele use algum tipo de dispositivo (um despertador) para indicar o momento de começar.
- *Use ferramentas tecnológicas para ajudar a eliminar distrações do computador.* Há uma série de aplicativos que desligam partes da tela do computador ou impedem temporariamente o acesso a sites que funcionam como fontes de distração (como mídias sociais, por

exemplo), incluindo *WriteRoom, Isolator, Camouflage, Dropcloth, Minim-Other, Swept Away* e *SelfControl*.
- *Retire qualquer coisa que possa causar distrações antes de começar.* Isso significa fechar programas de computador que exijam sua atenção, colocar um lençol sobre qualquer brinquedo ou dispositivo atraente que possa roubar o foco, ou fechar as cortinas se eventos externos puderem se interpor à tarefa.

Embora a capacidade de realizar várias tarefas ao mesmo tempo (multitarefa) possa ser algo que seu filho diz fazer muito bem (e a opinião popular parece apoiar essa visão), a pesquisa sugere o contrário. O desempenho sofre quando as pessoas dividem sua atenção e tentam assumir várias tarefas ao mesmo tempo, e isso é particularmente verdadeiro para crianças com diagnóstico de TDAH. Ao usar essas dicas de eliminação de distração, as crianças podem alcançar um triunfo de aprendizagem após o outro e encontrar sucesso em tudo o que sua mente focar.

Para mais informações
David A. Greenwood. *Overcoming distractions: thriving with adult ADD/ADHD*. New York: Sterling, 2016. Embora seja escrito para adultos, inclui uma série de estratégias para lidar com distrações que podem ser úteis para crianças e adolescentes mais velhos, e também oferece aos pais um panorama de como lidar com distrações quando seus filhos alcançam a idade adulta.

Estratégia n° 35

Promova exercícios diários
(Idade: 4 a 110 anos)

Eis aqui algo que não faz sentido para mim. Com o apoio de empresas farmacêuticas, os médicos estão fazendo milhões de prescrições para medicamentos psicoativos poderosos e caros para usar com crianças hiperativas, desatentas e/ou impulsivas. No entanto, há outro remédio disponível que é gratuito, não é controlado pela Food and Drug Administration, e proporciona uma série de outros benefícios para a saúde, além de diminuir os sintomas do TDAH. Qual é esse tratamento milagroso? *Atividade física*.

Sim, algo simples que as crianças *costumavam* fazer o tempo inteiro em *playgrounds*, quintais, campos, florestas, centros esportivos e escolas, mas que agora fazem muito menos por causa dos cortes de redução de custos escolares durante as férias, aumento do tempo gasto com a mídia, número decrescente de *playgrounds* desafiadores (em razão do receio de processos judiciais por acidentes), e a pesada carga horária infantil de cursos extraescolares, orientadores, lições e outras atividades "enriquecedoras".

Um número crescente de estudos realizados nos últimos anos revelou o poder da atividade física para reduzir os sintomas de TDAH em crianças. Um dos mais atuais e de execução criteriosa distribuiu aleatoriamente crianças diagnosticadas com TDAH e crianças com desenvolvimento típico entre dois grupos que realizaram dois tipos de atividades antes das aulas: um grupo que fazia exercícios físicos (jogos ativos) e outro se submetia a uma intervenção sedentária baseada em sala de aula, onde faziam projetos de arte. Cada sessão durava 31 minutos para os dois grupos e o programa diário foi realizado durante 12 semanas. Os resultados sugeriram que a intervenção da atividade física reduziu os sintomas de TDAH tanto na escola quanto em casa.[1] Em outro estudo, dezessete crianças com sintomas de TDAH da pré-escola ao 3º ano do ensino fundamental participaram de um programa de exercícios físicos moderados a intensos com duração de 26 minutos por dia durante 8 semanas. A vasta maioria das crianças apresentou de modo geral uma melhora no comportamento de acordo com os pais, os professores e a equipe de classificação do programa.[2] "Há uma crescente quantidade de informações atraentes que apoiam a atividade física como um tratamento para o TDAH e também como um auxiliar para o aprimoramento do aprendizado", afirma Jordan D. Metzl, médico do esporte no Hospital for Special Surgery em Nova York. "Em vez de empurrar remédios para nossas crianças como primeira linha de tratamento, deveríamos encorajá-las a se mexerem antes, durante e depois da escola".[3]

Há várias maneiras pelas quais você pode encorajar seu filho (criança ou adolescente) a se exercitar regularmente.

- *Apoie seu envolvimento em esportes que exijam movimento contínuo.* O basquete, por exemplo, é melhor sob esse aspecto do que o vôlei e o futebol; estar sempre em movimento bombeia mais agentes químicos protetores para o cérebro do que ter que ficar esperando sua vez para se movimentar. (Ver também Estratégia nº 49: Descubra um esporte de que seu filho goste muito.)

- *Use recursos comunitários.* Localize os parques infantis mais próximos da comunidade, locais para atividades de musculação, campos de esportes, trilhas para caminhadas e outros espaços nos quais seu filho (criança ou adolescente) possa dedicar algum tempo ao exercício regular. (Ver também Estratégia nº 5: Dedique um tempo à natureza.)
- *Sugira a seu filho a se exercitar antes de ir para a escola.* Mesmo uma pequena corrida ao redor do quarteirão (ou ir e vir até o final da rua repetidas vezes) pode acelerar o coração, aumentar a circulação sanguínea cerebral e criar um estado de espírito que o predispõe a prestar mais atenção na sala de aula.
- *Programe passeios e caminhadas regulares em família.* Ao reservar um tempo para toda a família caminhar em uma mata, ao redor de um lago ou correr ao longo de uma trilha, você irá ajudar a incutir um hábito com potencial de se incorporar à vida futura de seu filho. (Ver Estratégia nº 45: Promova recreação e atividade física em família.)

Mais do que qualquer outra coisa, os pais precisam tirar seus filhos do sofá, da frente do computador, e estimulá-los para que corram para a esteira, a bicicleta, a pista de corrida, o campo de futebol, a trilha para caminhadas e/ou para outros ambientes em que atividades aeróbicas ativas são convidativas. Não só os sintomas de TDAH diminuirão, seu sistema cardiovascular também se fortalecerá, o risco para a maioria das doenças típicas de cada idade diminuirá e, como um todo, sua saúde física, emocional e mental aumentará. Os medicamentos para TDAH podem produzir os mesmos benefícios?

Para mais informações
John J. Ratey com Eric Hagerman. *"Corpo ativo, mente desperta: a nova ciência do exercício físico e do cérebro".* Objetiva, 2012.

Estratégia nº 36

Fomente uma boa comunicação casa-escola (Idade: 6 a 18 anos)

Os pais de crianças diagnosticadas com TDAH muitas vezes se sentem intimidados com o envolvimento diretamente com a escola de seus filhos, porque tiveram experiências ruins com os professores quando eram jovens ou, mais frequentemente, porque os professores se queixaram de seus filhos, os privaram de qualquer benefício, impuseram castigos e/ou os repreenderam na base do grito. Para esses pais, a escola não parece ser um lugar muito amigável. De fato, a pesquisa sugere que os pais de estudantes que foram diagnosticados com TDAH percebem a escola como menos acolhedora e os professores como mais exigentes em relação à percepção dos pais de crianças com desenvolvimento típico.[1] No entanto, a pesquisa também indica que o envolvimento positivo dos pais na educação de uma criança em casa e na escola está associado ao melhor desempenho acadêmico, melhores resultados comportamentais e mais engajamento e motivação na escola.[2] Consequentemente, construir uma parceria positiva entre a casa e a escola pode ser uma das melhores coisas que você pode fazer para garantir o sucesso do seu filho na sala de aula e assegurar resultados positivos mais tarde em sua vida. Aqui estão algumas sugestões para fazer isso:

- *Participar das reuniões/eventos escolares regularmente.* As reuniões de pais e professores, as confraternizações de fim de ano ou volta às aulas e outros eventos escolares oferecem oportunidades para se familiarizar com os professores do seu filho e ter uma ideia do tipo de ambiente escolar em que ele estará sujeito diariamente; pergunte se você pode visitar a sala de aula do seu filho durante uma aula; ou melhor, se voluntarie para trabalhar na sala de aula ou ajudar na escola de alguma outra forma.
- *Comunique-se frequentemente com o professor de seu filho.* Se você se comunica por e-mail, mensagem, telefone ou uma visita à escola, quanto mais você tiver contato com o professor e outros funcionários da escola, melhor sua posição para defender as necessidades do seu filho (por exemplo, você pode comunicar ao professor como seu filho tem uma aprendizagem mais eficiente e o que funciona melhor para ele na hora de aprender, desde que seja reforçado algum de seus comportamentos positivos).
- *Considere pedir um pequeno relato diário do professor*: os estudos sugerem que há resultados positivos quando o professor monitora as metas positivas específicas para a criança ao longo do dia (menos

explosões em sala de aula, notas mais altas em provas-surpresa, mais participação nas aulas etc.) e, em seguida, comunica essa informação aos pais, que podem organizar recompensas adequadas para a criança em casa para alcançar as metas estabelecidas.[3]
- *Corte o mal pela raiz quando identificar problemas escolares, antes que saiam do controle.* Muitas escolas têm programas de colaboração casa-escola, que podem incluir sessões de resolução de problemas de comportamento em conjunto; sites da escola na internet que fornecem acesso à rotina escolar diária de seu filho, tarefas de casa, resultados de testes e notas; e outras estruturas que transformam os pais em parceiros da aprendizagem dos alunos na escola.

Acima de tudo, tenha uma atitude proativa positiva ao se comunicar com a escola sobre seu filho (Ver também a Estratégia n° 53: Trabalhe para promover o bom relacionamento professor-criança). A lei federal norte-americana dá aos pais o direito legal de garantir que seus filhos com necessidades especiais recebam uma educação adequada com base em um Programa de Educação Individualizada (IEP)*. Mas esse processo funcionará de forma mais suave se você for caloroso e flexível com a equipe da escola em vez de irritado e exigente, uma atitude que torna os professores mais defensivos e menos dispostos a cooperar. Ao se envolver em uma colaboração amigável com os professores do seu filho, você pode garantir que ele desenvolva a sensação de que a casa e a escola 'estão na mesma página' e, ao mesmo tempo, ao lado dele.

Para mais informações
National Parent Teachers Association (PTA): 1- 800-307-4782; info@pta.org. Há mais de 20 mil unidades PTA em todo o território norte-americano.

---

* N.E.: No Brasil, a Lei n. 7.853, de 24 de outubro de 1989, dispõe sobre o apoio às pessoas portadoras de deficiência, sua integração social, sobre a Coordenadoria Nacional para Integração da Pessoa Portadora de Deficiência.

Estratégia nº 37

Fortaleça a memória de trabalho de seu filho
(Idade: 7 a 18 anos)

Entardeceu e você pede ao seu filho com diagnóstico de TDAH: "Por favor, tire o lixo, faça seu dever de casa e depois desça e ajude a preparar a mesa de jantar. OK?"
"Claro, mãe", ele responde.
Uma hora depois, você se pergunta onde ele está, então sobe e o e encontra em seu quarto jogando um *videogame*. "Você fez o que eu pedi?", você diz, impacientemente batendo seu pé no chão.
"Humm, era algo sobre o lixo, né?", ele responde com um sorriso inocente no rosto.
Nesse momento, você pode estar inclinado a acreditar que ele está *escolhendo* jogar *videogame* e *não escolhendo* fazer as outras tarefas. No entanto, na realidade, pode ser algo completamente diferente: uma falha em sua memória de trabalho. A memória de trabalho é a nossa capacidade de manter a informação temporariamente em nosso cérebro enquanto estamos fazendo outras coisas. Nesse caso, as instruções de multitarefa que você deu a seu filho essencialmente "saíram de sua memória de trabalho" antes mesmo dele chegar à lata de lixo. Uma nova pesquisa sugere que uma grande razão pela qual muitos filhos rotulados como portadores de TDAH são desatentos e fáceis de se distrair tem a ver com suas dificuldades com a memória de trabalho.[1]
Você pode ajudar seu filho a desenvolver sua memória de trabalho de várias maneiras. Aqui estão algumas dicas:

- Incentive jogos que exijam a memória de trabalho como jogo da memória, batalha naval e xadrez (ver também Estratégia nº 80: Jogue xadrez ou *Go* [*Weiqi*, *Baduk*] com seu filho).
- Cante músicas de memória/parlendas que seguem adicionando elementos às letras/versos à medida que seguem adiante, como "Cadê o toucinho que estava aqui?" ou "Um dois, feijão com arroz!", ou que adicionem movimentos físicos também.
- Coloque objetos pequenos em uma bandeja e deixe seu filho olhar para eles por 5 segundos, depois os retire e veja quantos ele conse-

gue lembrar; aumente ou diminua o número de objetos conforme a necessidade, e, ao longo do tempo, aumente a carga da memória.
- Dê ao seu filho uma sequência de números, falados em voz alta, depois peça que tente repetir a série na ordem em que você falou.
- Peça ao seu filho que se inscreva em um programa informatizado de treinamento de cérebro, como Cogmed Treinamento de Memória Operacional (cogmed.com.br) ou Interactive Metronome (interactivemetronome.com).

A pesquisa sobre a memória de trabalho sugere que as crianças farão mais progresso se desafiadas continuamente para ir além de seus limites na memorização de uma lista de itens.[2] Além disso, os estudos concluem que as pessoas podem administrar apenas quatro coisas de cada vez em suas mentes (costumava ser sete), então não atribua a seu filho uma longa lista de instruções. Tenha em mente também que seu filho(a) pode ter uma excelente memória de longo prazo e lembrar dos nomes de jogadores de futebol que já jogaram no time para o qual torce ou o nome de cada boneca que já possuiu, mas ainda assim ter dificuldades com a memória de curto prazo ou de trabalho. Ao ajudar seu filho a praticar mentalmente lembrando coisas, você pode ajudá-lo a ser mais eficaz na hora de seguir as instruções em casa e na escola.

Para mais informações
Tracy Alloway e Ross Alloway. *The working memory advantage: train your brain to function stronger, smarter, faster.* New York: Simon & Schuster, 2014.

Estratégia n° 38
Limite as mídias de entretenimento
(Idade: 4 a 18 anos)

A estatística é categórica e séria. As crianças de hoje estão gastando uma média de 7 horas por dia em mídia de entretenimento por meio do envolvimento com televisão, computadores, telefones e outros dispositivos eletrônicos.[1] O impacto dessa tendência em crianças e adolescentes com diagnóstico de TDAH foi detalhado no Capítulo 8, mas vale insistir que o tempo da criança diante de uma tela eletrônica está associado a problemas de atenção, dificuldades de aprendizagem, atitudes negativas em relação à escola, notas precárias e falhas acadêmicas de longo prazo.[2] É importante entender que esses resultados se aplicam apenas a meios violentos e/ou de entretenimento e não para os tipos de mídia educacional que são abordados em outro momento neste livro (ver Estratégia nº 40: Use a aprendizagem *on-line* como recurso educacional, Estratégia nº 47: Procure aplicativos para celulares que possam ajudar seu filho, Estratégia nº 83: Utilize os melhores recursos de aprendizagem informatizada e Estratégia nº 84: Deixe seu filho jogar *videogames* que envolvam e ensinem). Aqui estão algumas orientações para ajudar a desacelerar o consumo de mídia de entretenimento desenfreado de seu filho (criança ou adolescente) diagnosticado com TDAH:

- Estabeleça *"zonas sem tela"*, *incluindo o quarto do seu filho*. O quarto com acesso à televisão, computadores e vídeos está associado a menos sono (um problema para muitas crianças diagnosticadas com TDAH), maior uso de mídia e, consequentemente, problemas de atenção.[3]
- *Desencorajar o envolvimento com qualquer mídia violenta*. A pesquisa é clara em relação à associação entre o consumo de qualquer forma de mídia violenta e níveis mais altos de agressividade em todas as crianças e adolescentes, e estudos sugerem que as crianças diagnosticadas com TDAH podem ser particularmente vulneráveis.[4]
- *Veja mídia de entretenimento com seu filho e converse sobre o assunto.* Porque é inútil tentar proibi-lo (a curiosidade das crianças as levará a buscarem em outro lugar para o consumo dessas mídias); passe tempo com seu filho assistindo entretenimento e até mesmo mídia violenta e fale sobre o conteúdo. Isso envolverá tanto o cérebro emocional quanto o córtex pré-frontal e tornará a atividade de assistir em uma experiência de aprendizagem para ambos.
- *Envolva-se tanto quanto for possível em atividades relacionadas à alfabetização e outras atividades não midiáticas, como uma família.* Substitua o tempo de TV pelo tempo de leitura, o *videogame* pelo jogo de tabuleiro e a navegação na internet pelas incursões a bibliotecas para descobrir mais sobre o mundo (ver também a Estratégia nº 45: Promova recreação e atividade física em família).

Em vez de ser visto como o "pai cruel", que não deixa seus filhos assistirem nada de bom na TV, ou jogar *videogames* interessantes, é melhor trabalhar para ser o "facilitador de mídia", que ajuda a criança a avaliar, pensar e aprender a partir da mídia que consome todos os dias.

Para mais informações
Common Sense Media: commonsensemedia.org. Este site ajuda os pais com problemas de mídia e fornece classificações de programas de TV, filmes, *videogames*, aplicativos e sites da internet.

Estratégia n° 39
Promova experiências de *flow* (fluxo)
(Idade: 4 a 18 anos)

Vários anos atrás, recebi uma carta de uma mãe médica que escreveu sobre uma discussão que teve com amigos que continuavam a lhe dizer que seu filho provavelmente tinha transtorno de déficit de atenção: "Quando eu... comecei a apontar para as pessoas que meu filho é capaz de longos períodos de concentração quando está assistindo seu vídeo de ficção científica favorito ou o funcionamento interno de uma fechadura, percebo que a definição atualizada (a ser protocolada no ano seguinte) afirma que algumas crianças com transtorno de atenção são capazes de atenção normal em certas circunstâncias específicas. Puft! Alguns milhares de crianças a mais se encaixam instantaneamente na definição." Na verdade, quando mencionava a habilidade de seu filho de se concentrar por longos períodos, ela estava confirmando as evidências dos estudos de campo que sugerem que crianças e adultos com diagnóstico de TDAH geralmente se envolvem em um processo de hiperfoco.[1] Ou seja, eles passam muito tempo se concentrando nas coisas que os interessa. Enquanto a maioria dos especialistas em TDAH tende a considerar o hiperfoco como outro sinal negativo do transtorno, ele de fato é muito similar a um fenômeno psicológico altamente positivo chamado *flow* (embora seja muito provável que esses especialistas estejam se referindo mais especificamente a um fenômeno aparentemente similar, mas muito diferente, que pode ser chamado de "vivências ociosas devoradoras de tempo" – um bom exemplo disso é uma pessoa que passa horas por dia em um estupor, desatenta, vendo TV ou navegando pela internet).

Flow é uma palavra cunhada pelo psicólogo Mihály Csíkszentmihályi para descrever um estado de atenção que ocorre quando os desafios de uma tarefa não são nem difíceis, nem fáceis, mas simplesmente corretos (outro fenômeno similar ao dos "Cachinhos de Ouro e os Três Ursos". Ver Estratégia nº 24: Estabeleça regras, rotinas e transições consistentes).[2] Nesse estado, um indivíduo se sente totalmente absorvido em uma atividade, usufrui dela por si mesma, às vezes permanece focado por horas a cada vez que o fenômeno ocorre, e ao terminar a tarefa se sente mais realizado do que exausto. Csíkszentmihályi estudou indivíduos altamente qualificados, como artistas, alpinistas e cirurgiões, e todos relataram o mesmo tipo de foco total enquanto engajavam sua 'arte'. Ele também observou que as crianças entram em *flow* o tempo todo. Embora não possa forçar uma criança a ter uma experiência dessa natureza (o que inviabilizaria imediatamente a possibilidade da alegria intrínseca da criança em aprender), você pode ajudar a preparar um ambiente que favoreça a ocorrência de uma experiência de um *flow*. Aqui estão algumas sugestões:

- *Forneça ao seu filho tempo suficiente para aproveitar as atividades que lhe dão maior prazer.* Isso pode ser na arte, no esporte, na música, no contato com a natureza, na ciência, na leitura, na escrita ou em qualquer outra dos milhares de atividades possíveis.
- *Disponha de ferramentas e recursos que podem facilitar o envolvimento do seu filho na atividade altamente apreciada.* Exemplos incluem material de pintura para arte, acesso a uma quadra de basquete para esportes, um piano para música, uma lupa para a natureza, ou um microscópio ou telescópio para a ciência.
- *Busque os seus próprios estados de* flow. Ao se envolver em coisas que lhe dão muita alegria, você inspirará seu filho a seguir seu exemplo.
- *Lembre-se de não forçar, julgar ou transformar as experiências de seu filho em uma competição com outras crianças.* Essas ações destruirão qualquer chance de ter uma experiência de *flow*.

Tenha em mente que seu filho irá deixar você saber quando ele entrou em uma experiência de *flow* pelo brilho em seus olhos, o sorriso em seu rosto e sua relutância em parar o que está fazendo. A grande educadora italiana, Maria Montessori, chamou esse tipo de absorção total em uma atividade de aprendizagem de "o grande trabalho". Você deve isso a seu filho e a si mesmo para lhe permitir essa oportunidade de experimentar diretamente a alegria de aprender dessa maneira em primeira mão.

Para mais informações
Mihály Csíkszentmihályi. A descoberta do fluxo. Rocco, 1999.

Estratégia n° 40
Use a aprendizagem *on-line* como recurso educacional
(Idade: 10 a 18 anos)

Até recentemente, as escolas controlavam os portais de acesso ao conhecimento e alocavam o conteúdo educacional a seus alunos em pequenas caixinhas que tomavam a forma de livros didáticos, apresentações de slides, experiências de laboratório, palestras e outros pequenos recipientes de conhecimento. Agora, no século XXI, os alunos têm acesso direto a um universo inteiro de aprendizado *on-line*. Mais de um em cada quatro alunos agora faz pelo menos um curso de educação a distância. Isso significa um total de 5,8 milhões de estudantes. Para citar apenas três recursos disponíveis para aprendizagem *on-line*, o Massachusetts Institute of Technology (MIT) disponibilizou gratuitamente mais de dois mil cursos gratuitamente aos consumidores (ocw.mit.edu/OcwWeb), a Khan Academy inclui uma biblioteca com mais de 65 centenas de aulas de vídeo, que abrangem uma ampla gama de assuntos (khanacademy.org) e o National Repository of Online Courses do Monterey Institute (montereyinstitute.org/nroc) proporciona acesso a todo um currículo de ensino médio *on-line** gratuitamente para o aluno.

Esse acesso à aprendizagem tem óbvias vantagens para crianças mais velhas diagnosticadas com TDAH. Há mais oportunidades para os alunos

---

* N.E.: No Brasil, a Manole Educação oferece cursos livres e de atualização em áreas como Saúde, Direito e Negócios para estudantes universitários e profissionais. Os cursos são produzidos em parceria com sociedades de classe, renomadas instituições e professores que são referências científicas em suas diversas especialidades.

escolherem cursos e tópicos que os interessem e selecionar professores que são menos propensos a detestá-los. Se eles não prestam atenção na primeira vez, sempre há a oportunidade de rever ou refazer uma palestra ou uma lição sempre que necessário para se corrigirem. Em vez de ter que aparecer para a classe no início da manhã sem ter dormido o suficiente, os alunos podem escolher seus melhores momentos de prontidão durante o dia para estudar *on-line*. Se o aluno sofre *bullying* na escola, estudar em casa ou em outro local não escolar evita o impacto doloroso e destrutivo desse tipo de intimidação. Sempre atrasado para a escola? Não é um problema com a aprendizagem *on-line*, o aluno pode definir seu próprio horário. Está agitado? Fique à vontade o quanto quiser em um ambiente de aprendizagem *on-line* em casa.

Certamente existem algumas desvantagens em potencial para se lembrar também. Se o seu filho (criança ou adolescente) já tiver problemas de disciplina para realizar a lição escolar de casa, é provável que tenha a mesma dificuldade de estabelecer suas próprias horas de estudo *on-line* (para ajudá-lo a superar esse obstáculo, veja Estratégia nº 17: Ensine o seu filho a se monitorar, Estratégia nº 72: Sugira estratégias de estudo eficazes e Estratégia nº 101: Ensine estratégias de organização ao seu filho). Há também um maior potencial de distrações no ambiente doméstico (alguns alunos *on-line* resolvem isso indo a uma biblioteca para estudar; veja também Estratégia nº 34: Elimine distrações). Mas se a liberdade envolvida no aprendizado *on-line* superar as restrições que a escola impõe ao estilo de aprendizagem do seu filho (criança ou adolescente), tenha as seguintes dicas em mente:

- Se você escolher um programa de licenciamento, certifique-se de que irá receber a certificação validada por uma importante associação nacional de educação.
- Considere fazer a aprendizagem *on-line* como complemento do regime escolar atual de seu filho (criança ou adolescente) – muitas escolas de ensino fundamental, médio e universitário já estão fazendo isso com programas chamados de "aprendizagem mista" e "*flipped classrooms*"*).

---

* N.T.: É uma estratégia de instrução e um tipo de aprendizagem combinada que inverte o ambiente de aprendizagem tradicional, fornecendo conteúdo instrucional, muitas vezes *on-line*, fora da sala de aula.

- Se a autodisciplina é um grande problema, considere contratar um *coach* de TDAH para ajudar seu filho (criança ou adolescente) com habilidades organizacionais, estratégias de gerenciamento de tempo, definição de metas e dicas de estudo (você pode encontrar informações a esse respeito na Associação Brasileira do Déficit de Atenção (tdah.org), ou pode realizar você mesmo essa função, ver Estratégia n° 27: Seja um *coach* pessoal para seu filho).

A aprendizagem *on-line* não é para todos, mas para crianças ou adolescentes diagnosticados com TDAH motivados o suficiente para tentar, ela pode fornecer uma nova maneira de aprender livre das restrições que uma escola tradicional pode colocar sobre os aprendizes diferenciados que gostam de tamborilar com os dedos e pensar do lado de fora da caixinha.

Para mais informações
Kevin J. Fandl e Jamie D. Smith. *Success as an online student: strategies for effective learning*. New York: Routledge, 2016.

Estratégia n° 41

Mostre ao seu filho como utilizar ferramentas metacognitivas
(Idade: 10 a 18 anos)

Metacognição significa literalmente "pensar sobre o que é pensado". Esse conceito se tornou um foco importante para os educadores nos últimos anos porque tem a vantagem não apenas de ensinar conteúdo de alunos (como ciência, matemática e literatura), mas de dar às crianças as ferramentas que precisam para observar e mudar seus próprios processos de aprendizagem e pensamento para ajudá-los a dominar o novo conhecimento. O antigo ditado, com um acréscimo, se aplica a esse caso: "Dê um peixe a um aluno e você o alimentará por um dia. Ensine um aluno a pescar e você o alimentará para o resto da vida". Para crianças diagnosticadas com TDAH, a metacognição é uma dimensão importante das funções executivas pré-frontais vistas como fundamentais no gerenciamento de comportamentos e capacidades de atenção. Aqui estão algumas ferramentas que seu filho (criança ou adolescente) pode aprender a usar:

- *Organizadores cognitivos.* Estes são "mapas de conceitos" tipicamente representados em forma visual como diagramas, gráficos, listas de verificação, gráficos, cronogramas, mapas conceituais ou outras formas de representação que ajudam a concretizar o processo e o conteúdo da aprendizagem. Um ótimo aplicativo que usa um processo de organização cognitiva chamado *mind-mapping* é o Kidspiration (para estudantes mais velhos e adultos há um programa separado chamado Inspiration). Os alunos criam um *hub** central que representa um tema-chave que está sendo explorado e, em seguida, discutem todas as ideias que vêm à mente, colocando-as como raios em torno desse tema central. Para exemplos de outros organizadores cognitivos, ver o *The Teacher's Big Book of Graphic Organizers.*
- *Pensamentos em voz alta.* Este é um processo de externalização dos processos mentais, falando-os em voz alta para que se possa reconhecê-los mais plenamente e alterá-los conforme necessário. Para revisar uma história, uma opinião em voz alta pode parecer algo assim: "Primeiro, preciso lê-la do início ao fim, então devo destacar os erros em amarelo, depois corrigir as partes assinaladas e, finalmente, imprimir o rascunho final". Isso ajudará muito se você se envolver em seus próprios pensamentos para mostrar ao seu filho (criança ou adolescente) como é feito na prática e, em seguida, deixá-lo criar suas próprias versões para resolver um problema de matemática, descobrir um procedimento ligado a uma tarefa caseira ou pensar em outras questões que não possuem respostas imediatas. Você também pode incentivar seu filho (criança ou adolescente) a falar em voz alta ao ler um livro ("Hmmm... Pergunto-me por que o autor tornou esse personagem tão cruel...").
- *Diários de pensamento.* Isto pode assumir a forma de um caderno espiral simples em que o seu filho escreve respostas para perguntas simples metacognitivas relacionadas a situações escolares ou caseiras, como estas:

---

* N.T.: Dispositivos utilizados para conectar os equipamentos em uma rede local.

- Como eu poderia ter feito _____ melhor? [a lição de casa da noite passada]
- O que eu aprendi _____? [com a briga que tive com Ronnie na semana passada]
- O que eu poderia fazer diferente da próxima vez que _____? [tentar consertar o pneu da minha bicicleta]
- Quais são algumas outras formas de fazer _____? [os problemas de longo prazo que meu professor me incumbiu]

- *Kit de resolução de problemas mentais.* Esta é uma série de passos que seu filho (criança ou adolescente) pode trilhar para ajudar a resolver qualquer problema, grande ou pequeno.
    1. Defina o problema.
    2. Identifique várias soluções potenciais.
    3. Avalie cada alternativa.
    4. Escolha uma solução.
    5. Execute a solução.
    6. Avalie os resultados.

Coloque as etapas em um cartão e, em seguida, pratique dois ou três exemplos antes de deixar seu filho livre para tentar sozinho.

Você também pode ajudar seu filho a desenvolver habilidades metacognitivas brincando de jogos de tabuleiro ou jogos de cartas e pedindo-lhe para compartilhar suas estratégias para ganhar. Tente sugerir a ele, depois de um movimento equivocado ou um problema a reflexão sobre como o desafio poderá ser evitado ou resolvido no futuro. Ao ajudar seu filho a se envolver nesses exercícios de pensamento simples, você estará equipando-o com a musculatura mental de que precisará para resolver os muitos problemas e desafios que certamente irá encontrar no futuro.

Para mais informações
Katherine S. McKnight. *The teacher's big book of graphic organizers: 100 reproducible organizers that help kids with reading, writing, and the content areas.* San Francisco: Jossey-Bass, 2010.

Donna Wilson e Marcus Conyers. *Teaching students to drive their brains: metacognitive strategies, activities, and lesson ideas.* Alexandria, VA: ASCD, 2016.

Estratégia n° 42

Ensine habilidades de autorregulação emocional
(Idade: 4 a 18 anos)

É início da manhã e a família está tomando café da manhã junto. Rachel agarra uma uva fresca da tigela do irmão Jason. Ele bate em sua irmã. Rachel grita: "Mãe!" E então começa a chorar. Jason levanta-se da mesa e derruba a cadeira de propósito. Papai pede que Jason levante a cadeira. Ele se recusa, entra na sala e começa a pular e, no sofá, gritando em alto volume: "Rachel é um bebê chorão! Rachel é um bebê chorão!".

O que presenciamos aqui é um exemplo clássico de desregulação emocional. Esse pequeno incidente poderia ter terminado com Jason rindo do "roubo" da irmã ou dizendo "Papai, Rachel roubou meu cereal", ou perguntando à Rachel por que ela fez isso, ou dizendo à irmã que estava tudo bem, mas que queria algo do ela estava comendo em troca. Em vez disso, Jason foi incapaz de controlar seus sentimentos em relação à subtração de algo seu (por mais insignificante que fosse), e suas emoções se intensificaram e saíram do controle.

As estatísticas sugerem que entre 25 e 40% das crianças diagnosticadas com TDAH têm problemas com a regulação emocional e que essa dificuldade de lidar com os sentimentos de forma adequada pode levar a conflitos familiares, dificuldades entre colegas e comportamentos antissociais. Em um nível bioquímico, o que acontece é que o hipotálamo e a amígdala (partes do cérebro emocional) começam a disparar e enviar sinais para o córtex pré-frontal racional pedindo ajuda no controle (inibição) dos sentimentos intensificados. Isso não se realiza.[1] Para ajudar seu filho a regular melhor seus próprios estados emocionais, aqui estão algumas estratégias que você pode usar:

- *Converse com seu filho sobre seus sentimentos no momento em que surgem e lhe peça para nomear as emoções.* As crianças não conseguem controlar suas emoções se não sabem que as estão sentindo e o que são. Você pode conseguir um pôster "Como você se sente hoje?", exibindo trinta emoções por Jim Borgman.
- *Ajude seu filho a identificar bandeiras vermelhas sinestésicas que possam alertá-lo para uma potencial escalada emocional.* Um rosto co-

rado, os olhos entrecerrados e a tensão dos músculos entre os ombros são algumas reações corporais comuns. Essa consciência pode ajudá-lo a interromper a intensificação da emoção antes que fique incontrolável.

- *Rastreie cenários de escaladas passadas (intensificação das emoções) com seu filho e ajude-o a descobrir o que pode fazer diferente na próxima vez.* O gráfico a seguir pode ser útil para desenvolver uma série de estratégias potenciais a fim de regular adequadamente as emoções sempre que ocorrerem no futuro.

GATILHO	COMO ME SINTO	O QUE FIZ EM RESPOSTA	O QUE PODERIA FAZER NO FUTURO
Meu irmão me mostrou a língua	Com raiva	Dei um soco nele	Dizer a ele que estou com raiva e sair do lugar em que estamos juntos
Tirei uma nota muito baixa em matemática	Com raiva e vergonha do que os outros podem achar de mim	Rasguei a prova em pedacinhos e a joguei no professor	Respirar fundo três vezes e então marcar uma conversa com o professor para ver como poderia me sair melhor na próxima prova
Jane me disse, na sala de aula, que eu não fui convidado para a sua festa	Triste e arrasado	Rabisquei umas palavras feias em seu guarda-volumes com uma canetinha de marcar	Dizer para ela que isso me deixa triste e perguntar por que não fui convidado
Fui convocado para fazer parte do time de futebol da escola	Muito feliz e excitado	Corri ao redor do campo dando socos nos braços dos jogadores de meu time	Dar umas voltas na pista de atletismo até me cansar

Finalmente, ajude seu filho a reconhecer emoções em outros para que ele possa obter uma melhor compreensão de como responder quando começarem a reagir a algo que disse ou fez. Seguindo essas diretrizes, você estará dando a seu filho um conjunto de ferramentas que o ajudarão a prevenir futuros ataques de birras, a evitar brigas, a limitar os chiliques, diminuir os comportamentos antissociais e impedir outras formas de ações comportamentais que prejudicariam a qualidade de vida dele e sua.

Para mais informações
Lauren Brukner. *How to be a superhero called self-control!: super powers to help younger children to regulate their emotions and senses*. London: Jessica Kingsley, 2015. Indicado para a faixa etária de 4 a 7 anos.
Lauren Brukner. *Stay cool and in control with the keep-calm guru: wise ways for children to regulate their emotions and senses*. London: Jessica Kingsley, 2016. Indicado para a faixa etária de 7 a 14 anos.
Sheri Van Dijk. *Don't let your emotions run your life for teens: dialectical behavior therapy skills for helping you manage mood swings, control angry outbursts, and get along with others*. Oakland, CA: Instant Help/New Harbinger, 2011.

Estratégia n° 43

Ensine meditação *mindfulness* ao seu filho
(Idade: 5 a 18 anos)

À primeira vista, pode parecer que um projeto de meditação para seu filho diagnosticado com TDAH seria como pedir para uma borboleta viva ficar posando como modelo para uma pintura da vida silvestre em aquarela. Mas o grande atrativo da meditação consciente (*mindfulness meditation*) é que o meditador não precisa manter seu corpo ou mente quietos, mas simplesmente se tornar consciente de tudo o que está acontecendo dentro de sua mente e fora no mundo. A meditação *mindfulness* surgiu originalmente da tradição do budismo Theravada no sudeste asiático, mas a prática foi adaptada para uso não religioso no final da década de 1970 pelo cientista norte-americano Jon Kabat-Zinn, na clínica de redução de estresse da Faculdade de Medicina da Universidade de Massachusetts. Após o sucesso de seu programa de redução do estresse, a prática se espalhou e tornou-se o foco de uma série de livros, programas e estudos de pesquisa que, desde então, têm aumentado exponencialmente.[1] Diversos estudos fornecem provas preliminares de que a meditação consciente (*mindfulness meditation*) pode melhorar a autorregulação da atenção, diminuir os problemas comportamentais, aperfeiçoar o funcionamento executivo e reduzir o estresse dos pais de crianças e adolescentes com diagnóstico de TDAH.[2]

A pedra angular desse tipo de meditação é a respiração. Os meditadores são convidados a concentrar sua atenção na entrada e saída de ar pelas narinas ou nos movimentos para cima e para baixo dos músculos do estômago, a cada respiração. Naturalmente, a mente não vai continuar focada na respiração por muito tempo e vai vagar por todo o lugar, e experimentar muitas outras coisas internas (ideias, sentimentos, imagens) e externamente (percepções de sons, sensações de ar ou roupas no corpo, luz sobre as pálpebras fechadas). A ideia principal é simplesmente notar as distrações e retornar à respiração. Uma sessão de 30 minutos pode envolver se distrair e voltar para a respiração *centenas* de vezes. A consciência é a chave. Quanto mais jovem for a criança, obviamente mais curta será a sessão, mas ainda assim um minuto ou dois já podem ajudar. Na verdade, como pai/mãe, você pode periodicamente perguntar ao seu filho durante o dia para tomar consciência de alguns segundos dos sons ao seu redor, ou do formigamento na ponta dos dedos, ou da sua respiração, e isso ajudará a melhorar a atenção e a consciência. Aqui estão algumas outras dicas para ajudá-lo a começar:

- *Consiga um livro, vídeo ou CD de áudio para fornecer orientação sobre a meditação.* Existem agora, literalmente, centenas de recursos disponíveis para aprender meditação *Mindfulness*, inclusive alguns excelentes para ensinar as crianças a meditar (ver *para mais informações* mais adiante).
- *Medite com seu filho.* A ideia de ficar em pé enquanto o seu filho medita é simplesmente contraproducente. Você precisa modelar o processo para o seu filho e extrair também os benefícios da meditação para que os dois possam compartilhar suas experiências.
- *Construir outros objetos para manter o foco para sessões de meditação.* Em outros momentos neste livro, forneci outras atividades que você pode incorporar em suas sessões de meditação para variá-las e encontrar novas maneiras de envolver seu filho (criança ou adolescente): Estratégia nº 7: Ensine técnicas de concentração ao seu filho; Estratégia nº 46: Compartilhe técnicas de manejo do estresse;

Estratégia nº 79: Ensine seu filho a visualizar; e Estratégia nº 87: Faça seu filho aprender yoga).

Acima de tudo, não force seu filho a meditar. Facilite a sua iniciação. As posturas tradicionais para a meditação são a posição de lótus (sentado em uma almofada com uma perna dobrada sobre a outra) ou sentado em uma cadeira. Mas se seu filho quer se deitar no chão e prestar atenção nas sombras no teto, isso é ótimo. Ou se inventar alguns mantras pessoais (sons de animais são muito eficazes com crianças mais novas). Não importa a dificuldade, se fizer isso você estará ajudando seu filho (criança ou adolescente) a tomar consciência de si mesmo, e essa consciência, mais do que qualquer outra coisa, produzirá o verdadeiro benefício, aumentando a atenção e suavizando o comportamento.

Para mais informações
Amy Saltzman. *A still quiet place for teens: A mindfulness workbook to ease stress and difficult emotions.* Oakland, CA: Instant Help/New Harbinger, 2016.
Eline Snel. *Quietinho feito um sapo.* Bicicleta Amarela, 2016.

Estratégia nº 44

Deixe seu filho envolver-se em conversas espontâneas consigo mesmo (autofala)
(Idade: 4 a 10 anos)

Observe as crianças pequenas brincando e você perceberá que muitas vezes, lado a lado, elas estão totalmente envolvidas em uma atividade, falando em voz alta para ninguém em particular. O psicólogo russo Lev Vygotsky se referiu a esse fenômeno como discurso privado e o considerou como o início de um processo de internalização da linguagem, como "autofala".[1] Ele observou que, à medida que crescem, as crianças internalizam esse fluxo privado de palavras, transformando-o em discurso interno. A conversa paralela de jovens em jogo é substituída pela conversa mental silenciosa de adultos no trabalho. Usar essa autofala silenciosa para voltar a mente em direção a metas específicas é uma das principais características da atividade verbal em seres humanos.

Estudos sugerem que as crianças com sintomas de TDAH se envolvem com mais frequência em uma fala espontânea quando comparadas àquelas com desenvolvimento típico, e mais importante, elas também têm bom desempenho escolar, como as chamadas crianças normais, *quando podem conversar enquanto estudam*.[2] O trabalho do pesquisador Sydney Zentall, na Purdue University, indica que as crianças que são diagnosticadas com TDAH têm menos chances de conversar quando são convidadas a fazê-lo. Mas quando não deveriam estar falando, elas falam um pouco além da conta.[3] Em uma sala de aula tradicional, essa conversa espontânea pode ser considerada pelos professores como um comportamento digressivo (não voltado para a tarefa) ou disruptivo (e é mesmo usado para confirmar o diagnóstico do transtorno). No entanto, ao entender que essas crianças precisam usar suas habilidades naturais de autofala para ajudá-las a processar a informação de forma mais eficaz, os pais e os professores devem ser encorajados a garantir que esses tipos de comportamento sejam considerados não como algo perturbador, mas como uma estratégia educacional positiva (esse processo os conduz, de forma evolutiva, a um estágio em que finalmente a autofala se internalizará).

Em casa, forneça ao seu filho um espaço de estudo seguro, longe de salas onde outros possam estar angustiados por suas eventuais verbalizações excessivas. Dessa forma, ela pode se sentir autorizada e livre para conversar, em voz alta, com o que vai em seu coração. Na escola, os professores devem dar às crianças diagnosticadas com TDAH a oportunidade de trabalhar em seus estudos em um espaço separado, onde não perturbarão outros membros de sua classe com sua autofala espontânea. O silêncio pode ser uma oportunidade de ouro para algumas crianças, mas para a criança identificada como TDAH, autofala espontânea pode ser o seu passaporte para uma experiência de aprendizagem bem-sucedida.

Estratégia nº 45

Promova recreação e atividade física em família (Idade: 4 a 104 anos)

Se a monotonia da vida familiar está empurrando você e seus filhos a padrões negativos de interação, então integrar o exercício familiar e a recreação em sua rotina diária é uma maneira infalível de sair dessa situação e começar a se divertir novamente. Passar tempo de lazer juntos, como uma família, oferece muitos benefícios para crianças diagnosticadas com TDAH. De fato, muitas das estratégias deste livro reúnem a família em atividades físicas e recreativas (Estratégia n° 35: Promova exercícios diários; Estratégia n° 57: Reserve espaço para bastante bom humor e risadas; e Estratégia n° 58: Passem momentos positivos juntos). Além disso, seu filho tem a oportunidade de trabalhar as habilidades sociais e de comunicação como parte da cooperação com membros da família para criar uma experiência memorável. Aqui estão algumas atividades e passeios a considerar:

- *Recreação familiar em casa.* Jogos que envolvam atividades físicas, dramáticas (*role-play games*), cantar junto, celebrações de dias especiais, sessões de arte familiar, jogos de festa.
- *Jogos familiares de quintal.* Futebol, pega-pega, pula-sela, frescobol, croqué, amarelinha.
- *Boas atividades climáticas.* Piqueniques, churrascos, caminhadas no parque, soltar pipa, ciclismo.
- *Dias de passeios.* Ir para um aquário ou zoológico, praia, museu infantil, parque de diversões, concerto de música, cinema.
- *Feriados prolongados.* Caminhadas, visitas a parques estaduais ou nacionais, passeios históricos, viagens rodoviárias para lugares novos, acampamentos familiares, museus esportivos.

Para se certificar de que os antigos padrões negativos não se incorporem às novas atividades, aqui estão algumas recomendações para se ter em mente:

- Mantenha um calendário de fácil visibilidade com a lista das próximas viagens e atividades (você pode chamá-lo de próximas atrações).
- No dia anterior ao evento, passe o itinerário ou a atividade planejada e ajude seu filho a antecipar quaisquer potenciais dificuldades que possam surgir e como lidar com elas.
- Ao escolher um jogo ou atividade que envolva habilidades especiais, certifique-se de que sua criança com diagnóstico de TDAH tenha essas habilidades ou as aprenda antes do início do evento.

- Para viagens e férias, escolha lugares onde há uma variedade de coisas para fazer. Uma viagem a um lago onde seu filho pode nadar, pescar, andar de barco, esquiar, explorar a natureza ou caminhar ao longo das trilhas, por exemplo, seria uma escolha muito melhor do que uma visita guiada a um sítio histórico onde existem regras e restrições como ficar em grupos, não tocar exposições e não interromper a conversa do guia.

É importante, claro, estabelecer algumas regras básicas para um comportamento adequado durante os eventos familiares e as atividades recreativas, mas certifique-se de que, enquanto estiver envolvido em um evento, deve haver muita flexibilidade para que os membros da família fiquem à toa, riam, descansem, estejam de braços abertos para o inesperado e, o mais importante, divirtam-se.

Para mais informações
Revista *FamilyFun*: parents.com/familyfun-magazine. Parte do grupo de publicações da revista *Parents* oferece oito números por ano, uma edição digital e recursos *on-line*.

Estratégia n° 46
Compartilhe técnicas de manejo do estresse (Idade: 4 a 18 anos)

Quando ensinei crianças com dificuldades de atenção e comportamento, percebi, com frequência, quão tensas eram quando estavam às voltas com problemas de matemática, com a aprendizagem de regras de um novo jogo ou ao lidarem com qualquer nova tarefa de aprendizado. Era quase como se essas crianças estivessem vazando energia pelos poros e investissem todo o seu esforço e resolução – expressados em tensão muscular – para conter essa energia para si. Adicione a isso as frustrações que experimentavam por não se adequarem; problemas com colegas no campo de jogos; e as críticas que recebiam de irmãos, pais e outros professores, e tudo o mais que é perceptível quando o radar para identificar alunos sob *estresse* está ligado.

Embora existam muitas maneiras de aliviar o estresse, explicadas em outros momentos neste livro (ver, por exemplo, Estratégia nº 35: Promova exercícios diários, Estratégia nº 43: Ensine meditação *mindfulness* e Estratégia nº 87: Faça seu filho aprender yoga), uma ferramenta importante envolve o uso de exercícios rápidos de relaxamento físico que um aluno pode aprender e usar sempre que se sentir sob pressão em casa ou na escola. Esses exercícios fornecem um alívio imediato da tensão muscular, oferecem um canal para descarregar o excesso de energia, fornecem um meio de dissipar a ansiedade e dão à criança uma maneira de concentrar a atenção em algo sólido e específico – o corpo físico – para ajudar a fazer um aterramento energético da consciência no aqui e agora.

Ao ensinar seus métodos de relaxamento infantil, pode ser útil usar metáforas de imagem ao descrever os movimentos físicos específicos em que a criança deve se envolver ao fazer os exercícios. Alguns dos seguintes cenários podem ser úteis. Seu filho pode fazer a maioria destes exercícios sentado em uma posição confortável ou deitado em um piso acolchoado.

- *O balão.* Respire fundo como se você fosse um balão inflando a si mesmo, até o maior tamanho possível; então lentamente deixe o ar sair do balão. Repita duas vezes ou mais.
- *O robô/a boneca de pano.* Deixe seu corpo tão duro como um robô por vários minutos, em seguida deixe-o bem mole como uma boneca de pano por vários minutos. Repita duas vezes ou mais.
- *O gato.* Deitado de bruços no chão comece a esticar como um gato; estique os braços, as pernas, arqueie as costas, boceje – tal qual um gato. Repita duas vezes ou mais.
- *O elevador.* Imagine que você está em um elevador aconchegante. Você o sente descer lentamente, e conforme desce, você se sente cada vez mais relaxado.
- *O pote de mel.* Tente este na posição em pé. Imagine que você está nadando em um pote de mel; você precisa se mover bem lentamente.

Certifique-se de fazer esses exercícios com seu filho primeiro (ou tenha um irmão ou amigo presente como apoio) e, em seguida, retire-se gradualmente quando ele se tornar competente em fazê-los sozinho. Você pode perceber que seu filho quer modificá-los ou desenvolver seus próprios exercícios exclusivos. Quanto mais essas atividades se tornarem parte da vida dele, mais provável será que as incorpore.

O relaxamento físico não precisa sempre consistir em técnicas formais. De acordo com o autor e pediatra T. Berry Brazelton, seu filho pode desenvolver seus próprios métodos autoconfortantes para lidar com eventos estressantes. "Quando as crianças diagnosticadas com TDAH se veem diante de uma crise", diz Brazelton, "eles precisam de uma maneira de se retirar da estimulação excessiva e recuperar o controle. Se ele já possui esse padrão de comportamento [...] Chame a atenção dele para isso e ajude-o a usá-lo antes que a crise ocorra. Se ele não tiver uma maneira de se consolar, você precisará ensinar-lhe uma". As formas de relaxar incluem:

- Jogar uma bola contra uma parede e pegá-la de volta.
- Ouvir música.
- Brincar com animais de estimação.
- Passar o tempo com parentes ou amigos preferidos.
- Olhar para as nuvens ou outros fenômenos naturais.
- Caminhar.
- Passar o tempo em um lugar secreto (um forte ou uma casa na árvore).
- Tirar uma soneca.
- Dispensar um tempo a sua brincadeira (ou brinquedo) favorita.
- Sonhar acordado.

(Ver também a Estratégia nº 42: Ensine habilidades de autorregulação emocional.)

A vida nunca foi tão estressante como o é agora para as crianças neste mundo complexo e confuso. Mas, ao ensinar seu filho a usar estratégias de gerenciamento de estresse, você estará capacitando-o com técnicas que poderá usar pelo resto de sua vida.

Para mais informações
Lawrence Shapiro e Robin Sprague. *The relaxation and stress reduction workbook for kids: help for children to cope with stress, anxiety, and transitions.* Oakland, CA: Instant Help/New Harbinger, 2009.

Estratégia nº 47

Procure aplicativos para celulares que possam ajudar seu filho
(Idade: 8 a 18 anos)

Um aplicativo para celular é um programa de computador projetado para ser executado em um *smartphone* ou *tablet*. A partir de junho de 2016, havia 2,2 milhões de aplicativos diferentes disponíveis gratuitamente ou à venda que funcionavam com o sistema operacional Android (Google), e cerca de 2 milhões de aplicativos que funcionavam nos dispositivos iOS da Apple. Foi estimado que tais aplicativos foram baixados mais de 100 bilhões de vezes desde 2008.[1] Dentro dessa vasta coleção de aplicativos, há uma ampla gama de programas projetados para atender quase todos os aspectos da vida de uma criança diagnosticada com TDAH. Há aplicativos para prestar atenção, monitorar o humor, administrar o tempo, acompanhar as tarefas domésticas, ajudar com habilidades organizacionais, assistir o autocontrole da atenção e do comportamento, além de muitas outras habilidades. Os pais precisam acompanhar a deslumbrante variedade de programas que estão sendo lançados todos os meses. Esta seção fornece uma introdução e uma visão geral de alguns dos melhores aplicativos que estão atualmente disponíveis desde o 2º semestre de 2016 a fim de ajudar a buscar soluções para os problemas relacionados ao TDAH. (*Nota*: os preços podem mudar ao longo do tempo).

- *Acompanhar* a lição de casa. myHomework – insira tarefas domésticas por assunto, ou prazo de entrega, para o ensino fundamental e médio (Apple, grátis).
- *Habilidades organizacionais*. Corkulous – um painel de cortiça virtual que as crianças podem usar para definir listas de tarefas, *brainstorms*, notas e outros dados (Apple; US$ 4,99). Evernote – armazenamento de artigos, fotos, notas manuscritas e/ou dados para fácil recuperação mais tarde (Apple, Android, grátis para a versão lite).
- *Gerenciamento de tempo*. Time Timer – um relógio virtual de 60 minutos que mostra em vermelho a quantidade de tempo restante para se trabalhar em uma tarefa (Apple; US$ 4,99); 30/30 – criar

tarefas específicas e definir a quantidade de tempo que você precisa para terminar cada uma (Apple; livre).
- *Caderno de anotações.* SoundNote – os alunos podem tomar notas na aula e, se tiverem dificuldade em acompanhar, podem escrever uma palavra, apertar o botão de áudio e ouvir a parte perdida da aula tocando nessa palavra novamente (Apple; US$ 4,99).
- *Memória de trabalho.* Flashcards Deluxe – os alunos criam suas próprias fichas didáticas (*flashcards*) ou baixam conjuntos pré-formatados de uma biblioteca de mais de 4 milhões de fichas. Os *flashcards* podem ser removidos uma vez aprendidos, e aqueles mais difíceis podem ser configurados para uma frequência maior e de maior duração (Android, Apple; US$ 3,99).
- *Automonitoramento de habilidades.* StayOnTask – o usuário define um sinal de áudio/visual para aparecer aleatoriamente durante os períodos de estudo para lembrá-lo de sua tarefa da vez (Android, grátis).
- *Autorregulação emocional. How would you feel IF (Como você se sentiria se...).* – O aplicativo faz essa pergunta, seguida de uma das 56 situações de vida diferentes, projetadas para iniciar discussões sobre como lidar com as emoções. Por exemplo, "Como você se sentiria se o seu time favorito de futebol perdesse?" (Apple US$ 3,99; Android US$ 1.99).
- *Habilidades de definição de metas.* EpicWin – crie metas, depois as detone quando chegar lá! (Apple, US$ 1.99).

Essa lista de aplicativos é apenas um começo. Para acompanhar o aumento constante da coleção de programas úteis para problemas relacionados ao TDAH, verifique periodicamente a revista *on-line* ADDitude (additudemag.com), que apresenta regularmente os melhores aplicativos que auxiliam crianças e adultos com diagnóstico de TDAH ou LD (dificuldades de aprendizagem).

Para mais informações
Aplicativos Android no Google Play: https://play.google.com/store/apps?hl=pt_BR.
Aplicativos Apple na Apple Store: https://itunes.apple.com/us/genre/ios/id36?mt=8.

Estratégia n° 48

Estimule seu filho a ter um mentor
(Idade: 8 a 16 anos)

As crianças precisam de modelos mais experientes para ajudá-las a superar muitos dos desafios e obstáculos que a vida apresenta. Mentores também podem inspirar os jovens a adquirir as qualidades positivas necessárias para o sucesso no mundo adulto. É por isso que, durante milênios, os anciãos das culturas indígenas preparam crianças e adolescentes com mais idade por meio de ritos de passagem para separá-los de seus pais, isolá-los em ambientes desafiadores e integrá-los de volta à cultura como adultos de pleno direito. Embora as práticas antigas das sociedades tradicionais, em sua maioria, já não tenham lugar no mundo moderno de hoje, as crianças que lutam com atenção e problemas de comportamento têm uma necessidade ainda maior desse tipo de direção supervisionada por adultos.

Os programas informais norte-americanos que trabalham a relação criança-mentor, nos quais os alunos do ensino fundamental, médio e universitário se encontram com estudantes universitários, voluntários adultos ou aposentados, podem fazer uma grande diferença na normalização do comportamento e na criação de foco e direção na vida de um jovem. *Eye to Eye* é uma coalizão norte-americana de grupos de orientação que contempla crianças com diagnóstico de TDAH e dificuldades de aprendizagem com estudantes universitários que têm um diagnóstico semelhante. Pesquisas realizadas no Colégio de professores da Columbia University revelam que 88% dos alunos que passaram pelo programa *Eye to Eye* se sentiram melhor em relação a si mesmos depois da participação; 93% relataram que seu mentor era o tipo de aluno que queriam ser e 86% afirmaram que "fazer parte do *Eye to Eye* me fez pensar sobre as coisas nas quais eu sou bom".[1] Programas que trabalham a relação mentor-criança para crianças com diagnóstico de TDAH também foram associados a melhorias no desempenho acadêmico e na participação escolar.[2]

Mentoring (programa que trabalha a relação mentor-criança) é diferente da tutoria ou supervisão, as quais se concentram quase que exclusivamente no desenvolvimento de habilidades relacionadas à escola. Em vez disso, os mentores passam o tempo saindo com seus mentorados, falando sobre esperanças, medos, objetivos de vida e qualquer outro tema que surgir, além de promover interesses e atividades mútuas. Marcus Soutra, um fotógrafo que foi diagnosticado com TDAH e dislexia na infância, compartilhou sua experiência: "A escola me encaminhou para um fotógrafo comercial de 25 anos que se tornou meu mentor. Ele nunca teve problemas de aprendizagem ou atenção. No entanto, houve uma conexão a partir do nosso interesse comum pela fotografia. Nós nos conhecemos. Ele me deixou usar sua câmera e o estúdio para a revelação de fotos. Quando nos conhecemos, conversamos sobre como tirar as melhores fotos, como as câmeras funcionavam e a respeito de nossas fotografias favoritas. Trabalhar com ele ajudou-me a encontrar sucesso fora da escola. Nunca irei esquecer de quando vendi a minha primeira foto – com certeza compensou todas as notas ruins em provas de língua inglesa!"[3] Embora a experiência de Soutra tenha sido com um indivíduo que não era portador de TDAH, ele acredita que há um benefício em ter alguém como um mentor que compartilhe seu diagnóstico. Ele escreveu: "É importante que seu filho tenha alguém em sua vida com quem possa compartilhar suas lutas com questões de aprendizagem e atenção. Pode ser qualquer um – um amigo, alguém da família ou um colega com mais anos de vida. Seu filho pode até mesmo ter mais de um mentor".[4] Procure um programa que trabalha a relação criança-mentor por meio da escola do seu filho (a orientação escolar também inclui um foco acadêmico), o centro comunitário da sua cidade ou por meio de organizações como *Eye to Eye* ou *Big Brothers Big Sisters*.

Para mais informações
Big Brothers Big Sisters of America: 2202 North Westshore Blvd., Suite 455, Tampa, FL 33607; 1- 813-720-8778; bbbs.org.
Eye to Eye: 1430 Broadway, Floor 6, New York, NY 10018; 1- 212-537-4429; info@eyetoeyenational.org. Uma coalizão de programas para orientação de jovens dirigido e voltado para eles a partir de diferentes teorias de aprendizagem.

Estratégia n° 49
Descubra um esporte de que seu filho goste muito (Idade: 6 a 16 anos)

A mãe do campeão de natação olímpica e diagnosticado com TDAH, Michael Phelps, lembrou-se de uma vez em que foi informada por um professor: "Seu filho nunca poderá se concentrar em nada". Contrariando o prognóstico, ele encontrou alegria nadando e podia ficar sentado por horas em um evento do esporte, esperando por sua vez de competir em uma prova que durava apenas alguns minutos. Sua mãe disse que a piscina é o santuário de Michael, um lugar onde pode queimar seu excesso de energia e se concentrar em ganhar um evento para si mesmo e para seus companheiros de equipe.[1] Seu exemplo positivo sugere que o esporte pode ser um fator fundamental para ajudar muitas crianças diagnosticadas com o TDAH a prosperar. A pesquisa dá suporte para essa conclusão. Em um estudo, as crianças identificadas como portadoras de TDAH foram divididas em dois grupos. Um grupo participou de uma atividade esportiva de 90 minutos, duas vezes por semana, durante 6 semanas. O outro grupo recebeu apenas treinamento sobre controle de comportamento. Em comparação com esse segundo grupo, o desportivo apresentou uma melhora significativa na atenção, nas habilidades sociais e na função cognitiva.[2] Em outro estudo, um grupo que participou de atividades de natação mostrou maior habilidade para inibir comportamentos impulsivos quando comparado com um grupo-controle.[3]

Embora qualquer esporte que desperte o interesse do seu filho possa ser o caminho certo para suas necessidades, os especialistas em geral concordam que os esportes individuais tendem a funcionar melhor para crianças com diagnóstico de TDAH. Os esportes em grupo geralmente têm mais regras e exigem mais habilidades sociais na coordenação de ações com os membros da equipe (o futebol, no entanto, pode ser uma exceção por causa da popularidade com as crianças e toda a movimentação envolvida). Aqui estão alguns exemplos de esportes individuais que podem ser campeões para seu filho:

- *Tênis*. Há pouco tempo de inatividade e muitas trocas de bola.
- *Natação*. Com a cabeça na água, muitas vezes as distrações são reduzidas ao mínimo.
- *Ginástica*. Ensina disciplina e foco.
- *Luta livre*. Tem um mínimo de regras e bastante ênfase em instintos e estratégia.
- *Atletismo*. As corridas são ótimas para queimar o excesso de energia.
- *Arco e flecha*. Treina a concentração e ajuda a construir autoconfiança.

Aqui estão algumas dicas a ter em mente ao pensar sobre um esporte para seu filho:

- Deixe seu filho experimentar vários esportes para encontrar uma ou mais atividades de que goste mais.
- Diminua os aspectos competitivos do esporte se seu filho tiver dificuldade de enfrentar a derrota; reforce os benefícios mais fundamentais (exercício, disciplina, foco, autoconfiança).
- Sempre que possível, garanta que seu filho pratique esportes com outras pessoas com um desempenho similar, em um mesmo nível de habilidade, a fim de evitar a frustração, embora jogadores mais hábeis também possam ser modelos e também ensinar habilidades valiosas.
- Apoie o seu filho no esporte escolhido por ele, mesmo que isso traga preocupações [muitas crianças diagnosticadas com TDAH, por exemplo, adoram esportes radicais como *snowboard* (esqui na neve), surfe, escalada e mergulho. Apenas certifique-se de que esteja sob a supervisão de instrutores competentes ou mentores certificados].

Lembre-se de que o verdadeiro propósito com relação ao esporte é se divertir e ficar em forma. Ao encorajar o seu filho a se envolver em uma atividade esportiva, você estará fornecendo-lhe uma maneira positiva de canalizar suas energias e desenvolver a autoconfiança que ele precisa para ter sucesso na vida.

Para mais informações
Joel Fish e Susan Magee. *101 ways to be a terrific sports parent: making athletics a positive experience for your child*. New York: Touchstone, 2003.

Estratégia n° 50
Proporcione uma variedade de atividades de aprendizagem estimulantes (Idade: 4 a 10 anos)

Você pode pensar: "Meu filho já está estimulado. Muito, para falar a verdade. Se precisa de alguma coisa, é de *menos* estimulação!" Na década de 1950, os educadores também pensavam que isso era verdade e criavam salas de aula sem estímulos para crianças hiperativas, acreditando que isso ajudaria a acalmá-las. O pensamento atual sobre o assunto, no entanto, pensa exatamente o contrário. Agora acredita-se que muitas crianças que são diagnosticadas com TDAH devem, de fato, estar *sob condições estimulantes*. Essas crianças parecem exigir uma maior dose de estimulação do que uma criança mediana, e se não a encontram, tentam criá-la *por si mesmas* (por meio de comportamentos hiperativos e impulsivos). Isso ajuda a explicar por que os psicoestimulantes, como o Adderall®, são tão eficazes com muitas dessas crianças.

A implicação mais instigante dessa pesquisa é que a *estimulação do ambiente de aprendizagem* também pode ajudar a otimizar o nível de excitação das crianças e adolescentes diagnosticados com TDAH. Os pesquisadores demonstraram que quando os estímulos como a cor, a luz, a música e os animais são adicionados a uma sala de aula, esses estudantes se tornam mais focados.[1] No entanto, nem todas as estimulações são benéficas. Níveis elevados de conversação em uma sala de aula, por exemplo, podem ter efeito distrativo e resultar em níveis de atividade mais elevados.

Um dos principais pesquisadores nesse campo, Sydney Zentall, da Universidade de Purdue, sugere que ambientes domésticos e escolares para crianças hiperativas devem ser lugares de aprendizagem excitantes, inovadores e estimulantes – não aborrecidos, repetitivos, um deserto cheio de folhas de exercícios. Citando um de seus "heróis hiperativos", Friedrich Nietzsche, Zentall ressalta que "o hábito é um grande amortecedor", e que as crianças diagnosticadas com TDAH odeiam restrições às atividades, repetidas sem parar, diversas vezes, de novo e de novo.

As escolas precisam fornecer mais estimulação para esses alunos. Em vez de ler um livro de texto de história maçante e responder as perguntas na parte de trás do livro, por exemplo, eles podem produzir réplicas de artefatos usados durante esse período histórico, entrevistar pessoas na comunidade que são especialistas naquela época, fazer diários com relatos que poderiam ser escritos com pessoas que viveram naquela época, ouvir música daquele momento histórico, desenhar murais, criar dioramas ou fazer uma peça que reencene o período. Como uma mãe de uma criança diagnosticada com TDAH me disse: "Justin, uma criança hiperativa que tem problemas com ideias em papel, pode facilmente se tornar Mariano Vallejo, um californiano do século xix. Ele também pode juntar outros colegas atores para realizar uma atuação bastante verossímil".

Atividades estimulantes de aprendizagem também devem se tornar uma característica central no lar. Envolva seu filho em atividades multissensoriais, incluindo algumas das seguintes possibilidades:

- Coloque cores naturais na massa de pão e faça esculturas que possam ser comidas depois de serem assadas.
- Compre um conjunto de carimbos de borracha e deixe seu filho criar suas próprias mensagens, sinais e composições.
- Compre um cronômetro e marque o tempo de atividades diferentes (experimente caminhar pela casa, de pé em pé, colocar a linha no buraco da agulha).
- Coloque líquido detergente diluído em uma pia ou uma tigela e use vários implementos (palhetas, latas vazias, tubos de plástico, alças de fio) para mergulhar na solução e produzir bolhas de sabão.
- Coloque uma variedade de objetos significativos em uma cápsula de tempo (como um recipiente de armazenamento de alimentos plásticos) e depois a enterre cerimoniosamente no quintal.
- Arranje uma grande caixa de um aparelho eletrodoméstico vazia e a transforme em uma casa, carro, montanha, caixa de correio, lojas ou qualquer outra coisa, usando materiais de arte.
- Faça uma caminhada e procure apenas coisas redondas, ou qualquer outra categoria que você imaginar: cães, coisas vermelhas, coisas que parecem quebradas, ou objetos longos.

Ao usar a teoria da estimulação ideal como estrutura, é lógico que, quanto mais próximo da estimulação ideal da criança, menor será a necessidade de criar tal condição por meio de medicação psicoestimulante. O fato de que essas substâncias estejam sendo usadas para ajudar as crianças a se adaptar às salas de aula chatas, rotineiras e monótonas, diz mais sobre o triste estado de muitas escolas do que sobre os chamados déficits dessas crianças (ver Capítulo 6). A teoria da estimulação ideal desafia todos nós a criar ambientes educacionais vitais onde cada criança possa desenvolver seu verdadeiro potencial.

Para mais informações
Susan K. Perry. *Playing smart: the family guide to enriching, offbeat learning activities for ages 4-14*. Minneapolis, MN: Free Spirit, 2001.

Estratégia nº 51

Ensine habilidades para definir objetivos
(Idade: 7 a 18 anos)

Muitas vezes, contamos aos nossos filhos que queremos que eles realizem seus sonhos, mas raramente lhes damos instruções detalhadas sobre como exatamente alcançá-los. A definição de metas é uma das habilidades executivas associadas aos lobos pré-frontais e uma das últimas funções a amadurecer plenamente no cérebro no final da adolescência e início da vida adulta.[1] Para crianças e adolescentes que foram diagnosticados com TDAH, o desenvolvimento de habilidades para estabelecer metas pode merecer uma intervenção crucial para ajudá-los a ter sucesso na escola e na vida. As crianças identificadas como tendo o transtorno muitas vezes definem metas que não são realistas ("Eu quero ser uma estrela de basquete da NBA") ou que são rapidamente definidas sem uma reflexão suficiente sobre as suas consequências ("Meu plano é 'enfiar o pé na jaca' esta noite").

As pessoas não alcançam seus objetivos apenas desejando e esperando que algo mágico aconteça para o que acham que querem ou merecem se concretize. Eles fazem isso imaginando o que querem, planejando cuidadosamente como pretendem chegar lá, e depois se envolvendo em coisas muito específicas que gradualmente os conduzem para seus objetivos. Pais e professores devem ensinar o estabelecimento de metas como um conjunto de habilidades, como a leitura ou a matemática. Aqui estão algumas dicas sobre como orientar o seu filho ao longo das etapas de definição e realização de metas bem-sucedidas:

- Peça a seu filho (criança ou adolescente) para listar duas ou três coisas que gostaria de ter, fazer ou realizar durante o próximo mês ou os próximos 2 meses (as metas a curto prazo são melhores para começar, mais tarde, você pode mudar o foco para metas de longo prazo).
- Certifique-se de que os objetivos são definidos com precisão. Não algo do seguinte tipo: "Eu quero ter muito dinheiro". Mas, sim: "Eu quero economizar R$ 250,00 para levar minha namorada a um bom restaurante".

QUAL OBJETIVO QUERO ALCANÇAR	COMO PLANEJO ALCANÇAR MEU OBJETIVO	QUE BOAS COISAS ACONTECERÃO QUANDO EU ALCANÇAR MEU OBJETIVO
Tirar 8 na minha próxima prova de matemática	Estudar durante meia hora depois do jantar, todo dia da semana, até o dia da prova	Elevará minha média de matemática de 5-6 para 7-8
Não brigar com minha irmã pelos próximos 7 dias	Pensar em todas as qualidades de que gosto de minha irmã. Escrever sobre como as brigas passadas começaram e maneiras de evitá-las no futuro	Minha irmã e meus pais ficarão contentes e não vão gritar comigo
Economizar dinheiro para comprar um kit "faça-você-mesmo" de robô movido a energia solar	Economizar minha mesada e fazer uns trabalhos extras cortando o gramado dos vizinhos	Ficarei orgulhoso de mim mesmo; meus amigos virão me visitar para ver o meu robô

- Diga ao seu filho (criança ou adolescente) que anote ações específicas que conduzirão à realização desse objetivo. Não: "Eu pretendo conseguir um emprego", mas "Vou inscrever-me para um trabalho depois da escola no McDonald's ou no Walmart".
- Faça-o estabelecer um prazo em que planeja alcançar o objetivo; ele pode até não o alcançar nessa data, mas isso vai lhe proporcionar algo para se balizar e reajustar o prazo para mais tarde.
- Peça-lhe que anote quaisquer obstáculos que possam impedir o objetivo e como planeja superar essas dificuldades.

A tabela a seguir fornece alguns exemplos de um processo de definição de metas que você pode usar para ajudar seu filho (criança ou adolescente) a alcançar seus objetivos. Para aumentar a probabilidade de sucesso, aqui estão algumas sugestões que você pode fazer:

- Sugerir que ele escreva o objetivo em letras grandes e fixe o escrito (juntamente com fotos, imagens e/ou afirmações como "Eu posso fazer isso!") na tela de descanso do computador ou em um mural ao lado de sua cama ou na geladeira. Isso manterá o objetivo firmemente em sua mente enquanto ele busca alcançá-lo.

O QUE PODE ATRAPALHAR A REALIZAÇÃO DO MEU OBJETIVO?	COMO PLANEJO SUPERAR OS OBSTÁCULOS PARA A REALIZAÇÃO DO MEU OBJETIVO	O QUE PLANEJO FAZER QUANDO REALIZAR MEU OBJETIVO
Se eu ficar vendo TV em vez de estudar	Colocar um lembrete na TV, dizendo para não ver TV e sim estudar	Vou recompensar-me tomando um *sundae*
Perder minha paciência e brigar com a minha irmã	Perceber quando estiver ficando bravo e respirar três vezes profundamente	Minha irmã me deixará usar seu novo iPad por um dia se eu fizer isso
Gastar minha mesada em doces, revistas em quadrinhos e refrigerantes	Quando receber minha mesada, vou colocá-la em meu cofrinho de porquinho, assim terei que quebrá-lo para usar os recursos	Vou comprar o kit do robô e terei um monte de diversão pela frente para montá-lo

- Pedir para que fale sobre sua busca de objetivos com familiares e amigos que provavelmente o apoiarão para alcançá-lo (e avisá-lo que fique longe daqueles que possam tentar desencorajá-lo ou destruir seus esforços).
- Estimulá-lo a encontrar uma pessoa que tenha alcançado um objetivo semelhante para falar sobre o que ela fez para ter sucesso.

Ao seguir essas diretrizes, seu filho (criança ou adolescente) pode começar, inicialmente, a atingir pequenos objetivos e depois passar a objetivos maiores no futuro. O processo real de definição de metas pode ser mais importante do que os próprios objetivos. Como o especialista em motivação Zig Ziglar apontou certa vez: "O que você obtém alcançando seus objetivos não é tão importante quanto o que você se torna ao alcançá-los".[2]

Para mais informações
Beverly K. Bachel. *What do you really want?: how to set a goal and go for it! A guide for teens.* Minneapolis, MN: Free Spirit, 2016.

Estratégia n° 52

Forneça *feedback* sobre o seu comportamento imediatamente
(Idade: 6 a 16 anos)

Quando eu era professor de educação especial, tinha um aluno chamado Ralph, que era propenso a ações impulsivas, como deitar e rolar histericamente no chão. Certo dia, eu trouxe uma câmera fotográfica para a escola e fiz um registro de Ralph em um de seus "momentos". Mais tarde, depois que ele se acalmou, mostrei-lhe a foto e fiquei espantado com o impacto obtido. Ele olhou a foto aparentemente como se ela retratasse outra pessoa. Gradualmente, porém, começou a perceber que a pessoa no chão de fato era ele. Eu podia ver pequenas luzes acenderem dentro de sua cabeça quando começou a fazer a conexão entre si e seu comportamento. Desde então, ele nunca mais fez esse tipo de birra.

Essa experiência me fez perceber a importância de fornecer *feedback* imediato às crianças com problemas de comportamento e atenção. Muitas dessas crianças entram e saem da zona de autocontrole sem se conscientizar das consequências de suas ações, sem perceber como suas ações se parecem com a de outras pessoas e sem se sentir como "motor principal" de seu comportamento. Como resultado, eles acham muito difícil mudar seu comportamento. Ao fornecermos *feedback* imediato a essas crianças, podemos lhes dar um meio de se apossarem ou assumirem a responsabilidade por suas ações.

Aqui estão algumas maneiras pelas quais os pais podem dar às crianças experiências de *feedbacks* imediatos e frequentes para que elas possam começar a ter um verdadeiro senso de si mesmas e de seu impacto no meio em que vivem.

- *Quantificar os comportamentos do seu filho.* Identifique um dos comportamentos problemáticos do seu filho (cair da cadeira) e então conte o número de vezes durante o dia em que esse comportamento ocorre. No final do dia, apresente a contagem a ele de uma maneira categórica e objetiva. É importante dar o *feedback* de uma forma em que não transpareça qualquer tipo de julgamento para que as defesas dele não sejam despertadas.

- *Use tecnologia para registrar os comportamentos no momento em que acontecem.* Tire fotos ou filme seu filho praticando um comportamento que você gostaria de eliminar. Certifique-se de mostrar-lhe a foto ou reproduzir a gravação logo após o comportamento indesejado (ou o mais próximo possível) para que ele possa conectar mais facilmente o que vê no registro às suas ações recentes. Você também pode gravar um áudio (para registrar insultos ou palavrões), um diário de comportamento (para escrever ações específicas e palavras usadas), ou um espelho de corpo inteiro para permitir que seu filho veja por si mesmo o que suas ações aparentam no momento em que as realiza.

Por fim, essas atividades são projetadas para municiar as crianças fora de controle com uma maneira de observar e, então, se responsabilizar por suas próprias ações. Embora tudo possa acontecer sem nenhuma troca de palavras entre vocês dois (e deve-se evitar a todo custo qualquer sermão como acompanhamento de seus comentários), ao apresentar ao seu filho um *feedback* exato, objetivo e sem julgamento, você basicamente está perguntando a ele: "É assim que você quer enfrentar o mundo?" Muitas crianças, vendo-se talvez pela primeira vez, vão querer responder, por meio de suas ações responsáveis, com um equivalente a um retumbante "Não".

Estratégia n° 53

Trabalhe para promover o bom relacionamento professor-criança
(Idade: 4 a 18 anos)

Não é necessário dizer que os professores são vitais para o sucesso do seu filho na escola. Mas é possível ir ainda mais longe: um professor pode afetar a vida inteira do seu filho. O escritor norte-americano Henry Adams disse: "Um professor afeta a eternidade. Ele nunca pode dizer onde sua influência para."[1] Hoje em dia há pesquisas para dar suporte a essa visão. Um estudo descobriu que as chances de um pré-escolar ser encaminhado para a educação especial mais tarde, na escola primária, são afetadas principalmente por uma relação negativa e estressante com seu professor de pré-escola, mais do que qualquer falta de engajamento com o currículo ou outros fatores de risco demográfico.[2] Na Estratégia nº 3: Enfatize a diversidade, não a deficiência, analisamos o famoso estudo *Pygmalion in the Classroom*, que concluiu que as expectativas positivas dos professores em relação aos alunos do ensino fundamental aumentaram os resultados dos testes de inteligência até o final do ano letivo.[3] No ensino médio, estudantes cujos professores têm grandes expectativas em relação aos estudantes são muito mais propensos a se formar na faculdade, vários anos depois, do que aqueles cujos professores têm expectativas mais baixas.[4] Acrescente a esses estudos os resultados de pesquisas que descobriram que os professores de educação infantil até o ensino médio têm expectativas mais baixas em relação a crianças diagnosticadas com TDAH, comparadas àquelas com desenvolvimento típico (e um pouco mais alta quando elas estão sob medicação, quando comparadas às não medicadas), e, desse modo, fica claro que uma tarefa importante para os pais de crianças identificadas como portadoras de TDAH é atuar como um forte defensor das qualidades, traços e pontos positivos de seus filhos diante dos seus professores.

Existem várias maneiras por meio das quais você pode aumentar as chances de que o professor de seu filho (criança ou adolescente) o veja de forma positiva e estabeleça com ele um relacionamento caloroso e solidário, que por fim resulte em dividendos positivos posteriores na escola e na vida, mesmo que seu relacionamento atual seja tempestuoso ou estressante. Aqui estão algumas ideias:

- *Apresente evidências dos pontos fortes de seu filho logo na primeira reunião de pais e professores.* Compartilhe fotos das realizações, interesses e pontos fortes de seu filho (como o prêmio FFA pelo porco premiado, uma obra de arte ou uma intrincada estrutura Lego construída em seu quarto).
- *Trabalhe em cooperação com o professor do seu filho durante todo o ano.* Não seja visto pela escola como "a mãe (ou pai) exigente", mas sim como o defensor prestativo que fornece informações positivas sobre algumas das melhores maneiras de se relacionar com seu filho e ajudá-lo a aprender. Ouça o professor e pergunte o que você pode fazer em casa para ajudá-lo em seus esforços educativos. Atue como voluntário na sala de aula para mostrar o seu apoio. (Ver também Estratégia nº 36: Fomente uma boa comunicação casa-escola).

- *Incentive seu filho a se dar bem com seu professor, mesmo que o relacionamento entre os dois seja tenso.* Deixe claro que trabalhar as coisas no momento em que estão acontecendo é uma importante habilidade de vida que o ajudará a lidar com pessoas que, mais tarde, como um adulto, podem se apresentar como relacionamentos difíceis de serem conduzidos.
- *Quando coisas positivas acontecem na sala de aula, expresse reconhecimento ao professor.* Escreva uma nota, faça uma ligação, envie um e-mail, ou faça um pequeno gesto de agradecimento, e encoraje o seu filho a fazer o mesmo (evite presentes muito caros que possam fazer com que sua criança seja rotulada como a "queridinha do professor" e possivelmente sofra *bullying* por isso).

A melhor coisa que você pode fazer para o seu filho a fim de ajudá-lo a garantir um relacionamento positivo com o professor é capacitá-lo com as estratégias apropriadas e habilidades fornecidas neste livro, para que, quando for à escola, o professor o receba com um reluzente sorriso na sala de aula e com expectativas positivas.

Estratégia nº 54

Considere o treinamento *neurofeedback*
(Idade: 7 a 18 anos)

Desenvolvimentos em tecnologia e neurociências estão abrindo novas perspectivas para pessoas com deficiências. Pessoas com tetraplegia agora podem operar um cursor de computador usando apenas seus pensamentos. Pessoas com uma série de distúrbios que vão da enxaqueca e depressão até ansiedade e transtorno de estresse pós-traumático (TEPT) estão sendo capacitadas a lidar com seus sintomas por meio de *neurofeedback* ou o treinamento sistemático de suas ondas cerebrais. Agora, crianças e adolescentes com diagnóstico de TDAH estão experimentando melhorias em seus sintomas por meio dessa tecnologia.

O cérebro humano gera pequenas quantidades de corrente elétrica que podem ser medidas em um eletroencefalograma (EEG). Essas correntes variam em amplitude de acordo com o estado de espírito do indivíduo.

Para um adulto em estado de repouso silencioso, a maior parte do EEG registrado consistirá em *ondas alfa* na parte posterior da cabeça, que se repetem em uma frequência de 10 Hz. Ritmos mais rápidos associados a um estado de atenção focada e alerta, que ocorrem nas partes central e frontal do cérebro, registram frequências que variam de 18 a 25 Hz e são referidos como *ondas beta*. Ondas lentas rítmicas em frequências entre 4 e 7 Hz – chamadas ondas theta – são normais em lactentes e crianças pequenas, mas tendem a diminuir durante os anos escolares primários. Essas ondas também estão associadas ao 'sonhar acordado', imagens hipnogênicas (imagens oníricas que ocorrem no limiar entre a vigília e o sono), criatividade e a um foco de atenção 'mais abrangente'.

Os programas de *neurofeedback* foram projetados para auxiliar crianças e adolescentes diagnosticados com TDAH a produzir menos *ondas theta* e mais *ondas cerebrais beta*, melhorando assim a capacidade de foco e concentração. Plugados a sensores conectados ao couro cabeludo ou ao braço, as crianças veem telas de vídeo e jogam *videogames* que envolvem diferentes desafios, e suas ondas cerebrais são monitoradas. Em um programa, enquanto a criança está produzindo *ondas beta*, as cores brilhantes avançam em torno de uma roda acompanhadas por tons sonoros que sobem na escala musical. Em outro programa, o aprendiz tem que produzir *ondas beta* para manter um avião ou pássaro digital acima de uma determinada linha na tela do computador.

O treinamento *neurofeedback* tem muitos recursos atraentes para crianças desatentas. Funciona como um *videogame*, tem cores e sons brilhantes, fornece *feedback* imediato e oferece recompensas por um trabalho bem feito. Mas isso funciona? Durante muitos anos, muitos especialistas em TDAH trabalharam arduamente para ridicularizar o *neurofeedback* como uma intervenção "não científica e não comprovada" para o transtorno.[1] Nos últimos 5 anos, no entanto, vários estudos bem elaborados mostraram sinais mensuráveis de melhora na atenção, no foco e no comportamento em crianças que passaram por treinamento de *neurofeedback*.[2] Um estudo recente que apareceu na revista *Pediatrics* encontrou melhorias maiores e rápidas nos sintomas entre alunos diagnosticados com TDAH que foram submetidos a 40 sessões de treinamento de *neurofeedback* na escola em comparação com outros dois grupos de crianças diagnosticadas com TDAH: um que serviu como grupo de controle e ao outro foi submetido a um treinamento cognitivo. Esses resultados se sustentaram da mesma maneira 6 meses após o término do treinamento.[3]

Existem certas diretrizes que os pais devem ter em mente ao considerar um programa de *neurofeedback* para seus filhos. Primeiro, considere isso como um tratamento *adicional* para ser usado em conjunto com outras abordagens e não como um método infalível de "cura" para o TDAH. Evite qualquer instrutor que garanta 100% de remissão de sintomas ou faça outras promessas exageradas sobre a eficácia do *neurofeedback*. Em segundo lugar, se seu filho estiver clinicamente deprimido, tem menos de 7 anos de idade ou tem episódios psicóticos, o treinamento de *neurofeedback* pode não ser apropriado. Terceiro, trabalhe com um profissional com certificação e tenha muita experiência com crianças que apresentam problemas de atenção. Pergunte sobre experiência anterior – alguns técnicos de *neurofeedback* afirmam ser certificados após apenas 3 dias de treinamento. Finalmente, lembre-se de que o programa de *neurofeedback* não cria os resultados, a criança é que deve fazê-lo. As crianças fazem coisas diferentes para criar modificações nas ondas cerebrais. Algumas visualizam, outras conseguem por meio da transformação do sentimento em sensação física, ou por meio de pensamentos específicos. É o que as crianças fazem com a mente que ajuda a criar os novos comportamentos – o programa serve apenas como o meio de mudança.

Para mais informações
International Society for *Neurofeedback* and Research: 1350 Beverly Rd., Suite 115, PMB 114, McLean, VA 22101; certify.bcia.org/4dcgi/resctr/search.html. O site contém um banco de dados no qual pode-se encontrar profissionais certificados em determinadas áreas.

Estratégia n° 55

Use o toque para confortar e acalmar
(Idade: 4 a 12 anos)

Como professor de crianças com necessidades especiais, muitas vezes me encontrei em situações em que uma delas estava fora de controle: fazer birra, brigar com outro aluno ou simplesmente se deixar levar pela distração. Nesses momentos, quase instintivamente, achei necessário me aproximar e tocar a criança — muitas vezes apenas levemente no ombro — como forma de fazer contato e enviar uma mensagem de tranquilidade. A antropóloga da Universidade de Princeton, Ashley Montagu, escreveu que o toque é uma forte necessidade humana, estimula a liberação de endorfinas no cérebro que têm um efeito analgésico semelhante ao da morfina.[1] Durante milhares de anos, a "imposição das mãos" foi considerada como um método potente de cura física e emocional. De uma maneira sensível, podemos aprender a usar sua poderosa influência para ajudar a diminuir os efeitos de alguns dos comportamentos mais perturbadores experimentados por crianças que foram diagnosticadas como hiperativas ou com TDAH.

Crianças diagnosticadas com TDAH podem se beneficiar do toque de várias maneiras. Primeiro, como já vimos neste livro, muitas crianças diagnosticadas com o transtorno têm grandes necessidades de estimulação, e isso inclui estimulação tátil e corporal também. Você pode ver isso na forma como muitas dessas crianças interagem com seu ambiente: tocando as paredes e os móveis de uma sala enquanto passam por ela, esbarrando bruscamente contra seus amigos e inimigos, mexendo-se sem descanso enquanto estão sentados em suas carteiras. Essas crianças parecem estar tentando proporcionar uma estimulação física adequada a si mesmas. As formas sensíveis e seguras do toque não sexual de pais e professores podem ajudar a atender algumas dessas necessidades.

Em segundo lugar, muitas dessas crianças experimentaram estresse crônico, seja por problemas escolares, conflitos com colegas ou tensões entre pais e filhos, e desenvolveram somatizações musculares desconfortáveis que prejudicam a aprendizagem e a atenção. O toque pode servir como uma forma de ajudar a dissolver essas tensões e liberar energia muscular contida que pode fluir através do corpo da criança de forma mais natural. Finalmente, os estudos indicam que o toque e a massagem melhoram os resultados comportamentais e as perspectivas emocionais positivas em crianças e adolescentes com diagnóstico de TDAH.[2]

Existem muitas maneiras de fornecer experiências de toque enriquecedoras para o seu filho, incluindo carinho nas costas, abraços, massagens nos pés e uma ligeira coçadinha nas costas. Mas primeiro, certifique-se de obter o consentimento do seu filho para uma massagem. Nada poderia ser mais irritante, desconfortável e mesmo potencialmente abusivo do que um pai ou mãe que insistisse em tocar em seu filho sem a permissão dele. Se você massagear seu filho, certifique-se de que suas mãos estejam quentes. Pressione com jeito, mesmo quando da aplicação de uma força um pouco mais intensa. As crianças mais velhas podem não se sentir à vontade com a massagem formal, mas podem proporcionar oportunidades de fazer cócegas, lutar ou outras formas indiretas de fazer contato com o corpo. Na escola, onde o contato físico com as crianças é complicado pelos medos dos professores de acusações de abuso sexual, um simples toque no ombro pode ser suficiente para tranquilizar uma criança perturbada ou ajudar um estudante distraído a recuperar o foco.

O contato físico de leve também pode ser trabalhado em experiências acadêmicas. Por exemplo, os alunos podem soletrar palavras nas costas um do outro. E podem até mesmo serem ensinados a aplicar automassagem em áreas de tensão (por exemplo, praticar *palming** ou massagear os músculos que cercam os olhos, colocando as mãos suavemente sobre os olhos e esfregando suavemente para aliviar a tensão ocular) ou pressionar pontos energéticos especiais (associados à prática de acupressão da Medicina Tradicional Chinesa) para ajudar a focar e conscientizar a presença do solo. O toque, afinal, é simplesmente energia humana, e quando aprendemos a aplicá-lo de forma enriquecedora com crianças cujas energias estão fora da rota, podemos auxiliá-las a encontrar um lugar calmo dentro de si e ajudá-las a se movimentar com confiança no mundo.

Para mais informações
Mary Atkinson. *Toque terapêutico em crianças – massagem, reflexologia e acupressão para crianças dos 4 aos 12 anos.* Manole, 2010.

Estratégia nº 56

Proporcione oportunidades para a aprendizagem por meio do movimento
(Idade: 4 a 18 anos)

Durante uma das minhas oficinas de educação sobre estilos de aprendizagem, uma professora compartilhou a história de um menino, em sua

---

* N.E.: *Palming* significa cobrir os olhos com as palmas das mãos. Esse método é proveniente dos exercícios de yoga para os olhos que proporciona relaxamento do corpo e da mente.

sala de aula do 4º ano, que era bastante hiperativo e não conseguia se concentrar no material que estava tentando ensinar-lhe. Um dia, ela pediu-lhe para regar as plantas enquanto continuava com sua aula e ficou surpresa ao saber depois que ele tinha conseguido absorver uma grande quantidade de sua explanação enquanto estava fazendo a tarefa. Isso sugere que muitas crianças — entre elas, crianças diagnosticadas com TDAH — precisam se mover para aprender. De forma lamentável, praticamente todas as crianças nos dias de hoje devem aprender em condições de sala de aula em que devem permanecer sentadas calmamente em suas mesas por longos períodos (até mesmo, sinto muito por dizer isso, na pré-escola!). É compreensível, então, por que muitas dessas crianças se contorcem, se movem e mostram outros sinais de comportamento relacionado ao TDAH.

As atividades que envolvem movimento devem ser uma parte regular do programa acadêmico da escola. Aqui estão algumas estratégias que os professores podem usar:

- Lições de história com dramatizações ou leituras com interpretações.
- Aprender a ortografia das palavras levantando-se da cadeira quando são vogais e sentando-se quando são consoantes.
- Dominar a tabuada contando ou pulando à medida que as contas são realizadas.
- Criar uma equação algébrica, fazendo com que os alunos formem uma equação em que cada criança representa um símbolo matemático diferente (2x + 1 = 5).

Em casa, existem muitas maneiras de fornecer canais para aprender por meio de movimentos físicos apropriados, incluindo alguns dos seguintes:

- Durante as sessões de dever de casa, permita que seu filho se deite no chão, se isso for confortável para ele, ou que encontre alguma outra postura (como ficar em pé) que o ajude a realizar a tarefa.
- Permita que ele se levante e se mova com frequência enquanto lê se esse parece ser seu estilo. Ele pode fazer mais coisas em pequenos arranques do que em lutas longas e prolongadas em que muita energia é gasta em mantê-lo sentado e quieto até que consiga terminar a sua tarefa.

- Deixe seu filho ler e/ou estudar em uma cadeira de balanço, rede, balanço de varanda, cadeira giratória ou bicicleta estacionária (ver também a Estratégia nº 10: Construa, pegue emprestado ou compre mobílias móveis).

Acima de tudo, tenha em mente que os sintomas de TDAH do seu filho, às vezes, se tornam um problema quando o ambiente ao seu redor não proporciona um lugar apropriado para o movimento. Uma vez que comece a aceitar a necessidade de movimento do seu filho, você pode se organizar para lhe proporcionar algumas experiências de aprendizagem verdadeiramente móveis.

Para mais informações
Carla Hannaford. *Smart moves: why learning is not all in your head.* Salt Lake City, UT: Great River, 2007.
Rae Pica. *Moving and learning across the curriculum: more than 300 activities and games to make learning fun*, 2.ed. Clifton Park, NY: Delmar, 2006.

Estratégia nº 57

Reserve espaço para bastante bom humor e risadas (Idade: 4 a 18 anos)

Vários anos atrás, eu estava fazendo uma oficina para um grupo de professores sobre estratégias de como lidar com o TDAH e uma professora levantou a mão e compartilhou ter sido a professora do comediante Carrot Top quando ele era criança. Ela disse que seu aluno (cujo nome verdadeiro é Scott Thompson) era bastante tolo durante o horário da aula, mas que ela encontrou uma maneira infalível de fazê-lo parar. Ela lhe disse que, se agisse adequadamente durante a aula, receberia um período de 15 minutos no final da aula para fazer uma cena de comédia. Funcionou como uma mágica! Embora Scott Thompson não tenha sido diagnosticado como portador de TDAH, muitos indivíduos que foram, por fim, se tornaram famosos comediantes e artistas, incluindo Jim Carrey, Whoopi Goldberg, Woody Harrelson, Suzanne Somers, Tom Smothers, Howie Mandel e (estendendo a definição de comediante e apresentador um pouco mais) James Carville.

Muitas crianças diagnosticadas com TDAH são "palhaços de classe", e seu senso de humor é muitas vezes visto como um problema de comportamento e outra indicação de seu transtorno.

No entanto, o humor e as risadas desempenham um papel importante na vida e na saúde. As pessoas que riem têm menos do hormônio de estresse, o cortisol, no sangue.[1] O riso também desencadeia a liberação dos analgésicos naturais do cérebro, as endorfinas.[2] O neurocientista Jaak Panksepp, que foi o primeiro pesquisador a descobrir o riso em ratos de laboratório, sugere que o riso brincalhão é um desenvolvimento evolutivo positivo que, se for dado mais oportunidade de se expressar por meio de uma brincadeira como a lutinha, pode reduzir os sintomas associados ao TDAH.[3]

Aqui estão algumas maneiras por meio das quais você pode injetar mais humor e risos na agenda diária da sua família:

- *Digitalize livros de piadas, leia textos engraçados e procure coisas divertidas nas notícias para compartilhar com a família durante as refeições e em outros momentos durante o dia.* A pesquisa sugere que a maioria das risadas acontece como uma resposta a outras pessoas rindo, então dê um tempo para que todos tenham sua oportunidade de rir antes de passar para a próxima piada.[4]
- *Junte alguns adereços e encene esquetes engraçados juntos como uma família.* Ou use o tipo de instruções que as trupes improvisadas utilizam (por exemplo, selecione um lugar, um personagem e uma situação, e improvise uma cena usando esses elementos).
- *Use o humor para suavizar as comunicações entre pais e filhos.* O psicólogo clínico e ex-presidente da National Attention Deficit Disorder Association, Peter Jaksa, compartilhou uma história de como o comando usual de um pai para uma criança para jantar – "Ginny, é hora de jantar!" – não estava funcionando, mas mudando para "É hora de comer, Pete!", produziu resultados positivos.[5]
- *Não tente fingir.* O riso insincero é processado por uma parte diferente do cérebro do que aquela em que é processada a do riso genuíno.
- *Seja claro que o humor obsceno ou o humor que despreza os outros está fora de questão.* Se o seu filho escorregar nessa direção ou fizer isso de qualquer maneira, aproveite a oportunidade para ensinar-lhe por que aquilo é considerado inapropriado e degradante para outros.

Dizem que o riso é o melhor remédio, então, certifique-se de que você e sua família recebam uma dose regular de risadas todos os dias, sem pular um só dia.

Para mais informações
The Humor Project Inc., 10 Madison Ave., Saratoga Springs, NY 12866;1-518-587-8770; https://www.humorproject.com. Promove a importância do humor e do riso na educação, medicina e vida diária; oferece conferências, um boletim informativo, uma agência de falantes e recursos como livros e DVDs.

Estratégia n° 58

Passem momentos positivos juntos
(Idade: 4 a 18 anos)

Os pais são verdadeiramente os primeiros professores de uma criança. A natureza mantém a dependência das crianças aos pais por vários anos após o nascimento para que eles possam ajudar a mediar a adaptação da criança ao meio ambiente. Se essa relação incluir muitos gritos, discussões, brigas e outras interações negativas, a adaptação da criança à vida ficará comprometida. Por outro lado, uma relação positiva entre os pais e o filho o prepara para uma participação plena e ativa no mundo. Esse relacionamento positivo é forjado a partir de todos os pequenos momentos que os pais e os filhos passam juntos: ocasiões de brincadeira, criatividade, respeito, resolução de problemas, imaginação, infantilidades, curiosidade e prazer que os pais e a criança compartilham mutuamente. Se esses momentos estão ausentes, a criança fica sem um farol para iluminar o caminho da vida.

É compreensível, então, que as crianças instintivamente desejem um contato positivo com seus pais. Citando um estudo com 250 alunos da quinta série, o autor Zig Ziglar escreve: "A única coisa que aborrece acima de tudo as crianças é passar muito pouco tempo com seus pais".[1] Ziglar ressalta que "para uma criança, o amor é soletrado assim T-E-M-P-O". Quando um grupo de meninos diagnosticados com TDAH foi convidado a selecionar suas recompensas favoritas para o comportamento positivo de uma lista que incluiu jogos, televisão, brinquedos e doces, o tempo gasto com os pais liderou a lista.[2] Infelizmente, em muitos lares, onde o tempo de convívio é esgarçado ao máximo por pais que trabalham sem parar e um ritmo de vida muito acelerado, o tempo positivo entre pais e filhos é uma mercadoria escassa. E para as famílias em que uma criança já experimentou dificuldades comportamentais, muito desse precioso tempo pode ser desperdiçado em interações negativas.

Não espere que os momentos positivos aconteçam: faça com que aconteçam agendando-os no seu dia a dia. Para pais ocupados, isso pode envolver o tempo especial com seu filho antes do café da manhã ou após o jantar durante a semana. Mas garanta que isso aconteça regularmente, mesmo que por apenas alguns minutos de cada vez. Algumas das coisas positivas que você pode fazer junto com seu filho incluem essas sugestões:

- Ler um livro.
- Fazer uma caminhada.
- Jogar um jogo de tabuleiro.
- Ouvir música.
- Contar histórias engraçadas.
- Olhar fotos de família.
- Desenhar figuras.
- Brincar com bola.
- Cantar.
- Dar um passeio de carro.
- Ir ao zoológico.
- Bater um papo.
- Sair para jantar.
- Cozinhar algo juntos.
- Construir alguma coisa.
- Fazer reparos na casa.
- Jogar basquete, um contra um.
- Fazer um piquenique.
- Visitar um local histórico.
- Montar um quebra-cabeças.
- Envolver-se em um projeto artesanal.
- Ver TV e conversar sobre o programa assistido.
- Brincar com animais de estimação.
- Fazer truques de cartas ou números de mágica.

- Escrever uma história a quatro mãos.
- Visitar um museu.
- Praticar um esporte (boliche, tênis).
- Fazer um experimento científico.
- Olhar alguma coleção do seu filho (cartões esportivos, moedas, selos, bonecas).
- Telefonar para um parente.
- Colocar música e dançar.
- Meditar ou fazer uma oração.
- Aprender algo novo.
- Jogar golfe em miniatura.
- Pesquisar informações na internet.
- Planejar uma viagem.
- Jogar *videogames* educativos.
- Contar histórias.
- Ler revistas e conversar sobre o que foi lido.
- Fazer esculturas com argila.
- Andar de bicicleta.
- Criar música com instrumentos.
- Entreter-se com brinquedos.
- Fazer trabalho voluntário ou de caridade.
- Resolver charadas.

Além das atividades sugeridas, planeje estar disponível para eventos especiais na vida do seu filho, incluindo reuniões de professores, jogos de futebol, jogos escolares, recitais de música e datas comemorativas, como aniversários e festas de graduação (ver também a Estratégia nº 25: Celebre as conquistas). Considere também eventos diários como refeições e horas de dormir como oportunidades regulares de contato positivo com o seu filho. Nas refeições, fale sobre os acontecimentos do dia, relate coisas boas que aconteceram durante sua jornada ou compartilhe piadas ou histórias divertidas. Na hora de dormir (para crianças pequenas), leia um livro favorito ou conte uma história para dormir, ouça o seu filho falar sobre coisas que ele fez durante o dia e termine com "eu-te-amo", abraços reconfortantes e beijos. Ao proporcionar ao seu filho (criança ou adolescente) um relacionamento seguro e amoroso, você estará o ajudando a se equipar com "amortecedores" com uma garantia vitalícia.

Para mais informações
Cynthia L. Copeland. *Family fun night,* 2.ed. Kennebunkport, ME: Cider Mill Press, 2016. Dicas e conselhos para configurar o tempo familiar semanal, bem como centenas de ideias práticas para passar o tempo com qualidade juntos, com ênfase nas atividades "desplugadas".

Estratégia n° 59
Descubra as múltiplas inteligências de seu filho (Idade: 4 a 18 anos)

Ensinei um grupo notável de crianças durante meus 5 anos em salas de aula de educação especial. Entre eles, havia um menino que era o recordista nacional de nado peito em sua faixa etária; uma menina que era modelo para uma rede nacional de lojas de departamentos; um menino cujas sagas de ficção científica nos mantinham em suspense para saber o que aconteceria em seguida; uma menina que estava sendo investigada por parapsicólogos por habilidades psíquicas; vários alunos com habilidades artísticas superiores; e crianças que eram líderes naturais, gênios da engenharia mecânica, músicos e matemáticos. O que todos eles tinham em comum era a dificuldade com o modelo tradicional de apostilas escolares, aulas orais e provas padronizadas, uma dificuldade que se revelava em problemas de aprendizagem, comportamento e/ou atenção.

O que eu descobri em meus anos de trabalho com essas crianças foi que cada um deles era um aprendiz – mas que cada aluno aprendia de uma maneira diferente. Ao prosseguir meu doutorado em psicologia, comecei a entender o porquê e como aprendiam de formas diferentes. Em 1986, fui apresentado à teoria das inteligências múltiplas desenvolvida pelo pesquisador Howard Gardner, de Harvard, que criticava a ideia de Q. I. (coeficiente de inteligência) e sugeria que existiam pelo menos oito tipos de inteligências distintas.[1] O quadro a seguir os enumera e descreve a melhor maneira de ensinar as crianças que têm propensão em cada tipo de inteligência (tenha em mente que *todas* as crianças possuem *todas* as oito inteligências que são combinadas de maneiras diferentes e particulares em cada uma delas, tornando-as únicas, diferentes de todas as outras).

NOME DA INTELIGÊNCIA	PROFISSÕES ADEQUADAS	MANEIRAS PELAS QUAIS AS CRIANÇAS APRENDEM MELHOR
LINGUÍSTICA	Escritor, editor, palestrante, advogado	Ler, escrever, falar, memorizar
LÓGICO--MATEMÁTICA	Cientista, matemático, programador de computadores, analista de sistemas, médico	Resolver problemas lógicos, analisar dados numéricos, interpretar dados estatísticos, criar hipóteses
ESPACIAL	Artista plástico, arquiteto, *designer* gráfico, ilustrador, editor de filmes	Desenhar, visualizar, trabalhar com mídias visuais
CINESTÉSICO--CORPORAL	Atleta, dançarino, ator, artesão	Aprender na prática, dramatizar as informações, interpretar cenicamente, aprender por meio do movimento
MUSICAL	Compositor, maestro, DJ, engenheiro de som	Aprender com ritmos, escutar música, criar música
INTERPESSOAL	Administrador, conselheiro matrimonial, líder sindical, político	Comunicar-se com outras pessoas, cooperar, colaborar
INTRAPESSOAL	Psicoterapeuta, treinador/professor, empreendedor	Refletir consigo mesmo, elaborar objetivos, aprender por meio do afeto
NATURALISTA	Biólogo marinho, veterinário, fazendeiro, guarda florestal	Estar na natureza, cuidar de plantas e animais, pensar ecologicamente

    Uma vez que a criança entra na escola, a instituição tende a enfatizar apenas duas das inteligências: a *linguística* e a *lógico-matemática* (leitura, escrita, matemática e ciências). Se uma criança tem dons naturais nessas áreas, então provavelmente irá muito bem na escola. Contudo, se ela apresenta dificuldades com a inteligência linguística e lógico-matemática, pode acabar com um diagnóstico de TDAH, mesmo que possua altos níveis de habilidade em uma ou mais das outras seis inteligências.

    Uma pessoa com inclinação para a inteligência *cinestésico-corporal* tem, aparentemente, alto risco para ser rotulada como portadora de TDAH. Essa criança precisa aprender sobre as coisas, tocando-as, movendo-se, construindo com as mãos, e de outras maneiras que conectam atividades físicas ao processo de aprendizagem. Se esse estudante tiver que passar várias horas sentado em silêncio em uma sala de aula ouvindo aulas orais, preenchendo folhas de tarefa e lendo livros didáticos, provavelmente responderá a esse cenário de confinamento com inquietação, agitação e falta de atenção – em suma, com os sintomas do TDAH.

Na escola, essas crianças precisam estudar literatura por meio da interpretação dos personagens, aprender história criando dioramas de eventos históricos famosos, dominar matemática saltando de sete em sete números para aprender múltiplos de sete, e adquirir seu conhecimento científico envolvendo-se em experimentos práticos. Em casa, essas crianças devem poder fazer sua lição escolar em pé ou sentadas em uma cadeira de balanço; despertar sua curiosidade sobre o mundo visitando museus, observatórios astronômicos e bibliotecas; e de outras maneiras que possibilitam que se aprenda perambulando por aí.

Para mais informações
Thomas Armstrong. *In their own way: discovering and encouraging your child's multiple intelligences*. New York: Tarcher/Perigee, 2000.
Thomas Armstrong. *Inteligências múltiplas na sala de aula*. Artmed, 2001.
Thomas Armstrong. *You're smarter than you think: a kid's guide to multiple intelligences*. Minneapolis, MN: Free Spirit, 2014.

Estratégia n° 60
Ensine seu filho a desenvolver a mentalidade de crescimento (*growth mind-set*)
(Idade: 7 a 18 anos)

"Eu não consigo fazer isso, é muito difícil!", "Joey me fez de bobo!", "O professor não gosta de mim e é por isso que estou indo mal nas provas!". Essas são três dos milhões de desculpas de alunos que eu costumava ouvir nas minhas aulas de educação especial. Em vez de enfrentarem um desafio de frente, um daqueles que realmente tinham a capacidade de vencer, muitas dessas crianças buscavam explicações externas para justificar suas dificuldades. Isso é compreensível em função do ciclo de fracassos pelos quais muitos desses alunos de educação especial haviam passado. Após repetidas notas baixas de professores, rejeição de colegas e críticas de pais e irmãos, muitas dessas crianças sentiam vontade de desistir. Os cientistas criaram um termo para descrever esse fenômeno: desamparo aprendido.

Estudos sugerem que crianças e adolescentes com diagnóstico de TDAH são mais propensos a experimentar desamparo aprendido do que crianças com desenvolvimento típico.[1] Mas uma nova pesquisa sugere que eles podem desfazer esse estado mental incapacitante ao adotarem uma perspectiva mental positiva. A psicóloga da Universidade de Stanford, Carol Dweck, descobriu que, quando eles acreditam que a inteligência é natural e congênita ("Eu simplesmente não nasci com muita inteligência") – uma condição que ela chama de *mentalidade fixa* –, exibem menos autocontrole e têm baixo desempenho acadêmico em comparação com aqueles que acreditam que o esforço pessoal ou força de vontade ("Eu posso fazê-lo se eu tentar o suficiente") é em grande parte responsável pelo sucesso na vida. Essa última perspectiva, Carol Dweck nomeou de *mentalidade de crescimento*.[2]

Em casa, há várias coisas que você pode fazer para ajudar seu filho a desenvolver uma mentalidade de crescimento. Primeiro, passe tempo conversando com ele sobre os motivos de seus sucessos e fracassos na escola. Você pode fazer uma lista de todas as razões pelas quais ele diz estar indo bem ou mal na escola. Em seguida, examine a lista em conjunto, analisando cada motivo e destacando aqueles sobre os quais ele tem mais controle. Incentive-o a criar uma declaração qualitativa positiva, como "Eu faço bem quando trabalho duro" ou "As coisas boas acontecem quando eu tento". Talvez ele possa até fazer um cartaz com sua declaração positiva para manter perto de sua área de estudo.

Em segundo lugar, compartilhe com ele histórias de indivíduos que se esforçaram e conseguiram vencer na vida. Os bons exemplos incluem Helen Keller, que apesar de ser surda e cega, tornou-se uma autora mundialmente famosa, e Thomas Edison, que era hiperativo quando criança (foi Edison que disse: "Genialidade é 1% de inspiração e 99% de transpiração"). Leia, a dois, literatura que reforce o valor da persistência, esforço e iniciativa, incluindo a fábula da formiga e a cigarra, o conto da tartaruga e a lebre, as histórias de John Henry* e veja o filme "O pequeno motorzinho",

---

* N.T.: Personagem folclórico da cultura norte-americana, símbolo de força e persistência.

ou, para crianças com mais idade e adolescentes, as biografias de pessoas que superaram as dificuldades por meio de esforços positivos para vencer, como Stevie Wonder, Oprah Winfrey, Marlee Matlin e Stephen Hawking.

Finalmente, quando notar seu filho esforçando-se, mostre que percebeu! Seja um torcedor de seu filho e você o ajudará a ativar sua própria torcida interna. Então, sente-se e observe suas notas e motivação aumentarem cada vez mais.

Para mais informações
Mary Cay Ricci. *Mindsets in the classroom: building a culture of success and student achievement in schools.* Austin, TX: Prufrock Press, 2013.
Mary Cay Ricci e Margaret Lee. *Mindsets for parents: strategies to encourage growth mindsets in kids.* Austin, TX: Prufrock Press, 2016.

Estratégia n° 61
Use consequências lógicas e naturais como uma ferramenta de disciplina
(Idade: 7 a 18 anos)

Joey está brincando com seu caminhão de brinquedo e acaba quebrando-o. A mãe entra na sala e grita: "Quantas vezes eu disse para você cuidar de suas coisas? Vá para o seu quarto!". Joey sai chorando enquanto a mãe pega o brinquedo e o joga no lixo. Meia hora depois, a mãe entra no quarto do filho e diz: "Espero que você tenha aprendido a lição! Amanhã iremos para o *shopping* e compramos outro caminhão se você se comportar durante o resto do dia".

Joey aprendeu a lição? Provavelmente não. O mais provável é que Joey tenha aprendido a associar a quebra de coisas com a raiva que sente da mamãe por puni-lo por causa disso, e também à gratidão pela mãe por ter ganhado um brinquedo novo. Não há nada na "lição" que ajude Joey a relacionar a maneira como cuida dos brinquedos com a quebra e a subsequente perda. No cenário exposto, Joey parece ter sido disciplinado. No entanto, se você procurar a palavra *disciplina* no dicionário, verá que é derivado da palavra latina *"discipulus"*, que significa "um aprendiz". Em outras palavras, a *verdadeira* disciplina implica haver uma experiência de aprendizagem. Joey só aprendeu que, se quebrar outro brinquedo, será enviado para seu quarto e depois ao *shopping* para comprar um novo.

A utilização de consequências naturais ou lógicas, por outro lado, está muito mais próximo do verdadeiro significado da palavra disciplina. As primeiras referem-se a coisas que ocorrem como resultado do fluxo natural de eventos. Nesse caso, a consequência natural de Joey cuidar mal do brinquedo é que ele quebra. Outra consequência natural da quebra de brinquedos é que Joey já não tem um brinquedo em funcionamento. Nesse caso, a natureza fornece suas próprias consequências e a mãe realmente não precisa fazer nada, além de dizer algo como "Veja, Joey, que pena, o seu brinquedo quebrou", e ajudá-lo a ver a relação entre suas ações e o resultado (explicada de forma neutra, sem julgamento) e deixá-lo assim. Sem gritos, nenhum castigo e nenhum brinquedo novo.

As consequências lógicas são um pouco diferentes. Elas se referem a eventos criados pelos pais que estão logicamente relacionados às ações da criança. Então, se Joey estivesse brincando com um brinquedo de sua *irmã* e o tivesse quebrado, então a mãe poderia arquitetar uma consequência lógica que obrigasse Joey a comprar um novo brinquedo para sua irmã usando o dinheiro de sua mesada.

O uso de consequências naturais é a abordagem preferida entre as duas porque as forças impessoais da natureza se incumbem de criar as disciplinas. Consequências lógicas, por outro lado, parecem funcionar melhor principalmente com comportamentos motivados pela necessidade de atenção. Se você está emperrado em uma luta de poder com seu filho ou se ele está querendo se vingar de determinado erro pelo qual foi repreendido, então ele é capaz de interpretar seus esforços para organizar uma consequência "lógica" como outro exemplo de como você está "pegando no pé dele". E se ele já se sente irritado ou magoado, provavelmente não se importará com as consequências que você pode planejar para ele, seja lógica ou não.

Para aplicar as consequências naturais, o guru da disciplina infantil, Rudolf Dreikurs, recomenda que os pais simplesmente façam a pergunta: "O que aconteceria se eu não interferisse?" Se o brinquedo está perdido, não há brinquedo. Se a criança sente falta do jantar, fica com fome. Essas são consequências inevitáveis que não exigem a intervenção dos pais. Claro, se a criança provavelmente se machucar sem a interferência dos pais (como brincar em uma rua movimentada de trânsito), a ação imediata, sob a forma de consequências lógicas, pode ser justificada (colocar a criança no quintal, onde é mais seguro, por exemplo).

Para criar consequências lógicas eficazes, de acordo com a especialista em pais Jane Nelsen, os pais precisam aplicar os critérios dos 3 Rs: A consequência proposta está *relacionada* (com o acontecimento), é *respeitosa* e *razoável*? Se a criança é mandada para a cama por fazer birra, a consequência não está *relacionada* ao comportamento original da criança. Se o pai diz a uma criança que acabou de quebrar um brinquedo, "Muito bem! Espero que esteja satisfeito com o que você acabou de fazer!", não há um *respeito* verdadeiro pela criança. E se a criança riscar a sua carteira escolar com uma canetinha e é obrigada a limpar a carteira de cada aluno da classe como resultado, então isso não é *razoável*. Lembre-se de que o verdadeiro propósito da disciplina não é "dar uma 'lição' ao seu filho!", mas ajudá-lo a aprender novos comportamentos mais positivos para viver de forma mais responsável no mundo.

Para mais informações
Rudolf Dreikurs e Loren Grey. *The new approach to discipline: logical consequences*. New York: Plume, 1993.

Estratégia n° 62
Proporcione acesso à luz natural em todo seu espectro
(Idade: 4 a 18 anos)

A menos que estivéssemos em uma caminhada prolongada ou em uma viagem de acampamento, para nós, no mundo moderno, é difícil imaginar o que era viver antes do advento da luz elétrica. Durante centenas de milhares de anos, os seres humanos evoluíram em condições onde o sol e um pouco de fogo e raios eram as únicas fontes de luz disponíveis. Quando escurecia, as pessoas iam dormir. Nossos ritmos circadianos ou ciclos diários de vigília e sono se desenvolveram sob essas condições naturais. Agora, no entanto, as pessoas trabalham e estudam à noite com iluminação elétrica e cada vez mais diante do brilho das telas de computador como uma parte habitual de suas vidas. Estudos recentes confirmaram que essa intrusão de luz artificial no período noturno pode contribuir para uma variedade de doenças humanas, incluindo depressão, diabetes, obesidade, problemas cardiovasculares, câncer e agora o TDAH.

Um estudo publicado na revista científica *Biological Psychiatry*, em 2013, revelou uma ligação entre alta intensidade solar (IS, definida como quilowatts-hora de luz solar por metro quadrado por dia) e uma menor prevalência de TDAH. Um mapa que mostra a incidência de diagnósticos de TDAH nos Estados Unidos mostra que as taxas mais baixas de diagnósticos de TDAH estão nos estados do sudoeste, que recebem mais dias de sol do que qualquer outra parte do país. Por outro lado, algumas das maiores taxas de TDAH estão nos estados do sudeste, que normalmente estão sujeitos a um clima mais nublado e chuvoso. O estudo sugeriu que a luz solar sozinha poderia ser responsável por 34 a 57% da variação nos diagnósticos de TDAH nas diferentes partes do país.[1] Ao mesmo tempo, outros estudos indicaram que a exposição noturna à "luz do espectro azul", emitida por muitos computadores, *tablets* e *smartphones*, suprime a melatonina, um hormônio que é importante para manter os ritmos circadianos naturais do corpo, o que leva a problemas de sono, uma ocorrência frequente entre crianças diagnosticadas com TDAH, e essa exposição também contribui para uma menor concentração durante o horário de verão.[2] (Ver a Estratégia nº 77: Certifique-se de que seu filho desfrute de um período suficiente de sono.)

O que essas descobertas significam para os pais (e professores) de crianças e adolescentes com diagnóstico de TDAH? Aqui estão algumas sugestões de ações para levar em consideração esses relatórios:

- Certifique-se de que o seu filho gaste o máximo de tempo possível em ambientes externos, com luz natural, especialmente durante a manhã.
- Faça seu filho (criança ou adolescente) evitar ficar diante das telas do computador de 2 a 3 horas antes de ir para a cama.
- Use luzes vermelhas fracas para a iluminação noturna. A luz vermelha tem a menor influência sobre a mudança de ritmos circadianos em seres humanos.
- Coloque a área de estudo do seu filho (criança ou adolescente) perto de uma fonte de luz natural e, para o estudo da noite, instale iluminação de espectro total. Essas lâmpadas se assemelham mais ao espectro da luz natural do que a iluminação convencional incandes-

cente ou fluorescente e podem ser compradas de uma variedade de fontes *on-line*.

- Incentive a escola do seu filho a investigar a possibilidade de modificar as salas de aula para obter um melhor acesso à luz natural e a instalação de iluminação de espectro total em áreas estratégicas da escola (por exemplo, áreas onde acontecem as provas mais importantes).

Os cientistas estão apenas começando a entender o papel que a luz natural e a artificial desempenham na aprendizagem, atenção, foco e comportamento de crianças e adolescentes. Mas essas descobertas iniciais sugerem que os pais devem assumir um papel proativo para garantir que seus filhos passem menos tempo em ambientes de iluminação artificial e mais tempo sob a luz natural, aproveitando os benefícios saudáveis dos raios do sol durante o dia.

Para mais informações
Soluções de espectro completo: P.O. Caixa 1087, Jackson, MI 49204; 1-888-574-7014; www.fullspectrumsolutions.com. Vende uma ampla gama de fontes de iluminação de espectro completo, caixas de terapia de luz e aplicações de luz comercial.

Estratégia n° 63

Cozinhe alimentos ricos em ácidos graxos ômega-3 (Idade: 4 a 18 anos)

Você provavelmente já ouviu muito sobre ácidos graxos ômega-3 e seu potencial para ajudar crianças e adultos diagnosticados com TDAH. A razão para essa publicidade é o número de estudos bem elaborados, realizados nos últimos anos, que demonstraram uma clara ligação entre o consumo desses nutrientes e as melhorias nos sintomas relacionados ao transtorno. Um estudo encontrou níveis mais baixos de ácidos graxos ômega-3 no sangue de crianças identificadas como portadoras de TDAH quando comparadas com crianças com desenvolvimento típico. Os pesquisadores, então, se dedicaram a fazer a metanálise de vários estudos que deram suplementos de ômega-3 a crianças com diagnóstico de TDAH e descobriram que esses suplementos reduziram a hiperatividade nos relatórios de escala de classificação de professores e pais e que reduziram a desatenção nos relatórios realizados pelos pais.[1] Em outro estudo realizado na Holanda, cerca de 40 meninos entre 8 e 14 anos de idade que tinham sido diagnosticados com TDAH, e 39 meninos com desenvolvimento típico ingeriram 10 gramas de margarina todos os dias. Metade dos meninos consumiu margarina enriquecida com 650 miligramas de ácidos graxos ômega-3 e a outra metade consumiu margarina comum (que fez o papel de placebo). Depois de 16 semanas, todos os meninos que ingeriram a margarina enriquecida (com TDAH e com desenvolvimento típico) tiveram a atenção melhorada em comparação com o grupo placebo quando medido em escalas de avaliação dos pais e exames de ressonância magnética para avaliar as funções cognitivas.[2]

Para entender por que essas intervenções funcionaram, é bom saber que o cérebro é composto principalmente de gordura (60%). Essa gordura, conhecida como substância branca, ajuda a formar o revestimento de mielina que isola os axônios que conduzem impulsos elétricos através de uma célula cerebral. Essa substância branca gordurosa também protege a membrana da célula, mantendo-a saudável e flexível. Se as membranas celulares se tornam rígidas, neurotransmissores como a dopamina e a norepinefrina não podem passar tão facilmente entre elas. Infelizmente, o corpo não é capaz de produzir ácidos graxos ômega-3, por isso eles devem ser obtidos a partir da dieta. Existem três tipos de ácidos graxos ômega-3: ALA, EPA e DHA. ALA é encontrado em óleos vegetais, os outros dois em óleos marinhos. O EPA e o DHA têm o maior impacto no funcionamento saudável do cérebro.

Então, como essas pesquisas o afetam como pai ou mãe? Elas sugerem que você inclua mais ácidos graxos ômega-3 na dieta do seu filho. Aqui estão algumas recomendações:

- *Use óleos de cozinha que possuam* índices elevados de ácidos graxos ômega-3 ALA. Óleo de canola, óleo de girassol, óleo de linhaça e óleo de fígado de bacalhau.
- *Coma alimentos ricos em ácidos graxos ômega-3 ALA.* Couve-de-bruxelas, couve, hortelã, salsa, espinafre, agrião, nozes, sementes de abóbora e sementes de chia.
- *Coma peixes que contenham níveis elevados de ácidos graxos ômega-3 EPA e DHA.* Halibute, arenque, cavala, ostras, salmão, sardinha, truta e atum fresco.

- *Compre alimentos que tenham sido enriquecidos com ácidos graxos ômega-3 (consulte o rótulo na embalagem).* Ovos, margarina, leite, suco, leite de soja, iogurte, pão, cereais, farinha, macarrão, manteiga de amendoim, aveia, pizza embalada e tortilhas de farinha.
- *Discuta com o seu médico os prós e os contras de dar os suplementos de ácidos graxos ômega-3 para o seu filho.* Pode haver risco de sangramento nos casos de dosagem muito alta, e os suplementos têm menor propensão a serem absorvidos ou manter a proporção adequada com ômega-6, outro ácido graxo, como acontece de forma equilibrada entre os óleos encontrados em alimentos naturais.

Ao contrário das dietas de eliminação (Estratégia nº 15: Elimine alimentos alergênicos e com muitos aditivos da dieta de seu filho), que requerem mudanças importantes nos padrões alimentares do seu filho, esta estratégia pode ser integrada facilmente e sem problemas nas refeições regulares da sua família por causa da alta disponibilidade de alimentos enriquecidos com ácidos graxos ômega-3. Ao iniciar essa simples mudança em seus hábitos de compra de alimentos, você estará fazendo uma grande diferença na capacidade de seu filho de se concentrar e se comportar apropriadamente em casa e na escola.

Para mais informações
William Sears e James Sears. *The omega-3 effect: everything you need to know about the supernutrient for living longer, happier, and healthier.* Boston, MA: Little, Brown, 2012.

Estratégia nº 64
Considere a terapia familiar
(Idade: 4 a 18 anos)

Na teoria dos sistemas familiares, cada membro de uma família é visto como uma parte interconectada do todo e cada membro influencia e é influenciado por todos os outros membros. Os problemas que surgem em indivíduos dentro da família não são vistos como o problema único dessa pessoa, mas, sim, como um problema no sistema familiar. Nesse contexto, os sintomas relacionados ao TDAH em uma criança podem representar uma resposta a algum tipo de tensão existente na matriz da família: entre mãe e pai, entre pai e avô, entre irmãos, ou qualquer outra combinação familiar. Infelizmente, a identificação de um membro da família como portador de TDAH torna tudo muito fácil para um sistema familiar continuar a não lidar com problemas sistêmicos mais profundos, porque o problema é efetivamente projetado na criança. Esse processo é referido pelos terapeutas familiares como *bode expiatório*. O pioneiro da terapia familiar, Murray Bowen, ressalta: "Os pais podem passar de um médico para outro até que a 'temida' disfunção seja finalmente confirmada pelo diagnóstico. Qualquer disfunção descoberta em exames físicos, testes laboratoriais e testes psicológicos pode facilitar o processo de projeção".[1] Nessa perspectiva, então, um diagnóstico de TDAH pode servir para mascarar dificuldades familiares mais profundas.

Os estudos evidenciam que as famílias com crianças identificadas como portadoras de TDAH não estão livres de problemas. Conforme discutido anteriormente neste livro, parece haver níveis mais elevados de angústia conjugal, psicopatologia dos pais (incluindo depressão e ansiedade) e outros estresses da vida em tais famílias.[2] Embora os sintomas do TDAH da criança possam exacerbar essas dificuldades, como vimos no Capítulo 7, também é verdade que os problemas familiares retroagem e alimentam a falta de atenção, hiperatividade e/ou impulsividade da criança. Por essa razão, o uso da terapia familiar pode servir como uma importante intervenção em potencial para muitas famílias que possuem uma criança com diagnóstico de TDAH. Alguns terapeutas familiares aceitam esse diagnóstico e trabalham para ajudar as famílias a lidar com as dificuldades associadas a ter uma criança inquieta, desatenta ou impulsiva na casa. Eles podem fornecer ajuda prática para estabelecer limites, desenvolver uma comunicação eficaz e aumentar a autoestima. Outros terapeutas familiares tratam toda a família como "o paciente" e tentam descobrir padrões familiares, regras, segredos, mitos, conflitos, alianças ou outras interações na família que podem contribuir para os sintomas do TDAH de um membro da família. Dependendo do terapeuta e dos objetivos terapêuticos, a terapia familiar pode durar algumas sessões ou continuar por vários anos.

É especialmente importante lembrar que, se você decidir considerar a terapia familiar como uma opção, isso não significa que as dificuldades do seu filho são sua culpa ou que você falhou como pai ou mãe. O que a teoria dos sistemas familiares enfatiza é que os sintomas do TDAH não residem exclusivamente no seu filho, mas fazem parte de uma rede maior de relacionamentos que inclui não apenas você e seu cônjuge, mas também seus pais e outros parentes importantes do presente e do passado. A terapia familiar, então, oferece a possibilidade não só de curar seu filho, mas também de curar você e outras pessoas de sua família.

Para mais informações
American Association for Marriage and Family Therapy: 112 South Alfred St., Alexandria, VA 22314; 1-703-838-808; aamft.org/imis15/AAMFT/Content/Directories/ Find_a_Therapist.aspx. O site inclui um banco de dados no qual você pode encontrar um terapeuta em sua área.

Estratégia n° 65
Realce cada dia com ao menos uma experiência nova
(Idade: 4 a 18 anos)

Costuma-se dizer que crianças e adolescentes com diagnóstico de TDAH precisam de rotinas e estrutura claras, o que é muito verdadeiro (ver Estratégia n° 24: Estabeleça regras, rotinas e transições consistentes). Mas as pesquisas também sugerem que essas crianças ficam aborrecidas com mais facilidade do que aquelas com desenvolvimento típico. Portanto, se a programação familiar consiste sempre em fazer as mesmas coisas dia após dia, semana após semana, mês após mês, pode não haver emoção suficiente para alimentar o sistema de excitação do seu filho, o que pode levar a surtos de hiperatividade, distração, e/ou falta de atenção.

As pesquisas indicam que crianças com diagnóstico de TDAH são especialmente atraídas pela novidade. Estudos de exames de cérebro sugerem que as áreas de busca de novidades do cérebro se iluminam mais para crianças diagnosticadas com o transtorno do que o de crianças com desenvolvimento típico quando estímulos incomuns ou raros são exibidos em uma tela.[1] Como observado anteriormente neste livro, crianças com diagnóstico de TDAH são mais propensas a ter um gene de receptor de dopamina chamado *DRD4*, que está associado à exposição ao risco ou à busca de novidades.[2] Estudos também revelam que, quando as crianças identificadas como portadoras de TDAH estão envolvidas em uma atividade e algo irrelevante aparece de forma inesperada, seu desempenho na atividade original melhora.[3]

Aqui estão dez maneiras pelas quais você pode criar experiências e situações raras, estranhas, loucas, desconcertantes e fora do comum em sua agenda familiar regular:

- Obtenha um livro sobre ilusões ópticas (*Magic Eye*, *Xtreme Illusions* etc.) e passe o tempo apreciando as distorções visuais.
- Altere o horário dos eventos diários ocasionalmente (jantar na parte da manhã e café da manhã à noite).
- Reorganize algumas peças de mobiliário na casa por um dia sem deixar que alguém saiba antecipadamente (coloque a mesa da sala de jantar em um quarto e uma mesa de canto na cozinha).
- Tenha um "Dia do contrário" quando as pessoas fazem e dizem coisas que são o oposto do que normalmente fazem ou dizem (diga "tchau" quando receber alguém e "olá" na hora de ir embora).
- Mantenha uma caixa de "antitédio" cheia de coisas para se divertir como um cubo mágico, óculos de "raio X", varinhas de neon, massinhas moldáveis, brinquedo de choque de mão, etc.).
- Encomende novidades na internet (consulte "Para mais informações" mais adiante) e divirta-se compartilhando-os uns com os outros.
- Leia em voz alta e discuta coisas em livros cheios de fatos fabulosos (tente o *Livro do recordes*, *Planeta excêntrico*, *Ripley's believe it or not!*, livros sobre curiosidades).
- Tenha um dia de fantasia esquisita, em que os membros da família colocam roupas estranhas para vestir em casa.
- Mude os títulos e os enredos de livros familiares que você leu para o seu filho (*As três Cinderelas*, *Os três porquinhos de botas*).
- Faça um programa familiar que você nunca fez antes (visite uma nova cidade, conheça uma nova pessoa, jogue um novo jogo, coma uma nova comida, ouça um novo estilo musical).

Espalhe as atividades ao longo de um período de semanas e meses, pensando em maneiras de surpreender e deleitar não apenas o seu filho com diagnóstico de TDAH, mas também todos os outros membros da família, e deixe aflorar a criança ou adolescente que tem dentro de si para se divertir também com as surpresas.

Para mais informações
Oriental Trading: 1-800-875-8480; orientaltrading.com. Novidades para celebrações, eventos especiais, aprender coisas novas, artesanato e se divertir.

Estratégia n° 66

Propicie modelos positivos de comportamento
(Idade: 4 a 18 anos)

O que Winston Churchill, Steven Spielberg, Thomas Edison, Jim Carrey e Curious George têm em comum? Eles representam exemplos de comportamentos típicos do TDAH vistos sob uma luz positiva. E para as crianças identificadas com o transtorno que tendem a se olhar de forma negativa, é particularmente importante aprender sobre indivíduos – tanto reais como fictícios – que são admirados por outras pessoas justamente pelos traços saudáveis, por eles encarnados, que fazem parte dos sintomas do TDAH. Aprender mais sobre essas figuras pode fazer com que as crianças se identifiquem com elas, e isso pode ajudá-las a alimentar uma mentalidade positiva e uma atitude afirmativa sobre a vida.

Um olhar retrospectivo para a história revela uma incrível variedade de indivíduos que, transferidos para escolas públicas contemporâneas, seriam candidatos sérios para um diagnóstico de TDAH. Aqui está uma pequena lista: Sarah Bernhardt, Will Rogers, Orville Wright, Ludwig van Beethoven, Leonardo da Vinci, Louis Armstrong, Nikola Tesla, William Randolph Hearst, Enrico Fermi, Huey Long, Ignace Jan Paderewski, François Truffaut, Vincent van Gogh, John Keats, Charles Darwin, Mary Baker Eddy, Florence Nightingale e Friedrich Nietzsche.

Não é necessário procurar apenas exemplos históricos para encontrar modelos positivos para crianças diagnosticadas com TDAH. Muitas celebridades atuais foram identificadas ou autoidentificadas com esse transtorno, incluindo o nadador olímpico Michael Phelps, o ator Channing Tatum, o diretor de cinema Steven Spielberg e o cantor Justin Timberlake. Outra boa fonte de modelos positivos de TDAH são os parentes, amigos da família e professores que foram hiperativos na infância e alcançaram sucesso em suas comunidades. Às vezes, essas conexões positivas ocorrem dentro do núcleo familiar. O autor James Evans, em seu trabalho autobiográfico, *An uncommon gift*, escreve sobre como sua hiperatividade foi tratada dentro de sua própria estruturafamiliar. "Minha hipercinesia [...] foi uma novidade para a maioria das pessoas, e foi aceita por meus pais como algo saudável... Eles assumiram que eu iria crescer tendo como base o meu nível energético, assim como meu pai tinha feito."[1] É essa aprovação e o sentimento de conexão com adultos bem-sucedidos que faz uma diferença enorme em um momento tão importante do desenvolvimento da competência e da autoestima de um jovem.

Você pode ajudar seu filho a descobrir modelos positivos de várias maneiras:

- Ir para a biblioteca e procurar biografias ou autobiografias de indivíduos eminentes que lutaram contra problemas de comportamento ou atenção na infância.
- Pesquisar a árvore genealógica dos parentes que eram particularmente inquietos e ainda assim foram bem-sucedidos em suas carreiras.
- Ler livros infantis que incluem personagens que modelam traços positivos de TDAH (Curious George, Ramona Quimby, Pippi Longstocking).
- Assistir a programas de TV ou filmes que tenham personagens que incorporam qualidades semelhantes aos sintomas positivos do TDAH (*Bart Simpson*, *Scooby-Doo*, *Os Minions*, *Percy Jackson*, Robin Williams no filme "Bom dia, Vietnã").
- Leia histórias em quadrinhos que apresentam personagens cheios de energia e imprevisíveis (*Dennis, o Pimentinha*, *Patty Pimentinha* em *Snoopy*, *Calvin e Haroldo*, *Garfield*).

Seu filho pode até querer fazer um projeto escolar com um ou mais dos seus "heróis hiperativos" favoritos. Ao se concentrar em indivíduos bem-sucedidos que também eram hiperativos, desatentos ou impulsivos quando crianças ou adultos, seu filho (criança ou adolescente) logo acreditará em uma verdade muito importante: "Se eles podem ser bem-sucedidos, então eu também posso!".

Para mais informações
Judy Brenis. *ADHD heroes*. CreateSpace Independent Publishing Platform, 2014.

Estratégia n° 67
Descubra e administre os quatro tipos de mau comportamento
(Idade: 4 a 18 anos)

Kahlil Gibran, em seu poema bem conhecido sobre crianças, diz: "Vossos filhos não são vossos filhos/ São os filhos e as filhas da ânsia da vida por si mesma". Com isso, Gibran quer dizer, entre outras coisas, que as crianças não são propriedade dos pais, mas que têm suas próprias vidas e destinos independentes. Como seres humanos distintos, as crianças merecem nosso respeito mais profundo. Essas palavras-chave são especialmente importantes quando se considera os métodos de disciplina adequados para gerenciar os comportamentos equivocados das crianças.

Uma abordagem disciplinar que incorpora esse tipo de respeito pelas crianças tem suas origens no trabalho de Alfred Adler, um psiquiatra austríaco e discípulo de Sigmund Freud. Adler e seu colega Rudolf Dreikurs, um psiquiatra norte-americano, acreditavam que o comportamento de todas as crianças tinha em vista dois objetivos: conquistar um sentimento de pertencimento e sentir-se significativo. As crianças que se comportam mal estão tentando alcançar esses dois objetivos, mas acreditam erroneamente que podem atingi-los envolvendo-se em atividades consideradas problemáticas ou perturbadoras por parte de pessoas que as rodeiam. Um primeiro passo importante para ajudá-las a aprender maneiras mais apropriadas de se comportar reside na descoberta das verdadeiras razões por trás do seu mau comportamento e, em seguida, lidar com essa necessidade subjacente.

Dreikurs sugeriu que os casos de mau comportamento são enquadráveis principalmente em um dos quatro tipos:

1. *As crianças se comportam mal para conseguir atenção.* Quando se comportam mal dessa maneira, estão tentando se sentir significativas e estabelecer uma sensação de pertencimento *chamando a aten-*

ção para si mesmas. ("Você não está prestando atenção suficiente em mim! Eu quero que você me veja e se preocupe comigo!").
2. *Os filhos se comportam mal para ter poder.* Aqui, estão tentando se sentir importantes e conectados aos outros *se afirmando* de maneira marcante. ("Eu posso fazer *o que* eu quero, *onde* eu quero, *quando* eu quiser! Então, é isso!").
3. *As crianças se comportam mal para se vingar.* Aqui, querem compensação pela dor de se sentirem privadas de importância ou de um sentimento de pertencimento. ("Então, você não acha que não tenho importância, não é? Bem, eu vou mostrar uma coisinha ou duas!").
4. *As crianças se comportam mal para assumir uma atitude de inadequação.* Nesse caso, estão reagindo a uma perda percebida de importância e pertencimento simplesmente *desistindo*. ("Nada que eu faço faz diferença para você! Bem, você pode simplesmente esquecer isso! Eu não vou fazer mais nada!").

Um exemplo específico de mau comportamento dificilmente foge de um desses tipos. Então, por exemplo, quando Susie toca o vaso da mesa, pode estar dizendo: "Preste atenção em mim!". Ou: "Eu tenho mais poder do que você!". Ou: "Isso é o que você consegue por me punir!". Ou: "Eu não importo mais!". Você precisará resolver algum problema para solucionar a questão subjacente, incluindo um olhar sobre o passado dos comportamentos inadequados do seu filho (será que existe um padrão?), um dimensionamento da situação atual (que acontecimentos levaram a esse mau comportamento?), e sua própria intuição como pai ou mãe.

Depois de identificar o tipo de mau comportamento, você precisará tomar medidas práticas para lidar com essa situação. Cada um dos quatro tipos requer uma abordagem um pouco diferente.

Aqui estão algumas respostas possíveis:

- Quando a questão é a *atenção*, você pode ignorar o comportamento ou fazer algo inesperado (cante uma música engraçada em resposta à necessidade de atenção de seu filho, manifestada por meio de um choro ou birra).
- Se o motivo subjacente for *poder*, então você precisará de um período de reflexão seguido de uma sessão de resolução de problemas para resolver o confronto.

- Se o seu filho quer se *vingar*, refrear o desejo de retaliar e abrir-se à cooperação pode ser uma maneira de lidar com o problema.

- Se o seu filho se comporta mal em decorrência de *sentimentos de inadequação*, ensinar-lhe as habilidades na área de inadequação percebida, bem como criar oportunidades para que ele experimente o sucesso, será um grande avanço no caminho de movê-lo em uma direção mais positiva.

Alguns pais podem pensar: "Bem, meu filho está mal-humorado porque ele tem TDAH, não por causa dessas outras coisas, e por isso precisa apenas basicamente de medicação e terapia de modificação do comportamento para controlar sua condição clínica". Mas apenas porque seu filho tem um diagnóstico de TDAH não significa que seja menos humano ou menos sujeito à mesma necessidade de se sentir significativo e de necessitar de um senso de pertencimento como qualquer outra criança. Uma vez que você perceber que a medicação, as recompensas e as punições não chegam realmente ao cerne do mau comportamento do seu filho e que todas as crianças procuram e merecem respeito e encorajamento, então seu relacionamento com ele certamente melhorará de forma surpreendente.

Para mais informações
Rudolf Dreikurs e Pearl Cassell. *Discipline without tears: a reassuring and practical guide to teaching your child positive behavior.* New York: Plume, 1999.
Jane Nelsen, *Disciplina Positiva.* Barueri: Manole, 2015.

Estratégia n° 68

Crie em conjunto com seu filho um programa de modificação de comportamento que proporcione um empoderamento interno
(Idade: 7 a 18 anos)

Quando eu era professor de educação especial no norte da Califórnia, ensinei um grupo de dez meninos que tinham sido encaminhados para minha aula porque a administração da escola concluiu que seus comportamentos e problemas de aprendizagem dificultavam sua permanência em uma sala de aula tradicional. A peça central do meu sistema de gerenciamento de comportamento na sala de aula era um quadro de comportamento exposto de forma proeminente em uma parede na frente da sala. Ele consistia em uma grande folha de madeira compensada à qual eram afixadas dez fileiras horizontais de cavilhas, seis cavilhas por fileira. No lado esquerdo de cada fileira de cavilhas estava o nome de um aluno (ou seja, uma fileira por aluno). Em cada cavilha, tinha uma pequena placa circular (uma espécie de etiqueta ou ficha) com um furo no meio para que pudesse deslizar facilmente pela cavilha. Todas as manhãs, os alunos entrariam na sala e veriam que tinham todas as seis fichas ao lado do nome deles. Durante o dia, no entanto, sabiam que se quebrassem qualquer uma das regras combinadas e afixadas da classe (como lutar, jogar coisas, usar palavrão ou linguagem inadequada), teriam fichas removidas do quadro. Um gráfico ao lado do quadro explicava que se um aluno tivesse as seis fichas iniciais no final do dia, teria direito a uma recompensa.

Eu estava orgulhoso do meu quadro, não só porque tinha o feito sozinho, mas porque representava na minha mente a quintessência do controle de sala de aula – uma virtude que foi gravada em mim, muitas vezes, por meus supervisores durante minha carreira de educação especial. Como você pode imaginar, os problemas começaram a surgir com o quadro de comportamento quase desde o início. Se alguns dos meninos perdiam as fichas no início do dia, irradiavam uma onda emocional durante o resto da manhã e da tarde, porque não tinham mais a esperança de recuperá-las até o dia seguinte. Isso fazia com que, em função da perda das fichas, atuassem de forma emocionalmente mais turbulenta, e assim por diante, em uma espiral descendente viciosa. Depois de ver que isso não estava funcionando, decidi mudar as coisas um pouco para que um aluno pudesse "ganhar suas fichas de volta", por meio de um comportamento positivo. Isso ajudou por um tempo. No entanto, os meninos finalmente começaram a questionar por que não estavam recebendo fichas de volta ao quadro quando um ou outro aluno conseguia *suas* fichas de volta. À medida que as semanas se passaram, o quadro se tornou o ponto focal de uma batalha de vontades – a minha e a dos alunos.

Por fim, decidi descartar o quadro. Mas antes de fazê-lo, compartilhei com a classe os motivos da minha insatisfação e também ouvi suas queixas. Também disse a eles que antes de jogar fora o quadro, precisávamos desenvolver algumas regras básicas para compartilharmos na sala de aula. Então conversamos durante dias sobre regras e as consequências de quebrá-las ou mantê-las. Alguns alunos queriam instituir consequências muito mais severas do que aquelas que tínhamos (inclusive palmatória, privação de alimento, isolamento e espancamento) e sugeriram recompensas mais generosas do que eu poderia fornecer (viagem à Disney). Mas depois de algumas semanas, desenvolvemos uma lista de regras e contingências que tanto eu quanto a minha classe sentimos que poderíamos praticar, e a afixamos na parede.

Eu me lembro perfeitamente do dia em que nós paramos de usar o quadro de comportamenro e instituímos o novo plano. Foi bem agradável ver os alunos quase que imediatamente quebrarem as regras que eles mesmos haviam ajudado a criar. Foi ainda mais libertador vê-los se submetendo às consequências que eles tinham concordado para suas infrações. As semanas e os meses que seguiram nem sempre foram fáceis, mas eles ficaram livres do esgotamento de energia que era causado pela tentativa de controlar a vida dessas crianças. Todos nós trabalhávamos juntos agora e sentíamos um senso de comprometimento inerente com a nossa sala de aula colaborativa.

A razão pela qual me estendi um pouco mais para descrever essa experiência é que a comunidade do TDAH tende a promover o que chamo de programas de "modificação de comportamento controlados externamente", em que as crianças recebem recompensas pelo bom comportamento e "custos das respostas" (a retirada de prêmios) pelas infrações. Há uma coerção sutil que funciona sob a superfície de tais programas, cuja aplicação é baseada em evidências (sim, eles funcionam, mas porque as crianças querem as recompensas, não por causa de seu desejo subjacente de melhorar). De longe, a melhor solução é usar programas de modificação de comportamento que proporcione empoderamento interno, em que você cria em parceria o sistema com seu filho (criança ou adolescente). Aqui estão alguns passos para acontecer:

Passo 1: Discuta em conjunto quais são suas preocupações mútuas, ouça a perspectiva de seu filho (criança ou adolescente) sobre o assunto, e chegue a um acordo segundo a natureza do problema e os objetivos específicos que ambos gostariam de alcançar (ver também Estratégia n° 51: Ensine habilidades para definir objetivos).

Passo 2: Negocie todas as recompensas que se seguirão após a demonstração bem-sucedida, durante um determinado período, do novo comportamento ou resolução da dificuldade. Faça o mesmo, se apropriado, para quaisquer consequências que possam se seguir ao fracasso desse projeto.

Passo 3: Ao embarcar no projeto, configure um gráfico sobre o qual o progresso possa ser marcado e visualizado por você em qualquer momento do dia.

Passo 4: Quando o objetivo for atingido, comemore o sucesso do novo comportamento com um pequeno ritual (ver Estratégia n° 25: Celebre as conquistas) em que é dado a recompensa, ou, se o objetivo não foi alcançado, discuta o que deu errado, administre a consequência combinada e renegocie um novo acordo.

Você ainda pode usar o equipamento, os materiais, os cartazes e os reforços que os empresários e os especialistas do TDAH promovem, mas agora, em vez de impor o programa a crianças ou adolescentes, você estará fazendo o programa com a participação ativa deles. O respeito que você dará ao seu filho será a chave para que esse programa colaborativo funcione.

Para mais informações
Jane Nelsen e Steven Foster. *Disciplina positiva para crianças com deficiências [no prelo]*. Barueri: Manole, 2019.

Estratégia n° 69

Use aromas para acalmar e centrar
(Idade: 8 a 18 anos)

A crença de que aromas específicos têm benefícios médicos e psicológicos sempre esteve ao nosso redor por milhares de anos. Os antropólogos especulam que as culturas pré-históricas criaram incenso a partir da queima de gomas e resinas, e fizeram emplastros aromáticos vegetais para fins de cura e como oferendas aos deuses. As antigas culturas védicas, gregas, romanas e persas empregaram a aromaterapia como parte do processo de cura.[1] Mais recentemente, pesquisadores científicos publicaram estudos sugerindo que a aromaterapia pode ser útil para aliviar a ansiedade, náuseas, estresse, problemas de sono e hipertensão, embora ainda haja preocupação com a falta de estudos de pesquisa bem elaborados nesse campo.[2] O que torna essa estratégia particularmente interessante para problemas relacionados ao TDAH é que, de acordo com alguns estudos, as crianças diagnosticadas com o transtorno parecem ter uma maior sensibilidade olfativa.[3] Consequentemente, parece valer a pena explorar o potencial de aromas específicos para aumentar o estado de alerta, acalmar o comportamento inadequado, reduzir o estresse e melhorar o bem-estar geral. Aqui estão alguns óleos aromáticos entre as centenas disponíveis que foram consideradas úteis para melhorar o funcionamento emocional e cognitivo:

- A camomila romana possui efeitos calmantes e reconfortantes.
- O óleo essencial de lavanda é calmante e reduz a ansiedade.
- O patchouli funciona como calmante para o sistema nervoso.
- O óleo essencial franquincenso (olíbano) afeta o eixo hipotálamo-hipófise-adrenal na redução do estresse.
- O óleo Ylang ylang é calmante.[4]
- A hortelã aumenta o estado de alerta.
- O óleo de madeira de cedro alivia o estresse.

Os aromas podem ser dispersos de várias maneiras. Você pode adicionar algumas gotas à água do banho, colocar algumas gotas em uma panela fervente e inalar o vapor, usá-lo em forma diluída como um óleo de massagem, colocá-lo em um difusor de aroma (disponível *on-line* ou em lojas de produtos de massagem) ou adicionar algumas gotas em uma compressa quente. Não use aromas se o seu filho começar a se queixar ou mostrar que não gosta deles (lembre-se: o sentido olfativo aguçado de crianças e adolescentes diagnosticados com TDAH pode torná-los especialmente sensíveis a determinados odores). Não inicie nenhum tratamento sem antes consultar seu médico e/ou um profissional de saúde alternativo certificado (naturopata, quiroprático ou herbalista). O uso não supervisionado pode resultar em aplicação inadequada, efeitos colaterais indesejados ou intensificação de problemas de saúde existentes. Essa ainda é uma nova área para o tratamento terapêutico de TDAH, mas em conjunto com outras abordagens de cura complementares, poderá ter um efeito salutar sobre os sintomas do transtorno do seu filho (criança ou adolescente).

Para mais informações

Nick Acquaviva. *Essential oils: 7 essential oils for children with ADHD: a holistic approach to reducing ADHD symptoms.* ecase publishing/Amazon Digital Services, 2015.

Estratégia n° 70

Empregue a aprendizagem incidental
(Idade: 4 a 18 anos)

A maioria das crianças diagnosticadas com TDAH é realmente muito boa em prestar atenção. Elas são boas em prestar atenção ao que não deveriam estar prestando atenção. Na sala de aula, ouvem Joey dizendo a Suzy sobre o que aconteceu com Billy durante o feriado. Veem os desenhos engraçados que Ed fez na lousa antes da aula começar (desenhos que o professor ainda não percebeu). Prestam atenção aos seus próprios pensamentos internos: divagações sobre estar em algum outro lugar além da escola – talvez em um parque de diversões ou em um acampamento na floresta. Prestam atenção a tudo, exceto aos pais ou aos professores – que ficam reclamando sem parar como os adultos nos desenhos televisivos do Snoopy (todos parecem estar dizendo, nhé-nhé-nhé-nhé).

Não devemos ser muito ligeiros em considerar esse tipo de atenção incidental como um transtorno. Afinal, a maior parte do que aprendemos durante os primeiros 5 anos de vida envolve apenas essa forma de atenção difusa. As crianças pequenas dominam tarefas complexas como andar e falar, deixando suas mentes serem atraídas para o que as interessa e absorvendo o conhecimento de maneira casual. Se as crianças não estão prestando atenção, a regra essencial é descobrir em que elas *estão* prestando atenção e, em seguida, inserir o material que precisam aprender bem no centro de seu campo de atenção verdadeiro. Você pode chamar isso de Estratégia *Energizer Bunny*. Um comercial chato nos embala o sono quando, de repente, este coelho mecânico cheio de energia, entra em cena de um lado para o outro, monopolizando toda a nossa atenção e, de quebra, anunciando o produto a ser vendido.

Em casa, você pode usar a aprendizagem incidental para que seus filhos possam se ater e acompanhar as tarefas diárias. Aqui está um cenário sobre o que isso pode parecer:

Mamãe está dizendo a Mike para tirar o lixo. Mike não parece ouvi-la e continua brincando com seus carros e caminhões em miniatura em seu quarto. Em vez de gastar as suas cordas vocais, a mamãe senta-se no chão com ele e começa a brincar com os carros. "Este é um caminhão de lixo, Mike. Veja, o homem do lixo está saindo da frente de nossa casa. Ele está dizendo a seu amigo: "Não podemos coletar o lixo aqui, Ed, porque Mike ainda não o trouxe". Mike olha para a mãe e para fora da sala na direção da cozinha, onde o lixo está esperando por ele.

Nesse exemplo, a mãe foi direto para o campo de atenção de Mike – seu mundo de brinquedos em miniatura – e envolveu suas instruções no imaginário de seu mundo privado. Ela usou atenção incidental para enviar a mensagem. Outras formas de usar a aprendizagem incidental incluem o seguinte:

- Grave a soletração ou palavras de vocabulário tendo como fundo musical a música favorita do seu filho e coloque a gravação para tocar enquanto ele está se preparando para ir à escola.
- Coloque a lição de casa de seu filho (criança ou adolescente) da *semana que vem* na parede do quarto *nesta semana* para que ele possa absorver subliminarmente a informação sem ter que se concentrar nela.
- Encene em parceria um show de marionetes, em que as "marionetes de professores" dão a aula de matemática recém-dada na escola para "fantoches de estudantes".

Muitas vezes, pais ou professores interpretam mal a dificuldade da criança em consentir como uma ameaça, um incômodo ou um sintoma de TDAH. Se o conteúdo da atenção incidental da criança tem precedência e é tratado com respeito, então pode ser muito mais fácil direcionar sua atenção para onde você deseja.

Para mais informações
Barbara K. Given e Bobbi DePorter. *Excellence in teaching and learning: the quantum learning system.* Learning Forum Publications, 2015. Escrito para professores, este livro inclui alguns dos mesmos princípios envolvidos na aprendizagem incidental para ajudar as crianças a absorver informações de forma mais rápida e eficaz.

Estratégia n° 71

Descarte influências negativas potenciais para o comportamento do seu filho
(Idade: 4 a 18 anos)

Meu pai, médico pediatra, muitas vezes se queixava para mim de que os médicos "hoje em dia" não tinham boas histórias como costumavam ter (isso já na década de 1960). Ele recebeu seu diploma de medicina pela Universidade McGill, que nutriu as carreiras de pioneiros em medicina como Sir William Osler, Hans Selye (o criador do conceito de estresse) e o neurocirurgião Wilder Penfield. Meu pai sentiu que os pediatras precisavam dispender mais tempo com os pacientes antes de fazer um diagnóstico e, além dos exames médicos apropriados, fazer perguntas sobre o histórico dos sintomas, histórico médico pregresso, doenças familiares, história social (como estado civil parental, relacionamento entre irmãos), alergias potenciais, medicações tomadas e outros fatos relacionados ao problema. Tenho certeza de que, se pudesse ver o que estava acontecendo hoje em dia na relação médico-paciente, com o tempo de atendimento acelerando-se cada vez mais, ele teria um colapso nervoso.

Sanford Newmark, diretor do Programa Pediátrico de Integração de Neuro-Desenvolvimento da Universidade da Califórnia, São Francisco, reflete os sentimentos do meu pai em suas preocupações sobre os diagnósticos rápidos que ocorrem agora com crianças e TDAH, dizendo: "Muitas vezes a criança é diagnosticada sem o levantamento de um histórico completo e o exame necessário para uma avaliação precisa. Isso envolveria conversar com os pais, a criança e os professores, bem como avaliar os registros escolares e outros testes. Em vez disso, muitas crianças são diagnosticadas após uma visita de 15 a 20 minutos com um pediatra ou outro profissional".[1] Outro médico, o neurologista Richard Saul, criou bastante reação na imprensa com o título de seu livro: *ADHD don't exist*. Acredito que aquilo que ele realmente estava dizendo em seu livro é que há um amplo espectro de condições, transtornos e doenças que envolvem hiperatividade, falta de atenção e propensão à distração e que os médicos deveriam considerar a possibilidade de que uma ou mais *outras* condições possam ser a causa do problema antes de rotular uma criança com um transtorno simplesmente por ser aquela que recebe maior publicidade e lançar mão da solução mais simples: um comprimido. Aqui estão vários dos candidatos que Saul sugere que sejam investigados e descartados pelos médicos antes de se considerar um diagnóstico de TDAH:

- *Problemas de audição e visão.* Uma criança será desatenta e propensa à distração se não conseguir ouvir ou ver o que está acontecendo na escola ou em casa.
- *Distúrbios do sono.* Muitas crianças rotuladas como portadoras de TDAH têm problemas de sono significativos (ver Estratégia n° 77: Certifique-se de que seu filho desfrute de um período suficiente de sono), o que pode deixá-las se sentindo dispersas, sem foco e distraídas durante o dia.
- *O abuso de substâncias.* Isso se aplica especialmente aos adolescentes cujo uso de álcool, maconha, *ecstasy* e outras drogas pode imitar os sintomas do TDAH.
- *Doenças do humor.* Os sintomas do transtorno bipolar, por exemplo, incluem mania hiperativa, falta de concentração e uma mente que se move de uma coisa para a outra rapidamente. É de fundamental importância identificar esse transtorno (ou seu parente melancólico, depressão unipolar) e tratá-lo de forma mais rápida e eficaz possível para evitar um episódio depressivo maior no futuro.
- *Dificuldades de aprendizagem.* Se uma criança tiver sérias dificuldades com a leitura (dislexia), escrita, matemática ou outras habilidades acadêmicas, essas dificuldades podem causar sintomas de hiperatividade, falta de atenção e distração por causa das frustrações da criança com a escola e o trabalho escolar.

Saul também lista várias outras condições potenciais com sintomas que podem se assemelhar bastante com os do TDAH: síndrome de Asperger (transtorno do espectro autista), esquizofrenia, distúrbios convulsivos, síndrome de alcoolismo fetal, transtorno obsessivo-compulsivo (TOC), síndrome de Tourette, alergias, tumor pituitário e envenenamento por metais pesados.[2]

Para se certificar de que seu filho receba um diagnóstico correto, você deve insistir que ele tenha um exame clínico *completo* de seu médico, que inclua os componentes Sanford Newmark descritos anteriormente: falar com os pais, a criança, seus professores e outros indivíduos importantes e administrar todos os testes laboratoriais e clínicos necessários antes de confirmar um diagnóstico de TDAH. Idealmente, os pais devem tentar consultar um *pediatra de desenvolvimento e comportamental* se possível. Esses médicos são treinados não apenas para entender as questões biomédicas, mas também para ver a criança no contexto de interações psicossociais, de desenvolvimento e educacionais. Contudo, seja qual for o médico que você escolher para a consulta, insista em um atendimento mais longo que meros 15 ou 20 minutos, seguidos de um diagnóstico e prescrição precipitados. Tenha em mente que os três sintomas do TDAH – hiperatividade, falta de atenção e/ou impulsividade – são o equivalente comportamental de uma dor de cabeça que pode significar uma variedade de coisas. Um exame médico completo pode ajudar a excluir outras causas potenciais para o comportamento e dificuldades de atenção do seu filho.

Para mais informações
Richard Saul. *ADHD does not exist: the truth about attention deficit and hyperactivity disorder.* New York: Harper Wave, 2015.
Society for Developmental and Behavioral Pediatrics: 6728 Old McLean Village Dr., McLean, VA 22101; 1-703-556-9222; info@sdbp.org; sdbp.org/resources/find-a-clinician.cfm. O site inclui um banco de médicos norte-americanos.

Estratégia nº 72

Sugira estratégias de estudo eficazes
(Idade: 8 a 18 anos)

Recentemente li um artigo na *ADDitude**, uma revista maravilhosa e site que fornece estratégias e ideias para ajudar crianças e adultos diagnosticados com TDAH a atingir todo o seu potencial, o que me fez pensar sobre como, atualmente, os alunos estudam de forma bastante diferente de como costumavam estudar. Na matéria, o filho adolescente de Mary Ann Moon e a filha universitária tinham sido diagnosticados com TDAH e tiveram problemas com o método tradicional de estudar: sentados em

---

* N.T.: Site norte-americano dedicado ao TDAH, que também publica uma revista impressa.

uma carteira escolar, em uma sala silenciosa. Como alternativa, seu filho ouvia seus livros em áudio enquanto estava deitado na cama, jogando uma bola contra a parede do quarto. Sua filha não jogava bola, mas precisava de algum ruído ambiente de baixo nível para ajudá-la a se concentrar, então ouvia música de rádio e a falação do DJ enquanto estudava.[1] Esses dois exemplos parecem incorporar hábitos de estudo inadequados, mas para aqueles que entendem como a mente diagnosticada com TDAH funciona, tais métodos se tornam adaptações de ponta que facilitam modos de pensamento e compreensão mais eficientes. Cada criança e adolescente identificados como portadores de TDAH são diferentes, portanto, não há um jeito único de estudar para as crianças diagnosticadas com o transtorno, mas aqui está uma lista de sugestões a serem testadas. Veja se uma ou mais dessas sugestões se revela uma estratégia viável que tornará os horários de estudo do seu filho (criança ou adolescente) mais divertidos e eficazes:

- Deixe o seu filho (criança ou adolescente) escolher onde ele deseja estudar (ver a Estratégia n° 14: Dê opções de escolha à criança).
- Permita que ele se agite enquanto estuda (ver a Estratégia n° 1: Deixe seu filho ficar inquieto).
- Se ele prefere, sugira que estude em tempos curtos, mas intensos, durante um período mais longo, se isso parece ajudá-lo a fazer as coisas.
- Diga-lhe, se ele se aborrecer com um tópico, para mudar de assunto e retornar ao primeiro tema quando estiver com a mente mais revigorada em relação ao assunto.
- Sugira algumas maneiras pelas quais ele pode eliminar as distrações enquanto estuda (ver a Estratégia n° 34: Elimine distrações).
- Deixe-o fazer sua lição de casa em uma cadeira de balanço, em uma bicicleta estacionária ou em algum outro dispositivo móvel (ver a Estratégia n° 10: Construa, pegue emprestado ou compre mobílias móveis).
- Deixe-o falar em voz alta para si mesmo (ou com outros) enquanto estuda (ver a Estratégia n° 44: Deixe seu filho envolver-se em conversas espontâneas consigo mesmo [autofala]).
- Sugira que ele divida suas tarefas domésticas em pequenas etapas, decida as prioridades e, em seguida, faça uma etapa de cada vez (o aplicativo para dispositivos móveis 30/30 pode ajudar nessa prática).

- Se ele tem o tipo de inteligência interpessoal, sugira que estude com um amigo ou crie um grupo de estudos.
- Mantenha-o informado sobre ferramentas tecnológicas que podem tornar o estudo mais divertido e eficaz (por exemplo, a caneta Livescribe, que reproduz notas tomadas na sala de aula, em um papel especial, aplicativos de reconhecimento de voz como Dragon NaturallySpeaking e ferramentas de mapeamento mental como MindNode).
- Sugira que ele pense em uma cor que o ajude a estudar e, em seguida, pinte sua área de estudo com essa cor, ou use uma imagem visual que o motive a estudar mais intensamente ou de forma mais inteligente, colocando essa imagem em um local onde ele possa vê-la enquanto estuda (ver a Estratégia n° 96: Use cores para destacar as informações).
- Deixe-o usar ferramentas de gerenciamento de tempo para ajudar a acompanhar a quantidade de tempo que organizou para cada atividade (como o aplicativo Time Timer).
- Sugira que use estratégias de automonitoramento ou aplicativos para ajudar a mantê-lo na tarefa (experimente o MotivAider, ver a Estratégia n° 17: Ensine o seu filho a se monitorar).

Se a sua criança ou adolescente usar uma ou mais dessas estratégias e descobrir que está se distraindo e/ou não está estudando adequadamente, assim como antes, converse sobre isso. Talvez juntos, vocês possam ajustar o processo para que a estratégia funcione melhor. É possível que vocês percebam que uma abordagem particular não está funcionando e que será necessário experimentar outra coisa. Ouça as sugestões do seu filho sobre o que funciona e o apoie na busca da melhor maneira de elaborar um estilo de estudo que possa atendê-lo ao longo de seus anos escolares e durante toda a vida.

Para mais informações
Eric Jensen. *Student success secrets*, 5.ed. Hauppauge, NY: Barron's Educational Series, 2003. Estratégias de estudo para os anos do ensino fundamental II até o terceiro ano do ensino médio.

Estratégia n° 73
Forneça ao seu filho tarefas reais da vida
(Idade: 5 a 16 anos)

Na minha pesquisa informal sobre as duas últimas décadas de práticas recomendadas pelos professores para ajudar as crianças diagnosticadas com TDAH, um item que continuava aparecendo em suas listas era "dar-lhes algo prático para fazer". Mencionavam tarefas como coletar dinheiro do leite, regar as plantas, ou rebobinar o projetor de filme (guardar os CDs ou DVDs assistidos). A partir da minha própria experiência no ensino de crianças com comportamentos e problemas de atenção, posso dizer com absoluta certeza que tal criança confrontada com uma escolha entre fazer uma planilha ou configurar um projetor de computador quase sempre selecionará a segunda tarefa. As pessoas do mundo real não fazem planilhas, mas configuram projetores.

Quando, em vez de tarefas artificialmente criadas, pais e professores dão *coisas reais* a se fazer para as crianças e adolescentes com dificuldade de atenção e comportamento várias janelas se abrem. Primeiro, a criança ou adolescente é tratada com respeito, passa a atender uma expectativa mais alta que lhe é exigida, e se torna mais responsável. Em segundo lugar, ela tem a oportunidade de interagir com o mundo real. As tarefas da vida real oferecem a oportunidade de descobrir regras, rotinas, desafios e dificuldades que fazem parte de ser um participante de pleno direito da sociedade. Finalmente, ele tem a possibilidade de descobrir em que é bom. Como observou o psicanalista infantil Erik Erikson, as crianças precisam ter experiências que as façam sentir como pessoas competentes e diligentes ou do contrário irão correr o risco de sair desse importante estágio da vida com um sentimento de inferioridade.

Existem muitos trabalhos e tarefas da vida real que você pode oferecer a uma criança ou adolescente em casa ou que os professores podem oferecer na escola que o ajudarão a desenvolver competência, responsabilidade e um sentimento de pertencimento à sociedade. As seguintes tarefas são apenas algumas das muitas possibilidades:

Na escola
- Regar as plantas.

- Cuidar de um animal de estimação.
- Supervisionar outro aluno.
- Pegar recados para um escritório.
- Arrumar as mesas.
- Apontar os lápis.
- Ser o responsável pela projeção de um equipamento audiovisual.
- Coletar dinheiro para o almoço.
- Limpar a gaiola do passarinho.
- Consertar uma máquina quebrada.
- Entregar ou pegar trabalhos de alunos.
- Abrir e fechar as janelas.
- Fazer o atendimento.
- Ser um monitor de *playground*.
- Atuar como mediador da escola para resolver disputas.
- Ser um membro do grêmio estudantil.
- Fazer serviço comunitário.
- Organizar/repor os livros na biblioteca.
- Servir como assistente de laboratório em aulas de ciências.
- Supervisionar o laboratório de informática.
- Manter os materiais de arte em ordem.
- Ajudar a reorganizar as mesas e cadeiras.
- Fazer tarefas entre as aulas.
- Servir como um monitor de corredor.
- Ser um "amigo-protetor" para uma criança mais nova na escola.
- Ler os anúncios da escola pelo sistema de comunicação interno.
- Ser voluntário na cantina da escola.
- Ser assistente do zelador.

Em casa
- Cuidar de crianças.
- Ser voluntário de serviços comunitários.
- Consertar aparelhos.
- Cuidar de quintal.
- Repintar um cômodo ou área da casa.
- Organizar os livros da família, os CDs ou a coleção de DVDs.
- Fazer prateleiras ou outros utensílios domésticos.
- Cozinhar para a família.

- Ser o "guia turístico" durante os passeios familiares.
- Fazer tarefas especiais.
- Ensinar os outros familiares (como usar um aplicativo de computador, por exemplo).
- Capitanear o esforço de reciclagem da casa.
- Controlar uma conta bancária.
- Aprender a ressuscitação cardiorrespiratória e habilidades necessárias de primeiros-socorros.
- Especializar-se em tarefas de limpeza (polimento de prata, lavagem do carro).
- Responsabilizar-se pelo jardim.
- Ser o navegador (com mapa) durante viagens familiares.
- Cuidar de animais de estimação.
- Trocar as lâmpadas queimadas ou outros objetos substituíveis.
- Planejar uma viagem em família.
- Abrir um "empreendimento de calçada" (banca de venda de limonada na frente de casa, por exemplo).
- Ser o mestre de cerimônia em reuniões familiares.
- Consertar ou repintar móveis.
- Ser o animador em festas familiares.
- Ser o responsável por gravar programas de TV.
- Organizar um dia de esportes da família ou uma noite de jogos de mesa e/ou tabuleiro.
- Confeccionar cartões comemorativos para enviar durante o período de festas.
- Organizar fotos para o álbum da família (ou vídeos para os arquivos da família).
- Ajudar irmãos mais novos em tarefas diárias (alimentação, higiene pessoal).

Certifique-se de que a tarefa não exceda o nível de habilidade de seu filho (criança ou adolescente), ou ele pode acabar ficando ansioso, se sentindo incompetente e/ou humilhado. Se ele realmente quer fazer o trabalho, no entanto, ajude-o a aprender as habilidades necessárias de que precisa para realizá-lo. Algumas crianças aprendem a ler, de repente, por exemplo, uma vez que percebem que precisam dessa habilidade para fazer algo real, como passar em um exame de habilitação ou ler um manual de reparo de moto. Se o seu filho se empolgar com a tarefa e mostrar uma aptidão especial ao que está fazendo, você poderá ajudá-lo a encontrar mais oportunidades para evoluir nessa área. Por exemplo, se ele gosta de cuidar dos ratos de laboratório da escola, talvez você possa ajudá-lo a obter um trabalho voluntário no consultório de um veterinário. Esse tipo de experiência da vida real ainda quando criança ou adolescente pode abrir caminho para uma carreira real na vida adulta.

Para mais informações
Barbara Lewis. *The kid's guide to social action: how to solve the social problems you choose – and turn creative thinking into positive action*. Minneapolis, MN: Free Spirit, 1998.

Estratégia nº 74

Use a pausa de uma maneira positiva
(Idade: 4 a 11 anos)

Quando eu era professor de educação especial e meus alunos se comportavam mal, eu costumava mandá-los para um canto vazio da sala de aula. Muitas vezes, essa estratégia saía pela culatra, pois os alunos começavam a chutar cadeiras, bombardear os colegas de classe com "tiros" com bolinhas de papel, usando a estrutura da caneta como dardo, sorrindo e fazendo ruídos engraçados de seu "exílio", ou se recusando a ir, me forçando a arrastá-los até lá. No entanto, também houve algumas experiências positivas. Lembro-me, especialmente, de tempos em que os alunos escolhiam *por conta própria* o momento de ir para a "área de pausa", quando se sentiam fora de controle. Parecia-me que quando eles realmente escolhiam ir para esse lugar – em vez de serem enviados para lá como uma punição – o benefício era maior.

A "área de pausa" foi um método de disciplina muito popular usado na comunidade do TDAH. Um livro bastante vendido (e o vídeo que o acompanha), direcionado aos pais de crianças rotuladas como portadoras de TDAH, mostra o método de fazer a contagem preventiva "1... 2... 3...", e se a criança não cumprisse o comando dos pais, devia ser mandada para a área de pausa por 5 minutos. Um diálogo típico podia ser algo assim:

"Matt, pare de cutucar o cachorro. Estou avisando: Um..." Matt continua a cutucar o cachorro: "Dois...". Matt continua a importunar o cão, sequer olhando para os pais. "E três... Agora, são cinco!" Matt não se move e é levado para o quarto gritando.

Infelizmente, com muitas crianças diagnosticadas com TDAH, usar o tempo de pausa como método punitivo pode, na verdade, ser contraproducente. Dois pesquisadores proeminentes do TDAH, Thomas e Sydney Zentall, comentaram sobre o uso da pausa. Segundo eles, "em geral, os períodos de pausa parecem ser aversivos para crianças hiperativas. Se o isolamento realmente tiver um efeito calmante sobre crianças hiperativas, seria esperado perceber a atividade reduzida durante os períodos de pausa. No entanto, [nós] ... observamos crianças hiperativas em ambientes de pausa e vimos, não a diminuição, mas o aumento dos níveis de atividade."[1] Isso pode ocorrer em decorrência da necessidade de muitas dessas crianças, inadequadamente estimuladas, criarem sua própria estimulação em um lugar (o canto) que tem níveis muito baixos de estimulação. Mesmo que o tempo punitivo controle de forma efetiva o comportamento de uma criança no curto prazo, isso pode custar o autorrespeito e o senso de dignidade da criança.

A especialista em disciplina infantil, Jane Nelsen, aconselha os pais a dizer às crianças que, quando se sentirem chateadas ou fora de controle, pode ser útil ter um lugar para resolver a irritação, fazer coisas para se sentir melhor ou se colocar em um estado de espírito que lhes permita voltar ao problema e enfrentá-lo de forma mais construtiva. Nelsen sugere que as crianças sejam as únicas a decidir quando precisam ir a uma área de pausa. Ela até recomenda que os pais obtenham um cronômetro para que as próprias crianças possam manusear e definir de acordo com a quantidade de tempo que sentem necessidade para se recompor. Lugares para a pausa podem estar em qualquer espaço: um quarto, uma cadeira especial ou um banco no campo de jogos da escola são todos adequados. Se as crianças associam a palavra *pausa* com punição, então renomeie o espaço como um canto pensativo, um espaço silencioso, uma base doméstica, uma sala de assentamento, um lugar de energia ou um local de relaxamento.

Uma vez que você está mudando o propósito da pausa de uma punição passiva (colocando a criança em um lugar chato ou dolorosamente chato) para o enfrentamento ativo dos problemas, você pode sugerir atividades que seu filho teria a chance de fazer na área de pausa para ajudá-lo a ganhar controle e se sentir melhor. As possibilidades incluem:

- Visualizar uma imagem que o ajude a lidar com o motivo que o levou até lá (ver a Estratégia n° 79: Ensine seu filho a visualizar).
- Meditar (ver a Estratégia n° 43: Ensine meditação *mindfulness* ao seu filho).
- Fazer exercícios de relaxamento físico (ver a Estratégia n° 46: Compartilhe técnicas de manejo do estresse).
- Pensar, anotar ou desenhar soluções para os problemas enfrentados.

Nesse espaço redefinido, as crianças começarão a ver a área de pausa como um lugar para a renovação, não um lugar para a dor.

Para aqueles céticos sobre a pausa positiva, Nelsen insiste que isso realmente pode funcionar se os pais tiverem a paciência de esperar (cerca de 3 a 6 semanas) e se adotarem uma atitude sincera de encorajamento e respeito pela criança. "De onde vem a ideia maluca", escreve Nelsen, "de que para fazer as crianças melhorarem seu comportamento, primeiro devemos fazê-las se sentirem pior?".[2] A pausa positiva proporciona às crianças uma maneira de conseguir controlar seus próprios comportamentos e lhes permite desempenhar um papel importante na tarefa de se transformarem em pessoas bem-sucedidas e capazes.

Para mais informações
Jane Nelsen. *Positive time-out: and over 50 ways to avoid power struggles in the home and the classroom.* New York, Prima, 1999.

Estratégia n° 75

Aprimore a autoestima do seu filho
(Idade: 4 a 18 anos)

Em seu site, o psicólogo Robert Brooks, da Universidade de Harvard, compartilha uma amostra de escrita criativa de um adolescente diagnosticado com TDAH, seu paciente sob terapia. O adolescente escreve: "Ir para a escola foi como escalar uma montanha íngreme. Cada passo é uma batalha contra os ventos gelados. Às vezes, fui derrubado. Meu corpo está entorpecido. Estou subindo, agarrando-me às pedras de uma subida íngreme, à beira de um precipício. Olho para cima e vejo que minha luta mal começou."[1] Essa descrição dolorosa pode representar o estado mental de muitas crianças que são diagnosticadas com TDAH. Percebendo o mundo de uma maneira diferente, tendo um tipo de ritmo comportamental e atencional distinto, lutando com os conflitos internos, muitas dessas crianças acabam sendo condenadas ao ostracismo ou abusadas por colegas, avaliadas de forma severa pelos professores e punidas rigorosamente pelos pais por mau comportamento. Não surpreende que seu senso de identidade pessoal não seja lá muito vigoroso.

Estudos sugerem que as crianças identificadas como portadoras de TDAH têm menor autoestima do que seus colegas com desenvolvimento típico. Em um estudo, as crianças diagnosticadas com TDAH relataram sua crença de que uma dimensão fundamental de seus eus "reais" era persistentemente "ruim", mesmo quando tomavam sua medicação.[2] Em outro estudo sobre o entendimento dos jovens sobre o diagnóstico de TDAH, um jovem informou: "O TDAH faz coisas ruins para você... Isso significa receber coisas ruins para fazer e lhe proporciona uma péssima educação escolar."[3]

Diante desse estado de coisas, é extremamente importante elevar a autoestima das crianças com diagnóstico de TDAH. A menos que uma criança ou adolescente tenha um núcleo positivo de si próprio a partir do qual possa se mover com segurança em direção ao mundo, ele não terá a força do ego para resistir aos tipos de desafios que a vida inevitavelmente apresenta.

Aqui estão algumas dicas específicas para desenvolver a autoestima:

- Tenha um horário para compartilhar sucessos durante o jantar ou à noite em que todos na família tenham a chance de falar sobre pelo menos uma coisa positiva que fizeram ao longo do dia (ver Estratégia nº 25: Celebre as conquistas).
- Incentive seu filho (criança ou adolescente) a manter um álbum de recortes de sucesso que contenha prêmios, lembranças, fotos de si mesmo e de outros fazendo coisas pelas quais se sinta orgulhoso, além de qualquer outra coisa que contribua para o seu sentimento de autoestima (mas não o obrigue a fazê-lo se ele não quiser).

- Sugira que seu filho (criança ou adolescente) se habitue a gravar áudios em que compartilha coisas de que gosta em si mesmo e/ou coisas que faz muito bem. Ele pode então reproduzi-lo sempre que necessitar de um apoio moral.
- Pergunte ao seu filho (criança ou adolescente): "Se você pudesse ser um animal, que bicho seria?". Em seguida, sugira que ele aprenda mais sobre o animal escolhido e os traços positivos que o caracterizam.
- Juntamente com toda a família, faça desenhos que descrevam atividades favoritas e cenas de membros da família fazendo aquilo que realizam com excelência. Depois, compartilhe os desenhos e os mantenha fixados em lugares visíveis da casa como lembretes das qualidades positivas de todos.

A maioria dessas atividades também pode ser incorporada no currículo da sala de aula. O professor pode ter um "programa de estudante da semana" no qual os pontos fortes, talentos e dons de cada criança são destacados; ter entrevistas ou shows de marionetes em que os alunos se concentram nas qualidades positivas do outro; ou atribuições de escrita planejadas para exigir que os alunos explorem seus atributos pessoais ("Escreva um poema que nos diga o que você mais valoriza sobre sua vida").

O desenvolvimento da autoestima não deve se constituir de elogios exagerados distribuídos de forma imerecida. A pesquisa sugere que isso pode até mesmo ser prejudicial para eles, colocando-os no caminho de uma decepção posterior.[4] No cerne desse importante sentimento, a educação de autoestima deve ser sobre como enfrentar desafios, conflitos e obstáculos com sucesso. Tudo começa com uma crença profunda no potencial de seu filho, ou como disse o violoncelista espanhol Pablo Casals: "Devemos dizer a cada criança, você sabe quem você é? Você é uma maravilha! Você é único!".[5] Se essa fosse a mensagem que déssemos aos nossos filhos, e as crianças a carregassem em seus corações, acreditando e vivendo suas vidas com base nessa mensagem, em que mundo maravilhoso viveríamos.

Para mais informações
Gershen Kaufman, Lev Raphael e Pam Espeland. *Stick up for yourself: every kid's guide to personal power & positive self-esteem*, rev. ed. Minneapolis, MN: Free Spirit, 1998.

Lisa M. Schab. *The self-esteem workbook for teens: activities to help you build confidence and achieve your goals*. Oakland, CA: Instant Help/New Harbinger, 2013.

Estratégia n° 76

Evite exposição a contaminadores ambientais
(Idade: pré-natal à vida adulta)

Os fatos são alarmantes. A indústria dos EUA produz mais de mil produtos químicos conhecidos por afetar o sistema nervoso e duzentos são considerados neurotoxinas.[1] Você não precisa viver perto de um despejo tóxico para ser afetado por esses contaminantes. De acordo com o especialista em TDAH e professor clínico de psiquiatria no Georgetown Medical Center, Larry Silver, uma série de toxinas residem em itens domésticos comuns, incluindo:

- Compostos perfluorados (PFC), que podem ser encontrados em produtos como Teflon e impermeabilizante de tecidos.
- Éteres difenílicos polibromados (PBDE), que são retardadores de chamas e são usados em roupas, móveis e roupas de cama.
- Ftalatos, um grupo de produtos químicos que tornam os plásticos mais flexíveis e são utilizados em vinil, garrafas plásticas, brinquedos, cortinas e impermeáveis.
- Bisfenol A (BPA), uma resina epóxi usada em latas de alimentos e outros recipientes.[2]

Adicione a esses compostos os pesticidas encontrados nos alimentos e os metais pesados, como o chumbo que ainda estão em muitas casas antigas, e você estará diante de um amplo espectro de fatores potenciais que contribuem para os sintomas do TDAH.

As duas toxinas que foram mais conclusivamente ligadas aos sintomas de TDAH são exposição ao chumbo e ao fumo passivo. Os autores de um relatório de pesquisa escreveram: "A exposição ao chumbo é um candidato neurobiológico plausível para envolvimento no TDAH, pois interrompe os circuitos de dopamina e outros circuitos de transmissão de neurocircuitos do mesencéfalo... Contribui para o que é agora uma abundante literatura emergente que liga o TDAH à exposição de chumbo, mesmo em exposições típicas da população."[3] Esse metal pode ser encontrado em tinta contaminada, canos de água, poeira, solo e água, especialmente nos prédios construídos antes da proibição, nos Estados Unidos, do seu uso na construção de edifícios residenciais, em 1978. Também pode ser encontrado em cerâmica, porcelana chinesa e de outras procedências (o chumbo pode se dissolver em alimentos e água) e em alguns brinquedos importados e produtos enlatados.

O tabagismo pré-natal tem sido visto há muito tempo como uma causa clara de sintomas relacionados ao TDAH, porém mais recentemente a exposição ao fumo passivo, especialmente entre crianças menores de 6 anos de idade, também foi implicada nos diagnósticos de TDAH. Em um estudo, os autores escreveram: "Nossos achados sugerem que a exposição ao fumo passivo em crianças está fortemente associada ao TDAH independentemente de outros fatores de risco".[4]

Para ajudar a proteger seu filho e sua família contra a exposição a esses e outros contaminantes, aqui estão algumas recomendações:

- Se você é fumante e está grávida, pare de fumar imediatamente. Se você atualmente tem filhos e não consegue parar, faça isso longe da sua residência.
- Cubra as superfícies suspeitas de tinta de chumbo com tinta que não contenha chumbo ou com painéis, paredes de *drywall* ou outros vedantes; não tente raspar, lixar ou queimar a tinta, pois isso pode liberar chumbo na atmosfera. Entre em contato com o departamento de saúde local para obter ajuda na gestão da remoção.
- Quando possível, compre produtos orgânicos e lave completamente todos os alimentos frescos não orgânicos que podem conter pesticidas (com um especial cuidado para os seguintes alimentos: pêssegos, maçãs, pimentões, aipo, nectarinas, morangos, cerejas, peras, uvas, espinafres, alface e batatas).
- Use produtos de limpeza ecológicos com menos produtos químicos tóxicos.
- Estabeleça armadilhas pegajosas ou luminosas de insetos (eletrocutadores) para pragas em torno da casa em vez de usar remédios tóxicos.

- Armazene alimentos em recipientes de vidro, evite panelas antiaderentes e não aqueça alimentos em recipientes de plástico.
- Contacte a sua empresa de abastecimento de água local para obter informações sobre possíveis contaminantes no fornecimento; em caso de dúvida, use água filtrada para beber e cozinhar.
- Certifique-se de que haja muita ventilação (abra as janelas se puder) quando você limpar a casa ou fizer reformas. E limpe cuidadosamente todo o lixo e a poeira.
- Peça informações aos funcionários da escola sobre quaisquer projetos de risco ambiental que possam estar em curso na escola do seu filho e, se suspeitar, pressione o conselho da escola e os membros do conselho da cidade para tratarem do assunto imediatamente.

Embora não haja evidências incontestáveis que liguem a maioria dos contaminantes tóxicos aos diagnósticos de TDAH (além de chumbo e cigarros), a pesquisa futura pode descobrir novos culpados, e vale a pena ser cauteloso e proativo em relação aos produtos químicos presentes em nosso meio, especialmente porque muitas toxinas *foram* relacionadas a outros problemas de saúde. Ao manter um ambiente familiar ecologicamente saudável (e incentivar os administradores escolares do seu filho a fazer o mesmo), você pode garantir que seu filho seja protegido de toxinas que possam afetar sua atenção, comportamento e/ou saúde geral.

Para mais informações
Debra Lynn Dadd. *Toxic free: how to protect your health and home from the chemicals that are making you sick*. New York: Tarcher Perigee, 2011.

Estratégia n° 77

Certifique-se de que seu filho desfrute de um período suficiente de sono
(Idade: 4 a 18 anos)

São 9 horas da noite, Jason, de 14 anos de idade, diagnosticado com TDAH aos 6 anos, está vendo TV em seu quarto quando seu irmão mais velho, John, entra e quer pedir emprestado seu iPad para jogar *videogames*. Jason diz que não, ele precisa dele para terminar uma tarefa de casa e então começa uma discussão entre eles. Jason deixa a TV e começa a trabalhar na tarefa usando seu *tablet* para convencer John de que realmente precisa estudar. Agora são 11 horas da noite e Jason recebe uma mensagem de texto de um colega da escola de que sua namorada talvez esteja saindo com outro cara. Ao mesmo tempo, a mãe grita: "Apaguem as luzes!". Mas Jason, frustrado e irritado com a notícia que acabou de receber, começa a jogar vídeo poker em seu *tablet* e continua a fazê-lo até as primeiras horas da manhã. Depois de 3 horas de sono inquieto, o pai de Jason o acorda dizendo que ele vai chegar atrasado à escola. Jason veste as roupas sem muito cuidado, passa correndo pela mesa do café da manhã e quase não consegue assistir a sua primeira aula, iniciada às 7:45 h, na qual logo cai no sono, que lhe resulta em uma advertência e punição.

A história de Jason não é única. Em todo o país e em todo o mundo, crianças e adolescentes com e sem diagnóstico de TDAH não dormem o suficiente. De acordo com as diretrizes recentes estabelecidas pela National Sleep Foundation, a criança média em idade escolar deve ter entre 9 e 11 horas de sono, e os adolescentes entre 8 e 10 horas.[1] Estudos sugerem, no entanto, que 45% das crianças e adolescentes estão realmente tendo menos do que 8 horas de sono por noite.[2] A situação é ainda mais preocupante quando se trata de crianças com diagnóstico de TDAH. Primeiro, essas crianças têm uma duração de sono menor do que crianças e adolescentes com desenvolvimento típico.[3] Em segundo lugar, um diagnóstico de TDAH está associado a uma maior probabilidade de distúrbios do sono, incluindo dificuldades de início do sono, despertar noturno, problemas com o despertar no início da manhã, problemas respiratórios durante o sono e a sonolência diurna.[4] Finalmente, os pais de crianças com diagnóstico de TDAH relatam comportamentos noturnos mais problemáticos durante o período que antecede a hora de dormir, incluindo discussão com irmãos e dificuldade de transição para o sono, em comparação com relatórios de pais de crianças com desenvolvimento típico.[5] Um estudo até sugeriu que a adoção de bons hábitos de higiene do sono, somada à administração da melatonina hormonal podem ser adequadas para tratar com sucesso a dificuldade de iniciar o sono em crianças diagnosticadas com TDAH.[6] Aqui estão algumas sugestões para criar condições ideais que favorecerão a boa noite de sono de seu filho (criança ou adolescente):

- Defina horários consistentes para ir para a cama e levantar-se pela manhã. Permaneça firme com a programação, mesmo nos fins de semana e feriados.
- Desligue dispositivos de tecnologia (TV, computadores, *tablets*, telefones) de 1 a 2 horas antes da hora de dormir.
- Evite eventos estressantes que possam funcionar como um despertador antes da hora de dormir (como argumentos, lutas, brincadeiras bruscas e vigorosas, exercícios vigorosos).
- Crie uma rotina relaxante que anteceda a hora de dormir, que pode incluir a leitura, escutar música, um carinho suave nas costas, a meditação ou a prática de yoga (ver Estratégia n° 43: Ensine meditação *mindfulness* ao seu filho; Estratégia n° 87: Faça seu filho aprender yoga).
- Mantenha o quarto escuro ou com luz suave, quando chegar a hora de dormir, e pela manhã, abra bem as cortinas e as janelas para deixar a luz natural entrar. Isso ajuda a restaurar o relógio interno do corpo.
- Evite usar a hora de dormir como uma recompensa (como permitir ficar acordado até tarde) ou uma punição (ter que ir dormir cedo).
- Evite refeições pesadas, cafeína e (para adolescentes predispostos a isto) drogas e/ou álcool no final da noite. Um lanche leve antes da cama (leite, cereais, frutas ou biscoitos) é o suficiente.
- Faça da cama um lugar calmante, com travesseiros confortáveis, lençóis macios, bichos de pelúcia ou outros recursos amistosos que façam o seu filho (criança ou adolescente) se sentir seguro.
- Converse com a escola do seu filho para que ele comece a rotina de estudos mais tarde durante a manhã (os adolescentes têm um ciclo de sono típico desse estágio da vida, que os leva a dormir e acordar mais tarde).

Consulte o seu médico se detectar problemas especiais, tais como dificuldades respiratórias durante o sono, síndrome das pernas inquietas, insônia crônica, sonambulismo, pesadelos frequentes ou outras irregularidades noturnas, e também sobre a possibilidade de tomar melatonina como auxiliar do sono (não use medicações para dormir sem prescrição médica e evite até mesmo comprimidos para dormir prescritos). Se o seu filho está tomando psicoestimulantes, fale com o médico responsável pelo tratamento sobre a mudança de medicamentos, dosagens ou o momento da administração para minimizar o efeito do estimulante no sono do seu filho. Acima de tudo, incentive a sua criança ou adolescente a manter consistência em suas rotinas de sono-vigília. Com o tempo, a desatenção e a distração decorrentes da ausência de uma adequada noite de sono vão se dissipar e um novo dia brilhante amanhecerá.

Para mais informações
Richard Ferber. *Bom sono*. Celebris, 2008.

Estratégia n° 78

Incentive aspirações profissionais positivas
(Idade: 6 a 18 anos)

Para mim, parece fundamental ajudarmos as crianças que foram diagnosticadas com TDAH a perceber que existem futuros positivos para cada uma deles. Muitas dessas crianças experimentam, durante anos, frustrações nas salas de aula, com a perspectiva de encontrar mais do mesmo quando saírem da escola. No entanto, pode ser que, para muitas delas, o mundo real possa oferecer uma chance de mostrar forças e habilidades que um currículo de sala de aula regulamentar nunca poderia proporcionar. Infelizmente, parece que a comunidade do TDAH, muitas vezes, envia a mensagem errada para crianças e adolescentes quando transmite os resultados de estudos de acompanhamento até a idade adulta de crianças com diagnóstico de TDAH ou hiperativas. De acordo com esses estudos, as pessoas com TDAH terão mais acidentes de carro, menos educação, mais instabilidade no trabalho, mais abuso de drogas e mais comportamentos criminosos do que pessoas com desenvolvimento típico.[1] Essas estatísticas são preocupantes não pelo que indicam, mas pela mensagem que transmitem para jovens diagnosticados com TDAH: se você é um filho (criança ou adolescente) identificado como portador desse transtorno, os riscos são bem maiores até mesmo em relação àqueles que, ainda que não possuam tal diagnóstico, têm a perspectiva de uma dura caminhada pela frente.

Esse futuro sombrio não precisa se concretizar. Nesses estudos, os indivíduos não tiveram o benefício do tipo de intervenções de base, de grande amplitude, compartilhadas neste livro, incluindo a fé e a confiança que você tem como pai ou mãe de que seu filho irá prosperar na idade adulta.

O que isso significa é que seu filho só poderá encontrar seu verdadeiro lugar na vida quando enfrentar o mundo real e descobrir uma vocação que lhe permita fazer o que faz melhor. A fim de garantir que ele encontre sua verdadeira vocação, no entanto, você precisa começar a estimular suas aspirações de carreira desde uma idade precoce. Deixe-o saber que os tipos de traços que ele possui são valiosos em algum local de trabalho. Em termos de características associadas ao comportamento semelhante ao TDAH – necessidade de novidade, mudanças frequentes nas tarefas, imaginação, movimento e expressão espontânea – há muitos papéis de trabalho em que esses atributos são necessários, incluindo:

- Empreendedor autônomo.
- Escritor *freelancer*, artista ou editor.
- Piloto da linha aérea ou engenheiro ferroviário.
- DJ ou locutor de rádio.
- Vendedor ambulante.
- Musicista ou terapeuta de dança.
- Guarda florestal.
- Profissional de recreação.
- Professor substituto/particular.
- Repórter de rádio, televisão ou jornal.
- Policial ou bombeiro.
- Fotógrafo de natureza.
- Empreiteiro.
- Artesão.
- Artista plástico ou escultor.
- Inventor ou *designer*.
- Detetive particular.
- Motorista de caminhão, ônibus ou táxi.
- Médico emergencista.
- Pesquisador independente.
- Agricultor ou profissional de atividades rurais.
- Coreógrafo ou dançarino.
- Atleta ou treinador.
- Conferencista ou instrutor de cursos.
- Instrutor de aeróbica ou de condicionamento físico.
- Topógrafo, cartógrafo ou arquiteto.

- Voluntário de forças de paz.
- Modelo.
- Consultor de relações públicas.

Você pode ajudar a estimular as aspirações profissionais em seu filho (criança ou adolescente), apresentando-o a pessoas bem-sucedidas de sua comunidade que eram consideradas hiperativas ou que foram diagnosticadas como portadoras de TDAH na infância (ver também a Estratégia n° 66: Propicie modelos positivos de comportamento). Esses indivíduos podem servir como exemplos vivos de futuros positivos para seu filho e podem apontar o caminho para objetivos profissionais específicos.

Para ajudar a nutrir os interesses de carreira, pergunte ao seu filho de tempos em tempos o que ela gostaria de ser quando crescer. Você pode até sugerir que ele faça um desenho de como se imagina profissionalmente em um tempo futuro (10 ou 20 anos adiante). Converse sobre suas aspirações e leve seus comentários a sério. Não tente desencorajá-lo se a vocação imaginada lhe parecer inadequada ou pouco realista. Ajude a alimentar seus sonhos, e, ao mesmo tempo, apresente-lhe a ampla gama de opções estão que abertas em outras áreas. O especialista em mitologia, Joseph Campbell, aconselhou seus alunos a "seguir sua felicidade.... e portas vão se abrir em lugares inesperados." Ao ajudá-lo a soprar as chamas das suas ambições profissionais, você estará contribuindo de forma significativa para que ele tenha sucesso na vida.

Para mais informações
Dale Archer. *The ADHD advantage: what you thought was a diagnosis may be your greatest strength*. New York: Avery, 2015.
Kathleen G. Nadeau. *The ADHD guide to career success: harness your strengths, manage your challenges*, 2.ed. New York: Routledge, 2015.

Estratégia n° 79

Ensine seu filho a visualizar
(Idade: 4 a 18 anos)

Alguns anos atrás, eu estava demonstrando algumas novas técnicas para ensinar a soletrar em uma sala de aula do ensino fundamental de Nova

York e fui impedido por um menino de 8 anos chamado Billy, que se sentava na primeira fila e se recusou a ficar no seu lugar durante a maior parte da lição. Contudo, quando cheguei à parte da aula em que os alunos tinham que visualizar as palavras soletradas, fiquei espantado ao ver Billy voltar para o seu lugar e permanecer perfeitamente imóvel enquanto cobria seus olhos e "olhava" atentamente para suas palavras imaginárias. De modo esperado, as letras na imaginação não permaneciam estáveis e passei alguns minutos trabalhando com ele individualmente em estratégias para fazer as palavras ficarem imóveis. Mais tarde, percebi que algo mais importante do que uma aula de soletração tinha acontecido. Billy conseguiu transformar sua hiperatividade física externa em movimento mental interno. E, ao internalizar seu nível de atividade externa, conseguiu obter algum grau de controle sobre si mesmo.

A imaginação representa um importante recurso potencial que as crianças diagnosticadas com TDAH podem aproveitar para ajudá-las na aprendizagem, na participação e no comportamento. Albert Einstein (ele mesmo um problema de comportamento em sua escola secundária prussiana) disse uma vez em referência a seus próprios processos de pensamento: "A imaginação é tudo". Ele conduziu experiências de pensamento em que visualizava, por exemplo, o que seria montar em um feixe de luz. Essas visualizações foram fundamentais para ajudá-lo a formular suas teorias específicas e gerais da relatividade. Muitas outras figuras da história usaram sua imaginação para transformar a sociedade, incluindo o inventor Elias Howe, o autor Robert Louis Stevenson e o físico nuclear Niels Bohr. Esses pensadores, como muitas crianças denominadas portadoras do transtorno, eram sonhadores. A única diferença entre eles era que esses indivíduos eminentes usavam seus devaneios de forma produtiva. Com uma orientação adequada, as crianças com diagnóstico de TDAH também podem prosperar por meio de sua capacidade imaginativa.

Na escola, os alunos podem colocar palavras ortográficas, tabelas de fatos, fórmulas de matemática ou outro material alternativo em telas mentais imaginárias como forma de memorizá-las. Os alunos também podem visualizar o que leram depois de ler uma história, imaginar o que ouviram depois de ouvir as instruções do professor, ou visualizar uma cena histórica, uma operação matemática ou uma experiência científica.

Em casa, crianças e adolescentes com diagnóstico de TDAH podem ser auxiliados na formação de suas próprias imagens mentais personalizadas para ajudá-los com foco, comportamento ou conflito social. Algumas imagens sugeridas para seu filho ou adolescente podem incluir o seguinte:

Para acalmar
- Um lugar especial na natureza (lago, bosques, montanhas).
- Uma viagem favorita (parque de diversões).
- Uma jornada imaginária (para uma terra mágica).
- Um lugar secreto (casa da árvore, forte).

Para focalizar
- Uma cor favorita.
- Um brinquedo favorito.
- Um herói especial.
- Um filme favorito.

Para reagir a críticas
- Evitar flechas voadoras (da crítica).
- Deixar a brisa (das críticas) passar por você.
- Permitir que a crítica deslize sobre suas costas como a água das costas de um pato.
- Limpar-se de palavras ruins com um sabão *laser* imaginário.
- Colocar uma luz branca protetora imaginária ao seu redor para lidar com valentões.

Os melhores cenários de imagens para algumas crianças serão diferentes de qualquer uma dessas sugestões. Deixe seu filho criar suas próprias visualizações mentais como uma forma de aprender algo novo ou como uma forma de lidar com o estresse, o conflito ou a confusão. Imagens dinâmicas, como caminhões monstruosos que colidem uns contra os outros, dinossauros envolvidos em um combate mortal ou veículos espaciais que estão às voltas com uma guerra galáctica interestelar na verdade podem, tal qual os psicostimulantes, acalmar seu filho (criança ou adolescente). Explique ao seu filho que ele pode colecionar suas próprias imagens pessoais para ajudá-lo na aprendizagem, concentração, comportamento e gerenciamento do estresse. Nem toda criança é capaz de criar imagens visuais, e para algumas delas, cenários imagéticos podem ser muito perturbadores ou agitados para proporcionar o efeito desejado. Mas para aqueles que têm imaginação vívida e uma vontade de usar sua mentalidade visual, o sucesso pode ser mais uma imagem a ser concebida.

Para mais informações
Jennifer Day. *Visualização criativa com crianças*. Cultrix, 1997.

Estratégia n° 80

Jogue xadrez ou *Go* (*Weiqi, Baduk*) com seu filho
(Idade: 10 a 18 anos)

Usar uma estratégia que envolve um jogo de tabuleiro, introspectivo e vagaroso, pode parecer contraintuitivo para muitos pais de crianças diagnosticadas com TDAH. Afinal, se uma criança ou adolescente tiver problemas para prestar atenção ou ficar sentado por longos períodos, como então vão lidar com a concentração necessária para um jogo de xadrez, que pode durar horas a cada confronto? A resposta é que um jogo não precisa seguir continuamente por horas, mas pode ser dividido em pedaços de tempo menores. As pessoas que jogam xadrez a longa distância muitas vezes esperam dias pelo próximo movimento do oponente. Mas o argumento fundamental para a razão do xadrez ser uma boa ideia para as crianças diagnosticadas com TDAH é porque se trata de um jogo que melhora o foco e a concentração. Em um estudo, quatorze crianças libanesas de 11 a 13 anos de idade foram ensinadas a jogar xadrez por um enxadrista e treinador internacional. Participaram do clube de xadrez após a escola, duas vezes por semana, durante 4 meses (o tempo médio para cada aula foi de 30 a 45 minutos). Para lidar com a possibilidade do tédio, o treinador usou vídeos sobre como jogar, um gráfico de comportamento e pistas visuais para lembrar a posição das peças. Após 4 meses, os alunos melhoraram suas habilidades de concentração e audição, e seus sintomas de TDAH diminuíram.[1]

Em outro estudo, cerca de 44 crianças espanholas com idades entre 6 e 17 anos participaram de um programa de treino de xadrez durante 11 semanas. Os pesquisadores encontraram um grande efeito na diminuição da severidade dos sintomas de TDAH.[2] Em outro estudo, em que as crianças aprenderam a jogar o jogo de lógica chinês *Baduk* (mais conhecido como *Go*), verificaram a melhoria do funcionamento executivo das crianças e a atividade cerebral associadas ao córtex pré-frontal (ou seja, a área mais necessitada de maturação para crianças com diagnóstico de TDAH).[3]

Aqui estão algumas orientações para a introdução de xadrez ou *Go* para o seu filho (criança ou adolescente):

- Ensine a seu filho os movimentos básicos e as regras do xadrez (aprenda você mesmo em primeiro lugar, se ainda não souber) em uma série de breves sessões com duração não superior a 5 minutos cada.
- Quando você começar a jogar, se seu filho quiser sair a qualquer momento, não o impeça; você sempre pode prosseguir o mesmo jogo mais tarde (mantenha o tabuleiro em um local seguro onde as peças não possam cair ou ser derrubadas).
- Se seu filho não mostrar interesse pelo jogo, não o force: xadrez e/ou *Go* não são para todos.
- Se o seu filho mostrar interesse inicial, mas depois se afastar, incentive-o gentilmente a retomar, mas não o pressione; se quiser, ele voltará ao jogo algum dia.
- Deixe seu filho escolher as condições que lhe são confortáveis para se concentrar no jogo (como ficar sentado em uma mesa, de pé em um balcão, deitado sobre um tapete, sentado em uma cama).

Tenha em mente que sua criança ou adolescente pode jogar xadrez em seu próprio ritmo e levar longos períodos enquanto pensa em seu próximo movimento (uma demonstração de hiperfoco ou fluxo). Não defina um limite para o tempo necessário para o próximo movimento, a menos que queira mantê-lo em movimento rápido. Em tal situação, você pode usar um cronômetro e concordar com um período definido para cada movimento (digamos, cerca de 3 minutos). Deixe-se ser liderado pelo interesse do seu filho no jogo. O importante é que jogue, não para "melhorar suas funções cognitivas", mas simplesmente porque é muito divertido.

Para mais informações
Murray Chandler e Helen Milligan. *Chess for children: how to play the world's most popular board game.* London: Gambit, 2004.

Estratégia nº 81

Faça seu filho ensinar a uma criança mais nova
(Idade: 7 a 18 anos)

Uma das imagens clássicas da educação norte-americana é a educação das crianças sob a responsabilidade da própria família, dada em casa, pelos familiares (em inglês, *schoolhouse*). Embora não sejam predominantes no país, uma estratégia educacional utilizada nessas instituições educacionais autônomas – crianças mais velhas ensinando e cuidando de crianças mais novas – continua sendo um método de aprendizagem e ensino muito poderoso. Essa relação de ensino-aprendizagem (crianças mais velhas ensinando crianças mais novas) proporciona benefícios para ambos os lados participantes, de acordo com a pesquisa mais recente. E para as crianças que têm problemas de aprendizagem ou de comportamento, essa relação de tutoria (*cross-age tutoring**) pode oferecer um meio de incorporar um papel mais responsável. Embora possa parecer que tutores mais velhos têm pouco a ganhar com a experiência de ensinar aqueles mais jovens sob sua responsabilidade, os estudos fornecem suporte para o antigo ditado latino: *qui docet discit* (aquele que ensina, aprende).[1] De fato, os tutores geralmente aprendem muito mais com a experiência do que aquele a quem está ensinando.

Essa relação de ensino-aprendizagem (*cross-age tutoring*) parece ajudar quem ensina por muitas razões diferentes. Isso exige que a criança ou o adolescente reveja o material básico que talvez não tenha sido totalmente dominado pela primeira vez. Além disso, os tutores devem pensar nos processos que ensinam antes de apresentá-los às crianças mais novas. Isso ajuda a despertar processos mentais que podem ser aplicados ao trabalho acadêmico em seu próprio nível. O mais importante, para crianças com problemas de comportamento e atenção, o *cross-age tutoring* os coloca no papel de adulto e estimula suas habilidades sociais e comportamentais mais responsáveis. Também aumenta a autoestima ao reconhecer que o tutor é alguém que sabe algo que vale a pena ensinar.

---

* N.T.: A tradução do sentido da expressão seria algo como "Crianças de diferentes idades ensinando crianças mais novas do que elas". Trata-se de um intercâmbio educacional entre crianças de diferentes faixas etárias.

Incentive a escola do seu filho a criar um programa de tutoria entre alunos de diferentes idades. Se um programa não for viável por razões financeiras ou logísticas, fale com o professor do seu filho e veja se é possível fazer um arranjo informal para que seu filho deixe a aula durante 20 minutos diários do fim do período escolar para ensinar uma criança mais nova de séries anteriores. Os programas de tutoria funcionam melhor quando os professores supervisionam os tutores e lhes fornecem orientações simples para ajudar os alunos mais jovens, incluindo *evitar críticas, tornar a tarefa mais direcionada e objetiva e receber um feedback imediato*. Os professores também devem pensar em usar outras abordagens em que os estudantes ensinam uns aos outros, tais como as seguintes:

- *Sistemas de camaradas.* Os garotos mais velhos prestam assistência informal para os estudantes mais jovens em tarefas relacionadas à escola, como usar a biblioteca ou um computador escolar.
- *Ensino pelos pares.* Os alunos da mesma idade se ensinam mutuamente.
- *Aprendizado cooperativo.* Pequenos grupos de estudantes trabalham juntos em projetos colaborativos.

Os pais podem apoiar essa relação de ensino-aprendizagem entre as crianças (*cross-age tutoring*), incentivando seus filhos a trabalhar com amigos vizinhos ou irmãos mais jovens. Crianças ou adolescentes podem ajudar as crianças mais jovens com seus deveres de casa ou com tarefas simples, como aprender a andar de bicicleta, desenhar uma imagem ou fazer uma estrela. Essas atividades oferecem ao seu filho (criança ou adolescente) a chance de compartilhar suas habilidades e talentos únicos com os outros. Quanto mais oportunidades tiverem para se experimentar no papel de professor, especialista ou autoridade, mais fácil será eliminar os rótulos negativos acumulados ao longo dos anos em virtude de problemas de comportamento e atenção. O *cross-age tutoring* nos lembra que uma das melhores maneiras de desenvolver maturidade e responsabilidade não é se esforçar para se tornar um estudante modelo, mas sim para se tornar um professor modelo.

Para mais informações
Mary Pippitt, Katharine Davies Samway e Gail Whang. *Buddy reading: cross--age tutoring in a multicultural school*. Portsmouth, NH: Heinemann, 1995.

Estratégia n° 82

Ajude seu filho a se tornar autoconsciente
(Idade: 10 a 18 anos)

Tenho dificuldade com a ideia de os pais dizerem aos filhos que eles têm TDAH e do que se trata, o que é etc.[1] Isso me parece um processo de doutrinação em que a criança recebe informações que, pelo menos de acordo com este livro e as centenas de referências citadas, são controversas e francamente discutíveis. Mas a principal razão pela qual eu não gosto dessa conversa fiada dos pais, médicos e psicólogos com crianças e adolescentes sobre "seu TDAH" é que isso limita muito o seu senso de identidade. Agora eles têm um transtorno: TDAH. O que significa isso, exatamente? Que agora fazem parte dos 3%... não, agora é 10%... Não! É mais do que isso. Enfim, o que significa fazer parte da enorme população de crianças que têm TDAH? Que eles têm uma biogenética, ou é sociocultural, ou talvez um transtorno de desenvolvimento? Que eles precisam tomar uma substância psicoativa potencialmente viciante controlada pelo governo porque, bem, deixe-me ver, foi para regular sua dopamina, ou sua norepinefrina, ou seus lobos frontais?

O ar está demasiadamente sobrecarregado com esse "transtorno" para se ter uma conversa direta com as crianças e adolescentes sobre o que agora "têm". Não surpreende que os estudos indiquem que as crianças diagnosticadas com TDAH apresentam um senso irreal e inflado de suas habilidades (um fenômeno chamado por "viés ilusório positivo" pelos pesquisadores).[2] Quem quer que tenha recebido um rótulo psiquiátrico caracterizado por três pontos negativos (déficit, hiperatividade e desordem), deseja naturalmente defender-se contra essa ofensiva inflando-se ao menos um pouquinho. Porém, mais importante ainda, muitas vezes, o rótulo do TDAH os impede de enxergar quem realmente são. Em vez de aprisionar suas identidades sob a redoma de uma doença artificial relacionada à capacidade da atenção, deveríamos estar os ajudando a se entenderem mais profundamente como pessoas únicas, capazes e interessantes que eles verdadeiramente são. Aqui estão algumas sugestões de maneiras de fazer isso:

- Peça-lhe que faça avaliações de si mesmo para se divertir (se entender, não para se autorrotular). *Edutopia* (um site de educação maravilhoso patrocinado pela George Lucas Educational Foundation) fornece testes rápidos da inteligência emocional de Daniel Goleman e as inteligências múltipas de Howard Gardner em seu site (www.edutopia.org). Consulte "Para mais informações" mais adiante para outras fontes de autoavaliação.
- Sugira que mantenha um diário pessoal. Esse recurso pode ser um espaço para reflexão sobre a vida, sentimentos sobre eventos diários, interações com os outros e qualquer outra coisa significativa para si. Assegure a privacidade do diário, dando-lhe a certeza de que só ele vai poder olhá-lo, e que é apenas para sua própria visualização.
- Incentive-o a escrever sua autobiografia. Ele pode fazer isso de várias maneiras: por meio da escrita, criando uma montagem de fotos, fazendo um vídeo, criando uma peça de arte ou fazendo uma apresentação multimídia. Então, se e com quem quiser, ele pode compartilhar sua produção autobiográfica.
- Use outras ferramentas de autoconsciência discutidas em outros momentos neste livro. Experimente a Estratégia nº 2: Canalize as energias criativas para as artes; Estratégia nº 17: Ensine o seu filho a se monitorar; Estratégia nº 33: Ensine ao seu filho como o cérebro funciona e/ou Estratégia nº 75: Aprimore a autoestima do seu filho.
- Não evite conversar sobre TDAH se seu filho for diagnosticado como portador do transtorno, especialmente se ele fizer perguntas. Forneça respostas com vários pontos de vista sobre o assunto, e não apenas a linha do "partido do TDAH".

Lembre-se de que o fim da infância e a adolescência são momentos de crescente autoconsciência, e as crianças estão ocupadas construindo uma identidade que lhes servirá para o bem ou para o mal durante sua vida adulta. Ao ajudar seu filho (criança ou adolescente) a se entender mais profundamente, transitando para além dos rótulos limitantes e transtornos incapacitantes, você estará proporcionando-lhe uma base sobre a qual poderá construir um sólido autoconhecimento para enfrentar a idade adulta.

Para mais informações

Aqui estão algumas autoavaliações adicionais que crianças e adolescentes podem utilizar para descobrir mais sobre si mesmos e seus pontos fortes:

- Gallup's *StrengthsExplorer for Ages 10 to 14*. New York: Gallup Youth Development Specialists/Simon & Schuster, 2007 ou Tom Rath's *StrengthsFinder 2.0*. Washington, DC: Gallup Press, 2007. A compra de qualquer livro fornece um código de acesso para avaliações *on-line*.
- Pesquise Institute's *Developmental Assets* Profile (de 11 a 18 anos): search-institute.org/surveys/our-surveys.
- *VIA's* Institute on Character's *Survey of Character Strengths*, que pode ser feito gratuitamente *on-line*; viacharacter.org.

Estratégia nº 83
Utilize os melhores recursos de aprendizagem informatizada
(Idade: 7 a 18 anos)

Em outra parte deste livro, aconselhei os pais a limitarem o tempo que seus filhos passam usando mídia como computadores, *tablets* e *smartphones* para *entretenimento* (Estratégia nº 38: Limite as mídias de entretenimento). No entanto, o uso de aplicativos de computador para fins educacionais é uma das melhores maneiras de atender às necessidades de crianças que receberam o diagnóstico de TDAH. A maioria dos programas de aprendizado de computador fornece *feedback* imediato (respostas rápidas a perguntas) e reforço imediato (muitas vezes fornecendo toques sonoros especiais, crachás ou acesso a níveis mais elevados quando o usuário faz as escolhas corretas). Eles permitem que a criança controle seu próprio ritmo, evitando problemas que possa ter em obedecer a autoridades externas. A plataforma do usuário geralmente é colorida, animada e graficamente interessante. Por fim, os programas de aprendizagem de computador não fazem julgamentos, levando uma pessoa do seu nível atual de desempenho para níveis mais altos de realização em pequenos incrementos.

Não é surpreendente, então, que pesquisas sugiram que crianças e adolescentes diagnosticados com TDAH se saiam muito bem em programas de aprendizagem computadorizados quando comparados com métodos pedagógicos mais tradicionais. Em um estudo, as crianças identificadas como portadortas de TDAH melhoraram suas habilidades de leitura oral e envolvimento em tarefas ao usarem um programa de leitura computadorizado em comparação com a instrução dirigida pelo professor.[1] Em outro estudo, os alunos tiveram níveis de realização maiores e melhor foco em tarefas quando estavam envolvidos com um programa de matemática computadorizado em comparação com o trabalho de sala de aula (livros de atividades, planilhas etc.).[2]

Essas descobertas sugerem que os professores devem usar instruções informatizadas em vez de leitura e trabalho em que os alunos fiquem sentados quando se trata de crianças diagnosticadas com TDAH. Da mesma forma, os pais precisam fornecer aos seus filhos acesso a computadores ou *tablets* para fazer tarefas escolares em casa. Se você não tiver um computador ou um *tablet* em casa, investigue a disponibilidade por meio de outras fontes, como usar um computador da escola após o horário de aulas de seu filho, um computador na biblioteca local ou um em uma loja de copiadoras em sua comunidade local. Passe tempo com o seu filho interagindo com o programa de computador para que você se assegure de que ele se interessa pelo aplicativo, seja relativamente fácil de usar e ofereça um desafio adequado sem ser muito difícil. Adquira outros aplicativos que ensinam habilidades acadêmicas. Procure títulos como *ClueFinders, Fun School, Jumpstart, Zoombinis* e *School Zone*. Faça projetos familiares usando computadores, incluindo manejar jogos interativos, confeccionar cartões comemorativos usando um programa de clipart e escrever listas de casa usando um programa de processamento de texto ou de editoração eletrônica. Quando seu filho descobrir os benefícios da aprendizagem computadorizada, você descobrirá que sua curva de aprendizado passará a apontar de forma acentuada para cima.

Estratégia n° 84

Deixe seu filho jogar *videogames* que envolvam e ensinem
(Idade: 7 a 18 anos)

Sim, é verdade: jogar *videogames* para entretenimento puro é muito divertido para crianças, mas pode levar a problemas de atenção (ver a Estratégia nº 38: Limite as mídias de entretenimento). Mas essa constatação não se aplica necessariamente a "jogos sérios", que o pioneiro do *videogame* Clark Abt define como "jogos [que] têm um propósito educacional explícito e cuidadosamente pensado e não se destinam a ser jogados principalmente para diversão".[1] É verdade também que as crianças podem farejar e rejeitar os *videogames* que têm "uma finalidade educacional", e certamente há muitos programas de aprendizagem e prática que não são muito mais do que "planilhas eletrônicas". A arte real para os *designers* de *videogames* é desenvolver um jogo que envolva crianças e, ao mesmo tempo, os treine no desenvolvimento de habilidades cognitivas valiosas. Esses jogos foram desenvolvidos recentemente e estão provando, de fato, ser bastante úteis para crianças diagnosticadas com TDAH em seu desenvolvimento de habilidades de função executiva muito necessárias.

Um jogo chamado *Plan-It-Commander*, por exemplo, é um *videogame* com um objetivo final (uma missão), dividido em dez missões e várias missões paralelas. À medida que os jogadores se dedicam às missões, são obrigados a resolver problemas, planejar estratégias, estabelecer metas, administrar o tempo e se envolver em uma série de outras habilidades cognitivas de ordem superior. Em um estudo randomizado e controlado de crianças de 8 a 12 anos (principalmente meninos) com duração de 20 semanas, os participantes que jogaram o *Plan-It-Commander* melhoraram regularmente as pontuações de gerenciamento de tempo, a habilidade social de responsabilidade e a memória de trabalho em comparação com as crianças de um grupo-controle.[2] Em outro estudo, que utilizou o *Project EVO*, um jogo projetado para melhorar a capacidade de processamento de vários fluxos de informações (o jogador deve conduzir um personagem por um rio enquanto toma decisões sobre como responder a objetos que aparecem na tela), as crianças jogaram esse jogo durante 30 minutos por dia, cinco vezes por semana, durante 4 semanas, e como resultado melhoraram suas pontuações em atenção, memória de trabalho, impulsividade e nos relatórios preenchidos pelos pais sobre o funcionamento executivo da criança no cotidiano.[3]

Mas o jogo sério com o maior apelo para a maioria das crianças, incluindo aqueles diagnosticados com TDAH, é provavelmente o Minecraft, no qual os jogadores estão situados em uma terra sem fronteiras, gerada aleatoriamente, sem provisões, direções ou objetivos e têm que decidir o que fazer e como. Eles coletam materiais do mundo virtual ao seu entorno para construir coisas e criar o que suas mentes são capazes de visualizar. A maior atração desse jogo é a sua abertura. Aqui estão alguns comentários de crianças com diagnóstico de TDAH que são jogadoras do Minecraft:

- Uma menina de 11 anos disse: "Minecraft é muito divertido porque você pode construir uma casa e vem com coisas divertidas como ovos, galinhas, animais, bandidos, zumbis e coisas esquisitas".
- Um menino de 8 anos gosta de construir com ele "porque eu quero ser um engenheiro quando crescer e quero ser bom nisso".
- Um adolescente de 15 anos comentou: "Eu consigo construir coisas tão grandes quanto quero, como igrejas, montanhas-russas... Quando eu era pequeno, gostava de jogar Legos porque é a mesma coisa que o Minecraft".[4]

O Minecraft pode ser adaptado a praticamente qualquer tópico, de asteroides a zebras, e ajuda a desenvolver foco, criatividade, resolução de problemas, colaboração e várias outras funções executivas.[5] Tenha em mente que as crianças diagnosticadas com TDAH são seres nascidos em uma era digital. Nunca conheceram um mundo sem *videogames*. Ao escolher jogos *inteligentes* para jogarem, você estará os ajudando a desenvolver habilidades que se transferirão para um comportamento mais adequado, maior concentração e melhor desempenho acadêmico na escola.

Para mais informações
Randy Kulman. *Playing smarter in a digital world: a guide to choosing and using popular video games and apps to improve executive functioning in children and teens.* Plantation, FL: Specialty Press, 2014.

Estratégia nº 85

Prepare-se para as emoções e arrepios da realidade virtual e aumentada
(Idade: 10 a 18 anos)

Duas inovações tecnológicas estão surgindo no horizonte cultural que podem afetar de forma significativa e positiva a vida de crianças diagnosticadas com

TDAH: *realidade aumentada* e *realidade virtual*. A realidade aumentada é a superposição da informação digital sobre a própria experiência real do mundo sensorial. Um exemplo disso é o jogo *Pokémon Go*, em que os usuários usam seus *smartphones* em locais diferentes em torno de suas comunidades (na realidade) para capturar criaturas de Pokémon que estão situadas lá (na tela) sobrepostas à paisagem real. A realidade virtual, por outro lado, envolve uma imersão completa de 360° em um mundo próprio, determinado pelos parâmetros do programa de computador específico executá-lo. Cada uma dessas tecnologias oferece oportunidades para crianças, que ficam aborrecidas com abordagens acadêmicas tradicionais ou têm problemas para prestar atenção durante as aulas em sala, de entrar em mundos atraentes para a mente e para os olhos que podem ajudá-los a prestar atenção e aprender de forma mais eficaz.

Na aplicação da realidade aumentada no livro Guinness dos recordes, por exemplo, os leitores veem as imagens virtualmente saltando da página em três dimensões (por exemplo, um artigo sobre tubarões visto através de um *iPad* ou outro *tablet* ou *smartphone* revela o que parece ser um tubarão de verdade tridimensional que sai de uma piscina de água na página bidimensional). Para a realidade virtual, por outro lado, os usuários precisam usar algum tipo de capacete que abarque seu campo visual (o aparelho também pode ser consistituído de luvas ou uma esteira multidirecional para fornecer entrada de dados cinestésicos). As escolas estão cada vez mais proporcionando viagens virtuais a "ambientes externos" aos seus alunos. Os estudantes do San Francisco Unified School District e das escolas públicas do Condado de Polk, na Flórida, por exemplo, têm usado óculos Nearpod VR para visitar as antigas pirâmides do Egito, as enigmáticas estátuas da Ilha de Páscoa, os biomas marinhos da Grande Barreira de Corais e paisagens históricas em todo os Estados Unidos.[1]

Os possíveis usos dessas tecnologias para crianças diagnosticadas com TDAH, no entanto, vão além do enriquecimento acadêmico. As salas de aula virtuais foram concebidas para avaliar e ajudar os alunos a lidar com distrações virtuais (lápis sendo afiados, pessoas indo e vindo, o sinal da escola) enquanto se concentram em uma tarefa acadêmica.[2] Também foram desenvolvidos programas virtuais que avaliam e ensinam habilidades de segurança para ações que requerem atenção sustentada, como dirigir um carro ou atravessar uma estrada.[3] O potencial é ótimo para criar novos e poderosos programas de treinamento cerebral que aprimoram as funções cognitivas, bem como as simulações que ensinam estratégias para comportamentos, como esperar a sua vez, permanecer na realização de uma tarefa, ou prestar atenção aos detalhes de uma ação.[4] Há que se ter em mente, no entanto, algumas ressalvas, à medida que essas tecnologias ampliam sua influência e campo de ação:

- A realidade virtual pode levar a problemas de enjôo ou de equilíbrio, de modo que são recomendados intervalos frequentes.
- A realidade aumentada pode criar desorientação em relação ao mundo sensorial. O jogo *Pokémon Go*, por exemplo, levou alguns usuários a cruzar de forma descuidada o trânsito, ou mesmo a cair de penhascos.[5]
- Certifique-se de que a escolha seja de programas que têm valor educacional ou terapêutico (emoções mais habilidades) em vez de aqueles que apenas fornecem emoções e calafrios.

Finalmente, não se esqueça de que é ao *mundo real* que nossos filhos precisam se adaptar, e que o mundo aumentado ou virtual consiste apenas em uma ferramenta para ajudá-los a funcionar de forma mais eficaz e alcançar maiores níveis de sucesso e realização em casa e na escola.

Estratégia n° 86

Considere métodos alternativos de escolarização (Idade: 6 a 18 anos)

Muitos pais me escreveram nos últimos 30 anos compartilhando suas histórias com filhos e filhas que apresentavam problemas de comportamento ou dificuldades de aprendizado em programas de escolas públicas. Muitos desses pais compartilhavam um cenário de três atos quase idêntico:

Ato 1: Eles foram chamados pela administração da escola que disse que seu filho (criança ou adolescente) teve "um problema".

Ato 2: A criança ou adolescente foi testado, identificado com o TDAH, ou algum outro transtorno com nome de "sopa de letrinhas" e conduzido a um programa de educação especial.

Ato 3: A criança ou adolescente continuou tendo dificuldades em educação especial e, em alguns casos, tornou-se ainda pior, levando a novas reuniões e testes, e às vezes novos rótulos, como parte do traçado do futuro educacional da criança ou do adolescente.

A maioria desses pais permaneceu presa nesse drama pedagógico kafkaniano para o resto da história escolar de seus filhos (crianças ou adolescentes). No entanto, alguns não. Esses outros pais escreveram essencialmente um *Ato 4*. Eles levaram seus filhos para fora do sistema escolar público e os colocaram em uma escola alternativa privada ou os educaram em casa.

Muitas escolas privadas, especialmente as escolas "que visam lucro", tendem a evitar as crianças com necessidades especiais, temendo que baixem os resultados dos exames escolares. No entanto, milhares de escolas alternativas privadas existem em todo o país que honram as diferenças individuais na aprendizagem. Eles incluem os programas Montessori, nos quais os alunos podem desempenhar suas atividades ao seu próprio ritmo no aprendizado de materiais, e as escolas Waldorf, que adotam uma filosofia de educação que enfatiza as artes nas habilidades e nos conteúdos de ensino. Outras escolas alternativas foram estabelecidas de forma independente por pais e educadores, trabalhando em conjunto para criar aprendizagem experiencial para crianças em suas comunidades, envolvendo projetos iniciados por alunos, "expedições pela vida real" e aprendizado colaborativo. Se você decidir por uma escola alternativa, certifique-se de estar confortável com a filosofia da instituição. Visite a sala de aula que seu filho vai frequentar e verifique se os professores são certificados pelo departamento estadual de educação e/ou uma associação educacional reconhecida.

Alguns pais chegaram ainda mais longe e escolarizaram seus filhos com diagnóstico de TDAH em casa. Embora essa abordagem exija tempo e um compromisso de energia que parece inviável para alguns pais, aqueles que se dedicam à educação escolar sentem que vale a pena. Enquanto os currículos de educação em casa estão disponíveis para compra na internet, muitos desses programas são apenas versões com "novas roupagens" do que um programa acadêmico altamente tradicional de uma escola pública pode fornecer. A escola em casa autêntica deve ser projetada de forma ideal em torno das necessidades, habilidades e interesses únicos de seu filho (criança ou adolescente). Também é recomendável que você colabore com outros pais em casa e agende eventos sociais para que seu filho tenha contato com crianças ou adolescentes de sua própria idade.

Se você se decidir por uma escola alternativa ou pelo ensino domiciliar para seu filho, você poderá fornecer-lhe um ambiente livre de rótulos em que ele possa aprender à sua maneira.

Para mais informações
Associação Brasileira de Educação Montessoriana: http://www.montessoribrasil.com.br/#!0
Federação das Escolas Waldorf no Brasil:
http://www.federacaoescolaswaldorf.org.br/
Carolyn Woods. *Homeschooling for the smart, energetic, and easily bored: hands-on learning methods for your gifted, ADHD, or just plain wiggly child.* Bellevue, WA: Amazon Digital Services, 2014; rev. 2016.

Estratégia n° 87

Faça seu filho aprender yoga
(Idade: 4 a 18 anos)

O leão rugindo. Dança de caranguejo. Lagarto em uma rocha. Golfinho saltando. Essas não são descrições de uma viagem ao zoológico, uma caminhada pela floresta ou uma visita a uma praia. São posturas de yoga com nomes de animais que crianças e adolescentes podem fazer para ajudar a diminuir a tensão, aumentar a atenção e regular suas respostas fisiológicas e mentais aos eventos da vida. Yoga (a palavra é do sânscrito e significa "união", relaciona-se etimologicamente à palavra "jugo") é um conjunto de práticas de 250 anos, originário da Índia, que surgiu de várias tradições religiosas, incluindo o hinduísmo, budismo e jainismo. Embora existam muitos tipos diferentes de yoga, o tipo com a qual os ocidentais são mais familiarizados tem uma base não religiosa e combina *asanas* físicas (posturas) com exercícios respiratórios, cânticos e meditação para acalmar a mente, relaxar o corpo e nutrir o espírito. O yoga tornou-se cada vez mais popular entre as crianças norte-americanas e possui quase dois milhões de praticantes jovens.[1]

Agora há evidências crescentes sugerindo que a prática do yoga pode ser benéfica para crianças diagnosticadas com TDAH. Em um estudo, onze crianças de 6 a 10 anos com problemas de atenção aprenderam práticas de yoga a partir de uma fita de vídeo e se envolveram em respirações profundas, posturas físicas e exercícios de relaxamento por 30 minutos, 2 vezes por semana, durante um período de 3 semanas. Eles apresentaram melhorias significativas na capacidade de manter-se ocupado em uma tarefa em atividades de sala de aula.[2] Outro estudo de crianças entre as idades de 5 e 16 anos que foram diagnosticadas com TDAH e participaram de uma média de oito sessões de yoga apresentaram melhora nos sintomas de TDAH em uma pontuação de avaliação padronizada.[3] Por fim, um estudo alemão produziu reduções consideráveis nos sintomas de um grupo de crianças diagnosticadas com TDAH que praticavam yoga. No final do estudo, as médias do grupo para as escalas de TDAH não diferiram de forma significativa das de um grupo-controle.[4]

Como pai ou mãe, você pode inscrever seu filho em uma aula de yoga em um centro de recreação local, usar um vídeo ou livro para ensinar a prática (ver "Para mais informações" mais adiante), ou compartilhar algumas atividades simples diretamente com seu filho. A ênfase deve ser a diversão. Alguns exercícios agradáveis que você pode fazer com seu filho são estes:[5]

Leão rugindo: ajoelhe-se no chão, apoiando suas nádegas em suas panturrilhas, coloque as mãos nos joelhos, sente-se em linha reta, feche os olhos, enruge o nariz, abra a boca e coloque a língua para fora, tão para fora quanto puder (como se você fosse lamber uma tigela de sorvete), inspire profundamente e expire com um poderoso rugido.

Postura da árvore: fique em um pé com os braços acima da cabeça, as palmas juntas e coloque o outro pé contra a parte interna da coxa, segurando o peso. Ao fazer isso, selecione um ponto na parede (diante de si) para se concentrar. Isso ajudará você a manter seu equilíbrio. Veja quanto tempo você pode permanecer nessa postura enquanto respira calma e uniformemente.

Pulo do sapo: incline-se tão baixo quanto possível, ou, melhor ainda, fique de cócoras bem perto do chão, faça três respirações profundas e, em seguida, pule (como um sapo) de repente tão alto quanto você puder, coaxando como um sapo (CROAC!, CROAC!). Repita até ficar cansado.

Sugira que seu filho faça um ou mais desses exercícios de yoga (ou outros) quando estiver se sentindo hiperativo, excitado, desorganizado, desfocado ou disperso. Ao concentrar a atenção em sua respiração, voz e corpo, ele pode reunir suas energias dispersas e usá-las para estudar, concentrar-se, seguir instruções e muitas outras coisas.

Para mais informações
Lisa Flynn. *Yoga for children: 200 + yoga poses, breathing exercises, and meditations for healthier, happier, more resilient children*. Avon, MA: Adams Media, 2013.

Estratégia n° 88

Encontre um animal de que seu filho possa cuidar (Idade: 5 a 18 anos)

A história da televisão e do cinema nos fornece muitas imagens sinceras de crianças e seus animais: uma jovem Elizabeth Taylor em seu cavalo The Pie em "A mocidade é assim mesmo" (*National Velvet*), Tommy Kirk e seu cachorro Old Yeller, Jon Provost e seu cachorro Lassie, Luke Halpin e seu golfinho de estimação, Flipper, e mais recentemente, AnnaSophia Robb e seu cachorro Winn-Dixie. Esses exemplos nos lembram dos ternos e marcantes momentos na vida que os animais proporcionam às crianças. Em nenhum lugar podemos perceber de forma mais evidente os benefícios potenciais de combinar crianças com animais melhor do que no caso de crianças diagnosticadas com TDAH. Em certo sentido, muitos animais domésticos exibem uma série de características como as seguintes: muitas vezes correm (hiperatividade), saltam e nos lambem feito bobos, (impulsividade) e reagem rapidamente a qualquer novo estímulo (distração). E, como muitas crianças diagnosticadas com TDAH, possuem cordialidade, naturalidade e uma capacidade instintiva vital que é um verdadeiro e bem-vindo alívio em relação à vida regrada das tarefas escolares, obrigações chatas e trabalhos de casa. Como uma criança comentou enquanto observava um cavalo utilizado em terapia (equoterapia) movimentando-se inquieto em torno de um curral: "Ele é como eu!".[1]

A pesquisa apoia o uso de animais para ajudar as crianças diagnosticadas com TDAH a obter maior controle e focar seu comportamento e atenção. Em um estudo, crianças com diagnóstico do transtorno foram divididas em dois grupos. Um grupo recebeu terapia cognitivo-comportamental mais uma intervenção assistida por cães (IAC); o outro recebeu terapia comportamental sem a IAC. Após 12 semanas, as crianças que foram assistidas por animais tiveram maiores reduções em seus sintomas de TDAH em comparação com as crianças que receberam apenas a terapia cognitivo-comportamental.[2] Um estudo mais recente analisou projetos de pesquisa que investigaram terapia com animais com crianças com diagnóstico de TDAH e concluíram que essa abordagem teve efeitos calmantes, socializadores, motivadores e cognitivos que, por sua vez, foram relacionados a um impacto positivo em vários sintomas centrais do TDAH.[3]

Uma boa maneira de integrar os animais na vida diária do seu filho (criança ou adolescente) é dar-lhe a responsabilidade de cuidar de um animal de estimação. A *Humane Society* possui centros nos quais é possível adotar um animal de estimação por uma taxa mínima. Ter um animal de estimação significa que seu filho) terá que alimentar, lavar e passear regularmente com ele (no caso de um animal de estimação quadrúpede), o que o ajudará a desenvolver um senso de responsabilidade. Além disso, levar um animal de estimação para fora de casa pode atrair crianças vizinhas, proporcionando oportunidades para novas conexões sociais positivas. Brincar com o animal de estimação também ajudará a queimar o excesso de energia que seu filho pode ter armazenado, e acariciar o animal pode induzir um efeito calmante. Para as crianças que têm dificuldades que podem impedir a responsabilidade de cuidar de um animal de estimação, pode ser útil procurar um terapeuta em sua área que use animais na terapia com crianças com diagnóstico de TDAH. E se essas opções não funcionarem em sua configuração específica, pense em levar a sua criança ou adolescente em visitas aos zoológicos, brincar com os animais de estimação de amigos, responsabilizar-se por cuidar de um animal de estimação que está sendo mantido na escola ou oferecer caminhadas para animais dos vizinhos. Sob qualquer perspectiva, dar a sua criança ou adolescente uma chance de se conectar com os animais pode fornecer uma alternativa não medicamentosa importante para que ele se sinta melhor em relação a si mesmo e tenha sucesso na escola e na vida.

Para mais informações
Little Parachutes; littleparachutes.com/subcategory.php?sid = 89. Um site que oferece uma excelente lista de literatura infantil sobre o tema cuidado

de animais de estimação, as responsabilidades envolvidas e como lidar com a perda de um animal de estimação. O site inclui uma lista de livros sobre ter um animal de estimação.

Estratégia n° 89
Apoie o amadurecimento tardio de seu filho (Idade: 4 a 18 anos)

No Capítulo 4, focamos a atenção sobre o fato de não estarmos mais deixando nossos filhos serem crianças e como o cérebro da maioria das crianças diagnosticadas com TDAH se desenvolve cerca de 2 a 3 anos mais tarde quando comparado ao de crianças com desenvolvimento típico. Isso significa que as crianças diagnosticadas com TDAH são, em sua maior parte, o que chamamos de *bloomers* tardios (pessoas que amadurecem tardiamente). Hoje em dia, esse termo saiu de moda e assumiu um significado depreciativo e carregado para muitos educadores e profissionais de saúde mental, que reagem com desprezo à ideia de que deveríamos deixar essas crianças sozinhas porque "elas crescerão por si mesmas". A meu ver, há dois extremos para esse argumento. Em um extremo, há aqueles que dizem essencialmente "apenas deixem o filho de amadurecimento tardio e ele irá acompanhar as outras crianças em algum momento". No outro extremo, existem os que dizem que essas crianças precisam ser identificadas precocemente e receber tratamento intensivo para remediar suas habilidades e comportamentos deficientes a fim de que não se atrasem e se exponham ao risco de maior fracasso mais adiante.[1]

Acredito que nenhum desses pontos de vista esteja correto. Aqueles que simplesmente dizem que as crianças com amadurecimento tardio vão crescer por si mesmas e não fazem nada para ajudar seus filhos, estão falhando em apoiar seu desenvolvimento. Aqueles que querem intervir cedo e usar medicações e modificações de comportamento para endireitar a criança estão envolvidos no que poderíamos chamar de "choque de desenvolvimento". Precisa haver um meio termo para as crianças que se desenvolvem mais tarde do que aquelas com desenvolvimento típico, que oferece validação para o seu ritmo diferente e taxa de crescimento, mas que também fornece um ambiente enriquecido que dá suporte ao seu desenvolvimento físico, cognitivo, comportamental, emocional, social e criativo. Gostaria de oferecer várias sugestões para ajudar os pais que têm crianças que apresentam essa perspectiva de amadurecimento tardio e com diagnóstico de TDAH (ou com risco de tê-lo):

- Forneça ao seu filho um ambiente de aprendizado rico, orientado para seus próprios ritmos de desenvolvimento, incluindo estimulação das artes da linguagem, manipulações matemáticas, explorações científicas, interações sociais com várias pessoas, experiências artísticas, aventuras na natureza e muito mais. Essas formas de estimulação ajudarão direta e positivamente a sua maturação neurológica em virtude da neuroplasticidade do cérebro (sua capacidade de se rearranjar por meio da estimulação ambiental).
- Compartilhe com o seu filho imagens da natureza que mostram diferentes plantas e animais que amadurecem em velocidades diferentes, e que ele saiba que o mesmo é verdadeiro com os seres humanos.
- Não trate o seu filho como alguém 2 ou 3 anos mais novo. Algumas áreas de seu cérebro estão se desenvolvendo no tempo certo (ou mesmo antes do tempo), enquanto outras se desenvolverão mais tarde. Seu filho não é maduro nem imaturo, mas está amadurecendo.
- Conte ao seu filho (criança ou adolescente) sobre pessoas que conseguiram obter grandes realizações na vida e que estavam atrasadas em sua infância ou idade adulta. Mencione Albert Einstein (que não começou a falar até ele ter quase 4 anos), Martha Graham (que não começou a dançar antes dos 14 anos), Toni Morrison (que só escreveu seu primeiro romance com quase 40 anos), e Grandma Moses (que não começou a pintar seriamente até os 78 anos de idade).
- Evite usar palavras como *atrasado*, *demorado*, *imaturo* ou de *desenvolvimento tardio* em suas discussões com outras pessoas, incluindo professores, parentes e profissionais de saúde mental. Lembre-os de que a *neotenia*, ou a retenção de características juvenis em fases posteriores do desenvolvimento, está associada ao progresso evolutivo (ver o Capítulo 4 para uma discussão sobre a importância da *neotenia* para a civilização).
- Incentive o professor de seu filho a usar abordagens multissensoriais adequadas para o desenvolvimento, vivenciais, interativas, ba-

seadas em projetos e "mãos à obra" para o aprendizado na sala de aula e respeitar e apoiar o amadurecimento tardio do seu filho.

- Não seja intimidado por aqueles que lhe dizem que você vai prejudicar seu filho se ele não entrar em um programa de intervenção precoce ou começar a tomar medicamentos o quanto antes para controlar os seus sintomas (a menos que seu filho também tenha um diagnóstico de transtorno de humor, caso em que a intervenção precoce e o uso de medicamentos podem ser justificados para evitar futuros episódios de depressão). Deixe a sua família e amigos saberem que você está fazendo tudo o que pode para apoiar o crescimento do seu filho (criança ou adolescente) de acordo com seus próprios ritmos naturais de desenvolvimento. Se você tem sérias preocupações sobre o desenvolvimento dele, consulte o seu médico.

Finalmente, não espere que seu filho amadureça tardiamente, transformando-se em um indivíduo mediano, típico ou "normal". Em um ambiente favorável e enriquecido ao longo do tempo, o seu filho (criança ou adolescente) se desenvolverá de maneira ideal em um indivíduo maduro, exclusivamente ele mesmo, com seus próprios desafios, pontos fortes, oportunidades, interesses e aspirações. Precisamos valorizar nossos *bloomers* tardios porque eles oferecem à sociedade uma gama de potencialidades para as quais geralmente as pessoas de desenvolvimento típico não têm acesso.

Para mais informações
Robert Kraus (autor) e Jose Aruego (ilustrador). *Leo the late bloomer*. New York: HarperCollins, 1999. Para as idades entre 4 e 8 anos, mas um clássico atemporal que atrai todas as idades.

Estratégia nº 90

Considere a psicoterapia individual para seu filho (Idade: 5 a 18 anos)

A psicoterapia é uma grande promessa para muitas crianças diagnosticadas com TDAH. Tendo em vista que a pesquisa sugere que de 25 a 50%

das crianças e adolescentes com diagnóstico de TDAH sofrem de um transtorno de ansiedade e até 60% das crianças identificadas com o transtorno podem ter um transtorno de humor (como depressão bipolar), a psicoterapia adequada para tratar questões emocionais profundas pode ser extremamente importante para o bem-estar futuro dessas crianças.[1] Além disso, como muitas dessas crianças acabam sendo criticadas por professores, ridicularizadas por colegas e/ou punidas pelos pais por causa de seus comportamentos, elas podem acabar aprisionadas em um ciclo de fracassos em que o castigo leva à raiva e a raiva conduz a comportamentos mais inadequados, o que acarreta mais punições, e assim por diante em uma espiral descendente. Além disso, algumas dessas crianças enfrentam estresses específicos como a perda de um pai por morte ou divórcio, violência doméstica ou da vizinhança, doença ou outras experiências traumáticas. Para essas crianças estressadas, a psicoterapia pode fornecer uma maneira de remediar ferimentos emocionais. Embora muitos especialistas em TDAH descartem a eficácia potencial da psicoterapia com base em estudos anteriores, uma pesquisa mais atual e mais bem elaborada sugere que a psicoterapia pode ser útil na vida de crianças diagnosticadas com TDAH.[2]

Dependendo do tipo de terapia e das necessidades específicas do seu filho, a psicoterapia fornece vários benefícios. Na terapia psicodinâmica, as crianças são ajudadas a olhar para os conflitos emocionais que afetam suas vidas de forma negativa. Elas podem receber um vocabulário para as suas emoções e serem ajudadas a reconhecer e expressar adequadamente os sentimentos como uma maneira de lidar com os muitos estresses que a vida inevitavelmente apresenta. O meio pelo qual isso pode ocorrer na terapia pode envolver palavras, fantoches, desenho, música, drama, contação de histórias, brincadeira na areia ou outras modalidades, dependendo do treinamento particular do terapeuta.

Outras formas de psicoterapia se concentram mais na mudança de comportamentos específicos ou formas habituais de pensar. Na terapia comportamental cognitiva, o terapeuta auxilia a criança a aprender a identificar seus próprios comportamentos negativos e positivos e mostra-lhe formas de moldar novos comportamentos positivos e atitudes mentais. Crianças ou adolescentes também podem participar de terapia em grupo com outras crianças para aprender a desenvolver habilidades sociais importantes, ou participar de terapia familiar (ver a estratégia nº 64: Considere a terapia familiar).

Independentemente do tipo particular de terapia pela qual decida como ideal para seu filho (criança ou adolescente), certifique-se de escolher um terapeuta com credenciais sólidas e licenciamento específico em sua área (consultar "Para mais informações" a seguir). Os psiquiatras são médicos com vários anos de especialização em psiquiatria e podem prescrever medicamentos. Os psicólogos têm títulos acadêmicos ou especializações em psicologia e treinamento clínico especial e também são treinados na administração de testes de diagnóstico. Outras especialidades certificadas para fornecer psicoterapia incluem assistentes sociais clínicos licenciados, enfermeiros psiquiátricos e terapeutas de casamento e familiares. Certifique-se de perguntar ao terapeuta sobre seus antecedentes educacionais, licenças estaduais e afiliações com associações profissionais locais e nacionais. Uma vez que você escolher um terapeuta, planeje assumir um papel ativo na terapia do seu filho. Isso pode envolver reuniões periódicas com o terapeuta para discutir o progresso do seu filho e aprender o que pode fazer em casa para apoiar a evolução de seu tratamento. Também pode envolver submeter-se a uma psicoterapia você mesmo. A psicoterapia não é uma cura para problemas de atenção ou dificuldades comportamentais. No entanto, quando utilizada em conjunto com outras estratégias, pode fornecer a seu filho (criança ou adolescente) uma importante fonte de apoio em seu caminho para alcançar o sucesso.

Para mais informações
Psychologist Locator: http://locator.apa.org/. Operado pela American Psychological Association (APA), esse site pode levá-lo a um psicoterapeuta qualificado com PhD de um programa credenciado pela APA.

Estratégia n° 91

Crie um contrato comportamental positivo com seu filho
(Idade 8 a 18 anos)

Os contratos são uma parte da vida real. Em um contrato típico, uma parte interessada concorda com um conjunto de condições pelas quais ela espera ganhar alguma coisa, enquanto a outra parte também recebe ganhos contratuais e concorda com esse conjunto de condições. Os contratos também são usados como uma estratégia comportamental no mundo do TDAH, mas os mais comumente empregados dificilmente passariam por uma avaliação severa no mundo dos negócios. Eles geralmente se parecem com isto:

> Professor ou pai: "Aqui está o que espero que você faça". "E aqui vai o que acontecerá se você não fizer isso: [punição]". "E aqui está o que acontecerá se você fizer isso: [recompensa]". "Assine aqui".

Você pode imaginar um contrato entre a Apple e a Cisco Systems nesses termos? Esses contratos falsos são, na realidade, programas de recompensa e punição disfarçados em termos contratuais, mutuamente acordados, e fazem pouco para desenvolver a tomada de decisões, a resolução de problemas ou as habilidades sociais de uma criança. Você pode ajudar a fornecer ao seu filho uma valiosa lição de responsabilidade, envolvendo-o em um processo de contratação do mundo real.

Explique ao seu filho (criança ou adolescente) que você está preocupado com um comportamento específico e que gostaria de encontrar algum tipo de solução para isso sob a forma de um contrato. Para as crianças mais novas, você pode explicar o que é um contrato, dizendo-lhes a história dos irmãos Grimm "O Príncipe Sapo", na qual uma princesa renuncia a um contrato verbal para deixar um sapo feio dormir na cama. Para crianças maiores e adolescentes, você pode fornecer exemplos dos tipos de contratos aos quais as pessoas se comprometem no cotidiano – por exemplo, comprar uma casa, retirar um empréstimo, casar ou começar um emprego.

Explique que gostaria que seu filho (criança ou adolescente) fizesse algo por você, mas em troca você fará algo por ele. Descreva o(s) comportamento(s) que lhe preocupam (uma sala desordenada, voltar para casa atrasado, esquecer de fazer a lição de casa) e qual o tipo de comportamento que você gostaria de ver realizado (sala limpa, chegar em casa no horário, lembrar de fazer os deveres de casa). Pergunte ao seu filho se a descrição dos comportamentos desejados parece precisa e, caso contrário, como *ele* vê a situação. Dialogue com ele até que ambos estejam de acordo sobre a natureza do problema e qual seria um bom resultado para ambos. Então, deixe-o entender que em troca de uma melhoria no comportamento especificado, ele poderá contar com a sua disposição de fazer algo em retribuição. Pergunte-lhe o que ele gostaria de receber como recompensa (ou compensação) por manter a sua parte no acordo.

A maioria das crianças terá muitas ideias para recompensas e você poderá achar que seu filho (criança ou adolescente) precisará diminuir as expectivas para algo com o que você se sentirá mais confortável (talvez não seja uma viagem à Disney, mas talvez uma excursão familiar a um campo de golfe em miniatura). Depois de chegar a um acordo, elabore um contrato. Trabalhem juntos na redação do documento para que a própria linguagem da criança ou do adolescente faça parte do contrato. Você pode até lhe perguntar qual o tipo de papel em que gostaria de firmar o contrato (talvez uma folha enorme ou uma na sua cor favorita) e se ele gostaria de escrever ou digitá-lo. Ao elaborar o contrato, você pode sugerir a inclusão de fotos ou imagens sobre os comportamentos indesejáveis e desejáveis. Inclua um período para que vocês possam, em determinado momento, sentar e avaliar se os termos do contrato estão sendo cumpridos. É preferível criar contratos de curto prazo com retornos rápidos (no final do dia ou da semana) em vez de um contrato de longo prazo (final do mês ou do ano). Uma vez que o contrato estiver redigido, certifique-se de que seja assinado por ambas as partes e que fique afixado em um lugar de destaque para que ambos (mas não todos, a menos que autorizados) tenham acesso. Então, quando o tempo de avaliação se completar, reúna-se com seu filho e avalie os resultados. Seu filho (criança ou adolescente) incorporou o comportamento desejado ou continua a praticar o padrão indesejado? Compartilhe qualquer evidência que possa ter indicado os resultados positivos ou negativos, e se houver sérios desentendimentos sobre o resultado, leve-o a uma reunião familiar (ver Estratégia nº 6: Mantenha as reuniões familiares).

Alguns críticos podem achar que essa abordagem confere muito poder à criança. No entanto, uma criança que cresce em uma família na qual as regras são estabelecidas e devem ser obedecidas sem questionar entra na idade adulta com uma aceitação passiva da vida – uma atitude decididamente perigosa em tempos de mudanças rápidas como a nossa. Por outro lado, uma criança ou adolescente que tem a oportunidade de desempenhar um papel ativo na gestão de sua própria vida transita no mundo com força, determinação e confiança. Não devemos aos nossos filhos a abertura para essa oportunidade?

Estratégia n° 92

Envolva-se na construção de nichos positivos
(Idade: 7 a 18 anos)

Existem duas maneiras fundamentais pelas quais os pais podem ajudar seus filhos com diagnóstico de TDAH a alcançar o sucesso. A primeira maneira eu chamo de Sucesso Adaptativo. Envolve fazer tudo o que puder para ajudar seu filho (criança ou adolescente) a se adaptar ao mundo ao seu redor. Isso pode incluir dar-lhe medicamentos e/ou proporcionar-lhe um programa de modificação comportamental para controlar seus comportamentos inadequados, de modo a corresponder com as expectativas da sala de aula e da casa, ou envolvê-lo em um programa intensivo de recuperação para ajudá-lo a desenvolver habilidades em leitura, matemática ou outros assuntos para que obtenha boas notas, bons resultados em provas, graduação e, finalmente, consiga um bom desempenho profissional na vida adulta. O sucesso adaptativo também pode incluir muitas das estratégias que foram descritas neste livro para ajudar as crianças a desenvolver as habilidades sociais, emocionais, cognitivas e comportamentais de que precisam para funcionar com êxito no mundo. O sucesso adaptativo é de vital importância para garantir que seu filho (criança ou adolescente) – embora diferente dos outros na forma de aprender, participar e/ou desenvolver – se adapte às tradições, convenções, regras e rotinas que são importantes na sociedade.

Há um tipo diferente de sucesso, porém, que muitas vezes é negligenciado por pais, educadores, psicólogos e outros ajudantes, e que deveria ter o mesmo peso de importância para ajudar as crianças diagnosticadas com TDAH. Eu o chamo de Sucesso Atualizado e é o outro lado do sucesso adaptativo. Eu o defini como a ajuda para que seu filho seja bem-sucedido de acordo com seus *próprios dons e habilidades*. Em vez de tentar fazer o seu filho (criança ou adolescente) se encaixar, sempre, no ambiente circundante, o sucesso atualizado tenta *mudar o ambiente para atender às necessidades de seu filho único*. Ambos esses tipos de sucesso são importantes, mas os pais muitas vezes precisam de ajuda extra para proporcionar aos seus filhos oportunidades de perseguir o sucesso atualizado. O exemplo a ser usado como modelo pelos pais (e professores) para fazer isso é dado pela natureza. Os animais garantem a sua própria prosperidade no meio das pressões do mundo natural, investindo seus esforços no que os biólogos evolucionários chamam de "construção de nicho". Os pássaros criam ninhos. As formigas criam formigueiros. Os castores constroem barragens. As abelhas fazem colmeias. As aranhas tecem teias. Em cada caso, os animais estão modificando o meio ambiente de modo a favorecer os pontos fortes exclusivos que cada espécie possui (imagine uma aranha tentando se adaptar às condições de uma colmeia). Precisamos fazer mais para ajudar nossos filhos a alcançar o sucesso em *seus próprios termos*. Este livro fornece uma ampla gama de estratégias para ajudar os pais a modificar os ambientes de seus filhos para favorecer a forma como cada criança trabalha e funciona melhor no mundo. Aqui estão várias maneiras de construir um nicho positivo para seu filho usando estratégias deste livro:

- Ajude o seu filho a aprender a contornar obstáculos usando tecnologias e estratégias, assim ele não será impedido de aprender ou cumprir objetivos que são importantes para ele (Estratégia n° 100: Mostre ao seu filho soluções usadas para resolver problemas).
- Trabalhe para transformar a rede social do seu filho (criança ou adolescente) para garantir que as interações negativas (como entreveros com agressores e relações ruins com os professores) sejam menos frequentes e as interações positivas (como novas amizades e restabelecimento de relacionamentos antigos) aconteçam com mais frequência (Estratégia n° 53: Trabalhe para promover o bom relacionamento professor-criança; Estratégia n° 98: Trabalhe para aprimorar a rede social de seu filho).
- Mostre exemplos de crianças ou adolescentes que enfrentaram desafios de aprendizagem e comportamento e conseguiram ter sucesso na vida em seus próprios termos (Estratégia n° 66: Propicie modelos positivos de comportamento).
- Deixe seu filho (criança ou adolescente) conhecer as carreiras profissionais existentes que usam seus pontos fortes em vez de exigir que apenas supere suas fraquezas (Estratégia n° 78: Incentive aspirações profissionais positivas).
- Ajude o seu filho a adquirir habilidades de aprendizagem em áreas de necessidade usando estratégias que se baseiam em seus pontos fortes e habilidades, não em seus déficits e disfunções, e incentive os professores de seu filho a fazer o mesmo (Estratégia n° 31: Empodere seu filho com aprendizagem baseada na valorização).

- Modifique os ambientes em casa que tornem mais fácil o sucesso para seu filho (e incentive o professor dele a fazer o mesmo), como fornecer uma cadeira de balanço de leitura ou ter um quarto com muita luz natural (Estratégia n° 10: Construa, pegue emprestado ou compre mobílias móveis; Estratégia n° 22: Providencie espaços apropriados para a aprendizagem e Estratégia n° 62: Proporcione acesso à luz natural em todo seu espectro).

Ao trabalhar para criar um nicho ideal para o seu filho, no qual ele pode prosperar em seus próprios termos (sucesso atualizado) e, ao mesmo tempo, adquirir habilidades que ele precisa para se adaptar ao mundo que o rodeia (sucesso adaptativo), você estará dando a ele a melhor oportunidade para brilhar a seu modo e ao mesmo tempo conduzir-se de uma maneira que o mundo irá aceitar e admirar.

Estratégia n° 93

Ajude seu filho a desenvolver habilidades sociais (Idade: 6 a 16 anos)

Três crianças estão jogando silenciosamente um jogo de cartas. Eddie entra no quarto rapidamente, empurra uma das crianças e foge rindo e dizendo: "Haha! Peguei você!". Os meninos olham para Eddie e dizem quase em uníssono: "Cai fora!". Eddie fica confuso por um momento, e depois sai em outra direção procurando alguém para incomodar. Eddie está tendo problemas para usar as habilidades sociais apropriadas. Ele gostaria de fazer amizade com os meninos, mas não sabe como. Sua própria impulsividade age como uma pancada na delicada rede social criada pelos meninos enquanto jogam cartas. A situação de Eddie é comum para muitas crianças diagnosticadas com TDAH. Seu maior nível de energia nem sempre se encaixa com o mundo social à sua volta. Explosões emocionais, agressividade e hiperatividade podem fazer com que os pares os rejeitem. Em um estudo, 52% das crianças identificadas com TDAH foram rejeitadas pelos pares em comparação com apenas 14% dos colegas de classe escolhidos de forma aleatória.[1] Esse ciclo de rejeição pode criar sentimentos de tristeza, raiva e depressão, que, por sua vez, alimentam mais agressividade e mais interações negativas com os colegas.

As habilidades sociais não nos são fornecidas em uma baixela de prata no dia do nascimento. Nós as aprendemos de acordo com a modelagem feita pelos pais, irmãos e outros, e colocando-as em prática dentro de nosso próprio grupo de pares. As crianças rotuladas com TDAH, vítimas crônicas de rejeição social, podem se beneficiar muito do treinamento de habilidades sociais que as ajudem a dominar os diferentes componentes envolvidos em se comportar bem com os outros, incluindo habilidades como se revezar, compartilhar, cooperar, se comunicar, lidar com conflitos e cumprir regras sociais.

Há várias maneiras de dar uma força para que seu filho se dê bem com os colegas. Primeiro, incentive-o a participar de atividades sociais no bairro e na comunidade. Configurações não competitivas e de baixo estresse, como um programa de artes e artesanato ou uma aula de natação, geralmente são preferíveis a ambientes altamente competitivos ou de alto estresse, como campeonatos de clubes/escolas ou o time de futebol da comunidade. É especialmente útil se a atividade for supervisionada por um adulto que seja sensível às dinâmicas de grupo e relações interpessoais e que poderá ajudar o seu filho em relação a pontos delicados. Em segundo lugar, incentive seu filho a convidar um amigo para visitá-lo em casa para uma noite de jogos, lanches e/ou um filme. Uma criança que tenha pelo menos uma boa amizade pode enfrentar a tempestade de relações de pares difíceis em outras áreas de sua vida. Em terceiro lugar, faça a dramatização conjunta utilizando-se de problemas sociais experimentados na escola ou no bairro como pontos de partida. Por exemplo, se o seu filho entrar em brigas provocadas por colegas, fale com ele sobre outras formas não violentas de reações, e então encene essas ideias em que um de vocês faz o provocador e o outro atua como a pessoa provocada. Em seguida, inverta os papéis. Você também pode usar marionetes para encenar papéis se seu filho se sente inibido ao dramatizar os eventos.

Na escola, descubra se o professor do seu filho (criança ou adolescente) usa algum tipo de programa de desenvolvimento de habilidades sociais e, caso contrário, que tipo de atividades informais são utilizadas para ajudar a construir o trabalho em equipe, a solidariedade e o compartilhamento na sala de aula. Lembre-se de que as habilidades sociais são aprendidas, e quanto maior a exposição do seu filho a modelos de comportamento social adequado e saudável, mais provável se tornará o desenvolvimento de suas próprias habilidades à medida que amadurece.

Para mais informações

Pamela Espeland e Elizabeth Verdick. *Making choices and making friends: the social competencies assets*. Minneapolis, MN: Free Spirit, 2006. Para as idades entre 8 e 12 anos.

Estratégia n° 94

Faça um *lobby* para que a escola de seu filho tenha um programa de educação física consistente
(Idade: 6 a 18 anos)

Em 1987, a American Academy of Pediatrics publicou um documento sobre seu posicionamento em relação ao uso de medicamentos para o transtorno do déficit de atenção. Um dos trechos mais reveladores dessa declaração foi o seguinte: "A medicação para crianças com transtorno de déficit de atenção nunca deve ser usada como um tratamento isolado. A adequação apropriada da sala de aula, os *programas de educação física*, a modificação do comportamento, o aconselhamento e a provisão de uma estrutura adequada devem ser experimentados *antes* de uma tentativa de farmacoterapia"[1] [itálicos meus]. Essa clara declaração de propósito revela a importância de programas de educação física consistentes em nossas escolas como um fator fundamental em qualquer abordagem não medicamentosa para tratar crianças que foram diagnosticadas com TDAH.

Poucas escolas nos Estados Unidos, no entanto, fornecem o tipo de catarse física que, muitas vezes, o desenvolvimento de crianças exige todos os dias, e muito menos as crianças diagnosticadas com TDAH, que têm ainda maiores necessidades de liberação física. Menos de 5% dos distritos escolares norte-americanos cumprem as recomendações da American Alliance for Health, Physical Education, Recreation and Dance (AAHPERD) de que os alunos do ensino fundamental recebam 150 minutos de atividades físicas por semana, e os alunos do ensino médio cerca de 225 minutos.[2] Quase metade dos administradores da escola dos EUA relatam ter reduzido o tempo significativo de programas de educação física e recesso para aumentar o tempo gasto em matemática e programas de leitura desde a promulgação do *No Child Left Behind* (agora chamado de *Every Student Succeeds Act*).[3]

Felizmente, existem excelentes programas de educação física em todo o país que servem como modelos de alta qualidade dessa disciplina para serem seguidos pela escola do seu filho (criança ou adolescente). No Madison Junior High School em Naperville, Illinois, por exemplo, o programa de educação física inclui um centro de condicionamento físico de quarenta estações com esteiras, bicicletas ergométricas, monitores de frequência cardíaca e uma parede de escalada.[4] Nas escolas do condado de Woodford em Versalhes, Kentucky, o coordenador da disciplina facilitou a instalação de campos de golfe de sete buracos em cada uma das escolas primárias, criou um programa de ciclismo, comprando bicicletas (confiscadas) por 5 dólares cada, e conseguiu que um clube de ciclismo local fizesse uma doação de capacetes.[5] A maioria dos especialistas recomenda que os programas de educação física para crianças identificadas com TDAH devem enfatizar os esportes individuais sobre esportes de equipe. O pediatra Jeffrey L. Alexander ressalta que "muitas crianças diagnosticadas com TDAH se destacam em atividades que focam mais as habilidades individuais do que naquelas em que o trabalho em equipe é necessário. Exemplos: luta livre, karatê, natação, esgrima, atletismo e tênis"[6] (ver também Estratégia n° 49: Descubra um esporte de que seu filho goste muito).

Você pode ajudar a estabelecer um programa de educação física consistente na escola de seu filho (criança ou adolescente) de várias maneiras:

- Participe de um conselho da escola ou um comitê de pais e filhos dedicado a melhorar a disciplina na escola.
- Ofereça-se como voluntário para auxiliar em aulas de educação física ou como monitor durante o horário de recreação.
- Ajude a construir ou reparar equipamentos de educação física.
- Mantenha eventos de arrecadação de fundos para comprar recursos necessários (incluindo ter uma academia de ginástica na escola).

Quando você apoia um programa de educação física consistente em sua escola local, você ajudará a proporcionar ao seu filho (criança ou adolescente) mais uma via para canalizar suas energias hiperativas e aumentar sua autoestima.

Para mais informações
The 2016 United States Report Card on Physical Activity for Children and Youth: physicalactivityplan.org/reportcard/2016FINAL_USReportCard.pdf.

Estratégia n° 95

Apoie os instintos de empreendedorismo de seu filho
(Idade: 8 a 18 anos)

Sua criança diagnosticada com TDAH já mostrou interesse em começar seu próprio negócio? Ela já construiu uma barraquinha ou carrinho de limonada, criou um negócio de limpar jardins da vizinhança ou tentou algum outro empreendimento comercial? Se assim for, ela está em boa companhia. Sir Richard Branson (grupo Virgin), Ingvar Kamprad (fundador da IKEA), Paul Orfalea (Kinko), e David Neeleman (fundador da JetBlue) são todos indivíduos com diagnóstico de TDAH que criaram empresas de grande sucesso. Mais importante: esses pioneiros dos negócios chamaram a atenção para o TDAH como um elemento crítico que os ajudou a alcançar seus objetivos. Entrevistado pela revista ADDitude, Neeleman comentou: "Se alguém me dissesse que você poderia ser normal ou você poderia continuar a ter seu TDAH, eu optaria pela segunda... Eu posso separar fatos complicados e encontrar soluções simples. Eu posso olhar para uma indústria com todos os tipos de problemas e dizer: 'Como posso fazer isso melhor?'. Meu cérebro com TDAH naturalmente busca melhores maneiras de fazer as coisas".[1]

Nova pesquisa oferece suporte à ideia de que o TDAH e o empreendedorismo fazem uma boa parceria. Em uma amostra de 10.104 alunos matriculados no ensino superior, os estudantes com comportamento semelhante ao de portadores de TDAH eram mais propensos a ter inclinações empresariais.[2] Outro estudo sugeriu que é precisamente a falta de capacidade de funcionamento executivo adequado, incrementado por uma propensão para o uso da intuição e o ato de assumir riscos que fazem das pessoas diagnosticadas com o transtorno bons empreendedores.[3] Aqui estão algumas sugestões para orientar os instintos empresariais do seu filho:

- *Tire seu filho (criança ou adolescente) da zona de conforto (ou seja, pare de lhe dar mesadas "sem condições").* Isso servirá como um impulso para pensar em maneiras de ganhar dinheiro por meio de seus próprios esforços.
- *Deixe seu filho (criança ou adolescente) assumir a liderança para decidir o tipo de negócio a ser empreendido, mas dê-lhe orientação sobre como fazer isso.* Faça perguntas orientadoras: Como você anunciará sua empresa? Como você vai determinar o que cobrar? Onde você vai manter o dinheiro que ganhar? Como você vai se certificar de que seus clientes estão satisfeitos?
- *Ensine suas habilidades de gerenciamento de dinheiro para sua criança ou adolescente.* Compartilhe seus próprios métodos domésticos para lidar com finanças e manutenção de registros. Se seu filho tiver idade suficiente, mostre-lhe como usar o *software* gerenciador de dinheiro, como Quicken ou Mint.
- *Faça com que seu filho (criança ou adolescente) escreva um plano de negócios para seu empreendimento.* Mesmo um plano tão simples como "Eu perguntarei aos vizinhos se eles querem suas calçadas sem neve no inverno e os gramados cortados no verão", irá ajudá-lo a se concentrar em seus objetivos e a definir exatamente o que planeja fazer e como fazer.
- *Incentive seu filho (criança ou adolescente) a se envolver em atividades empreendedoras em sua escola.* Algumas escolas têm grupos da Junior Achievement* ou clubes pós-escola que ajudam os alunos interessados em iniciar seus próprios negócios. Se não houver um programa na escola do seu filho (criança ou adolescente), então faça seu *lobby* com os administradores da escola para que isso se concretize.

Finalmente, mesmo que seu filho (criança ou adolescente) fracasse em seus empreendimentos comerciais iniciais, informe-o que aprender com a falha é uma ótima maneira de aumentar as chances de sucesso no futuro. Você pode pedir-lhe para escrever as coisas que aprendeu com a experiência, o que não fazer na próxima vez e quais estratégias o ajudarão a ter

---

* N.T.: Considerada como uma das maiores organizações sociais incentivadoras de jovens do mundo, a Junior Achievement os estimula e desenvolve para o mercado de trabalho.

sucesso. Ao promover os instintos comerciais do seu filho a partir de uma idade precoce, você o estará ajudando a desenvolver habilidades que normalmente não são ensinadas na sala de aula, mas são de vital importância para ter sucesso na vida real.

Para mais informações
JA Brasil: http://www.jabrasil.org.br/jabr/junior-achievement/institucional. Ajuda os jovens a desenvolver as competências básicas de prontidão profissional, empreendedorismo e alfabetização financeira.

Estratégia n° 96

Use cores para destacar as informações
(Idade: 4 a 18 anos)

As crianças vivem em um mundo de cores. Seus brinquedos são de cores vivas. Seus livros ilustrados são desenhados com tons vivos. Suas cores favoritas inspiram fortes sentimentos pessoais. No entanto, à medida que as crianças passam pelos anos do ensino fundamental, passam a enfrentar um mundo bastante diferente, dominado não por cor, mas pelo preto e branco. Escrevem suas composições com lápis preto em papel branco. Leem livros cheios de palavras pretas contra um fundo branco. Copiam palavras escritas em giz branco no quadro-negro (ou, cada vez mais, marcador preto no quadro branco). No entanto, a pesquisa sugere que as crianças que foram diagnosticadas com TDAH podem permanecer atraídas pelas cores à medida que avançam na escola. Para essas crianças, um mundo acadêmico em preto e branco pode ter um custo negativo real para o aprendizado, e o uso deliberado da cor para destacar o material pode constituir uma chave importante para seu sucesso acadêmico. Em um estudo, as crianças diagnosticadas com TDAH apresentaram melhor caligrafia e melhoraram o comportamento ao escrever em papel colorido em oposição a preto ou branco.[1] Em outro estudo, meninas com propensão ao TDAH diminuíram o comportamento distrativo durante a excução de tarefas dadas e melhoraram o desempenho de resolução de problemas quando usaram uma caneta marca-texto amarelo para enfatizar palavras e unidades relevantes em problemas de palavras matemáticas.[2]

Essa pesquisa fornece suporte para a ideia de que pais e professores devem incorporar o máximo possível de cor nas atividades escolares e tarefas domésticas. Forneça ao seu filho (criança ou adolescente) alguns dos seguintes recursos para usar em seu trabalho: lápis de cor, giz colorido, marcadores coloridos, papel colorido e transparências coloridas (como sobreposições para leitura de material escrito). A cor pode ser usada para destacar palavras, números ou textos específicos. Por exemplo, se a criança estiver estudando a ortografia de palavras que começam com h, pode destacar as letras em uma cor e o resto da palavra em outra cor. Em aritmética, números ímpares podem ser de cor azul e números pares vermelhos, ou ao aprender os tempos verbais, cada terceira pessoa pode ser colorida em verde, cada quarta amarelo e assim por diante. As crianças devem ser ensinadas a usar canetas de destaque coloridas para sublinhar material relevante enquanto estudam. Com uma tarefa de história, seu filho (criança ou adolescente) pode destacar todos os nomes significativos em vermelho, as datas importantes em verde, os locais relevantes em amarelo e as ideias centrais em azul. Para criar um ambiente de baixo estresse para aprender, permita que seu filho decore sua área de estudo com suas cores favoritas. Ao se ajustar às preferências de matiz de cores únicas do seu filho, você estará o ajudando a se movimentar pela escola e pela vida, turbinado por cores voadoras.

Estratégia nº 97
Faça seu filho criar um blog
(Idade: 8 a 18 anos)

Claire Rose Gammon é uma menina de 13 anos de idade diagnosticada com TDA (transtorno de déficit de atenção, sem hiperatividade ou impulsividade) que possui uma grande paixão por *design* de moda. Sua mãe sugeriu que ela comunicasse seu interesse a outros escrevendo um blog de moda. Claire estava tendo dificuldades com matemática e português e estava sendo assediada e excluída por outras garotas na escola. Sua mãe pensou que criar um blog lhe daria uma chance de se envolver em atividades de escrita e fornecer uma saída para se expressar de forma criativa. Sua irmã Gabby ajudou com o blog, e logo elas estavam atraindo seguidores na internet. As meninas juntaram roupas e as publicaram em seu site, o qual chamam de *The Trend Sisters* (thetrendsisters.wordpress.com). A mãe gerencia a parte das redes sociais do blog por motivos de segurança.

Fazer o blog levou a algumas oportunidades de carreira emocionantes. As duas meninas colaboraram ou se envolveram em características de produtos com empresas como Prom-Girl, SupercuteCosmetics, The FrostingCompany, Black Tux e Chalet Cosmetics. Os seus esforços de blogar também levaram a vários trabalhos de modelagem, incluindo um com uma lenda da NASCAR, Richard Petty. Comentando sobre como o blog foi importante para o crescimento de Claire, sua mãe disse: "Isso a ajudou a sair um pouco de sua zona de conforto. O blog a empurrou para fora de sua 'caixinha' para fazer o que ela realmente queria fazer... Em vez do TDA controlá-la, ela é que está no controle."[1]

Criar um blog pode ser justamente o que o seu próprio filho (criança ou adolescente) diagnosticado com TDA ou TDAH precisa para se expressar, evidenciar seus interesses, dons e habilidades, e se conectar com um grupo mais amplo de amigos e seguidores. Aqui estão alguns pontos para se manter em mente:

- Os principais sites de blogs, como WordPress e Blogger, exigem que os usuários tenham pelo menos 13 anos de idade para usar suas plataformas, mas para crianças mais novas, você pode registrar o blog em seu nome e envolver seu filho na criação dele em conjunto. Os vídeos *on-line* guiam você ao longo das etapas básicas de aprender a fazer o blog, e informações sobre como ajudar as crianças menores de 13 anos a criar blogs podem ser encontradas em kidslearntoblog.com/how-to-start-a-blog-for-kids-under-13.

- Existe uma grande quantidade de sites de blogs, plataformas de criação de sites, zines e outras plataformas amigáveis, para crianças menores de 13 anos se expressarem. Por exemplo, veja Weebly, Everloop, ClubPenguin, KiddiesKingdom (especialmente bom para crianças muito novas), NationalGeographicKids, Neopets (em que as crianças criam seus próprios animais de estimação virtuais e se conectam aos outros sobre como cuidar deles), Fanlala (bom para pré-adolescentes e adolescentes), MySecretCircle (apenas para meninas), Webkinz e muito mais.

- Postagens em sites de redes sociais como Twitter, Facebook e Instagram também oferecem oportunidades para expressão pessoal para

crianças e adolescentes mais velhos, mas nesses casos, deve ser dada especial ênfase nos itens relacionados a seguir.
- *A segurança on-line deve ser uma prioridade importante. Deixe claro para o seu filho (criança ou adolescente) que ele não pode estar em sites que você (pai ou mãe) não possa acessar pessoalmente.* Essa deve ser uma questão não negociável. Aconselhe seu filho em procedimentos básicos de segurança *on-line*, tais como:
  – Evite comunicar-se com quem não conhece.
  – Pense com atenção sobre o que é apropriado e o que não é apropriado para publicar em um blog ou site.
  – Fique longe de postagens anônimas.
  – Configure os recursos de privacidade no blog.

Lembre-se de que publicar *on-line* pode ser uma parte vital do crescente senso de si mesmo de sua criança ou adolescente. Um estudo fez uma análise de conteúdo de 25 contas do Facebook com a palavra de TDAH no título e descobriu que uma motivação fundamental para a publicação foi a construção coletiva de uma identidade de grupo positiva.[2] Fazer um blog, construir sites e postagens em mídias sociais também representam maneiras para o seu filho expressar sua singularidade, de modo que, como Claire Rose, ele possa começar a sair para o mundo em seu melhor ângulo.

Para mais informações
Common Sense Media: commonsensemedia.org. Um bom recurso para abordar as preocupações dos pais e fornecer orientação sobre as mídias sociais.

Estratégia n° 98

Trabalhe para aprimorar a rede social de seu filho (Idade: 4 a 18 anos)

Toda criança ou adolescente existe no meio de uma rede complexa de conexões sociais (ver o exemplo a seguir). Algumas dessas relações são positivas, esperançosas e afirmativas em relação à vida. Outras são negativas, empobrecidas ou ativamente antagônicas. Outras ainda são mais ambíguas, com uma combinação de recursos bons e ruins. Tomadas como um todo, elas representam um sistema de influências – fraco, moderado e forte – que pode fazer toda a diferença no mundo quanto ao fato de seu filho (criança ou adolescente) se sentir apoiado como um ser humano, ignorado como uma não identidade ou ativamente odiado e considerado um incômodo pelos outros.

O primeiro passo para melhorar a qualidade da rede social do seu filho é torná-lo ciente de todos os relacionamentos de sua vida cotidiana, tanto os bons quanto os ruins. Para ajudar com essa tarefa, crie um diagrama como o mostrado a seguir, colocando o nome do seu filho no centro. Em seguida, mapeie todos os relacionamentos significativos na vida dele em casa, na escola, na família e na comunidade. Lembre-se de incluir futuros relacionamentos potenciais (como um tutor que você pode contratar, um futuro amigo que vive na mesma rua, uma irmãzinha a caminho). Ao desenhar as setas do seu filho (criança ou adolescente) para cada relação, escolha um lápis azul para aquelas conexões que dão suporte a ele de alguma forma (emocional, cognitiva ou socialmente), um lápis vermelho para aquelas conexões que são negativas em sua vida, e um lápis preto padrão para aqueles relacionamentos que parecem ser neutros. Uma vez que tiver mapeado toda a rede, comece a fazer um *brainstorming* em uma folha de papel separada sobre as maneiras pelas quais você pode ajustar o sistema para torná-lo mais ativo e socialmente solidário para seu filho. Esses ajustes podem ser feitos de várias maneiras (e lembre-se, isso é um *brainstorming*, então, coloque *todas* as ideias que lhe ocorrerem mesmo que pareçam impraticáveis):

- *Reparar relacionamentos negativos existentes.* Digamos que seu filho (criança ou adolescente) tenha um relacionamento ruim com o professor na escola. Você pode analisar as ideias da Estratégia nº 36: Fomente uma boa comunicação casa-escola, e Estratégia nº 53: Trabalhe para promover o bom relacionamento professor-criança, e considerar como o relacionamento pode ser melhorado. Ou talvez seu filho sempre esteja brigando com um irmão. Usando estratégias de resolução de conflitos, você poderá ajudar a resolver as disputas (ver, por exemplo, o conselho da University of Michigan Health Center sobre a rivalidade entre irmãos em med.umich.edu/yourchild/topics/sibriv.htm).

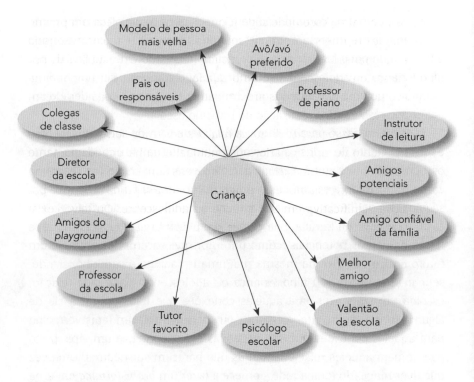

FIGURA 3

- *Diminuir a influência das relações destrutivas em curso.* Um valentão na escola pode estar vitimando sua criança ou adolescente regularmente. Nesse caso, você pode investigar se há um programa antiassédio na escola que poderia trabalhar para aliviar a situação (se não, então pressione a administração da escola para criar esse programa). Ou talvez seu filho (criança ou adolescente) tenha um amigo que seja uma influência ruim (que use palavrões, abuse de substâncias ou se envolva em outras formas de comportamento antissocial). Ter um diálogo honesto frente a frente com seu filho sobre como escolher amigos com sabedoria poderá fazer a diferença em sua rede de relacionamentos (ver Estratégia nº 18: Use habilidades eficazes de comunicação).
- *Fortalecer as relações positivas existentes.* Talvez seu filho olhe para o zelador da escola e goste de segui-lo em suas tarefas diárias durante

os intervalos. Você pode sugerir que a escola estabeleça um programa de contingência em que seu filho (criança ou adolescente) seja recompensado de forma acadêmica (atividade extracurricular) por passar um tempo auxiliando o zelador. Talvez seu filho tenha uma avó favorita que viva nas proximidades, que possa ajudá-lo a exercitar a leitura ou a realização do trabalho escolar.

- *Incentivar a formação de novas relações positivas.* Talvez o seu ensino médio ou universitário da comunidade tenha um programa de tutoria que combine crianças mais jovens com mentores de ensino médio e universitário. Esse programa poderia ter uma influência positiva significativa em sua criança ou adolescente. Ou talvez existam crianças em seu bairro, que seu filho não conheça bem, que se beneficiariam, junto com ele, com uma nova amizade. Convidá-los para uma festa dos vizinhos de quarteirão poderia funcionar para criar novas e gratificantes amizades.

Finalmente, veja o que você pode fazer para fortalecer os laços em sua vizinhança imediata a fim de aumentar as chances de os membros da comunidade começarem a se apoiar, reunir-se em parques infantis, parques e centros recreativos e/ou reuniões sociais. Em um estudo de abrangência nacional, o menor apoio social mútuo entre os membros de uma comunidade foi associado a maiores probabilidades de um diagnóstico de TDAH e maior gravidade do transtorno.[1] Ao perceber o que você pode fazer para melhorar a qualidade *de cada relação interpessoal de seu filho, não importa quão significativamente,* você poderá ser capaz de fazer uma grande mudança positiva na qualidade da vida dele.

Estratégia n° 99

Encoraje projetos de estudo a serem realizados em casa e na escola
(Idade: 8 a 18 anos)

O ambiente mais difícil para as crianças com diagnóstico de TDAH é a sala de aula da escola tradicional, na qual durante as aulas os alunos tomam notas e um tempo substancial é dedicado a escrever textos, preencher livros, ler livros didáticos, fazer testes e aguardar a próxima instrução do professor. A dificuldade real, no entanto, é que *esse não é um bom ambiente de aprendizagem para ninguém*, e muito menos às crianças identificadas como portadoras de TDAH. O que acontece é que somente as crianças rotuladas com o transtorno são as que são honestas, ou vivas o suficiente, ou sensíveis o suficiente, para não querer (ou ser capaz de) acompanhar isso. Nossos maiores teóricos educacionais, incluindo o filósofo John Dewey e o psicólogo cognitivo Howard Gardner, concordam que a *aprendizagem baseada em projetos* é um dos métodos de educação de maior alcance e impacto *para todas as crianças*.[1] O aprendizado baseado em projeto é definido como a *experimentação* da aprendizagem, não apenas a leitura sobre o tema. Significa envolver-se em questões da vida real (como a ecologia, política, mudanças sociais, artes, ciência), fazer perguntas, investigar problemas contextualizados cronologicamente, pesquisar tópicos e, em seguida, criar projetos ou resultados que reflitam a nova aprendizagem adquirida. Um resultado final para um projeto poderia assumir a forma de um vídeo, um cartaz, uma apresentação, um mapa, uma montagem de fotos, uma obra escrita, uma construção tridimensional, uma apresentação multimídia ou qualquer outra maneira de expressão. Aqui estão dois exemplos de aprendizagem baseada em projetos no trabalho:

- Estudantes do quarto ano em Hannibal, Missouri, receberam lagartas vivas da Universidade do Kansas e as criaram, mediram o crescimento delas, soltaram-nas como borboletas-monarcas e as enviaram para o México. Eles então criaram borboletas de papel e as mandaram para estudantes no México. Na primavera, quando as borboletas voltaram, a classe recebeu as respostas dos estudantes mexicanos nas mesmas borboletas de papel enviadas anteriormente.[2]
- Estudantes do ensino médio em Danville, Califórnia, testaram a qualidade da água de escoamento de três estacionamentos de carro diferentes e descobriram que aquele que tinha sido projetado para ser mais ecológico possuía a água mais limpa.[3]

Usei o Google para pesquisar os termos *TDAH* e *aprendizagem baseada em projetos* e descobri que não havia praticamente nada no Google Scholar (onde estudos de pesquisa são indexados) sobre esse tópico. Esse fato me diz que nossos pesquisadores estão dedicando *menor* atenção justamente nos métodos de aprendizagem nos quais as crianças diagnosticadas com TDAH têm *melhor* aproveitamento. Felizmente, o aprendizado baseado em projetos está vivo e passa bem em muitas de nossas melhores escolas do ensino fundamental e médio, e as crianças diagnosticadas com TDAH estão prosperando nelas. Os alunos da Brown University, Jonathan Mooney e David Cole, que tinham sido diagnosticados como portadores de dificuldades de aprendizagem e de TDAH, explicaram-se melhor quando escreveram: "Além do conteúdo ou das habilidades aprendidas, fomos profundamente afetados pela nossa experiência com a aprendizagem baseada em projetos. Essas experiências mudaram quem somos e mudaram nossas vidas. Quantas vezes podemos dizer isso sobre informações fornecidas em uma palestra? Vivemos essas ideias e habilidades. Nós as experimentamos e as integramos em nossas vidas."[4] Aqui estão algumas maneiras pelas quais você pode trazer projetos de aprendizados por meio de projetos para a vida de seu próprio filho (criança ou adolescente):

- Incentive a escola de seu filho a incorporar mais aprendizado baseado em projetos em seu currículo. Um livro que você pode recomendar para que leiam é *Setting the standard for Project based learning: a proven approach to rigorous classroom instruction,* do Buck Institute for Education que estabelece o padrão para a aprendizagem baseada em projeto.[5]
- Durante feriados ou férias de verão, quando seu filho estiver procurando algo para fazer, pergunte-lhe o que mais gostaria de conhecer no mundo. Ele pode mudar os tópicos algumas vezes, tudo bem, não tem problema. Os tópicos populares podem incluir a ecologia local, a história familiar, a exploração do espaço exterior, os dinossauros, uma questão social, como alimentar os pobres, recordes famosos de atividades esportivas, um evento histórico como a Guerra Civil, a vida de uma pessoa admirada, um país estrangeiro, um problema político como o aborto, uma coleção de besouros (ou moedas, ou selos), aprender como os alimentos são processados, um animal favorito, um empreendimento comercial ou qualquer outra das mil e uma possibilidades.
- Forneça a seu filho espaço em algum lugar ou em torno da casa que possa servir como seu local de projetos e proporcione (ou indique onde encontrá-los) os recursos necessários para explorar seu tema

de interesse. Inclua um quadro de avisos, se ele achar útil, no qual possa postar ideias, imagens, artigos, listas ou outros documentos para ajudá-lo em sua investigação.

- Abra um caminho intermediário entre deixá-lo completamente por conta própria e assumir/fazer o projeto para ele. Guie-o delicadamente ao explorar seu tema de interesse, deixe-o assumir a liderança, mas ofereça seu apoio e sugestões conforme necessário.

O processo de envolvimento em um projeto é mais importante do que qualquer produto final (e se o projeto final é realizado, não o avalie com louvor ou crítica, em vez disso, faça perguntas sobre o conteúdo do projeto). Ao investir em um projeto que o enche de entusiasmo, ele também estará desenvolvendo sua capacidade de planejar, pensar de forma crítica, expressar-se de maneira criativa, comunicar-se com os outros, tomar decisões e assumir responsabilidade pessoal e/ou social por coisas que realmente lhe importam. Um projeto dessa natureza vale mais do que mil planilhas.

Para mais informações
Lori McWilliam Pickert. *Project-based homeschooling: mentoring self-directed learners.* CreateSpace Independent Publishing Platform, 2012.

Estratégia nº 100

Mostre ao seu filho soluções usadas para resolver problemas
(Idade: 8 a 18 anos)

Muitas, se não a maioria, das estratégias listadas neste livro criam habilidades que permitirão que seus filhos (crianças ou adolescentes) superem desafios e fortaleçam suas capacidades em áreas nas quais encontram dificuldades. Há momentos, no entanto, em que uma pessoa não quer esperar o desenvolvimento de uma habilidade para conseguir fazer algo. A metáfora que tenho em mente é a pessoa que desperdiça muita energia tentando abrir uma porta emperrada quando há uma outra ao lado que está aberta. Conectamos estratégias para encontrar outras maneiras *mais fáceis* de alcançar *soluções*. Na língua especializada da educação e da psicologia, algumas vezes essas abordagens são referidas como tecnologias assistivas ou estratégias universais de *design* para aprendizagem (EUDA). A ideia por trás do *design* universal originalmente surgiu do planejamento urbano e da arquitetura. Um bom exemplo de uma tecnologia de *design* universal é o corte da guia de uma calçada que permite que as pessoas com deficiência se movam facilmente com suas cadeiras de rodas em uma rua. O que o torna "universal" é que o corte da guia também beneficia pessoas com bengalas, jovens em skates, pais com carrinhos e outros. Um bom exemplo de um *design* universal para a estratégia de *aprendizagem* (ou de trabalho) é o recurso de corretor ortográfico de um programa de processamento de texto. Em vez de ter que estudar muito para ser o maior especialista em ortografia do mundo, uma pessoa pode obter ajuda usando o corretor automático para detectar e corrigir a maioria dos erros da escrita. Outro exemplo de uma tecnologia EUDA é uma calculadora matemática. Esta é uma ferramenta ideal para aqueles que têm dificuldades com habilidades aritméticas básicas, mas são bons na resolução de problemas de matemática de ordem superior, porque a calculadora pode fazer a parte de matemática de ordem inferior por eles. Há uma série de alternativas de realizar um mesmo trabalho que você pode apontar para seu filho (criança ou adolescente) que pode ajudá-lo a contornar determinadas dificuldades e auxiliá-lo a atingir os objetivos pretendidos (algumas são aplicativos de computador e outras são não tecnológicas). Aqui estão algumas:

- *Para dificuldades com a escrita, use o software de fala para texto.* Para as pessoas que têm problemas em organizar suas ideias no papel, digitando ou escrevendo à mão, aplicativos como Dragon NaturallySpeaking e Voice Assistant transformam a voz humana em texto escrito.
- *Para dificuldades de leitura, use um software de texto para fala.* Simplesmente o inverso da tecnologia anterior, essa abordagem digitaliza o texto e o transforma em sons de fala sintetizados. Os programas incluem o NaturalReader, TextSpeech Pro e o Audiobook Maker.
- *Para dificuldades com a memória de trabalho, use "recipientes de memória".* Se seu filho (criança ou adolescente) tiver dificuldade com esse tipo de memória e esquecer coisas com facilidade, sugira a criação de uma lista de verificação de todas as coisas necessárias e que precisam ser lembradas (itens para levar para a escola, sua

agenda para a próxima semana). Ou ele pode gravar as instruções para tarefas domésticas em seu *smartphone* ou usar um dispositivo GPS se tiver problemas para lembrar as direções durante o trânsito entre os lugares que frequenta.
- *Para dificuldades em anotar informações ditas em sala de aula, use a caneta Livescribe.* Essa tecnologia permite que um aluno escreva notas em um papel especialmente tratado e, se houver um problema para entender as notas escritas ou ter deixado de lado informações importantes, é possível pressionar com a caneta em uma determinada sentença e ouvir uma gravação de áudio da voz do professor apenas nesse ponto da palestra.
- *Para dificuldades em seguir instruções passo a passo, assista a aulas de vídeo on-line.* Use vídeos do YouTube, Vimeo ou Khan Academy que ensinam habilidades passo a passo, com uma ampla gama de assuntos. Os vídeos podem ser reproduzidos quantas vezes for necessário até que a habilidade seja dominada.
- *Para dificuldades em prestar atenção, use tecnologias de automonitoramento.* Os aplicativos de automonitoramento como o MotivAider permitem que uma pessoa programe um dispositivo para vibrar em intervalos designados ou aleatórios a fim de servir como lembretes para estudar ou participar ativamente de uma aula.

Esses são apenas alguns exemplos de como seu filho (criança ou adolescente) pode trabalhar em torno de dificuldades crônicas em áreas de cognição ou comportamento, enquanto cumprem ao mesmo tempo sua obrigações, requisitos, expectativas e padrões. Lembre seu filho de que ainda é importante continuar trabalhando nessas áreas em que identifica fraquezas, mas é bom saber que não é necessário deixar suas dificuldades travarem o caminho para ser um bom aluno ou um familiar responsável.

Para mais informações
Center for Applied Special Technology (CAST): cast.org. Uma organização sem fins lucrativos de pesquisa e desenvolvimento da educação que trabalha para expandir as oportunidades de aprendizagem para todos os indivíduos por meio do *design* universal para a aprendizagem.

National Center on Universal Design for Learning: udlcenter.org/aboutudl/udlguidelines. Seu site inclui muitos exemplos de ferramentas EUDA.

Estratégia nº 101

Ensine estratégias de organização ao seu filho (Idade: 7 a 18 anos)

Muitas crianças com problemas de atenção ou comportamentais têm dificuldades com habilidades organizacionais. Entre a ladainha de queixas que os pais e os professores compartilham estão as seguintes: quartos desordenados, trabalhos de casa não realizados, habilidades de estudo caóticas, tarefas perdidas e prazos ignorados para trabalhos escolares. Esses sinais exteriores de desordem, no entanto, podem simplesmente ser reflexos de uma desorganização interna que pode ser corrigida com a ajuda paciente de pelo menos um dos pais ou de professor mais organizado. Aqui estão algumas sugestões para ajudar seu filho a se auto-organizar em várias áreas de sua vida estudantil e doméstica.

- *Organize as tarefas domésticas em um caderno.* Deixe o seu filho escolher o tipo de caderno de que gostaria de usar e deixe-o criar uma arte na capa para lembrá-lo de que esse é o caderno de tarefas. Dentro do caderno, ele pode colocar um calendário para observar os prazos, divisores para separar material por assunto, "bolsos" para colocar tarefas "para fazer" e "concluídas", um "estojo" (para lápis, canetas e borrachas) e um monte de folhas de caderno para fazer tarefas,
- *Comece o ano letivo com algumas reuniões organizacionais com seu filho.* Durante os primeiros dias da escola (e depois periodicamente), sente-se com ele (criança ou adolescente) e reveja conjuntamente sua lista de atribuições, datas de vencimento e o próprio dever de casa. Se o seu filho não estiver anotando as atribuições ou esquecendo de colocá-las em seu caderno na escola, telefone para o professor e peça-lhe que se reúna brevemente com seu filho no final do dia para garantir que os materiais relacionados à lição de casa estejam devidamente registrados na hora de voltar para casa. Se seu filho estiver confuso sobre quais apostilas trazer para casa, faça uma capa colorida para cada uma delas, de modo que ele possa ilustrar com imagens relacionadas a cada disciplina.
- *Forneça estratégias para organizar o lar e o espaço escolar.* Gavetas e prateleiras com códigos de cores para lembrar ao seu filho onde a

roupa e os brinquedos estão e devem ser guardados. Ele também pode querer criar um símbolo gráfico para cada gaveta – por exemplo, uma imagem de um par de calças para a gaveta das calças. Código de barras coloridos no armário para que as calças estejam organizadas no segmento azul, as camisetas no vermelho, e assim por diante. Sugira que seu filho limpe seu quarto usando qualquer uma das seguintes categorias:

- **Cores** (limpe primeiro as coisas vermelhas, depois as azuis, depois as verdes etc.).
- **Tamanho** (limpe primeiro as coisas menores e as maiores por último).
- **Textura** (limpe primeiro as coisas suaves, e depois as coisas mais ásperas).
- **Outras** (outra categoria organizacional de sua própria invenção).

- *Armazene itens em caixas de plástico transparente para que seja possível visualizar o que está lá dentro.* Sugira que ele organize sua escrivaninha de escola dividindo o interior em seções com fitas coloridas: os livros aqui, lápis nesta seção, objetos de estudos e uso em sala de aula nesse canto, e assim por diante.
- *Ajude seu filho a organizar tarefas domésticas.* Crie uma tabela de tarefas familiares com fotos e nomes dos membros da família no topo da tabela; então, verticalmente em colunas sob cada nome, coloque uma série de pregadores ou bolsos. As tarefas podem ser registradas em pedaços grossos de papelão e pendurados nos ganchos ou colocados nos bolsos para indicar quais são os indivíduos responsáveis pelas tarefas desse dia, semana ou mês. As tarefas que envolvem a rotatividade na execução ajudam a manter a experiência sempre atualizada para o seu filho. Coloque etiquetas coloridas ou imagens sobre as tarefas para representar o trabalho envolvido.
- *Use tecnologia para ajudar seu filho (criança ou adolescente) a se organizar.* O aplicativo iStudiez fornece uma plataforma para organizar tarefas de casa, datas de provas, prazos e outras responsabilidades da escola. 30/30 permite que as crianças estabeleçam tarefas e o tempo necessário para completá-las. Due and Home Routines lembram as crianças ou adolescentes sobre tarefas ou trabalhos e quando precisam ser feitos. iRewardChart é o equivalente eletrônico de

um gráfico de tarefas, que dá pontos para tarefas completadas que podem ser trocadas por recompensas.

Certifique-se de que seu filho (criança ou adolescente) esteja envolvido em ajudar a criar essas estratégias organizacionais. Se os métodos lhe são simplesmente impostos de fora, então provavelmente terão pouco impacto. Algumas ideias organizacionais não funcionarão com seu filho, não importa quanto tempo gaste na tentativa de convencê-lo a praticá-las. Experimente algumas dessas ideias e veja quais funcionam melhor. Com o tempo, e com a orientação adequada, sua e dos professores, ele descobrirá as estratégias organizacionais que o auxiliam a gerenciar sua vida de forma mais eficaz.

Para mais informações
Donna Goldberg e Jennifer Zwiebel. *The organized student: teaching children the skills for success in school and beyond.* New York: Touchstone, 2005.

Notas

Prefácio

1. A edição de 1986 do meu livro *In Their Own Way* foi revista e ampliada em *In Their Own Way: Discovering and Encouraging Your Child's Multiple Intelligence*s (New York: Tarcher, 2000).

Capítulo I

1. "A bolha assassina" (1958) foi dirigido por Irvin Yeaworth e estrelado Steve McQueen em seu primeiro papel em um grande filme. Para mais informações, acesse en.wikipedia.org/wiki/The_Blob.
2. Uma adaptação do discurso de Virginia Douglas sobre os déficits de atenção à Canadian Psychological Association é apresentada em "Stop, Look and Listen: The Problem of Sustained Attention and Impulse Control in Hyperactive and Normal Children", *Canadian Journal of Behavioural Science/Revue canadienne des sciences du comportement* 4, no. 4 (Outubro, 1972): 259-282. Ver também o relato de Douglas sobre esse discurso e artigo no "This Week's Citation Classic", *Current Contents* 44 (29 de outubro de 1984): 16. Consultado em garfield. library.upenn.edu/classics1984/ A1984TN32300001.pdf.
3. O primeiro reconhecimento do transtorno de déficit de atenção na psiquiatria americana está no *DSM-3: Diagnostic and Statistical Manual of Mental Disorders*, 3.ed. (Arlington, VA: American Psychiatric Association, 1980).
4. O relaxamento da proibição do governo dos Estados Unidos em relação à publicidade de medicamentos direta para o consumidor é citada em Alan Schwartz, "The Selling of Attention Deficit Disorder:, *New York Times*, 14 de dezembro de 2013.
5. A medicação de crianças menores de 4 anos é o foco do artigo de Alan Schwartz, "Thousands of Toddlers Are Medicated for A.D.H.D. Report Finds, Raising Worries", *New York Times*, 16 de maio de 2014.

6. Para mais informações sobre a expansão dos diagnósticos de TDAH para além dos Estados Unidos, consulte Peter Conrad and Meredith R. Bergey, "The Impending Globalization of ADHD: Notes on the Expansion and Growth of a Medicalized Disorder", *Social Science and Medicine*, 122 (Dezembro, 2014), 31-43.
7. As porcentagens sobre as taxas de diagnóstico de TDAH em crianças de 5 a 7 anos são do U. S. Department of Health and Human Services, Centers for Disease Control and Prevention, National Center for Health Statistics, "Table 35 – Health Conditions among Children under Age 18, by Selected Characteristics: United States, Average Annual, Selected Years 1997-1999 through 2012-2014", *Health, United States, 2015: With Special Feature on Racial and Ethnic Health Disparities* (Washington, D.C.: U.S. Government Printing Office, 2015), 157.
8. A informação sobre os critérios de diagnóstico para TDAH é fornecida em um relatório informativo: "Attention Deficit/Hyperactivity Disorder", *American Psychiatric Association*, 2013. Consultado em dsm5.org/documents/adhd%20fact%20sheet.pdf.
9. A informação sobre os principais recursos do mito do TDAH foi extraída de vários sites da internet. Eles incluem a Mayo Clinic, "Attention Deficit/Hyperactivity Disorder (ADHD) in Children." Consultado em mayoclinic.org/diseases-conditions/adhd/symptoms-causes/dxc-20196181. National Institute of Mental Health, "Attention Deficit Hyperactivity Disorder." Consultado em nimh.nih.gov/health/topics/attention-deficit-hyperactivity-disorder-adhd/index.shtml. CHADD, "About ADHD." Consultado em chadd.org/Understanding-ADHD/About-ADHD.aspx.
10. A declaração de consenso citando milhares de estudos sobre TDAH é de Russell A. Barkley, Edward H. Cook, Jr., Adele Diamond, Alan Zemetkin et al., "International Consensus Statement on ADHD – Janeiro, 2002", *Clinical Child and Family Psychology Review* 5, no. 2 (Junho, 2002): 89-111.

Capítulo 2

1. Para uma tradução em inglês do conto de moral alemão sobre Felipe Irrequieto, ver Henrich Hoffmann, *The English Struwwelpeter*, ou, *Pretty Stories and Funny Pictures* (London: Routledge & Paul, 1909).
2. O texto original das palestras de Still sobre crianças que exibem uma deficiência mórbida de controle moral é encontrado em George Still, "The Goulstonian Lectures on Some Abnormal Psychical Conditions in Children", *Lancet* (1902). Consultado em archive.org/stream/b24976295#page/n3/mode/2up.
3. A informação sobre a história do TDAH foi extraída de Klaus W. Lange, Susanne Reichl, Katharina M. Lange et al., "The History of Attention Deficit Hyperactivity Disorder", *Attention Deficit Hyperactivity Disorder* 2, no. 4 (Dezembro, 2010): 241-55.

4. Para obter informações sobre o ritmo cognitivo lento, ver Alan Schwarz, "Idea of New Attention Disorder Spurs Research, and Debate", *New York Times*, abril, 11, 2014; e Russell A. Barkley, "Distinguishing Sluggish Cognitive Tempo from ADHD in Children and Adolescents: Executive Functioning, Impairment, and Comorbidity", *Journal of Clinical Child & Adolescent Psychology* 42, no. 2 (2013): 161-73.
5. A estimativa de 1 a 3% em transtorno hipercinético utilizada pela International Classification of Diseases foi citada em H. Remschmidt and Global ADHD Working Group, "Global Consensus on ADHD/HKD", *European Child and Adolescent Psychiatry* 14, no. 3 (Maio, 2005): 127-37. O valor de 5% apresentado pela American Psychiatric Association para TDAH é citado em "What Is ADHD?", 2015. Consultado em psychiatry.org/patients-families/adhd/what-is-adhd. O valor de prevalência de 11% para TDAH é citado em CDC, "Key Findings: Trends in the Parent-Report of Health Care Provider-Diagnosis and Medication Treatment for ADHD: United States, 2003-2011", 10 de dezembro de 2014. Consultado em cdc.gov/ncbddd/adhd/features/key- findings-adhd72013.html.
6. Estatísticas sobre o aumento dos diagnósticos de TDAH e as variações nas taxas entre os estados são retiradas do CDC, "Attention-Deficit/Hyperactivity Disorder, Data & Statistics", 2016. Extraído de cdc.gov/ncbddd/adhd/data.html.
7. A declaração de Barkley sobre a variabilidade das definições de TDAH é dada em Russell A. Barkley, *Attention Deficit Hyperactivity Disorder: A Handbook for Diagnosis and Treatment*, 2.ed. (New York: Guilford, 1998), 79.
8. A citação de Saul sobre TDAH como uma desordem definida por seus sintomas é encontrada em Richard Saul, "ADHD Does Not Exist", *New Republic*, 14 de fevereiro de 2014. Extraído de newrepublic.com/article/116625/adhd-does-not-exist.
9. Os sintomas do TDAH do DSM-5 são encontrados em CDC, "Attention- Deficit/Hyperactivity Disorder, Symptoms and Diagnosis." Extraído de https://www.cdc.gov/ncbddd/adhd/diagnosis.html.
10. A preocupação do educador sobre a validade da tarefa de casa é expressa, por exemplo, em Alfie Kohn, *The Homework Myth* (Cambridge, MA: Da Capo, 2007).
11. A estatística de que as escalas de classificação são utilizadas em 90% dos diagnósticos de TDAH é encontrada em Susanna N. Visser, Benjamin Zablotsky, Joseph R. Holbrook, Melissa L. Danielson, e Rebecca H. Bitsko, "Diagnostic Experiences of Children with Attention- Deficit/Hyperactivity Disorder", *National Health Statistics Reports* 81 (3 de setembro de 2015), cdc.gov/nchs/data/nhsr/nhsr081.pdf.
12. A citação que afirma que o Conners ASQ pode ser a ferramenta de diagnóstico mais eficaz na avaliação do TDAH é de Ling-Yin Chang, Mei-Yeh Wang, Pei-Shan Tsai, "Diagnostic Accuracy of Rating Scales for Attention- Deficit/Hyperactivity Disorder: A Meta-Analysis", *Pediatrics* 137, no. 3 (Março, 2016): 1-13.

13. A Escala Conners abreviada de classificação para professores foi obtida em altamontepediatrics.com/AbbreviatedSymptomQuestionnaire.pdf.
14. A implicação da escala de classificação Conners é que a agitação é um problema de comportamento, mas uma nova pesquisa revela que pode ser fundamental para a capacidade de foco de uma pessoa diagnosticada com TDAH. Ver T. A. Hartanto, C. E. Krafft, A. M. Iosif, e J. B. Schweitzer, "A Trial-by-Trial Analysis Reveals More Intense Physical Activity Is Associated with Better Cognitive Control Performance in Attention-Deficit/ Hyperactivity Disorder", *Child Neuropsychology* 22, no. 5 (2016): 618-26.
15. O diálogo circular entre um pai e um psiquiatra é de Philip Hickey, "A Critical Thinker's Views on ADHD and the DSM", *National Psychologist*, 2 de maio de 2012. Obtido em nationalpsychologist.com/2012/05/a- critical-thinkers-views-on-adhd-and-the-dsm/101684.html.
16. Os artigos sobre potenciais biomarcadores para TDAH incluem D. Gilbert, K. Isaacs, M. Augusta, et al., "A Marker of ADHD Behavior and Motor Development in Children", *Neurology* 76, no. 7 (15 de fevereiro de 2011): 615-21; F. R. Karsz, A. Vance, V. A. Anderson, et al., "Olfactory Impairments in Child Attention-Deficit/Hyperactivity Disorder", *Journal of Clinical Psychiatry* 69, no. 9 (Setembro, 2008): 1462-68; e Samuel Cortese, Robin Azoulay, F. Xavier Castellanos, et al., "Brain Iron Levels in Attention-Deficit/Hyperactivity Disorder: A Pilot MRI Study", *World Journal of Biological Psychiatry* 13, no. 3 (Março, 2012): 223-31.
17. A citação sobre a falta de um biomarcador para o TDAH está em Johannes Thome, Ann-Christine Ehlis, Andreas J. Fallgatter, et al., "Biomarkers for Attention-Deficit/Hyperactivity Disorder (ADHD). A Consensus Report of the WFSBP Task Force on Biological Markers and the World Federation of ADHD", *World Journal of Biological Psychiatry* 13, no. 5 (Julho, 2012): 379-400.
18. Para estudos sobre o comprometimento do funcionamento executivo em crianças com diagnóstico de TDAH, ver Douglas Sjöwall, Linda Roth, Sofia Lindqvist, e Lisa B. Thorell, "Multiple Deficits in ADHD: Executive Dysfunction, Delay Aversion, Reaction Time Variability, and Emotional Deficits", Journal of Child Psychology and Psychiatry 54, no. 6 (Junho, 2013): 619-27; e Maggie E. Toplaka, Stefania M. Bucciarelli, Umesh Jain, and Rosemary Tannock, "Executive Functions: Performance-Based Measures and the Behavior Rating Inventory of Executive Function (BRIEF) in Adolescents with Attention Deficit/Hyperactivity Disorder (ADHD)", *Child Neuropsychology: A Journal on Normal and Abnormal Development in Childhood and Adolescence* 15, no. 1 (Janeiro, 2009): 53-72.
19. Um estudo-chave sobre o atraso de um período de 2 ou 3 anos em maturação cortical de crianças diagnosticadas com TDAH é de P. Shaw, K. Eckstrand, W. Sharp, et al., "Attention- Deficit/Hyperactivity Disorder Is Characterized by a

Delay in Cortical Maturation", *Proceedings of the National Academy of Science U S A* 104, no. 49 (4 de dezembro de 2007): 19649-54.
20. A informação sobre a maturação do córtex pré-frontal desde a infância até a idade adulta pode ser encontrada em Elizabeth R. Sowell, Bradley S. Peterson, Paul M. Thompson, et al., "Mapping Cortical Change across the Human Life Span", Nature Neuroscience 6, no. 3 (Março, 2003): 309-15.
21. A crítica de Sroufe aos estudos de varredura cerebral para validar o TDAH é citada em L. Alan Sroufe, "Ritalin Gone Wrong", *New York Times*, 29 de janeiro de 2012, SR1.
22. Estudos sobre o impacto do trauma no cérebro incluem J. Douglas Bremner, "Traumatic Stress: Effects on the Brain", *Dialogues in Clinical Neuroscience* 8, no. 4 (Dezembro, 2006): 445-61; e Bruce S. McEwen e John H. Morrison, "The Brain on Stress: Vulnerability and Plasticity of the Prefrontal Cortex over the Life Course", *Neuron* 79, no. 1 (Julho, 2013): 16-29.
23. Para obter informações sobre a base genética do TDAH, ver uma entrevista com a neurocientista Susan Smalley em Aliyah Baruchin, "Expert Q & A: Nature, Nurture and Attention Deficit", *New York Times*, 12 de março de 2008.
24. Os dois estudos citados sobre a escassez de evidências para a base genética do TDAH são P. Heiser, M. Heinzel- Gutenbrunner, J. Frey et al., "Twin Study on Heritability of Activity, Attention, and Impulsivity as Assessed by Objective Measures", *Journal of Attention Disorders* 9, no. 4 (Maio, 2006): 575-81; e Anita Thapar, Miriam Cooper, Olga Eyre, e Kate Langley, "Practitioner Review: What Have We Learnt About the Causes of ADHD?", *Journal of Child Psychology and Psychiatry* 54, no.1 (Janeiro, 2013), 3-16.
25. Dois estudos de interações gene-ambiente e TDAH incluem M. M. Martel, M. Nikolas, K. Jernigan et al., "The Dopamine Receptor D4 Gene (DRD4) Moderates Family Environmental Effects on ADHD", *Journal of Abnormal Child Psychology* 39, no. 1 (Janeiro, 2011): 1-10; e J. S. Richards, A. Arias Vásquez, B. Franke et al., "Developmentally Sensitive Interaction Effects of Genes and the Social Environment on Total and Subcortical Brain Volumes", *PLoS One* 11, no. 5 (Maio, 2016): e0155755.
26. O estudo sobre a comorbidade do TDAH com outros distúrbios na Dinamarca é Christina Mohr Jensen e Hans- Christoph Steinhausen, "Comorbid Mental Disorders in children and Adolescents with Attention-Deficit/Hyperactivity Disorder in a Large Nationwide Study", *ADHD Attention Deficit and Hyperactivity Disorders* 7, no. 1 (Março, 2015): 27-38.
27. Um estudo que sugere que o transtorno bipolar do TDAH pode representar um subtipo clínico distinto é S. Bernardi, S. Cortese, M. Solanto et al., "Bipolar Disorder and Comorbid Attention Deficit Hyperactivity Disorder. A Distinct

Clinical Phenotype? Clinical Characteristics and Temperamental Traits", *World Journal of Biological Psychiatry* 11, no. 4 (Junho, 2010): 656-66.

Capítulo 3

1. A pesquisa de Bradley sobre psicoestimulantes é relatada em Charles Bradley, "The Behavior of Children Receiving Benzedrine", *American Journal of Psychiatry* 94 (Novembro, 1937): 577-85.
2. Para um histórico de uso de medicamentos para o TDAH e suas encarnações anteriores como um transtorno, ver Rick Mayes e Catherine Bagwell, *Medicating Children: ADHD and Pediatric Mental Health* (Cambridge, MA: Harvard University Press, 2009).
3. Para a pesquisa do Departamento de Saúde do Condado de Baltimore sobre o uso de medicamentos, ver Daniel J. Safer e John M. Krager, "A Survey of Medication Treatment for Hyperactive/Inattentive Students", *JAMA* 260, no. 15 (Outubro, 1988): 2256.
4. Estatísticas sobre o crescimento da medicação na década de 1990 são dadas em Gretchen B. LeFever e Andrea P. Arcon, "ADHD among American Schoolchildren", *Scientific Review of Mental Health Practice* 2, no. 1 (2003). Acessado em srmhp.org/0201/adhd.html.
5. A Informação sobre Adzenys é de Meghana Keshavan, "Tasty and Easy to Take, a New ADHD Drugs Alarms Some Psychiatrists", Stat, 23 de maio de 2016. Acessada em statnews.com/2016/05/23/adhd-drug-concerns.
6. Estatísticas sobre a taxa e as vendas de medicamentos para o TDAH são fornecidas em Luke Whelan, "Sales of ADHD Medications Are Skyrocketing: Here's Why", *Mother Jones*, 24 de fevereiro de 2015. Acessado em motherjones.com/environment/2015/02/hyperactive-growth-adhd-medication-sales.
7. Lawrence Diller é citado em Amy Kraft, "Adderall Use Rising among Young Adults", *CBS News*, 16 de fevereiro de 2016. Consultado em cbsnews.com/news/adderall-misuse-rising-among-young-adults. Seu livro é intitulado *Running on Ritalin: A Physician Reflects on Children, Society, and Performance in a Pill* (New York: Bantam, 1999).
8. Stephen Hinshaw é citado em Whelan, "Sales of ADHD Medications Are Skyrocketing". Seu livro, escrito com Richard Scheffler, é intitulado *The ADHD Explosion: Myths, Medication, Money, and Today's Push for Performance* (Oxford, UK: Oxford University Press, 2014).
9. Informações sobre famílias de elevado nível socioeconômico que usam medicamentos para TDAH para ajudar a lidar com as pressões acadêmicas são relatadas em Marissa D. King, Jennifer Jennings, e Jason M. Fletcher, "Medical Adaptation to Academic Pressure: Schooling, Stimulant Use, and Socioeconomic Status", *American Sociological Review* 79, no. 6 (Novembro, 2014): 1039-66.

10. O uso de medicamentos para TDAH para dar aos filhos não diagnosticados de origens socioeconômicas pobres como uma vantagem na escola é relatado em Alan Schwartz, "Attention Disorder or Not, Pills to Help in School", *New York Times*, 9 de outubro de 2012. Obtido em nytimes.com/2012/10/09/health/attention-disorder-or-not-children-prescribed-pills-to-help-in-school.html.
11. Os dados que mostram a falta de médicos para aplicar terapia comportamental em crianças pequenas são fornecidos em CDC, "ADHD in Young Children", 3 de maio de 2016. Acessado em cdc.gov/vitalsigns/adhd/index.html.
12. O diagnóstico de crianças menores de 4 anos é relatado em Alan Schwartz, "Thousands of Toddlers Are Medicated for A.D.H.D., Report Finds, Raising Worries", *New York Times*, 16 de maio de 2014. Acessada em https://www.nytimes.com/2014/05/17/us/among-experts-scrutiny-of-attention-disorder-diagnoses-in--2-and-3-year-olds.html?_r = 0.
13. A listagem de Adderall e Ritalina como medicamentos da Lista II é da DEA, "Drug Schedules." Acessada em dea.gov/druginfo/ds.shtml.
14. Nova pesquisa sugerindo que os usuários de medicamentos para TDAH não são mais ou menos propensos a tornar-se viciados em drogas ilegais mais tarde é relatado em Stuart Wolpert, "Are Children Who Take Ritalin for ADHD at Greater Risk of Future Drug Abuse?" UCLA Newsroom, 29 de maio de 2013. Acessada em newsroom.ucla.edu/releases/are-children-who-take-ritalin-246186.
15. Para relatos de abuso de drogas e uso indevido de TDAH, ver Jennifer Setlik, G. Randall Bond, e Mona Ho, "Adolescent Prescription ADHD Medication Abuse Is Rising Along with Prescriptions for These Medications", *Pediatrics* 124, no. 3 (Setembro, 2009):875-80.
16. Os resultados iniciais da pesquisa do NIMH que mostram a superioridade dos medicamentos com TDAH em terapia comportamental são apresentados em Peter S. Jensen, Stephen P. Hinshaw, James M. Swanson et al., "Findings from the NIMH Multimodal Treatment Study of ADHD (MTA): Implications and Applications for Primary Care Providers", *Developmental and Behavioral Pediatrics* 22, no. 1 (Fevereiro, 2001): 60-73.
17. Os achados de um estudo de acompanhamento do MTA que não mostra diferenças entre os fármacos de TDAH e a terapia comportamental estão em Brooke S. G. Molina, Stephen P. Hinshaw, James M. Swanson et al., "The MTA at 8 Years: Prospective Follow-Up of Children Treated for Combined Type ADHD in a Multisite Study", *Journal of the American Academy of Child & Adolescent Psychiatry* 48, no. 5 (Maio 2009): 484-500.
18. James Swanson é citado em Katherine Sharp, "The Smart Pill Oversell", *Nature* 506, no. 7487 (12 de fevereiro de 2014): 146-48.
19. Os efeitos secundários comuns dos psicoestimulantes são relatados em S. Punja, L. Shamseer, L.Hartling, et al., "Amphetamines for Attention Deficit Hyper-

activity Disorder (ADHD) in Children and Adolescents", *Cochrane Database of Systematic Reviews*, 4 de fevereiro de 2016. Acessado em onlinelibrary.wiley.com/doi/10.1002/14651858.CD009996.pub2/abstract.

20. A evidência de graves problemas cardíacos associados a medicamentos para TDAH é relatada em William O. Cooper, Laurel A. Habel, Colin M. Sox et al., "ADHD Drugs and Serious Cardiovascular Events in Children and Young Adults", *New England Journal of Medicine*, 365, no. 20 (17 de novembro de 2011): 1896-1904.

21. As diretrizes da American Heart Association para avaliar o risco cardíaco antes da administração de medicamentos para TDAH são relatadas em Lisa Graham, "AHA Releases Recommendations on Cardiovascular Monitoring and the Use of ADHD Medications in Children with Heart Disease", *American Family Physician* 79, no. 10 (15 de maio de 2009): 905-10.

22. Evidências da influência de medicamentos para TDAH em sintomas psicóticos são fornecidas em Lynn E. MacKenzie, Sabina Abidi, Helen L. Fisher et al., "Stimulant Medication and Psychotic Symptoms in Offspring of Parents with Mental Illness", *Pediatrics* 137, no. 1 (Janeiro, 2016): e20152486.

23. A associação entre medicamentos para TDAH e problemas ósseos é relatada em Megan Brooks, "ADHD Drugs May Harm Bone Health: Study", *Psych Congress Network*, 2016. Acessada em psychcongress.com/article/adhd-drugs-may-harm-bone-health-study-26693.

24. Relatórios de morte súbita por psicoestimulantes são apresentados em M. S. Gould, B. T. Walsh, J. L. Munfakh et al., "Sudden Death and Use of Stimulant Medications in Youths", *American Journal of Psychiatry* 166, no. 9 (Setembro, 2009): 992-1001.

25. A pesquisa que liga o uso de medicamentos com TDAH com o aumento da vitimização por crianças e adolescentes que praticam *bullying* está em Quyen M. Epstein- Ngo, Sean Esteban McCabe, Philip T. Veliz et al., "Diversion of ADHD Stimulants and Victimization among Adolescents", *Journal of Pediatric Psychology* (19 de novembro de 2015). Acessada em http://jpepsy.oxfordjournals.org/content/early/2015/11/19/jpepsy.jsv105.full.pdf + html.

26. Relatórios de abuso de medicamentos de TDAH entre as adolescentes são fornecidos no site do National Council on Alcoholism and Drug Dependence: "Almost 90 Percent of Teens Who Abuse ADHD Drugs Use Someone Else's Medication", 10 de março de 2016. Acessado em ncadd.org/blogs/in-the-news/almost-90-percent-of-teens-who-abuse-adhd-drugs-use-someone-else-s-medication.

27. Aumentos nas visitas hospitalares de emergência por causa do abuso do medicamento Adderall por jovens adultos são relatados em Amy Kraft, "Adderall Misuse Rising Among Young Adults", CBS News, 16 de fevereiro de 2016. Acessado em cbsnews.com/news/adderall-misuse-rising-among-young-adults.

28. Para estudos sobre as atitudes positivas das crianças em relação aos medicamentos de TDAH, ver D. Efron, F. C. Jarman e M. J. Barker, "Child and Parent Perceptions of Stimulant Medication Treatment in Attention Deficit Hyperactivity Disorder", *Journal of Paediatrics and Child Health* 34, no. 3 (Junho, 1998): 288-92; e Lisa B. Thorell and Kerstin Dahlström, "Children's Self-Reports on Perceived Effects on Taking Stimulant Medication for ADHD", *Journal of Attention Disorders* 12, no. 5 (Março, 2009): 460-68.
29. Comentários sobre as experiências negativas dos jovens adolescentes com drogas de TDAH são de Alice Charach, Emanuela Yeung, Tiziana Volpe et al., "Exploring Stimulant Treatment in ADHD: Narratives of Young Adolescents and Their Parents", *BMC Psychiatry* 14 (2014): 110.
30. O comentário adolescente de que os comprimidos do TDAH exerciam "controle sobre mim" veio de Chris Travella e John Visser, " 'ADHD Does Bad Stuff to You': Young People's and Parents' Experiences and Perceptions of Attention Deficit Hyperactivity Disorder (ADHD)", *Emotional and Behavioural Difficulties* 11, no. 3 (Setembro, 2006): 205-16.
31. O abandono no uso de medicamentos para TDAH durante a adolescência é relatado em Suzanne McCarthy, Philip Asherson, David Coghill et al., "Attention-Deficit Hyperactivity Disorder: Treatment Discontinuation in Adolescents and Young Adults", *British Journal of Psychiatry* 194, no.3 Fevereiro, 2009): 273-77.
32. O estudo que concluiu que houve um melhor resultado de uma dose menor de medicação estimulante em associação com um placebo do que com uma dose mais alta de medicação estimulante por si só foi de Adrian D. Sandler, Corrine E. Glesne, e James W. Bodfish, "Conditioned Placebo Dose Reduction: A New Treatment in ADHD?" *Journal of Developmental and Behavioral Pediatrics* 31, no. 5 (Junho, 2010): 369-375.
33. Dois livros que fornecem uma perspectiva pró-TDAH para os pais são Russell A. Barkley's *Taking Charge of ADHD: The Complete Authoritative Guide for Parents*, 3.ed. (New York: Guilford, 2013); e Edward M. Hallowell e John J. Ratey's, *Delivered from Distraction: Getting the Most Out of Life with Attention Deficit Disorder* (New York: Ballantine, 2005).

Capítulo 4

1. Estudos sobre o atraso cortical em crianças diagnosticadas com TDAH incluem o de P. Shaw, K. Eckstrand, W. Sharp et al., "Attention- deficit/Hyperactivity Disorder Is Characterized by a Delay in Cortical Maturation", *Proceedings of the National Academy of Sciences U.S.A.* 104, no. 49 (4 de dezembro de 2007): 19649-54; Katya Rubia, "Neuro-Anatomic Evidence for the Maturational Delay Hypothesis of ADHD", *Proceedings of the National Academy of Sciences U.S.A.* 104, no. 50 (11

de dezembro de 2007): 19663-64; e Chandra S. Sripada, Daniel Kessler, e Mike Angstadt, "Lag in Maturation of the Brain's Intrinsic Functional Architecture in Attention-Deficit /Hyperactivity Disorder", *Proceedings of the National Academy of Sciences U.S.A.* 111, no. 39 (30 de setembro de 2014): 14259-64.
2. O estudo que mostra uma queda de 50% nas taxas de TDAH a cada 5 anos é de J. C. Hill e E. P. Schoener, "Age- Dependent Decline of Attention Deficit Hyperactivity Disorder", *American Journal of Psychiatry* 153, no. 9 (Setembro 1996): 1143-46.
3. O estudo que cita uma prevalência de 15% de TDAH no diagnóstico em indivíduos de 25 anos de idade é de S. V. Faraone, J. Biederman, e E. Mick, "The Age--Dependent Decline of Attention Deficit Hyperactivity Disorder: A Meta-Analysis of Follow-Up Studies", *Psychological Medicine* 36, no. 2 (Fevereiro, 2006): 159-65. Ao avaliar seus dados para incluir jovens adultos com TDAH em remissão parcial, os autores aumentaram a taxa para 2,6% de todos os indivíduos com 25 anos de idade. No entanto, a designação de "remissão parcial" pode incluir ela mesma um índice significativo de atraso no desenvolvimento.
4. O estudo islandês que mostra que, na sala de aula, as crianças mais jovens têm maior probalidade de receber psicostimulantes é de Helga Zoëga, Unnur A. Valdimarsdóttir, e Sonia Hernández- Díaz, "Age, Academic Performance, and Stimulant Prescribing for ADHD: A Nationwide Cohort Study", *Pediatrics* 130, no. 6 (Dezembro, 2012): 10112-18.
5. O estudo da British Columbia que mostra uma probabilidade 30% maior de ser diagnosticado com TDAH se o aniversário da criança é em dezembro é relatado em Richard L. Morrow, E. Jane Garland, James M. Wright et al., "Influence of Relative Age on Diagnosis and Treatment of Attention-Deficit/Hyperactivity Disorder in Children", *Canadian Medical Association Journal* 184, no. 7 (17 de abril de 2012): 755-62.
6. A citação sobre a idade como fator de risco nos diagnósticos de TDAH é de M. H. Chen, W. H. Lan, Y. M. Bai et al., "Influence of Relative Age on Diagnosis and Treatment of Attention-Deficit Hyperactivity Disorder in Taiwanese Children", *Journal of Pediatrics* 172 (Maio, 2016): 162-67.
7. A pesquisa educativa sobre mudança de atitudes e práticas entre os professores do jardim de infância de 1998 a 2010 é relatada em Daphna Bassok, Scott Latham e Anna Rorem, "Is Kindergarten the New First Grade?" *AERA Open*, Janeiro, 2016. Acessado em ero.sagepub.com/content/2/1/2332858415616358.
8. Para um artigo de opinião sobre o aumento das suspensões pré-escolares, consulte Denisha Jones e Diane Levin, "Here's Why Preschool Suspensions Are Harmful", *Education Week*, 23 de fevereiro de 2016. Acessado em edweek.org/ew/articles/2016/02/24/heres-why-preschool-suspensions-are-harmful.html. Tutoria pré-escolar é relatada em Samantha Kurtzman- Counter, "Cracking un-

der Preschool Pressure", Huffington Post, 2 de junho de 2011. Acessado em huffingtonpost.com/samantha-kurtzmancounter/cracking-under-preschool-pressure_b_869926.html. O aumento de pré-escolas acadêmicas é criticado em Alison Gopnik, "Why Preschool Shouldn't Be Like School", Slate, 16 de março de 2011. Acessado em slate.com/articles/double_x/doublex/2011/03/why_preschool_shouldnt_be_like_school.html.

9. Sobre a natureza variável do jogo, Panksepp é citado em "Science of the Brain as a Gateway to Understanding Play: An Interview with Jaak Panksepp", *American Journal of Play* 2, no. 3 (2010): 247.

10. A tendência dos ratos de brincar menos, embora administrados com psicoestimulantes, é citada em Jaak Panksepp and Eric L. Scott, "Reflections on Rough and Tumble Play, Social Development, and Attention-Deficit Hyperactivity Disorders", in Aleta L. Meyer e Thomas P. Gullotta, eds., *Physical Activity Across the Lifespan*, Vol. 12 of *Issues in Children's and Families' Lives* (New York: Springer, 2012), 23-40.

11. Um estudo sobre o impacto positivo da natureza sobre os sintomas do TDAH é de A. F. Taylor e F. E. Kuo, "Children with Attention Deficits Concentrate Better After Walk in the Park", *Journal of Attention Disorders* 12, no. 5 (Março, 2009): 402-09.

12. Para um artigo recente sobre o significado da neotenia na evolução, consulte Mehmet Somela, Henriette Franz, Zheng Yana et al., "Transcriptional Neoteny in the Human Brain", *Proceedings of the National Academy of Sciences U.S.A.* 106, no. 14 (7 de abril de 2009): 5743-48.

13. As observações de Stephen Jay Gould sobre a importância da neotenia na evolução humana são dadas em seu livro *Ontogeny and Phylogeny* (Cambridge, MA: Harvard University Press, 1977) e em um capítulo, "A Biological Homage to Mickey Mouse", em *The Panda's Thumb: More Reflections in Natural History* (New York: Norton, 1992), 95-107.

14. A caracterização de Gould dos seres humanos como "filhos permanentes" é citada em seu livro *The Mismeasure of Man* (New York: Norton, 1981), 33.

15. O trabalho de Ashley Montagu sobre as dimensões físicas e psicológicas da neotenia está em seu livro *Growing Young*, 2.ed. (Westport, CT: Praeger, 1988).

16. Estatísticas sobre a prevalência de diagnósticos de TDAH entre meninos de 12 a 16 anos de idade são dadas pelo National Center for Health Statistics, "Association between Diagnosed ADHD and Selected Characteristics among Children Aged 4-17 Years: United States, 2011-2013", CDC, Maio, 2015. Acessado em cdc.gov/nchs/data/databriefs/db201.htm.

17. Informações sobre o desenvolvimento do cérebro adolescente e o funcionamento executivo são fornecidos em Sarah-Jayne Blakemore e Suparna Choudhury, "Development of the Adolescent Brain: Implications for Executive Func-

tion and Social Cognition", *Journal of Child Psychology and Psychiatry* 47, nos. 3-4 (Março/abril, 2006): 296-312.
18. Para um artigo que explica a distinção entre cognição quente e fria, consulte P. D. Zelazo and S. M. Carlson, "Hot and Cool Executive Function in Childhood and Adolescence: Development and Plasticity", *Child Development Perspectives* 6, no. 4 (7 de junho de 2012): 354-60.
19. Dois livros recentes que analisam as implicações práticas decorrentes da pesquisa cerebral do adolescente são Thomas Armstrong, *The Power of the Adolescent Brain: Strategies for Teaching Middlee High School Students* (Alexandria, VA: ASCD, 2016); e Daniel J. Siegel, *Brainstorm: The Power and Purpose of the Adolescent Brain* (New York: Tarcher/Perigee, 2014).
20. A afirmação de que os sintomas de TDAH aos 3 anos preveem o TDAH aos 6 anos de idade está em Sara J. Bufferd, Lea R. Dougherty, Gabrielle A. Carlson et al., "Psychiatric Disorders in Preschoolers: Continuity from Ages 3 to 6", *American Journal of Psychiatry* 169, no. 11 (Novembro, 2012), 1157-64.
21. Um livro excelente sobre a aplicação prática da pesquisa de neuroplasticidade é de Norman Doidge, *The Brain That Changes Itself: Stories of Personal Triumph from the Frontiers of Brain Science* (New York: Penguin, 2007).

Capítulo 5

1. Estatísticas sobre a diferença nas taxas de prevalência de TDAH entre meninos e meninas é fornecida em P. N. Pastor, C. A. Reuben, C. R. Duran e L. D. Hawkins, "Association between Diagnosed ADHD and Selected Characteristics among Children Aged 4-17 Years: United States, 2011-2013", *NCHS Data Brief*, No 201 (Hyattsville, MD: National Center for Health Statistics, 2015).
2. A informação sobre a identificação das meninas com o tipo desatento de TDA é dada em Julia J. Rucklidge, "Gender Differences in Attention-Deficit/Hyperactivity Disorder", *Psychiatric Clinics of North America* 33, no. 2 (Junho, 2010): 357-73.
3. Observações sobre um possível viés de gênero no diagnóstico de TDAH são encontradas em Susan Hawthorne, "Facts, Values and ADHD: Gender Differences, Concepts and Practice", artigo apresentado no International Association of Women Philosophers Symposium, 25 de junho de 2010. Acessado em http://ir.lib.uwo.ca/iaph/June25/Presentations/10/.
4. Os comentários perspicazes de Natalie Angier sobre os riscos de diagnosticar o comportamento típico dos meninos como patológicos estão em seu artigo "The Nation: The Debilitating Malady Called Boyhood", *New York Times*, 24 de julho de 1994.
5. Informações sobre as diferenças maturacionais entre meninas e meninos são fornecidas em Sol Lim, Cheol E. Han, Peter J. Uhlhaas, and Marcus Kaiser, "Preferential Detachment during Human Brain Development: Age-and Sex-Speci-

fic Structural Connectivity in Diffusion Tensor Imaging (DTI) Data", *Cerebral Cortex*, 12 de maio de 2015. Acessado em cercor.oxfordjournals.org/content/early/2013/12/13/cercor.bht333.full.

6. Para evidências da continuação da maturação do lóbulo frontal no início da idade adulta, ver Elizabeth R. Sowell, Paul M. Thompson, Colin J. Holmes et al., "In Vivo Evidence for Post-Adolescent Brain Maturation in Frontal and Striatal Regions", *Nature Neuroscience* 2, no. 10 (October 1999): 859-61. Observe que a maturação pós-adolescente continua também no estriado, que é outra área considerada como estratégica no diagnóstico de TDAH.

7. A informação sobre as diferenças de gênero nas estruturas cerebrais é dada em J. E. Bramen, J. A. Hranilovich, R. E. Dahl et al., "Puberty Influences Medial Temporal Lobe and Cortical Gray Matter Maturation Differently in Boys Than Girls Matched for Sexual Maturity", *Cerebral Cortex* 21, no. 3 (Março, 2011): 636-46.

8. A observação de uma maior atividade física entre os meninos em comparação com as meninas está em Russell R. Pate, Karin A. Pfeiffer, Stewart G. Trost et al., "Physical Activity among Children Attending Preschools", *Pediatrics* 114, no. 5 (November 2004): 1258-63.

9. A pesquisa sobre as diferenças de processamento de linguagem entre meninos e meninas está em Douglas D. Burman, Tali Bitan, e James R. Booth, "Sex Differences in Neural Processing of Language Among Children", *Neuropsychologia* 46, no. 5 (Abril, 2008): 1349-62.

10. Evidências para a superioridade das meninas na autorregulação emocional são fornecidas em J. S. Matthews, Claire Cameron Ponitz, e Frederick J. Morrison, "Early Gender Differences in Self-Regulation and Academic Achievement", *Journal of Educational Psychology* 101, no. 3 (Julho, 2009): 689-704.

11. A superioridade das meninas sobre os meninos na inibição e no autocontrole está relatada em Nicole M. Else-Quest, Janet Shibley Hyde, H. Hill Goldsmith, e Carol A. Van Hulle, "Gender Differences in Temperament: A Meta-Analysis", *Psychological Bulletin* 132, no. 1 (Janeiro, 2006): 33-72.

12. A informação sobre a superioridade das meninas sobre os meninos no planejamento e na atenção é dada em Jack A. Naglieri e Johannes Rojahn, "Gender Differences in Planning, Attention, Simultaneous, and Successive (PASS) Cognitive Processes and Achievement", *Journal of Educational Psychology* 93, no. 2 (Maio, 2001): 430-37.

13. Os números sobre a predominância de professoras em educação pública são da Household Data Annual Average, "11. Employed Persons by Detailed Occupation, Sex, Race, and Hispanic or Latino Ethnicity", Bureau of Labor Statistics, United States Department of Labor, 2015. Acessado em bls.gov/cps/cpsaat11.htm.

14. A pesquisa sobre atitudes masculinas e femininas em relação à brincadeira infantil foi apresentada em Anette Sandberg e Ingrid Pramling-Samuelsson, "An Interview Study of Gender Differences in Preschool Teachers' Attitudes Toward Children's Play", *Early Childhood Education Journal* 32, no. 5 (Abril, 2005): 297-305.
15. O viés para o diagnóstico de meninos com TDAH, mesmo na ausência de critérios completos, está em Katrin Bruchmüller, Jürgen Margraf, e Silvia Schneider, "Is ADHD Diagnosed in Accord with Diagnostic Criteria? Overdiagnosis and Influence of Client Gender on Diagnosis", *Journal of Consulting and Clinical Psychology* 80, no. 1 (Fevereiro, 2012): 128-38.
16. O domínio das mães na pesquisa sobre TDAH é relatado em Ilina Singh, "Boys Will Be Boys: Fathers' Perspectives on ADHD Symptoms, Diagnosis, and Drug Treatment", *Harvard Review of Psychiatry* 11, no. 6 (Outubro, 2003): 308-16.

Capítulo 6

1. Alguns dos principais livros de referência escritos por líderes educacionais progressivos que me influenciaram incluem Maria Montessori, *The Secret of Childhood* (New York: Ballantine, 1982); John Dewey, *Experience and Education* (New York: Free Press, 1997); Jean Piaget e Bärbel Inhelder, *The Psychology of the Child* (New York: Basic Books, 1969); Jerome Bruner, *The Process of Education* (Cambridge: Harvard University Press, 1977); John Holt, *How Children Fail* (Cambridge, MA: Da Capo, 1995); Jonathan Kozol, *Death at an Early Age* (New York: Plume, 1985); Howard Gardner, *Frames of Mind: The Theory of Multiple Intelligences* (New York: Basic Books, 2011); Deborah Meier, *The Power of Their Ideas* (Boston: Beacon Press, 2002); Susan Ohanian, *One Size Fits Few: The Folly of Educational Standards* (Portsmouth, NH: Heinemann, 1999) e Alfie Kohn, *The Schools Our Children Deserve* (Boston: Mariner Books, 2000).
2. O diálogo de *Ferris Bueller's Day Off* (1986), dirigido por John Hughes, pode ser acessado em filmsite.org/bestspeeches38.html.
3. O trabalho fundacional de Sydney Zentall no que se refere como "teoria da estimulação ótima" foi "Optimal Stimulation as Rheoretical Basis of Hyperactivity", *American Journal of Orthopsychiatry* 45, no. 4 (Julho, 1975): 549-63.
4. A pesquisa de Sydney Zentall sobre o significado da autofala espontânea em crianças hiperativas identificadas está em seu artigo "Production Deficiencies in Elicited Language but Not in the Spontaneous Verbalizations of Hyperactive Children", *Journal of Abnormal Child Psychology* 16, no. 6 (Dezembro, 1988): 657-73. Sua pesquisa sobre o impacto da cor sobre a educação de crianças identificadas como hiperativas está resumida em Sydney S. Zentall e Ann M. Dwyer, "Color Effects on the Impulsivity and Activity of Hyperactive Children", *Journal of School Psychology* 27, no. 2 (1989): 165-73.

5. O efeito positivo da escolha e do *feedback* sobre crianças com diagnóstico de TDAH envolvidas em uma tarefa de informática é apresentado em Deborah E. Bennett, Sydney S. Zentall, Brian F. French, e Karen Giorgetti-Borucki, "The Effects of Computer-Administered Choice on Students with and without Characteristics of Attention-Deficit/Hyperactivity Disorder", *Behavioral Disorders* 31, no. 2 (Fevereiro, 2006): 189-203.
6. A citação sobre a importância da aprendizagem ativa para crianças com diagnóstico de TDAH está em Rosemary E. Vile Junod, George J. DuPaul, Asha K. Jitendra et al., "Classroom Observations of Students with and without ADHD: Differences across Types of Engagement", *Journal of School Psychology* 44, no. 2 (Abril, 2006): 87-104.
7. O artigo de referência que iniciou um impulso para uma maior responsabilização na educação americana foi U.S. Department of Education, "A Nation at Risk", April 1983. Acessado em ed.gov/pubs/NatAtRisk/risk.html.
8. Diane Ravitch foi citada em Elizabeth Weil, "American Schools Are Failing Nonconformist Kids. Here's How", *New Republic*, 2 de setembro de 2013. Acessado em newrepublic.com/article/114527/self-regulation-american-schools-are-failing-nonconformist-kids.
9. A citação sobre a ligação entre pressão acadêmica e diagnóstico de TDAH está em Jeffrey P. Brosco e Anna Bona, "Changes in Academic Demands and Attention-Deficit/Hyperactivity Disorder in Young Children", *JAMA Pediatrics* 170, 4 (Abril, 2016): 396-97.
10. A pesquisa sobre diagnósticos de TDAH de crianças de origem socioeconômica baixa em estados que passaram leis de prestação de contas após a lei No Child Left Behind foi discutida em Brent D. Fulton, Richard M. Scheffler e Stephen P. Hinshaw, "State Variation in Increased ADHD Prevalence: Links to NCLB School Accountability and State Medication Laws", *Psychiatric Services* 66, no. 10 (1 de outubro de 2015): 1074-82.
11. A citação sobre a ligação entre as leis de prestação de contas e o aumento dos diagnósticos de TDAH e as prescrições de medicamentos é encontrada em Farasat A. S. Bokhari e Helen Schneider, "School Accountability Laws and the Consumption of Psychostimulants", *Journal of Health Economics* 30, no. 2 (Março, 2011): 355-72.
12. A pesquisa que resumiu as atitudes das crianças com diagnóstico de TDAH em relação à escola está em Maria Rogers e Rosemary Tannock, "Are Classrooms Meeting the Basic Psychological Needs of Children with ADHD Symptoms? A Self-Determination Theory Perspective", *Journal of Attention Disorders* 20 (10 de dezembro de 2013): 1-7.

Capítulo 7

1. Um estudo que vê o estresse dos pais como causado pelos comportamentos das crianças diagnosticadas com TDAH é de Jennifer Theule, Judith Wiener, Rosemary Tannock e Jennifer M. Jenkins, "Parenting Stress in Families of Children with ADHD: A Meta-Analysis", *Journal of Emotional and Behavioral Disorders* 21, no. 1 (Março, 2013): 3-17.
2. A citação sobre o papel de bode expiatório de crianças em famílias disfuncionais é de Soly Erlandsson e Elisabeth Punzi, "Challenging the ADHD Consensus", *International Journal of Qualitative Studies on Health and Well-Being* 11, no. 10 (2016): 3402.
3. Livros de pensadores fudamentais que enfatizaram a influência dos pais e cuidadores sobre o desenvolvimento infantil incluem Sigmund Freud, *Three Contributions to the Theory of Sex* (New York: Dutton, 1962); Carl Jung, *The Development of Personality*, Vol. 17: *Collected Works of C. G. Jung* (Princeton, NJ: Princeton University Press, 1981); Alfred Adler, *The Education of Children* (New York: Gutenberg, 2011); Erik Erikson, *Childhood and Society* (New York: Palgrave/Macmillan, 2011); John Bowlby, *A Secure Base: Parent-Child Attachment and Healthy Human Development* (New York: Basic Books, 1988); Carl Rogers, *Freedom to Learn: A View of What Education May Become* (Indianapolis, IN: Bobbs-Merrill, 1986); e Albert Bandura, *Social Learning Theory* (Englewood Cliffs, NJ: Prentice- Hall, 1976).
4. Os principais temas relacionados à educação dos pais das crianças com diagnóstico de TDAH são tratados, por exemplo, em Jennifer Theule et al., "Parenting Stress in Families of Children with ADHD".
5. Os números sobre a maior probabilidade de diagnóstico de TDAH entre crianças de origem socioeconômica baixa em comparação com crianças de origens mais ricas são de A. E. Russell, T. Ford, R. Williams e G. Russell, "The Association between Socioeconomic Disadvantage and Attention Deficit/Hyperactivity Disorder (ADHD): A Systematic Review", *Child Psychiatry & Human Development* 47, no. 3 (Junho, 2016):440-458.
6. A ligação unidirecional da pobreza para os diagnósticos de TDAH é mencionada, por exemplo, em Ginny Russell, Tamsin Ford, Rachel Rosenberg e Susan Kelly, "The Association of Attention Deficit Hyperactivity Disorder with Socioeconomic Disadvantage: Alternative Explanations and Evidence", *Journal of Child Psychology and Psychiatry* 55, no. 5 (Maio, 2014): 436-45.
7. Fatores relacionados ao crescimento da pobreza que são importantes na contribuição para os diagnósticos de TDAH são abordados em Abigail Emma Russell, Tamsin Ford e Ginny Russell, "Socioeconomic Associations with ADHD: Findings from a Mediation Analysis", *PLoS One* 10, no. 6 (1 de junho de 2015): e0128248.

8. O estudo sueco de um milhão de crianças que liga o TDAH às famílias monoparentais é de A. Hjern, G. R. Weitoft e F. Lindblad, "Social Adversity Predicts ADHD-Medication in School Children – A National Cohort Study", *Acta Paediatrica* 99, no. 6 (Junho, 2010): 920-24.
9. As taxas mais elevadas de TDAH em casas de pais adotivos são discutidas na American Academy of Pediatrics, "Children in Foster Care Three Times More Likely to Have ADHD Diagnosis", 23 de outubro de 2015. Acessado em https://www.aap.org/en-us/about-the-aap/aappress-room/pages/Children-in-Foster-Care-Three-Times-More-Likely-to-Have-ADHD-Diagnosis.aspx.
10. O vínculo entre a crítica dos pais e um fracasso na remissão dos sintomas de TDAH na adolescência é discutido em E. D. Musser, S. L. Karalunas, N. Dieckmann et al., "Attention Deficit/Hyperactivity Disorder Developmental Trajectories Related to Parental Expressed Emotion", *Journal of Abnormal Psychology* 125, no. 2 (Fevereiro, 2016): 182-95.
11. A pesquisa sobre a conexão causal entre o tipo de desatenção do TDAH e a negligência e o abuso dos pais é de Lijing Ouyang, Xiangming Fang, James Mercy et al.,"Attention-Deficit/Hyperactivity Disorder Symptoms and Child Maltreatment: A Population-Based Study", *Journal of Pediatrics* 153, no. 6 (Dezembro, 2008): 851-56.
12. O estudo canadense que mostra uma maior probabilidade de um diagnóstico de TDAH se uma criança é abusada é de Esme Fuller-Thomson, Rukshan Mehta e Angela Valeo, "Establishing a Link between Attention Deficit Disorder/Attention Deficit Hyperactivity Disorder and Childhood Physical Abuse", *Journal of Aggression, Maltreatment & Trauma* 23, no. 2 (2014): 188-98.
13. Os comentários de Elspeth Webb sobre o impacto da exposição precoce à violência em um potencial diagnóstico de TDAH estão em "Poverty, Maltreatment, and Attention Deficit Hyperactivity Disorder", *Archives of Disease in Childhood* 98, no. 6 (2013): 397-400.
14. O estudo que liga a exposição ao alto estresse à liberação de norepinefrina e aos problemas de atenção é de Seung hye Lee, Dong-won Shin e Mark A. Stein, "Increased Cortisol after Stress Is Associated with Variability in Response Time in ADHD Children", *Yonsei Medical Journal* 51, no. 2 (Março, 2010): 206-11.
15. Para uma discussão sobre o vínculo entre trauma e dopamina, consulte Bruce D. Perry, "Traumatized Children: How Childhood Trauma Influences Brain Development", *Journal of the California Alliance for the Mentally Ill* 11, no. 1 (2000): 48-51.
16. A evidência do impacto negativo do trauma precoce no funcionamento executivo é apresentada em Victor G. Carrion e Shane S. Wong, "Can Traumatic Stress Alter the Brain? Understanding the Implications of Early Trauma on Brain Development and Learning", *Journal of Adolescent Health* 51, no. 2 suppl. (Agosto, 2012): S23-28.

17. L. Alan Sroufe é citado em "Ritalin Gone Wrong", *New York Times*, 29 de janeiro de 2012, SR1.
18. O estudo que mostra um vínculo entre a variação do gene do transportador de serotonina, a intrusão do cuidador e os sintomas do TDAH é de Joana Baptista, Jay Belsky, Ana Mesquita e Isabel Soares, "Serotonin Transporter Polymorphism Moderates the Effects of Caregiver Intrusiveness on ADHD Symptoms among Institutionalized Preschoolers", *European Child & Adolescent Psychiatry* (Julho, 2016): 1-11. Consultado em https://www.ncbi.nlm.nih.gov/pubmed/27430630.
19. A evidência de uma ligação gene-ambiente entre um alelo DRD4 de sete repetições, a procura de sensações de uma criança e a parentalidade de baixa qualidade é apresentada em B. E. Sheese, P. M.Voelker, M. K. Rothbart e M. I. Posner, "Parenting Quality Interacts with Genetic Variation in Dopamine Receptor D4 to Influence Temperament in Early Childhood", *Developmental Psychopathology* 19, no. 4 (2007): 1039-46.

Capítulo 8

1. Estatísticas sobre o período de atenção médio de oito segundos em seres humanos são relatadas em Leon Watson, "Humans Have Shorter Attention Span Than Goldfish, Thanks to Smartphones", *Telegraph*, 15 de maio de 2015. Acessado em telegraph.co.uk/science/2016/03/12/humans-have-shorter-attention-span-than-goldfish-thanks-to-smart.
2. O episódio do *Honeymooners* "A Dog's Life" pode ser acessado em youtube.com/watch?v = 7Iv_zHJY2dM&list = PL-QYPAh7r9fw82cjk8JV4lBRPo5xH2fEw.
3. O trailer do filme *Nerve* pode ser acessado em youtube.com/watch?v = 2PR--9MOPTI7g.
4. A definição de mudanças de *quadro por minuto* é de "Measuring Jolts Per Minute", *Media and Values* 62 (1993). Acessado em medialit.org/reading-room/measuring-jolts-minute.
5. A citação negando a influência de TV e *videogames* no TDAH é de Russell Barkley, Edwin H. Cook, Jr., Adele Diamond et al., "International Consensus Statement on ADHD", *Clinical Child and Family Psychology Review* 5, no. 2 (Junho, 2002): 90.
6. O experimento que envolve a introdução da televisão em três comunidades canadenses é o assunto de Tannis MacBeth Williams and Alberta E. Siegel, eds., *The Impact of Television: A Natural Experiment in Three Communities* (Cambridge,MA: Academic Press, 1986).
7. A resposta orientadora é discutida em Boguslaw Zernicki, "Pavlovian Orienting Reflex", *Acta Neurobiologiae Experimentalis* 47 (1987): 239-47.
8. A evolução do conceito de habituação em psicologia é discutida em Richard F. Thompson, "Habituation: A History", *Neurobiology of Learning and Memory* 92, no. 2 (Setembro, 2009): 127-34.

9. Susan Weinschenk é citada em seu artigo "Why We're All Addicted to Texts, Twitter and Google", *Psychology Today*, 11 de setembro de 2012. Acessado em psychologytoday.com/blog/brain-wise/201209/why-were-all-addicted-texts-twitter-and-google.
10. A ligação entre a liberação de dopamina estriatal e os *videogames* é apresentada em M. J. Koepp, R. N. Gunn, A. D. Lawrence et al., "Evidence for Striatal Dopamine Release during a Video Game", *Nature* 393, no. 6682 (Maio, 1998): 266-68. A redução de receptores de dopamina em pessoas viciadas em internet é relatada em Sang Heea Kim, Sang-Hyuna Baik, Chang Soob Park et al., "Reduced Striatal Dopamine D2 Receptors in People with Internet Addiction", *Neuroreport* 22, no. 8 (11 de junho de 2011): 407-11; e Haifeng Hou, Shaowe Jia, Shu Hu e Rong Fan, "Reduced Striatal Dopamine Transporters in People with Internet Addiction Disorder", *Journal of Biomedicine and Biotechnology* 3 (13 de março de 2012): e854524.
11. Pesquisas sobre os vínculos entre o TDAH, a redução da atividade da dopamina estriatal e os transportadores de dopamina anormais encontram-se em P. Fusar-Poli, K. Rubia, G. Rossi, G. Sartori e U. Balottin, "Striatal Dopamine Transporter Alterations in ADHD: Pathophysiology or Adaptation to Psychostimulants? A Meta-Analysis", *American Journal of Psychiatry* 169, no. 3 (Março, 2012): 264-72; Jing Wu, Haifan Xiao, Hongjuan Sun et al., "Role of Dopamine Receptors in ADHD: A Systematic Meta-Analysis", *Molecular Neurobiology* 45, no. 3 (Junho, 2012): 605-20; e Natalia del Campo, Tim D. Fryer, Young T. Hong et al., "A Positron Emission TomographyStudy of Nigro-Striatal Dopaminergic Mechanisms Underlying Attention: Implications for ADHD and Its Treatment", *Brain* 136, part 11 (Novembro, 2013): 3252-70.
12. O estudo de 1.323 crianças que vinculou TV e *videogames* a problemas de atenção é de Edward L. Swing, Douglas A. Gentile, Craig A. Anderson e David A. Walsh, "Television and Video Game Exposure and the Development of Attention Problems", *Pediatrics* 126, no. 2 (Agosto, 2010): 214-21.
13. O estudo que vincula o TDAH ao vício na internet é Ju-Yu Yen, Chih-Hung Ko, Cheng-Fang Yen et al., "The Comorbid Psychiatric Symptoms of Internet Addiction: Attention Deficit and Hyperactivity Disorder (ADHD), Depression, Social Phobia, and Hostility", *Journal of Adolescent Health* 41, no. 1 (Julho, 2007): 93-98.
14. A metanálise dos estudos que revelou uma ligação pequena, mas significativa, entre o TDAH e o uso de mídia está em Sanne W. C. Nikkelen, Patti M. Valkenburg, Mariette Huizinga e Brad J. Bushman, "Media Use and ADHD-Related Behaviors in Children and Adolescents: A Meta- Analysis", *Developmental Psychology* 50, no. 9 (Setembro, 2014): 2228-41.
15. Dimitri A. Christakis é citado em seu editorial: "Rethinking Attention-Deficit/Hyperactivity Disorder", *JAMA Pediatrics* 170, no. 2 (Fevereiro, 2016), 110.

16. Estatísticas sobre os hábitos de utilização da mídia de crianças de 8 a 18 anos de idade são de Victoria J. Rideout, Ulla G. Foehr e Donald F. Roberts, "Generation M^2: Media in the Lives of 8-18 Year Olds", Henry J. Kaiser Family Foundation, Janeiro, 2010. Acessado em kaiserfamilyfoundation.files.wordpress.com/2013/01/8010.pdf.
17. A estatística que indica que 30% do tempo de vigília das crianças é passado diante de uma tela é de Christakis, "Rethinking Attention-Deficit/Hyperactivity Disorder."
18. As diretrizes de mídia revisadas dadas pela American Academy of Pediatrics are in Council on Communications and Media, "Media and Young Minds", *Pediatrics* 138, no. 5 (Novembro, 2016). Acessado em pediatrics.aappublications.org/content/138/5/e20162591.
19. Jordan Shapiro é citado de seu artigo "The American Academy of Pediatrics Just Changed Their Guidelines on Kids and Screen Time", Forbes, September 30, 2015. Retrieved from forbes.com/sites/jordanshapiro/2015/09/30/the-american-academy-of-pediatrics-just-changed-their-guidelines-on-kids-and-screen-time/#368f8b8d137c.
20. O impacto da exposição crônica a meios de comunicação violentos no córtex pré-frontal é relatado em Tom A. Hummer, "Media Violence Effects on Brain Development: What Neuroimaging Has Revealed and What Lies Ahead", *American Behavioral Science* 59, no. 14 (Dezembro, 2015): 1790-1806.
21. As diferenças no impacto da mídia de entretenimento e da mídia educacional sobre a inibição e a emoção são encontradas em Frederick J. Zimmerman e Dimitri A. Christakis, "Associations between Content Types of Early Media Exposure and Subsequent Attentional Problems", *Pediatrics* 120, no. 5 (Novembro, 2007): 986-92.
22. A influência positiva das atividades familiares não tecnológicas sobre a redução da hiperatividade é relatada em John Mark Froiland e Mark L. Davison, "Home Literacy, Television Viewing, Fidgeting and ADHD in Young Children", *Educational Psychology* 36, no. 8 (Setembro, 2016): 1-17.
23. As ideias premonitórias de McLuhan sobre a antiga e a nova mídia são expressadas de forma muito clara em Marshall McLuhan e Quentin Fiore, *The Medium Is the Massage: An Inventory of Effects* (Berkeley, CA: Gingko Press, 2001).

Capítulo 9

1. Discuto as implicações de saúde mental de que não há cérebro normal no meu artigo "The Myth of the Normal Brain: Embracing Neurodiversity", *AMA Journal of Ethics* 17, no. 4 (1 de abril de 2015): 348-52.
2. A lista de resultados negativos do TDAH na idade adulta é encontrada em Russell A. Barkley, "Fact Sheet: Attention Deficit Hyperactivity Disorder (ADHD) Topics." Acessada em russellbarkley.org/factsheets/adhd-facts.pdf.

3. Para uma visão de Goddard e a base da eugenia da educação especial do início do século XX, consulte o premiado livro de Stephen Jay Gould *The Mismeasure of Man* (New York: Norton, 1996); e James W. Trent, *Inventing the Feeble Mind: A History of Mental Retardation in the United States* (Berkeley: University of California Press, 1995). Para obter informações sobre Samuel Orton e Alfred Strauss, consulte Daniel P. Hallahan e Cecil D. Mercer, "Learning Disabilities: Historical Perspectives", artigo apresentado no Learning Disabilities Summit: Building a Foundation for the Future, Washington, D.C., Agosto, 27-28, 2001. Acessado em ldaofky.org/LD/LD%20Historical%20Perspectives.pdf. Para o relato de Samuel Kirk de "dificuldades de aprendizagem", consulte seu artigo "Learning Disabilities: A Historical Note", Academic Therapy 17, no. 1 (Setembro, 1981): 7. A informação sobre a "invenção" de Kirk e Cruikshank das dificuldades de aprendizagem em um quarto de hotel de Chicago, em 1962, vem de uma palestra que ouvi William Cruikshank ministrar em 1976, em Montreal, no Canadá, em uma reunião da Associação Canadense para Crianças com Transtornos Emocionais.
4. A citação da criança do TDAH como uma "doença que se alimenta de você", é de Chris Travella e John Visser, " 'ADHD Does Bad Stuff to You': Young People's and Parents' Experiences and Perceptions of Attention Deficit Hyperactivity Disorder (ADHD)", *Emotional and Behavioural Difficulties* 11, no. 3 (Setembro, 2006): 207.
5. Os psicólogos italianos são citados em Antonio Iudici, Elena Faccio, Eleonora Belloni e Norberto Costa, "The Use of the ADHD Diagnostic Label: What Implications Exist for Children and their Families?" *Procedia – Social and Behavioral Sciences* 122 (19 de março de 2014): 508.
6. Para uma visão crítica das práticas de educação especial, consulte Beth Feri, "Doing a (Dis)service: Reimagining Special Education from a Disability Studies Perspective", in W. Ayers, T. Quinn e D. Stovall, eds., The Handbook of Social Justice in Education (Mahwah, NJ: Lawrence Erlbaum, 2008). Consulte também meu livro *In Their Own Way: Discovering and Encouraging Your Child's Multiple Intelligences* (New York: Tarcher/Penguin, 2000).
7. Minha dissertação foi intitulada 'Learning Disabled' Using Howard Gardner's Theory of Multiple Intelligences as an Organizing Framework", (San Francisco: California Institute of Integral Studies, 1987). Disponível em University Microfilms International, Ann Arbor, MI, number 48(08A).
8. O texto seminal no movimento da neurodiversidade é o discurso do ativista dos direitos do autismo, Jim Sinclair, "Don't Mourn for Us", na Conferência Internacional sobre o Autismo, em 1993, em Toronto, Canadá, que foi publicada na Autism Network International newsletter, Our Voice 1, no. 3 (1993). Acessado em autreat.com/dont_mourn.html.

9. Harvey Blume é citado em seu artigo "Neurodiversity", *Atlantic*, setembro de 1998. Acessado em theatlantic.com/magazine/archive/1998/09/neurodiversity/305909. A origem do termo *neurodiversidade* também é creditada à ativista de autismo Judy Singer em sua tese de graduação, "Odd People In: The Birth of Community Amongst People on the Autistic Spectrum" (Sydney, Australia: University of Technology, Sydney, 1998).
10. Veja meus dois livros sobre neurodiversidade, Thomas Armstrong, *The Power of Neurodiversity: Unleashing the Advantages of Your Differently Wired Brain* (Cambridge, MA: Da Capo/Perseus, 2011); e Thomas Armstrong, *Neurodiversity in the Classroom: Strength-Based Strategies to Help Students with Special Needs Succeed in School and Life* (Alexandria, VA: ASCD, 2012).
11. A discussão de Bonnie Cramond sobre as semelhanças entre os sintomas do TDAH e os comportamentos criativos são apresentadas em seu artigo "Attention-Deficit Hyperactivity Disorder and Creativity – What Is the Connection?" *Journal of Creative Behavior* 28, no. 3 (September 1994): 193-210.
12. A descoberta de que os adultos com diagnóstico de TDAH tiveram melhor desempenho em tarefas de usos incomuns do que os adultos não diagnosticados com TDAH são de Holly White e Priti Shah, "Uninhibited Imaginations: Creativity in Adults with Attention-Deficit/Hyperactivity Disorder", *Personality and Individual Differences* 40, no. 6 (Abril, 2006): 1121-31.
13. O desempenho superior dos adultos com diagnóstico de TDAH no Teste Torrance abreviado para adultos é relatado em Holly White e Priti Shah, "Creative Style and Achievement in Adults with Attention-Deficit/Hyperactivity Disorder", *Personality and Individual Differences* 50, no. 5 (Março, 2011): 673-77.
14. O estudo sobre o pensamento criativo em adolescentes com diagnóstico de TDAH é de A. Abraham, S.Windmann, R. Siefen et al., "Creative Thinking in Adolescents with Attention Deficit Hyperactivity Disorder (ADHD)", *Child Neuropsychology* 12, no. 2 (Abril, 2006): 111-23.
15. O estudo que documenta a criatividade de crianças de 12 a 13 anos de idade diagnosticadas com TDAH é de Sapna Verma e Seema Kushwaha, "Creative Thinking and Attention Deficit Hyperactivity Disorder", *Journal of Psychosocial Research* 8, no. 2 (Julho/dezembro, 2013): 67-176.
16. O impacto negativo dos medicamentos com TDAH no desempenho criativo de crianças com diagnóstico de TDAH é relatado em Gracia González-Carpio Hernández e Juan Pedro Serrano Selva, "Medication and Creativity in Attention Deficit Hyperactivity Disorder (ADHD)", *Psicothema* 28, no.1 (2016): 20-25.
17. Um excelente artigo sobre o TDAH na vida de vários empreendedores bem-sucedidos e bem conhecidos é de Lois Gilman, "Career Advice from the Corner Office: Famous People with ADHD", *ADDitude*, Dezembro/janeiro, 2005. Acessado em additudemag.com/adhd/article/754.html.

18. O estudo que vincula as pequenas empresas de empreendedores na França aos sintomas de TDAH é de Roy Thurik, Anis Khedhaouria, Olivier Torrès e Ingrid Verheul, "ADHD Symptoms and entrepreneurial Orientation of Small Firm Owners", *Applied Psychology* 65, no. 3 (Julho, 2016): 568-86.
19. Paul Orfalea é citado em Lois Gilman, "Career Advice from Powerful ADHD Executives", *ADDitude*, Dezembro/janeiro, 2005. Acessado em additudemag.com/adhd/article/754.html#.
20. O registro de habilidades de crianças diagnosticadas com TDAH na atenção incidental de Martha Denckla é de seu artigo "Biological Correlates of Learning and Attention: What Is Relevant to Learning Disability and Attention-Deficit Hyperactivity Disorder?" *Journal of Developmental and Behavioral Pediatrics* 2, ser. 17 (1996): 114-19.
21. Matthew Kutz é citado em Thom Hartmann e Janie Bowman, *Think Fast! The ADD Experience* (Nevada City, CA: Underwood Books, 1996), 88.
22. Para a importância dos comportamentos fora da tarefa na sala de aula consulte Anne Hass Dyson, "The Value of 'Time Off Task': Young Children's Spontaneous Talk and Deliberate Text", *Harvard Educational Review* 57, no. 4 (1987): 396-420.
23. Para pesquisar sobre a influência de estímulos irrelevantes, mas com a característica da novidade no desempenho das tarefas em crianças diagnosticadas com TDAH, ver Rosa van Mourik, Jaap Oosterlaan, Dirk J. Heslenfeld et al., "When Distraction Is Not Distracting: A Behavioral and ERP Study on Distraction in ADHD", *Clinical Neurophysiology* 118, no. 8 (Agosto, 2007): 1855-65.
24. Um dos primeiros pensadores a promover a ideia de que as pessoas diagnosticadas com TDAH eram caçadores em um mundo de fazendeiros foi o comentarista político e o ativista diagnosticado com TDAH Thom Hartmann, em seu livro *ADD: A Different Perception* (Grass Valley, CA: Underwood-Miller, 1993). A ideia ganhou uso corrente dentro da comunidade profissional com a publicação do artigo de P. S. Jensen, D. Mrazek, P. K. Knapp et al., "Evolution and Revolution in Child Psychiatry: ADHD as a Disorder of Adaptation", *Journal of the American Academy of Child and Adolescent Psychiatry* 36, no. 12 (1997): 1672-79.
25. O estudo que vincula o gene DRD4 às populações de caçador-coletor no Brasil é de Luciana Tovo-Rodrigues, Sidia M. Callegari-Jacques, M. Luiza Petzl-Erler et al., "Dopamine Receptor D4 Allele Distribution in Amerindians: A Reflection of Past Behavior Differences?" *American Journal of Physical Anthropology* 143, no. 3 (Novembro, 2010): 458-64.
26. Houve um aumento no reconhecimento dos pontos fortes relacionados ao TDAH na população adulta diagnosticada com o transtorno. Ver, por exemplo, Dale Archer, *The ADHD Advantage: What You Thought Was a Diagnosis May Be Your Greatest Strength* (New York: Avery, 2016). No entanto, a maior parte da

literatura popular relacionada a crianças e adolescentes com diagnóstico de TDAH é, em sua maioria, orientada para a deficiência, uma exceção são dois livros de Laura Honos-Webb, *The Gift of ADHD: How to Transform Your Child's Problems into Strengths* (Oakland, CA: New Harbinger, 2010) e *The Gift of ADHD Activity Book: 101 Ways to Turn Your Child's Problems into Strengths* (Oakland, CA: New Harbinger, 2008).

Capítulo 10

1. O aumento previsto nas vendas de medicamentos para o TDAH é relatado na pesquisa de GBI [Global Business Intelligence] Research, "ADHD Therapeutics to 2020 – Broadened Diagnostic Criteria and Growing Adult Prevalence to Drive Market Growth Despite Patent Expirations", Julho, 2014. Acessado em gbiresearch.com/report-store/market-reports/therapy-analysis/adhd-therapeutics-to-2020-broadened-diagnostic-criteria-and-growing-adult-prevalence-to-drive-market-growth-despite-patent-ex/tables.
2. Os números sobre o custo dos medicamentos para o TDAH são extraídos de Evelyn Pringle e Martha Rosenberg, "Big Pharma's Newest Money-Making Scheme: Adult ADHD", *Alternet*, 27 de setembro de 2012. Consultado em alternet.org/personal-health/big-pharmas-newest-money-making-scheme-adult-adhd.
3. Uma cópia do folheto Alliant pode ser acessada em fda.gov/downloads/DrugsGuidanceComplianceRegulatoryInformation/EnforcementActivitiesbyFDA/WarningLettersandNoticeofViolationLetterstoPharmaceuticalCompanies/ucm054004.pdf.
4. A recente aprovação do medicamento mastigável com sabor para o TDAH Adzenys é relatada em Meghana Keshavan, "Tasty and Easy to Take, a New ADHD Drug Alarms Some Psychiatrists", Stat, 23 de maio de 2016. Acessado em statnews.com/201605/23/adhd-drug-concerns.
5. O documento da FDA que suspendeu a proibição de publicidade direta ao consumidor foi o "Guidance for Industry: Consumer-Directed Broadcast Advertisements", U.S. Department of Health and Human Services, Food and Drug Administration, Center for Drug Evaluation and Research (CDER), Agosto, 1999. Acessado em fda.gov/ohrms/dockets/ac/00/backgrd/3627b2bl.pdf.
6. Joe Dumit é citado em seu livro *Drugs for Life: How Pharmaceutical Companies Define Our Health* (Durham, NC: Duke University Press, 2012), 14.
7. A ligação entre a publicidade direta ao consumidor e o aumento das vendas de medicamentos é dada em Julie M. Donohue, Marisa Cevasco e Meredith B. Rosenthal, "A Decade of Direct-to-Consumer Advertising of Prescription Drugs", *New England Journal of Medicine* 357 (16 de agosto de 2007): 673-81.
8. As propagandas do Concerta e do Adderall são exibidas em Richard Feloni, "These Are the Ridiculous Ads Big Pharma Used to Convince Everyone They

Have ADHD", Yahoo! Finance, 16 de dezembro de 2013. Acessado em finance.yahoo.com/news/ridiculous-ads-big-pharma-used-202922195.html.

9. A propaganda do Adderall que mostra uma mãe abraçando seu filho é exibida em Amanda Marcotte, "Who Wouldn't Want an Adderall Prescription?" *Slate*. 16 de dezembro de 2013. Acessado em slate.com/blogs/xx_factor/2013/12/16/selling_adhd_new_york_times_reports_on_the_big_business_of_attention_deficit.html.

10. A história em quadrinhos para crianças com diagnóstico de TDAH intitulada "Medikidz Explain Living with ADHD" está disponível por uma quantia em medikidz.com/gb-en/shop/general-health/medikidz-explain-living-with-adhd.

11. Jonathan Leo e Jeffrey Lacasse são citados em referência ao capítulo do seu livro "The Manipulation of Data and Attitudes about ADHD: A Study of Consumer Advertisement", em S. Tamimi e J. Leo, eds., *Rethinking ADD: From Brain to Culture* (New York: Palgrave Macmillan, 2009), 287-312. Acessado em diginole.lib.fsu.edu/islandora/object/fsu:252721/datastream/PDF/view.

12. As reivindicações fraudulentas de Shire sobre Adderall XL são relatadas no U.S. Department of Justice, "Shire Pharmaceuticals LLC to Pay $56.5 Million to Resolve False Claims Act Allegations Relating to Drug Marketing and Promotion Practices", Justice News, 24 de setembro de 2014. Acessado em justice.gov/opa/pr/shire-pharmaceuticals-llc-pay-565-million-resolve-false-claims-act-allegations-relating-drug.

13. Alan Schwarz é citado de seu artigo "The Selling of Attention Deficit Disorder", *New York Times*. 14 de dezembro de 2013. Acessado em nytimes.com/2013/12/15/health/the-selling-of-attention-deficit-disorder.html?pagewanted=all. Consulte também seu livro *ADHD Nation: Children, Doctors, Big Pharma, and the Making of an American Epidemic* (New York: Scribner, 2016).

14. O relatório sobre a má qualidade do conteúdo nos sites da internet patrocinado pela indústria farmacêutica dedicada ao TDAH é de J. Mitchell e J. Read, "Attention-Deficit Hyperactivity Disorder, Drug Companies and the Internet", *Clinical Child Psychology and Psychiatry* 17, no. 1 (Janeiro, 2012): 121-39.

15. A transmissão da PBS que mostrou as ligações entre a CHADD e as empresas farmacêuticas foi originalmente exibida em 13 de outubro de 1995 e fazia parte do segmento de "Learning Matters" em *PBS NewsHour*. Ele foi intitulado "A.D.D. – A Dubious Diagnosis?" e produzido por John Tulenko. O vídeo pode ser acessado em matters.tv/blog/documentaries/watch-add-a-dubious-diagnosis/640. Uma versão transcrita pode ser acessada em add-adhd.org/ritalin_CHADD_A.D.D.html.

16. Os números sobre o dinheiro de CHADD proveniente das empresas farmacêuticas e as despesas com conferência, bailes de gala e salários do CEO foram extraídos de Pringle e Rosenberg, "Big Pharma's Newest Money-Making Scheme: Adult ADHD."

17. A informação sobre os 3 milhões de dólares da Shire pharmaceutical para financiar a revista mensal da CHADD foi obtida em Schwarz, "The Selling of Attention Deficit Disorder."
18. A história sobre o seminário de desenvolvimento profissional para psiquiatras financiados por produtos farmacêuticos da Shire é contada em Schwarz, "The Selling of Attention Deficit Disorder."
19. O relato das relações de Brian Lutz, representante farmacêutico, com os psiquiatras da área de Oakland é de Schwarz, "The Selling of Attention Deficit Disorder."
20. O relato da omissão de Biederman, Wilens e Spencer em relação à divulgação do apoio das empresas farmacêuticas do TDAH é dada em Gardiner Harris and Benedict Carey, "Researchers Fail to Reveal Full Drug Pay", *New York Times*, 8 de junho de 2008. Acessado em nytimes.com/2008/06/08/us/08conflict.html.
21. Schwarz é citado por seu artigo, "The Selling of Attention Deficit Disorder."
22. Um relato sobre as medidas disciplinares contra os pesquisadores do TDAH Biederman, Wilens e Spencer é dado em Xi Yu, "Three Professors Face Sanctions following Harvard Medical School Inquiry," Harvard Crimson, 2 de julho de 2011. Acessado em thecrimson.com/article/2011/7/2/school- medical-harvard-investigation.
23. As divulgações do suporte da empresa de medicamentos são fornecidas em uma apresentação em PowerPoint por Russell A. Barkley intitulada "Deficient Emotional Self-Regulation Is a Core Component of ADHD: Evidence and Treatment Implications", 2009. Acessada em ccf.buffalo.edu/pdf/BarkleySlides_CCFSpeakerSeries0910.pdf.
24. As ligações da American Psychiatric Association com empresas farmacêuticas são relatadas em Schwarz, "The Selling of Attention Deficit Disorder."
25. Uma cópia da Education for All Handicapped Children Act pode ser acessada em govtrack.us/congress/bills/94/s6/text.
26. A recusa do Congresso em fazer com que o transtorno de déficit de atenção seja considerado uma condição de deficiência na lei federal foi relatada em Susan Moses, "Unusual Coalition Nixes Inclusion of A.D.D. in Bill", *APA Monitor* 21, no. 11 (Novembro, 1990): 37.
27. A carta do Departamento de Educação dos Estados Unidos aos superintendentes estaduais que fornece formas ilícitas em que os serviços de transtorno de déficit de atenção podem ser autorizados de acordo com as leis federais existentes é relatado em Susan Moses, "Letter on A.D.D. Kids Gets Mixed Reactions", *APA Monitor* 22, no. 12 (Dezembro, 1991): 36-37.
28. Melina Sherman é citada por seu artigo "The Cultural Production of a Pharmaceutical Market: The Making of ADHD", *International Journal of Communication* 9 (2015): 2190.

29. Os números sobre o salário médio para professores de educação especial foram extraídos do "Occupational Outlook Handbook", U.S. Department of Labor, Bureau of Labor Statistics. 17 de dezembro de 2015. Acessado em bls.gov/ooh/education-training-and-library/special-education-teachers.htm.
30. Um artigo sobre um novo sistema de treinamento de cérebro computadorizado projetado para tratar os sintomas de TDAH é o de Katherine Ellison, "Video Game Is Built to Be Prescribed to Children with A.D.H.D", *New York Times*, 23 de novembro de 2015. Disponível em well.blogs.nytimes.com/2015/11/23/video-game-is-built-to-be-prescribed-to-children-with-a-d-h-d.
31. A advertência feita pela FDA a Pearson contra a falsa declaração em sua publicidade do seu Sistema de Quociente do TDAH é relatada em Fink Densford, "FDA Warns Pearson on ADHD Device Claims", Mass Device, 23 de setembro de 2015. Acessado em massdevice.com/fda-warns-pearson-on-adhd-device-claims.

Capítulo 11

1. A referência a "médicos inexperientes" é de Russell A. Barkley, Edwin H. Cook, Adele Diamond, Alan Zemetkin et al., "International Consensus Statement on ADHD", *Clinical Child and Family Psychology Review* 5, no. 2 (Junho, 2002): 89.
2. O artigo que liga a exposição inicial da televisão aos problemas de atenção é de Dimitri A. Christakis, Frederick J. Zimmerman, David L. DiGiuseppe e Carolyn A. McCarty, "Early Television Exposure and Subsequent Attentional Problems in Children", *Pediatrics* 113, no. 4 (Abril, 2004): 708-13.
3. O artigo da CHADD que liga o TDAH a uma propensão para assistir mais televisão é de Elizabeth P. Lorch e Richard Milich, "TV and Attention Problems in Children", Attention, Junho, 2004. Acessado em chadd.org/LinkClick.aspx?fileticket = eGmsqG9G6EI = .
4. A refutação do "argumento" da WebMD de que o "TDAH é causado por paternidade incorreta" está em "ADHD Myths and Facts – Topic Overview", *Healthwise*, 14 de novembro de 2014. Acessado em webmd.com/add-adhd/childhood-adhd/tc/adhd-myths-and-facts-topic-overview.
5. Para uma história de homossexualidade e a posição da American Psychiatric Association sobre isso consulte Ronald Bayer, *Homosexuality and American Psychiatry: The Politics of Diagnosis* (Princeton, NJ: Princeton University Press, 1987). Para o envolvimento de uma força-tarefa da Associação Americana de Psicologia em aconselhar a CIA sobre justificativas de tortura ver James Risen, "American Psychological Association Bolstered C.I.A. Torture Program, Report Says", *New York Times*, 30 de abril de 2015. Acessado em nytimes.com/2015/05/01/us/report-says-american-psychological-association-collaborated-on-torture-justification.html?_r = 0.

6. Ruth Hughes é citada em Tracey Harrington McCoy, "Richard Saul Says ADHD Does Not Exist. Not Everyone Agrees", *Newsweek*, 25 de fevereiro de 2014. Acessado em http://bit.ly/2fk0htr.
7. Zeigler Dendy é citado em Debra Viadero, "ADHD Experts Fear Brain-Growth Study Being Misconstrued", *Education Week*, 3 de dezembro de 2007. Acessado em edweek.org/ew/articles/2007/12/05/14adhd.h27.html?qs = attention + deficit + hyperactivity + disorder.
8. Ned Hallowell é citado por seu artigo "ADHD in the Media: The Good, the Bad, and the Ridiculous", *ADDitude*. Acessado em additudemag.com/adhd-blogs/19/10626.html?no_redirect = true.
9. Para ver outras falhas de raciocínio usadas para apoiar a posição do TDAH, ver Gordon Tait, "The Logic of ADHD: A Brief Review of Fallacious Reasoning", *Studies in Philosophy and Education* 28, no. 3 (Maio, 2009): 239-54.

Capítulo 12

1. Abraham Maslow é citado por seu livro *The Psychology of Science: A Reconnaissance* (Chapel Hill, NC: Maurice Bassett, 1966), 15.
2. O livro de Richard Saul é *ADHD Does Not Exist: The Truth about Attention Deficit and Hyperactivity Disorder* (New York: Harper Wave, 2014).
3. A sugestão de que o TDAH deve ser considerado como um espectro em vez de uma entidade específica aparece em Dimitri A. Christakis, "Rethinking Attention-Deficit/Hyperactivity Disorder", *JAMA Pediatrics* 170, no. 2 (2016): 109-10.

Estratégia nº 1

1. O estudo que liga o agitação ao melhor controle cognitivo é de T. A. Hartanto, C. E. Krafft, A. M. Iosif e J. B. Schweitzer, "A Trial-by-Trial Analysis Reveals More Intense Physical Activity Is Associated with Better Cognitive Control Performance in Attention-Deficit/Hyperactivity Disorder", *Child Neuropsychology* 22, no. 5 (2016): 618-26.
2. A sugestão de Julie B. Schweitzer de que a agitação fornece estimulação da mesma forma que os psicoestimulantes fazem está em Gretchen Reynolds, "Fidgeting May Benefit Children with A.D.H.D.", *New York Times*, 24 de junho de 2015. Acessado em well.blogs.nytimes.com/2015/06/24/fidgeting-may-benefit-children-with-a-d-h-d.
3. O uso de ferramentas de agitação na Quaker School é relatado em Sumathi Reddy, "The Benefits of Fidgeting for Students with ADHD", *Wall Street Journal*, 22 de junho de 2015. Acessado em wsj.com/articles/the-benefits-of-fidgeting-for-students-with-adhd-1434994365.
4. Os efeitos positivos do ato de rabiscar sobre pensamento e comportamento são relatados em Steven Heller, "The Cognitive Benefits of Doodling", *Atlantic*, 9

de julho de 2015. Acessado em theatlantic.com/entertainment/archive/2015/07/doodling-for-cognitive-benefits/398027.

Estratégia nº 3
1. Os experimentos de Pygmalion são descritos e relatados em Robert Rosenthal e Lenore Jacobson, *Pygmalion in the Classroom: Teacher Expectation and Pupils' Intellectual Development* (New York: Crown, 2003).
2. O diálogo da "Reunião IEP de Leonardo da Vinci" é um extrato de uma conversa mais completa que aparece no meu site em Institute4learning.com/blog/2013/02/19/leonardo-da-vincis-iep-meeting.
3. A citação de Patricia Cahill Paugh e Curt Dudley-Marling é do artigo 'Speaking' Deficit into (or out of) Existence: How Language Constrains Classroom Teachers' Knowledge about Instructing Diverse Learners", *International Journal of Inclusive Education* 15, no. 8 (Agosto, 2011): 819.

Estratégia nº 4
1. Um bom artigo sobre o impacto positivo das artes marciais na autorregulação é de Kimberly D. Lakes e William T. Hoyt, "Promoting Self-Regulation through School-Based Martial Arts Training", *Applied Developmental Psychology* 25, no. 3 (Maio/junho, 2004): 283-302.

Estratégia nº 5
1. A pesquisa que reporta a baixa atividade diária das crianças na natureza e a alta atividade diária com tecnologia é a "Connecting America's Youth to Nature", *Nature Conservancy*. Acessado em nature.org/newsfeatures/kids-in-nature/youth-and-nature-poll-results.pdf.
2. Pesquisas sobre a conexão entre comportamento sedentário e obesidade em crianças são fornecidas em J. A. Mitchell, R. R. Pate, M. W. Beets, e P. R. Nader, "Time Spent in Sedentary Behavior and Changes in Childhood BMI: A Longitudinal Study from Ages 9 to 15 Years", *International Journal of Obesity* 37, no. 1 (Janeiro, 2013): 54-60.
3. Um artigo que vincula sintomas de TDAH mais baixos com o tempo gasto na natureza é de Andrea Faber Taylor e Frances E. (Ming) Kuo, "Could Exposure to Everyday Green Spaces Help Treat ADHD? Evidence from Children's Play Settings", *Applied Psychology Health and Wellbeing* 3, no. 3 (Agosto, 2011): 281-303.
4. O relatório de que 20 minutos passados em um parque poderiam melhorar a atenção em crianças com diagnóstico de TDAH é de A. F. Taylor e F. E. Kuo, "Children with Attention Deficits Concentrate Better after Walk in the Park", *Journal of Attention Disorders* 12, no. 5 (Março, 2009): 402-09.

5. Richard Louv é citado em "Beyond Meds: 3 Alternative ADHD Treatments That Ease Symptoms", *ADDitude*. Acessado em additudemag.com/adhd/article/4924-3.html.

Estratégia nº 7

1. Para um estudo sobre o uso da meditação transcendental para melhorar os sintomas de TDAH, ver Sarina J. Grosswald, William R. Stixrud, Fred Travis e Mark A. Bateh, "Use of the Transcendental Meditation Technique to Reduce Symptoms of Attention Deficit Hyperactivity Disorder (ADHD) by Reducing Stress and Anxiety", *Current Issues in Education* 10, no. 2 (Dezembro, 2008): 1-11.

Estratégia nº 10

1. Comentários dos alunos da Escola Mary Lee Burbank são encontrados em Holly Korbey, "How Standing Desks Can Help Students Focus in the Classroom", KQED News, 21 de outubro de 2014. Acessado emkqed.org/mindshift/2014/10/21/how-standing-desks-can-help-students-focus-in-the-classroom.
2. O impacto positivo das bolas de estabilidade na diminuição dos sintomas de TDAH é relatado em Alicia L. Fedewa e Heather E. Erwin, "Stability Balls and Students with Attention and Hyperactivity Concerns: Implications for On-Task and In-Seat Behavior", *American Journal of Occupational Therapy* 65 (Julho/agosto, 2011): 393-99.
3. Pesquisas que mostram melhor desempenho cognitivo para crianças com diagnóstico de TDAH quando sentadas em cadeiras giratórias são fornecidas em Dustin E. Sarver, Mark D. Rapport, Michael J. Kofler et al., "Hyperactivity in Attention-Deficit/ Hyperactivity Disorder (ADHD): Impairing Deficit or Compensatory Behavior?" *Journal of Abnormal Child Psychology* 43, no. 7 (Outubro, 2015): 1219-32.

Estratégia nº 11

1. Estatísticas sobre a porcentagem de crianças diagsnosticadas com TDAH sendo tratadas com terapias complementares e alternativas (e a omissão da maioria dos pais em reportar isso para seus médicos) é dada em E. Chan, L. A. Rappaport, e K. J. Kemper, "Complementary and Alternative Therapies in Childhood Attention and Hyperactivity Problems", *Journal of Developmental & Behavioral Pediatrics* 24, no. 1 (Fevereiro, 2003): 4-8.
2. A estatística de que menos de 50% dos médicos estavam interessados em aprender mais sobre terapias complementares e alternativas para tratar o TDAH é de Angela Huang, Kapila Seshadri, Tara Anne Matthews, e Barbara M. Ostfeld, "Parental Perspectives on Use, Benefits, and Physician Knowledge of Complementary and Alternative Medicine in Children with Autistic Disorder and Atten-

tion- Deficit/Hyperactivity Disorder", *Journal of Alternative and Complementary Medicine* 19, no. 9 (Setembro, 2013): 746-50.
3. Estudos sobre o uso da Medicina Tradicional Chinesa para tratar o TDAH incluem Xinqiang Ni, Yanli Zhang-James, Xinmin Han, e Shuang Lei, "Traditional Chinese Medicine in the Treatment of ADHD: A Review", *Child and Adolescent Psychiatric Clinics of North America* 23, no. 4 (Outubro, 2014): 853-81; e Tianping Zhong, Kai Wang, Meizhen Feng et al., "Acupuncture and Psychological Treatment vs Drug Therapy in Treatment of Children with Attention Deficit Hyperactivity Disorder (ADHD)", *International Journal of Clinical Acupuncture* 24, no. 4 (Outubro/dezembro, 2015): 245-47.
4. Um artigo de pesquisa sobre o uso de medicamentos ayurvédicos para melhorar a velocidade de processamento em crianças com diagnóstico de TDAH é Harish Kumar Singhal, Neetu, Abhimanyu Kumar, e Moti Rai, "Ayurvedic Approach for Improving Reaction Time of Attention Deficit Hyperactivity Disorder Affected Children", *Ayu* 31, no. 3 (Julho/setembro, 2010): 338-42.
5. Para um artigo sobre o uso de métodos de quiropraxia para tratar o TDAH, ver J. Alcantara e J. Davis, "The Chiropractic Care of Children with Attention-Deficit/Hyperactivity Disorder: A Retrospective Case Series", *Explore (NY)* 6, no. 3 (Maio/junho, 2010); 173-82.
6. Um estudo de pesquisa bem concebido que concluiu que houve um impacto positivo na cognição e no comportamento com uma intervenção homeopática em crianças com diagnóstico de TDAH é de H. Frei, R. Everts, K. von Ammon et al., "Homeopathic Treatment of Children with Attention Deficit Hyperactivity Disorder: A Randomized, Double Blind, Placebo Controlled Crossover Trial", *European Journal Pediatrics* 164, no. 12 (Dezembro, 2005): 758-67.
7. Um bom artigo sobre a nova subespecialidade de medicina integradora pediátrica é de Sunita Vohra, Soleil Surette, Deepika Mittra et al., "Pediatric Integrative Medicine: Pediatrics' Newest Subspecialty?" *BMC Pediatrics* 12 (15 de agosto de 2012): 123.

Estratégia n° 12

1. Dois estudos, por exemplo, sobre a influência dos comportamentos do TDAH nas crianças e adolescentes como causa do estresse dos pais são de Jennifer Theule, Judith Wiener, Rosemary Tannock e Jennifer M. Jenkins, "Parenting Stress in Families of Children With ADHD: A Meta-Analysis", *Journal of Emotional and Behavioral Disorders* 21, No. 1 (Março, 2013): 3-17; e Judith Wiener, Daniella Biondic, Teresa Grimbos e Monique Herbert, "Parenting Stress of Parents of Adolescents with Attention-Deficit Hyperactivity Disorder", *Journal of Abnormal Child Psychology* 44, No.3 (Abril, 2016): 561-74.

2. A pesquisa que relata um vínculo entre maior suporte social e melhores resultados comportamentais em crianças diagnosticadas com TDAH é de Richard E. A. Loren, Aaron J. Vaughn, Joshua M. Langberg e Jessica E. M. Cyran, "Effects of an 8-Session Behavioral Parent Training Group for Parents of Children with ADHD on Child Impairment and Parenting Confidence", *Journal of Attention Disorders* 19, No. 2 (Fevereiro, 2015): 158-66.

Estratégia nº 13
1. Para um estudo que apoie a ideia de que um café da manhã baseado em proteína pode ser melhor do que um que contenha apenas carboidratos, ver C. Keith Conners, *Feeding the Brain: How Foods Affect Children* (New York: Springer, 2001), 69.

Estratégia nº 15
1. Para duas avaliações sobre o impacto positivo das dietas de restrição e eliminação no alívio dos sintomas de TDAH em crianças, ver Joel T. Nigg e Kathleen Holton, "Restriction and Elimination Diets in ADHD Treatment", *Child & Adolescent Psychiatric Clinics of North America* 23, no. 4 (Outubro, 2014): 937-53; e University of Copenhagen, "Dietary Changes Help Some Children with ADHD", *ScienceDaily*, 24 de abril de 2012. Acessado em sciencedaily.com/releases/2012/04/120424121904.htm.

Estratégia nº 16
1. Evidência de uma ligação entre treinamento musical e melhor funcionamento executivo é fornecido em J. Zuk, C. Benjamin, A. Kenyon e N. Gaab, "Behavioral and Neural Correlates of Executive Functioning in Musicians and Non-Musicians", *PLoS ONE* 9, no. 6 (2014): e99868.
2. A pesquisa principal do Projeto Gamelan é citada em Jane O'Brien, "Power of Art: Can Music Help Treat Children with Attention Disorders?", BBC News, 5 de março de 2013. Acessado em bbc.com/news/magazine- 21661689.
3. O vínculo positivo entre a música e a transmissão da dopamina é relatado em Den'etsu Sutoo e Kayo Akiyama, "Music Improves Dopaminergic Neurotransmission: Demonstration Based on the Effect of Music on Blood Pressure Regulation", *Brain Research* 1016, no. 2 (6 de agosto de 2004): 255-62.
4. O impacto diferencial da música em jovens (ajudando ou distraindo) diagnosticados com TDAH é relatado em W. E. Pelham, Jr., D. A. Waschbusch, B. Hoza et al., "Music and Video as Distractors for Boys with ADHD in the Classroom: Comparison with Controls, Individual Differences, and Medication Effects," *Journal of Abnormal Child Psychology* 39, no. 8 (Novembro, 2011): 1085-98.

Estratégia n° 17

1. A ligação entre automonitoramento e melhora no desempenho em testes de ortografia é relatadado em Karen R. Harris, Barbara Danoff Friedlander, Bruce Saddler et al.,"Self- Monitoring of Attention Versus Self-Monitoring of Academic Performance: Effects among Students with ADHD in the General Education Classroom", *Journal of Special Education* 39, no. 3 (2005): 145-56.
2. Uma revisão dos benefícios do automonitoramento com estudantes na educação especial é fornecida em L. A. Rafferty, "Step-by-Step: Teaching Students to Self- Monitor", *Teaching Exceptional Children* 43, no. 2 (2010): 50-58; e J. Webber, B. Scheuermann, C.McCall e M. Coleman, "Research on Self-Monitoring As a Behavior Management Technique in Special Education Classrooms: A Descriptive Review", *Remedial & Special Education* 14, no. 2 (1993): 38-56.

Estratégia n° 18

1. Uso de comentários mais dominadores e negativos de pais de crianças com diagnóstico de TDAH em comparação com os pais de crianças com desenvolvimento típico é relatado em C. Johnson, "Parent Characteristics and Parent-Child Interactions in Families of Nonproblem Children and ADHD Children with Higher and Lower Levels of Oppositional-Defiant Behavior", *Journal of Abnormal Child Psychology* 24, no. 1 (Fevereiro, 1996): 85-104.

Estratégia n° 19

1. O ciclo coercitivo e as estratégias negativas utilizadas pelos pais em uma família com membro diagnosticado com TDAH são descritos em Linda J. Pfiffner e Lauren M. Haack, "Behavior Management for School Aged Children with ADHD", *Child and Adolescent Psychiatric Clinic of North America* 23, no. 4 (Outubro, 2014): 731-46.
2. Os relatos dos pais de crianças com diagnóstico de TDAH dizendo sentir-se menos eficazes, menos bem-vindos pelo pessoal da escola e menos capazes de passar tempo com eles, são relatados em Maria A. Rogers, Judith Wiener, Imola Marton e Rosemary Tannock, "Parental Involvement in Children's Learning: Comparing Parents of Children with and without Attention-Deficit/Hyperactivity Disorder (ADHD)", *Journal of School Psychology* 47 (2009): 167-85.
3. Os componentes dos bons cursos de formação para pais são fornecidos nos Centers for Disease Control and Prevention, "Parent Training Programs: Insight for Practitioners", CDC, 2009. Acessado em cdc.gov/violenceprevention/pdf/parent_training_brief-a.pdf.

Estratégia n° 20

1. O exemplo arquetípico de uma população excessivamente submissa é, naturalmente, o povo da Alemanha nazista entre 1933 e 1945. O que a maioria

das pessoas não sabe é que, durante esse período, milhões de pessoas alemãs estavam tomando um psicoestimulante chamado Pervitin, uma droga à base de metanfetamina que os manteve cheios de energia e produtivos. A droga também foi usada pelas divisões Panzer e Luffwaffe durante a invasão da França para mantê-los acordados enquanto passavam ou voavam pelos campos para Paris. Essa história revelada só recentemente é detalhada em Norman Ohler, *Blitzed: Drugs in Nazi Germany* (London: Allen Lane/Penguin Random House, 2016).
2. Estudos que falham na tentativa de mostrar um vínculo entre habilidades criativas e crianças e adolescentes com diagnóstico de TDAH incluem J. B. Funk, J. B. Chessare, M. T. Weaver e A. R. Exley, "Attention Deficit Hyperactivity Disorder, Creativity, and the Effects of Methylphenidate", *Pediatrics* 91, no. 4 (Abril, 1993): 816-19; e Dione Healey e Julia J. Rucklidge, "An Exploration into the Creative Abilities of Children with ADHD", *Journal of Attention Disorders* 8, no. 3 (Fevereiro, 2005): 88-95.

Estratégia nº 22
1. Experimentos sobre o impacto negativo do aglomeramento de crianças são descritos em Claudia D. Solari e Robert D. Mare, "Housing Crowding Effects on Children's Wellbeing", *Social Science Research* 41, no. 2 (Março, 2012): 464-76.
2. Carol S. Weinstein é citada por seu artigo "The Physical Environment of the School: A Review of the Research", *Review of Educational Research* 49, no. 4 (1979): 585.
3. A citação de Anita R. Olds é de seu artigo "Designing Developmentally Optimal Classrooms for Children with Special Needs", em Samuel J. Meisels, ed., *Special Education and Development* (Baltimore, MD: University Park Press, 1979), 95.

Estratégia nº 23
1. Um artigo que vincula o TDAH a um déficit de motivação é N. D. Volkow, G-J Wang, J. H. Newcorn et al., "Motivation Deficit in ADHD Is Associated with Dysfunction of the Dopamine Reward Pathway", *Molecular Psychiatry* 16, no. 11 (Novembro, 2011): 1147-54.

Estratégia nº 24
1. A pesquisa de Diana Baumrind sobre estilos de modos de ser pai ou mãe é relatada em "Authoritative Parenting Revisited: History and Current Status", em Robert E. Larzelere, Amanda Sheffield Morris e Amanda W. Harrist, eds., *Authoritative Parenting: Synthesizing Nurturance and Discipline for Optimal Child Development* (Washington, D.C.: American Psychological Association, 2013), 11-34.

Estratégia nº 26

1. Opiniões de Jaak Panksepp sobre a importância do jogo na maturação do lobo frontal são dadas em J. Panksepp, S. Siviy e L. Normansell, "The Psychobiology of Play: Theoretical and Methodological Perspectives". *Neuroscience and Behavioral Reviews* 8 (1984): 465-92. As opiniões de Panksepp sobre a conexão entre o desaparecimento da brincadeira de lutinha e os diagnósticos do TDAH são compartilhadas em seu artigo "Attention Deficit Hyperactivity Disorders, Psychostimulants, and Intolerance of Childhood Playfulness: A Tragedy in the Making?", *Current Directions in Psychological Science* 7, no.3 (1998): 91-98.
2. A conclusão de Jaak Panksepp de que a brincadeira dá suporte ao desenvolvimento do controle sobre si mesmo (inibição de comportamentos inadequados) em crianças e que as drogas de TDAH reduzem a disposição para brincar em ratos e as crianças é relatada em seu artigo: "Can Play Diminish ADHD and Facilitate the Construction of the Social Brain?", *Journal of the Canadian Academy of Child and Adolescent Psychiatry* 16, no. 2 (Maio, 2007): 57-66.
3. Para uma discussão mais completa sobre minhas análises quanto às ligações entre a tecnologia, o jogo e os sintomas de TDAH, ver meu capítulo "Attention Deficit Hyperactivity Disorder in Children: One Consequence of the Rise of Technologies and the Demise of Play," em Sharna Olfman, ed., *Work and No Play... How Educational Reforms Are Harming Our Preschoolers* (Westport, CT.: Praeger, 2003), 161-76.

Estratégia nº 28

1. Edison é citado em J. L. Elkhorne, "Edison – The Fabulous Drone," 73 *Magazine* 46, no. 3 (Março, 1967): 52.
2. O estudo que vincula adolescentes com diagnóstico de TDAH com níveis de resiliência mais baixos é de Maria Angélica Regalla, Priscilla Guilherme, Pablo Aguilera et al., "Attention Deficit Hyperactivity Disorder Is an Independent Risk Factor for Lower Resilience in Adolescents: A Pilot Study", *Trends in Psychiatry and Psychotherapy* 37, no. 3 (2015): 157-60.
3. A ideia de que o fator mais importante na construção da resiliência em crianças é a presença de ao menos uma pessoa forte, competente e atenciosa em suas vidas é dada em Bari Walsh, "The Science of Resilience: Why Some Children Can Thrive Despite Adversity", Usable Knowledge, Harvard Graduate School of Education, 23 de março de 2015. Acessado em gse.harvard.edu/news/uk/15/03/science- resilience.

Estratégia nº 30

1. A pesquisa que vincula o consumo de fast-food com sintomas de TDAH entre crianças iranianas é relatada em L. Azadbakht e A. Esmaillzadeh, "Dietary Pat-

terns and Attention Deficit Hyperactivity Disorder among Iranian Children", *Nutrition* 28, no. 3 (Março, 2012): 242-49.
2. A pesquisa coreana que mostra uma conexão entre uma dieta de lanches e o aumento das probabilidades de ter um diagnóstico de TDAH é relatada em H. D. Woo, D. W. Kim, Y. S. Hong et al., "Dietary Patterns in Children with Attention Deficit/Hyperactivity Disorder (ADHD)", *Nutrients* 6, no. 4 (Abril, 2014): 1539-53.
3. A pesquisa australiana que vincula o TDAH com uma dieta ocidental em adolescentes é relatada em A. L. Howard, M. Robinson, G. J. Smith et al., "ADHD Is Associated with a 'Western' Dietary Pattern in Adolescents", *Journal of Attention Disorders* 15, no. 5 (Julho, 2011): 403-11.
4. Para uma perspectiva da influência dos *lobbies* de fast-food sobre as diretrizes dietéticas do governo americano, ver Markham Heid, "Experts Say Lobbying Skewed the U.S. Dietary Guidelines," *Time Magazine*, 8 de janeiro de 2016. Acessado em time.com/4130043/lobbying-politics-dietary-guidelines.

Estratégia nº 31
1. Shelley e Andy Raffino são citados em Kirk Martin, "ADHD Children – What If There Really Isn't Anything Wrong?", Internet Special Education Resources. Acessado em iser.com/adhd- normal.html.

Estratégia nº 33
1. Ver Matthew R. Galvin, *Otto Learns About His Medicine: A Story about Medication for Children with ADHD* (Washington, D.C.: Magination, 2001).
2. Outros exemplos de metáforas de máquinas usadas para explicar o TDAH para crianças podem ser encontrados em Melvin D. Levine, The Concentration Cockpit: Poster, *Examiner's Guide, Explanatory Text and Record Form, Marker* (Portland, OR: Educators Publishing Service, 1997). "How Do You Explain ADHD to Your Child?", *ADDitude*._Acessado em additudemag.com/adhd/article/9898.html; e em Carmine Gallo, "How a Popular TV Doc Has Learned to Explain ADHD Simply", *Forbes*, 5 de agosto de 2014.
3. Gerald Edelman é citado em John Cornwell, "Master of Creation?" *London Times Online*, 1 de julho de 2007.
4. Oliver Sacks é citado em Edward Rothstein, "The Brain? It's a Jungle in There", *New York Times*, 27 de março de 2004. Acessado em nytimes.com/2004/03/27/books/the- brain-it-s-a-jungle-in-there.html?_r = 0.
5. O estudante do ensino fundamental que aprendeu sobre a neuroplasticidade do cérebro é citado em Judy Willis, "How to Teach Students About the Brain", *Educational Leadership* 67, no. 4 (Dezembro, 2009/janeiro, 2010). Acessado em http://bit.ly/1SxJkYr.

Estratégia nº 34

1. Para um estudo que mostra como a multitarefa prejudica o desempenho em crianças com diagnóstico de TDAH, ver Joshua B. Ewen, Jeffrey S. Moher, Balaji M. Lakshmanan et al., "Multiple Task Interference Is Greater in Children with ADHD", *Developmental Neuropsychology* 37, no. 2 (Fevereiro, 2012): 119-133.

Estratégia nº 35

1. Pesquisas que mostram uma redução dos sintomas do transtorno em crianças diagnosticadas com TDAH que se envolvem em atividade aeróbica em comparação com um grupo de controle sedentário são relatadas em B. Hoza, A. L. Smith, E. K. Shoulberg et al., "A Randomized Trial Examining the Effects of Aerobic Physical Activity on Attention-Deficit/Hyperactivity Disorder Symptoms in Young Children", *Journal of Abnormal Child Psychology* 43, no.4 (Maio, 2015): 655-67.
2. Melhora nos sintomas de TDAH entre as crianças do jardim de infância e do terceiro ano que se envolveram em um programa de exercícios, de moderado a vigoroso, é relatado em A. L. Smith, B. Hoza, K. Linnea et al., "Pilot Physical Activity Intervention Reduces Severity of ADHD Symptoms in Young Children", *Journal of Attention Disorders* 17, no. 1 (Janeiro, 2013): 70-82.
3. Jordan D. Metzl é citado em "Increases in Physical Activity Linked to Decreases in ADHD", Phit America, 24 de junho de 2014. Acessado em phitamerica.org/PageFactory.aspx?PageID=2802.

Estratégia nº 36

1. Os pais de crianças com diagnóstico de TDAH que reportam professores como menos acolhedores e mais exigentes são relatados em Maria Rogers, Julia Boggia, Julia Ogg e Robert Volpe, "The Ecology of ADHD in the Schools", *Current Developmental Disorders Reports* 2, no. 1 (Março, 2015): 23-29.
2. Para artigos que informam sobre a conexão entre o envolvimento dos pais e os melhores resultados acadêmicos, comportamentais e emocionais para crianças, ver S. Wilder, "Effects of Parental Involvement on Academic Achievement: A Meta-Synthesis", *Educational Review* 66, no. 3 (2014): 377-97; Ming-Te Wang e Salam Sheikh-Khalil, "Does Parental Involvement Matter for Student Achievement and Mental Health in High School?", *Child Development* 85, no. 2 (Março-Abril, 2014): 10-62; e Jacquelyn N. Raftery, Wendy S. Grolnick e Elizabeth S. Flamm, "Families As Facilitators of Student Engagement: Toward a Home-School Partnership Model", em Sandra L. Christenson, Amy L. Reschly e Cathy Wylie, eds., *Handbook of Research on Student Engagement* (New York: 2013), 343-64.
3. Para um estudo que vincula a comunicação professor-pai com melhores resultados comportamentais para crianças, ver George J. DuPaul, "School-Based Inter-

ventions for Students with Attention Deficit Hyperactivity Disorder: Current Status and Future Directions", *School Psychology Review* 36, no. 2 (2007): 183-94.

Estratégia nº 37

1. Para um artigo que revisa os estudos sobre a associação entre a memória de trabalho e o diagnóstico de TDAH em crianças, ver Rhonda Martinussen, Jill Hayden, Sheilah Hogg-Johnson e Rosemary Tannock, "A Meta-Analysis of Working Memory Impairments in Children with Attention- Deficit/Hyperactivity Disorder", *Journal of the American Academy of Child and Adolescent Psychiatry* 44, no. 4 (Abril, 2005): 377-84.
2. A importância de empurrar contra os limites para desenvolver memória de trabalho entre crianças diagnosticadas com TDAH é relatada em Torkel Klingberg, Elisabeth Fernell, Pernille J. Olesen et al., "Computerized Training of Working Memory in Children with ADHD – A Randomized, Controlled Trial", *Journal of the American Academy of Child and Adolescent Psychiatry* 44, no. 2 (Fevereiro, 2005): 177-86.

Estratégia nº 38

1. A informação de que as crianças passam 7 horas por dia entretidas com algum tipo de mídia é encontrada no site "Media and Children Communication Toolkit", *American Association of Pediatrics*. Acessado em https://www.aap.org/en-us/advocacy-and-policy/aap-health-i nitiatives/pages/media-and-children.aspx.
2. A associação entre a exposição à televisão e os resultados negativos da escola são enumerados em Jeffrey G. Johnson, Patricia Cohen, Stephanie Kasen e Judith S. Brook, "Extensive Television Viewing and the Development of Attention and Learning Difficulties during Adolescence", *Archives of Pediatric and Adolescent Medicine* 161, no. 5 (2007): 480-86.
3. A conexão entre o uso da mídia e o sono mais curto é discutida em Christopher R. Engelhardt, Micah O. Mazurek e Kristin Sohl, "Media Use and Sleep among Boys with Autism Spectrum Disorder, ADHD, or Typical Development", *Pediatrics* 132, no. 6 (Dezembro, 2013): 1081-89. A associação entre uma TV no quarto e o aumento do tempo em dias de semana diante da tela é relatado em Charmaine B. Loa, Molly E. Waring, Sherry L. Pagoto e Stephenie C. Lemon, "A Television in the Bedroom Is Associated with Higher Weekday Screen Time among Youth with Attention Deficit Hyperactivity Disorder (ADD/ADHD)", *Preventive Medicine Reports* 2 (2015): 1-3.
4. A ligação entre mídia violenta e agressividade infantil é discutida em Dimitri Christakis, "Virtual Violence", *Pediatrics* 138, no. 2 (Agosto, 2016): e2 0161298. A possível interação gene-ambiente a respeito dos comportamentos relacionados ao TDAH e a violência na mídia é explorada em Sanne W. C. Nikkelen, Helen G.

M. Vossen, Patti M. Valkenburg et al., "Media Violence and Children's ADHD-Related Behaviors: A Genetic Susceptibility Perspective", *Journal of Communication* 64 (2014): 42-60.

Estratégia n° 39

1. O fenômeno do hiperfoco é discutido em Jenara Nerenberg, "Hyperfocus: The Other Side of Adult ADHD", CNN Online, 15 de julho de 2016. Acessado em cnn.com/2016/07/15/health/adult- adhd-hyperfocus.
2. Para ler mais sobre o conceito de *flow*, ver o popular livro de Mihály Csíkszentmihályi's sobre o tópico: *Flow: The Psychology of Optimal Experience* (New York: Harper Perennial Modern Classics, 2008).

Estratégia n° 42

1. Dois artigos que cobrem a prevalência da desregulação emocional entre crianças com diagnóstico de TDAH e a base neuroanatômica da desregulação são R. Vela, "Neuroanatomical Basis of Emotional Dysregulation in Children and Adults with ADHD", *European Psychiatry* 33, suppl. (Março, 2016): S447; e Philip Shaw, Argyris Stringaris, Joel Nigg e Ellen Leibenluft, "Emotion Dysregulation in Attention Deficit Hyperactivity Disorder", *American Journal of Psychiatry* 171, no. 3 (Março, 2014): 276-93.

Estratégia n° 43

1. Para uma boa introdução à meditação mindfulness, ver Jon Kabat-Zinn, *Wherever You Go, There You Are* (New York: Hachette Books, 2005).
2. Estudos que cobrem o impacto positivo da meditação consciente sobre os sintomas do TDAH incluem E. van de Weijer-Bergsma, A. R. Formsma, E. I. de Bruin e S. M.Bögels, "The Effectiveness of Mindfulness Training on Behavioral Problems and Attentional Functioning in Adolescents with ADHD", *Journal of Child and Family Studies* 21, no. 5 (Outubro, 2012): 775-87; S. van der Oord, S. M. Bögels e D. Peijnenburg, "The Effectiveness of Mindfulness Training for Children with ADHD and Mindful Parenting for their Parents", *Journal of Child and Family Studies* 21, no. 1 (Fevereiro, 2012): 139-47; e V. Modesto-Lowe, P. Farahmand, M. Chaplin e L. Sarro, "Does Mindfulness Meditation Improve Attention in Attention Deficit Hyperactivity Disorder?", *World Journal of Psychiatry* 5, no.4 (Dezembro, 2015): 397-403.

Estratégia n° 44

1. As opiniões de Lev Vygotsky sobre o desenvolvimento da linguagem internalizada podem ser encontradas em seu livro referência: *Thought and Language*, rev. ed. (Cambridge, MA: MIT Press, 1986).

2. O impacto positivo de permitir que as crianças com comportamentos relacionados ao TDAH se envolvam em autofala espontânea é explorada em Adam Winsler, Louis Manfra e Rafael M. Diaz, "Should I let them talk?: Private speech and task performance between preschool children with and without behavioral problems", *Early Childhood Research Quarterly* 22 (2007): 215-31.
3. A observação de Zentall de que as crianças identificadas como hiperativas não falarão quando requisitadas, mas falam muito quando não deveriam está em seu artigo "Production Deficiencies in Elicited Language but Not in the Spontaneous Verbalizations of Hyperactive Children", *Journal of Abnormal Child Psychology* 16, no. 6 (Dezembro, 1988): 657-73.

Estratégia n° 47

1. As estatísticas sobre o número de aplicativos disponíveis são tiradas do "Number of Apps Available in Leading App Stores As of June 2016", *Statistika – The Statistics Portal*. Acessado em statista.com/statistics/276623/number-of-apps-available-in-leading-app-stores.

Estratégia n° 48

1. Os dados da pesquisa sobre o impacto positivo do programa de tutoria Eye to Eye são retirados do seu site em "Student Outcomes." Acessado em eyetoeyenational.org/programs/our_outcomes.html.
2. O vínculo entre o fato de ter um tutor e os resultados positivos acadêmicos e de presença escolar para crianças diagnosticadas com TDAH ou transtorno de aprendizagem é relatado em Nancy K. Glomb, Leigh D. Buckley, Esther D. Minskoff e Sherrita Rogers, "The Learning Leaders Mentoring Program for Children with ADHD and Learning Disabilities", *Preventing School Failure: Alternative Education for Children and Youth* 50, no. 4 (2006):31-35.
3. Marcus Soutra é citado por seu artigo "Building a Powerful Mentoring Relationship: Tips from My Experience As a Child with ADHD and Dyslexia", Understood – For Learning and Attention Issues, 25 de janeiro de 2016. Acessado em http://u.org/29fRZVH.
4. Citado em Soutra, "Building a Powerful Mentoring Relationship."

Estratégia n° 49

1. A história do campeão olímpico Michael Phelps sobre o sucesso com o TDAH é fornecida em Patrick Barkham, "What Can Athletes with ADHD Teach Us About the Condition?", *The Guardian*, 1 de de agosto de 2012.
2. Os resultados cognitivos, sociais e comportamentais positivos das crianças identificadas com TDAH envolvidas em esportes são relatados em K. D. Kang, J.

W. Choi, S. G. Kang e D. H. Han, "Sports Therapy for Attention, Cognitions and Sociality", *International Journal of Sports Medicine* 32, no. 12 (2011): 953-59.

3. A associação entre a natação e a melhora da inibição em comportamentos impulsivos em crianças com diagnóstico de TDAH está em Yu-Kai Chang, Chiao--Ling Hung, Chung-Ju Huang et al., "Effects of an Aquatic Exercise Program on Inhibitory Control in Children with ADHD: A Preliminary Study", *Archives of Clinical Neuropsychology* 29, no. 3 (Maio, 2014): 217-23.

Estratégia n° 50

1. Para uma noção geral sobre o impacto positivo da implementação de intervenções de alta estimulação, como luz, cor e animais na sala de aula, ver Sydney S. Zentall, "Theory-and Evidence-Based Strategies for Children with Attentional Problems", *Psychology in the Schools* 42, no. 8 (2005): 821-36.

Estratégia n° 51

1. Para um artigo que analisa a maturação tardia do cérebro pré-frontal em adolescentes, ver E. A. Crone e R. E. Dahl, "Understanding Adolescence as a Period of Social-Affective Engagement and Goal Flexibility", *Nature Reviews Neuroscience* 13, no. 9 (2012): 636-50.
2. Zig Ziglar é citado em Lilly Walters, *Secrets of Superstar Speakers: Wisdom from the Greatest Motivators of Our Time* (New York: McGraw-Hill,2000), 96.

Estratégia n° 53

1. A citação de Henry Adams é de sua autobiografia, The Education of Henry Adams (Radford, VA: Wilder, 2009), 194.
2. A associação entre o relacionamento negativo ou estressante de um pré-escolar com seu professor pré-escolar e o encaminhamento para a educação especial na escola primária é abordado em Jordan Buckrop, Amy Roberts e Jennifer LoCasale-Crouch, "Children's Preschool Classroom Experiences and Associations with Early Elementary Special Education Referral", *Early Childhood Research Quarterly* 36 (2016): 452-61.
3. Os experimentos de Pygmalion são abordados em Robert Rosenthal e Lenore Jacobson, *Pygmalion in the Classroom: Teacher Expectation and Pupils' Intellectual Development* (New York: Crown, 2003).
4. O impacto das altas expectativas dos professores do ensino médio em relação aos alunos nas notas de graduação da faculdade é tratado em Ulrich Boser, Megan Wilhelm e Robert Hanna, "The Power of the Pygmalion Effect: Teachers Expectations Strongly Predict College Completion", Center for American Progress, 6 de outubro de 2014. Acessado em americanprogress.org/issues/education/report/2014/10/06/96806/the-power-of-the-pygmalion-effect.

Estratégia n° 54

1. Para um exemplo de uma perspectiva cética sobre o valor do *neurofeedback* para tratar os sintomas do TDAH, ver o comentário editorial de Russell Barkley's em "EEG and Neurofeedback Findings in ADHD," *ADHD Report* 11, no. 3 (2003): 7-9.
2. Para um relatório sobre a história dos estudos avaliando o valor do *neurofeedback* no tratamento do TDAH, ver Martijn Arnsa, Hartmut Heinrich e Ute Strehle, "Evaluation of Neurofeedback in ADHD: The Long and Winding Road", *Biological Psychology* 95 (Janeiro, 2014): 108-15.
3. O estudo que mostra sintomas melhorados em estudantes diagnosticados com TDAH que se submeteram ao *neurofeedback* em comparação com aqueles que fizeram treinamento cognitivo ou nada (grupo de controle) é de Naomi J. Steiner, Elizabeth C. Frenette, Kirsten M. Rene et al., "In- School Neurofeedback Training for ADHD: Sustained Improvements from a Randomized Control Trial", *Pediatrics* 133, no. 3 (Março, 2014): 483-92.

Estratégia n° 55

1. As ideias de Ashley Montagu sobre a importância do toque humano estão relacionadas em seu livro *Touching: The Human Significance of the Skin* (New York: William Morrow, 1986).
2. Para estudos que relacionam o toque e a massagem com resultados comportamentais e emocionais positivos para crianças e adolescentes com diagnóstico de TDAH, ver T. F. Field, O. Quintino, M. Hernandez-Reif e G. Koslovsky, "Adolescents with Attention Deficit Hyperactivity Disorder Benefit from Massage Therapy", *Adolescence* 33 (1998): 103-08; e Barbara Maddigan, Pamela Hodgson, Sylvia Heath et al., "The Effects of Massage Therapy & Exercise Therapy on Children/Adolescents with Attention Deficit Hyperactivity Disorder", *Canadian Child and Adolescent Psychiatry Review* 12, no. 2 (Março, 2003): 40-43.

Estratégia n° 57

1. A associação entre o riso e os níveis mais baixos de cortisol está documentada em Lee S. Berk, Stanley A. Tan e Dottie Berk, "Cortisol and Catecholamine Stress Hormone Decrease Is Associated with the Behavior of Perceptual Anticipation of Mirthful Laughter," *FASEB Journal* 22, no. 1 (Março, 2008): 946.
2. A ligação entre riso e endorfinas é explorada em R. I. M. Dunbar, Rebecca Baron, Anna Frangou et al., "Social Laughter Is Correlated with an Elevated Pain Threshold", *Proceedings of the Royal Society B* (2011). Acessado em rspb.royalsocietypublishing.org/content/royprsb/early/2011/09/12/rspb.2011.1373.full.pdf.
3. As opiniões de Jaak Panksepp sobre o riso brincalhão como um desenvolvimento evolutivo positivo são compartilhadas em Jaak Panksepp, "Neuroevolutionary

Sources of Laughter and Social Joy: Modeling Primal Human Laughter in Laboratory Rats", *Behavioural Brain Research* 182 (2007): 231-44.
4. A ideia de que a maioria das risadas ocorre como resposta ao riso de outras pessoas é de Robert Provine, *Laughter: A Scientific Investigation* (New York: Penguin, 2001).
5. A anedota de Peter Jaksa sobre o valor do humor e a atenção é relatada em seu artigo "Laughing Matters", *ADDitude*. Acessado em additudemag.com/adhd/article/797.html.

Estratégia n° 58
1. Zig Ziglar é citado de seu livro *Raising Positive Kids in a Negative World* (New York: Ballantine, 1989), 130.
2. Para o estudo sobre a preferência de crianças com diagnóstico de TDAH por tempo com os pais como recompensa, ver R. D. Hill, D. Olympia e K. C. Angelbuer, "A Comparison of Preference for Familial, Social, and Material Rewards between Hyperactive and Non-Hyperactive Boys", *School Psychology International* 12, no. 3 (Agosto, 1991): 225-29.

Estratégia n° 59
1. O trabalho fundamental que explora a teoria das inteligências múltiplas é o livro de Howard Gardner, *Frames of Mind: The Theory of Multiple Intelligences* (New York: Basic Books, 2011). O seu livro *Multiple Intelligences: New Horizons in Theory and Practice* (New York: Basic Books, 2006) analisa o impacto de sua teoria nas práticas educacionais.

Estratégia n° 60
1. O vínculo entre desamparo aprendido e os meninos com diagnóstico de TDAH é explorado em Richard Milich e Mimi Okazaki, "An Examination of Learned Helplessness among Attention-Deficit Hyperactivity Disordered Boys", *Journal of Abnormal Child Psychology* 19, no. 5 (Outubro, 1991): 607-23.
2. Para um artigo que analisa os benefícios acadêmicos e autorregulatórios de uma mentalidade de crescimento, ver Veronika Job, Gregory M. Walton, Katharina Bernecker e Carol S. Dweck, "Implicit Theories About Willpower Predict Self-Regulation and Grades in Everyday Life", *Journal of Personality and Social Psychology* 108, no. 4 (2015): 637-47. Ver também o *bestseller* de Carol Dweck sobre o assunto, *Mindset: The New Psychology of Success* (New York: Ballantine, 2007).

Estratégia n° 62
1. O artigo que explora a associação entre a luz solar e taxas mais baixas de diagnósticos de TDAH nos Estados Unidos é de M. Arns, K. B. van der Heijden, L. E.

Arnold e J. L. Kenemans, "Geographic Variation in the Prevalence of Attention-Deficit/HyperactivityDisorder: The Sunny Perspective", *Biological Psychiatry* 74, no. 8 (Outubro, 2013): 585-90.

2. Para obter informações sobre o impacto humano negativo da iluminação da tela em computadores, *tablets*, *smartphones* e outros dispositivos, consulte "Blue Light Has a Dark Side", *Harvard Health Letter*, 2 de setembro de 2015. Acessado em health.harvard.edu/staying- healthy/blue-light-has-a-dark-side.

Estratégia n° 63

1. Uma metanálise de estudos sobre o efeito positivo dos suplementos de ômega-3 na redução dos sintomas de TDAH é de Elizabeth Hawkey e Joel T. Nigg, "Omega-3 Fatty Acid and ADHD: Blood Level Analysis and Meta-Analytic Extension of Supplementation Trials", *Clinical Psychology Review* 34, no. 6 (Agosto, 2014): 496-505.
2. O estudo holandês que demonstrou uma atenção melhorada com a ingestão de margarina suplementada com ácidos graxos ômega-3 é relatado em D. J. Bos, B. Oranje, E. S. Veerhoek et al., "Reduced Symptoms of Inattention after Dietary Omega-3 Fatty Acid Supplementation in Boys with and without Attention Deficit/Hyperactivity Disorder", *Neuropsychopharmacology* 40, no. 10 (Setembro, 2015): 2298-306.

Estratégia n° 64

1. A citação de Murray Bowen é de seu livro *Family Therapy in Clinical Practice* (Lanham, MD: Jason Aronson, 1993), 129.
2. Para um artigo que discute a prevalência de adversidade, psicopatologia dos pais e estresse da vida em famílias de crianças diagnosticadas com TDAH, ver Carla A. Counts, Joel T. Nigg, Julie Ann Stawicki et al., "Family Adversity in DSM-4 ADHD Combined and Inattentive Subtypes and Associated Disruptive Behavior Problems", *Journal of the American Academy of Child and Adolescent Psychiatry* 44, no.7 (Julho, 2005): 690-98.

Estratégia n° 65

1. Para evidências de estudos de tomografias cerebrais que mostram que os cérebros de crianças com diagnóstico de TDAH apresentam maiores respostas a novos estímulos, ver Jana Tegelbeckers, Nico Bunzeck, Emrah Duzel et al., "Altered Salience Processing in Attention Deficit Hyperactivity Disorder", *Human Brain Mapping* 36, no. 6 (Junho, 2015): 2049-60.
2. A associação entre TDAH e genes da dopamina é explorada em V. Kustanovich, J. Ishii, L. Crawford et al., "Transmission Disequilibrium Testing of Dopamine-Related Candidate Gene Polymorphisms in ADHD: Confirmation of Association of ADHD with DRD4 and DRD5", *Molecular Psychiatry* 9 (2004): 711-17.

3. Para o estudo que revelou melhor desempenho entre crianças com diagnóstico de TDAH quando expostas a distrações não relevantes, ver R. van Mourik, J. Oosterlaan, D. J. Heslenfeld et al., "When Distraction Is Not Distracting: A Behavioral and ERP Study on Distraction in ADHD", *Clinical Neurophysiology* 118, no. 8 (Agosto, 2007): 1855-65.

Estratégia n° 66
1. James Evans é citado em Thomas G. West, *In the Mind's Eye: Visual Thinkers, Gifted People with Learning Difficulties, Computer Images, and the Ironies of Creativity*, 2nd ed. (Buffalo, NY: Prometheus, 2009), 84.

Estratégia n° 69
1. Para uma história sobre uso da aromaterapia nos tempos antigos, ver Farid Alakbarov, "Aromatic Herbal Baths of the Ancients," *HerbalGram* 57 (2003): 40-49.
2. Para uma revisão crítica da pesquisa no uso de aromaterapia, ver Myeong Soo Lee, Jiae Choia, Paul Posadzki e Edzard Ernst, "Aromatherapy for Health Care: An Overview of Systematic Reviews," *Maturitas* 71, no. 3 (Março, 2012): 257-60.
3. Para um estudo que encontrou maior sensibilidade ao odor em crianças diagnosticadas com TDAH, ver M. Romanos, T. J. Renner, M. Schecklmann et al., "Improved Odor Sensitivity in Attention-Deficit/Hyperactivity Disorder," *Biological Psychiatry* 64, no. 11 (1 de dezembro de 2008): 938-40.
4. Para um estudo que liga ylang-ylang com um humor mais calmo, ver Mark Moss, Steven Hewitt, Lucy Moss e Keith Wesnes, "Modulation of Cognitive Performance and Mood by Aromas of Peppermint and Ylang-Ylang", *International Journal of Neuroscience* 118, no. 1 (2008): 59-77.

Estratégia n° 71
1. Sanford Newmark é citado em "Are ADHD Medications Overprescribed?". *Wall Street Journal*, 14 de fevereiro de 2013. Acessado em wsj.com/articles/SB10000872396390444301704577631591596516110.
2. Para uma discussão completa sobre esses e outros candidatos que se assemelham aos sintomas do TDAH, ver Richard Saul, *ADHD Does Not Exist: The Truth About Attention Deficit and Hyperactivity Disorder* (New York: Harper Wave, 2014).

Estratégia n° 72
1. A anedota sobre Mary Ann Moon e seus dois filhos foi extraída de Anne Scheck, "Find Your Focus with Natural ADHD Treatments," *ADDitude*, Junho-Julho, 2005. Acessado em additudemag.com/adhd/article/883.html.

Estratégia n° 74

1. Thomas e Sydney Zentall são citados sobre o caráter aversivo do tempo punitivo para crianças hiperativas em Sydney S. Zentall e Thomas R. Zentall, "Optimal Stimulation: A Model of Disordered Activity and Performance in Normal and Deviant Children", *Psychological Bulletin* 94, no. 3 (1983): 461.
2. A citação de Jane Nelsen é de seu livro *Disciplina Positiva* (Barueri: Manole, 2015).

Estratégia n° 75

1. As palavras do menino adolescente diagnosticado com TDAH sobre como se sentia quando ia para a escola estão em Robert Brooks, "Loneliness, Self-Efficacy, and Hope: Often Neglected Dimensions of the Learning Process." Acessado em drrobertbrooks.com/pdf/0703.pdf.
2. O estudo em que as crianças diagnosticadas com TDAH relataram que acreditavam que uma dimensão central de seus seres reais era persistentemente ruim apesar da medicação é relatado em Ilina Singh, "Clinical Implications of Ethical Concepts: Moral Self-Understandings in Children Taking Methylphenidate for ADHD", *Clinical Child Psychology and Psychiatry* 12, no. 2 (2007): 167-82.
3. O jovem que disse que "o TDAH faz coisas ruins para você" foi citado em Chris Travella e John Visser, "'ADHD Does Bad Stuff to You': Young People's and Parents' Experiences and Perceptions of Attention Deficit Hyperactivity Disorder (ADHD)", *Emotional and Behavioural Difficulties* 11, no. 3 (Setembro, 2006): 205-16.
4. O impacto negativo do elogio em crianças com baixa autoestima é explorado em Eddie Brummelman, Jennifer Crocker e Brad J. Bushman, "The Praise Paradox: Whenand Why Praise Backfires in Children with Low Self-Esteem," *Child Development Perspectives* 10, no. 2 (Junho, 2016): 111-15.
5. Pablo Casals é citado em Pablo Casals e Albert Eugene Kahn, *Joys and Sorrows: Reflections* (New York: Simon & Schuster, 1970), 295.

Estratégia n° 76

1. Valores sobre o número de produtos químicos dos EUA que afetam o sistema nervoso são de Anna Esparham, Randall G. Evans, Leigh E. Wagner e Jeanne A. Drisko, "Pediatric Integrative Medicine Approaches to Attention Deficit Hyperactivity Disorder (ADHD)", *Children* 1, no. 2 (2014): 186-207.
2. A lista de produtos químicos tóxicos de Larry Silver em itens domésticos diários é dada em seu artigo "Cause of ADHD: Toxic Risk Factors", *ADDitude*. Acessado em additudemag.com/adhd/article/8388.html.
3. Os autores são citados sobre a ligação entre o chumbo e o TDAH em seu artigo Joel T. Nigg, Molly Nikolas, G. Mark Knottnerus et al., "Confirmation and Exten-

sion of Association of Blood Lead with Attention-Deficit/Hyperactivity Disorder (ADHD) and ADHD Symptom Domains at Population-Typical Exposure Levels", *Journal of Child Psychology and Psychiatry* 51, no. 1 (Janeiro, 2010): 58-65.

4. A ligação entre fumo passivo e TDAH é relatada em Wendy Max, Hai-Yen Sung e Yanling Shi, "Attention Deficit Hyperactivity Disorder among Children Exposed to Secondhand Smoke: A Logistic Regression Analysis of Secondary Data", *International Journal of Nursing Studies* 50, no. 6 (Junho, 2013): 797.

Estratégia n° 77

1. Recomendações de sono para crianças e adolescentes provêm da National Sleep Foundation, "National Sleep Foundation Recommends New Sleep Times", 2 de fevereiro de 2015. Acessado em sleepfoundation.org/media-center/press-release/national-sleep-foundation-recommends-new-sleep-times.
2. A informação sobre a porcentagem de crianças e adolescentes com menos de 8 horas de sono por noite é de Julia F. Dewald, Anne M. Meijer, Frans J. Oort et al., "The Influence of Sleep Quality, Sleep Duration and Sleepiness on School Performance in Children and Adolescents: A Meta-Analytic Review", *Sleep Medicine Reviews* 14, no. 3 (Junho, 2010): 179-89.
3. O vínculo entre as crianças com diagnóstico de TDAH e a duração mais curta do sono é de E. Juulia Paavonen, Katri Räikkönen, Jari Lahti, Niina Komsi et al., "Short Sleep Duration and Behavioral Symptoms of Attention-Deficit/Hyperactivity Disorder in Healthy 7-to 8-Year-Old Children", *Pediatrics* 123, no. 5 (Maio, 2009): e857-64.
4. Para uma discussão sobre os problemas de sono associados a um diagnóstico de TDAH em crianças, V. Sung, H. Hiscock, E. Sciberras e D. Efron, "Sleep Problems in Children with Attention-Deficit/Hyperactivity Disorder: Prevalence and the Effect on the Child and Family", *Archives of Pediatric and Adolescent Medicine* 162, no. 4 (Abril, 2008): 336-42.
5. Relatos dos pais sobre comportamentos problemáticos que precedem o sono em crianças e adolescentes diagnosticados com TDAH são de Judith A. Owens, "A Clinical Overview of Sleep and Attention-Deficit/Hyperactivity Disorder in Children and Adolescents", *Journal of the Canadian Academy of Child and Adolescent Psychiatry* 18, no. 2 (Maio, 2009): 92-102.
6. O relatório que sugere que boa higiene do sono associada à melatonina pode melhorar os problemas do sono em crianças e adolescentes diagnosticados com TDAH é de M. S. Weiss, M. B. Wasdell, M. M. Bomben et al., "Sleep Hygiene and Melatonin Treatment for Children and Adolescents with ADHD and Initial Insomnia", *Journal of the American Academy of Child and Adolescent Psychiatry* 45, no. 5 (Maio, 2006): 512-19.

Estratégia nº 78

1. Sobre os resultados negativos de pessoas adultas com TDAH, ver, por exemplo, J. Biederman, C. R. Petty, K. Y. Woodworth et al., "Adult Outcome of Attention--Deficit/Hyperactivity Disorder: A Controlled 16-Year Follow-Up Study", *Journal of Clinical Psychiatry* 73 (Julho, 2012): 941-50.

Estratégia nº 80

1. O estudo libanês que liga o jogo de xadrez a melhores habilidades de concentração e audição em alunos identificados como portadores de TDAH é de Ladrie Mohammad, Nour ElDaoua e Sara Ibrahim El-Shamieh, "The Effect of Playing Chess on the Concentration of ADHD Students in the 2nd Cycle," *Procedia - Social and Behavioral Sciences* 192 (Maio, 2015): 638-43.
2. O estudo espanhol que liga o treinamento de xadrez à diminuição da gravidade dos sintomas de TDAH é discutido em Hilario Blasco-Fontecilla, Marisa Gonzalez-Perez, Raquel Garcia-Lopez et al., "Efficacy of Chess Training for the Treatment of ADHD: A Prospective, Open Label Study", *Revista de Psiquiatría y Salud Mental* (English Edition) 9, no.1 (Janeiro/março, 2016): 13-21.
3. A conexão entre jogar o jogo chinês Go e a melhora do funcionamento executivo é explorada em Se Hee Kim, Doug Hyun Han, Young Sik Lee et al., "Baduk (the Game of Go) Improved Cognitive Function and Brain Activity in Children with Attention Deficit Hyperactivity Disorder", *Psychiatry Investigation* 11, no. 2 (2014): 143-51.

Estratégia nº 81

1. Para um artigo que explora o valor do ensino transversal e seu impacto positivo no tutor, ver Peter Tymms and Christine Merrell, "Cross-Age Peer Learning", *Evidence-Based Education* 7, no. 1 (2015): 18-19. O valor do uso do ensino transversal em crianças que apresentam os sintomas relacionados ao TDAH é discutido em Brigid A. Vilardo, George J. DuPaul, Lee Kern e Robin L. Hojnoski, "Cross-Age Peer Coaching: Enhancing the Peer Interactions of Children Exhibiting Symptoms of ADHD", *Child & Family Behavior Therapy* 35, no. 1 (2013): 63-81.

Estratégia nº 82

1. Exemplos de artigos que orientam os pais a contar aos seus filhos sobre o diagnóstico de TDAH incluem Madeline Vann, "Talking to Kids About ADHD," *Everyday Health*, 28 de setembro de 2011. Acessado em everydayhealth.com/add-adhd/talking-to-kids-about-adhd.aspx; e Heather Hatfield, "8 Tips for Talking with YournChild About ADHD," WebMD. Acessado em webmd.com/add-adhd/childhood-adhd/features/adhd-talking-to-child.

2. A associação entre viés ilusório positivo e crianças diagnosticadas com TDAH é discutida em Julie Sarno Owens, Matthew E. Goldfine, Nicole M. Evangelista et al., "A Critical Review of Self-perceptions and the Positive Illusory Bias in Children with ADHD", *Clinical Child and Family Psychology Review* 10, no. 4 (Dezembro, 2007): 335-51.

Estratégia n° 83
1. Para o estudo que conclui que a instrução computadorizada é superior à aprendizagem direcionada pelo professor para estudantes diagnosticados com TDAH, ver Julie Clarfield e Gary Stoner, "The Effects of Computerized Reading Instruction on the Academic Performance of Students Identified with ADHD", *School Psychology Review* 34, no. 2 (Março, 2005): 246-54.
2. O estudo que concluiu que o aprendizado informatizado em matemática foi melhor do que as tradicionais aulas em que os alunos ficam sentados é discutido em Jennifer A. Mautone, George J. DuPaul e Asha K. Jitendra, "The Effects of Computer-Assisted Instruction on the Mathematics Performance and Classroom Behavior of Children with ADHD", *Journal of Attention Disorders* 9, no. 1 (Agosto, 2005): 301-12.

Estratégia n° 84
1. A citação de Clark C. Abt é de seu livro *Serious Games* (New York: Viking Press,1970), 9.
2. Melhorias para crianças com diagnóstico de TDAH em memória de trabalho, habilidades sociais e gerenciamento de tempo em virtude do jogo de computador Plan-It-Commander são relatadas em K. C. Bul, P. M. Kato, S. Van der Oord et. al., "Behavioral Outcome Effects of Serious Gaming As an Adjunct to Treatment for Children with Attention-Deficit/Hyperactivity Disorder: A Randomized Controlled Trial", *Journal of Medical Internet Research* 18, no. 2 (Fevereiro, 2016): e26.
3. As melhorias em crianças com diagnóstico de TDAH associadas ao jogo de computador Project EVO são relatadas em Katherine Ellison, "Video Game Is Built to Be Prescribed to Children with A.D.H.D.", Well blog, *New York Times*, 23 de novembro de 2015.
4. Declarações positivas dos alunos com diagnóstico de TDAH sobre suas experiências com o jogo de computador Minecraft estão em Randy Kulman, "Why Is Minecraft So Appealing to Children with ADHD?", *Learning Works for Kids*, 4 de março de 2015. Acessado em learningworksforkids.com/2015/03/minecraft-appealing-children-adhd.
5. O impacto positivo do Minecraft sobre as habilidades de funcionamento executivo é relatado em Cathy Risberg, "More Than Just a Video Game: Tips for Using

Minecraft to Personalize the Curriculum and Promote Creativity, Collaboration, and Problem Solving", *IAGC Journal* (2015): 44-48. Acessado em imsa.edu/sites/default/files/2015-iagc-journal_1.pdf#page = 44.

Estratégia n° 85

1. Os passeios virtuais dos alunos usando os óculos Nearpod VR são relatados em John Gaudiosi, "These Two School Districts Are Teaching through Virtual Reality", *Forbes*, 25 de fevereiro de 2016.
2. O uso de The Virtual Classroom para ajudar as crianças com diagnóstico de TDAH a aprender a lidar com distrações é sugerido em Leanna M. Withrow, Phillip A. K. Hash e Keith B. Holten, "Managing ADHD in Children: Are You Doing Enough?", *Journal of Family Practice* 60, no. 4 (Abril, 2011): E1-3.
3. O uso de aplicações de realidade virtual para ensinar segurança de trânsito (cruzamento de estradas) e habilidades de condução para adolescentes com diagnóstico de TDAH estão descritos em T. A. Clancy, J. J. Rucklidge e D. Owen, "Road-Crossing Safety in Virtual Reality: A Comparison of Adolescents with and without ADHD," *Journal of Clinical Child and Adolescent Psychology* 35, no. 2 (Junho, 2006): 203-15; e Daniel J. Cox, Mohan Punja, Katie Powers, et al., "Manual Transmission Enhances Attention and Driving Performance of ADHD Adolescent Males Pilot Study", *Journal of Attention Disorders* 10, no.2 (Novembro, 2006): 212-16.
4. Reflexões sobre o potencial positivo do uso da realidade virtual com crianças diagnosticadas com TDAH são dadas em Shimon Shiri, Ariel Tenenbaum, Orly Sapir-Budnero e Isaiah D. Wexler, "Elevating Hope Among Children with Attention Deficit and Hyperactivity Disorder through Virtual Reality", *Frontiers of Human Neuroscience* 8 (Maio, 2014): 198.
5. Os relatos de acidentes sofridos pelos usuários de Pokémon Go são reportados em Sharon Gaudin, "Pokémon Go Craze Shows Apple an Augmented Reality Future", *Computerworld*, 27 de julho de 2016. Acessado em bit.ly/2arJS3s.

Estratégia n° 87

1. A ordem de grandeza do número de crianças que praticam yoga nos Estados Unidos é de Marlynn Wei, "More Than Just a Game: Yoga for School-Age Children", Harvard Health Blog, Harvard Medical School, 29 de janeiro de 2016. Acessado em health.harvard.edu/blog/more-than-just-a-game-yoga-for-school-age-children-201601299055.
2. O estudo que mostra a influência positiva da aula de yoga sobre as melhoras de crianças com diagnóstico de TDAH em comportamentos de tarefas relacionadas às atribuições de sala de aula é discutido em Heather L. Peck, Thomas Kehle, Melissa A. Bray e Lea A. Theodore, "Yoga As an Intervention for Children with Attention Problems," *School Psychology Review* 34, no. 3 (2005): 415-24.

3. Para o estudo que informa sobre melhoras nos sintomas de TDAH após oito sessões instrucionais de yoga, ver V. R. Hariprasad, R. Arasappa, S. Varambally, et al., "Feasibility and Efficacy of Yoga As an Add-On Intervention in Attention Deficit-Hyperactivity Disorder: An Exploratory Study", *Indian Journal of Psychiatry* 55,Suppl. 3 (Julho, 2013): S379-84.
4. O relatório do estudo alemão reportando a diminuição nos sintomas de TDAH após a instrução de yoga é discutido em J. Haffner, J. Roos, N. Goldstein et al., "The Effectiveness of Body-Oriented Methods of Therapy in the Treatment of Attention-Deficit Hyperactivity Disorder (ADHD): Results of a Controlled Pilot Study", *Zeitschrift für Kinder-und Jugendpsychiatrie und Psychotherapie* 34, no.1 (Janeiro, 2006): 37-47.
5. As atividades de yoga descritas aqui, além de muitas outras que podem ser usadas com sucesso com crianças diagnosticadas com TDAH, podem ser encontradas em Stacey Turis, "Say Yes to Yoga for Kids with Attention Deficit", *ADDitude*. Acessado em additudemag.com/adhdblogs/27/10006.html; and Dennis Thompson, Jr., "Bending Energy: ADHD Kids Benefit from Yoga", *Everyday Health*. Acessado em everydayhealth.com/adhd/bending-energy-adhd-kids-benefit-from-yoga.aspx.

Estratégia n° 88

1. A criança que se identificou com um cavalo de terapia é citada em Madeline Vann, "Equine Therapy for ADHD Treatment", *Everyday Health*, 8 de agosto de 2013. Acessado em everydayhealth.com/add-adhd/equine-therapy-for-adhd-treatment.aspx.
2. O estudo que informa sobre a redução dos sintomas de TDAH após uma intervenção assistida por cães é descrito em Sabrina E. B. Schuck, Natasha A. Emmerson, Aubrey H.Fine e Kimberley D. Lakes, "Canine-Assisted Therapy for Children with ADHD: Preliminary Findings from the Positive Assertive Cooperative Kids Study", *Journal of Attention Disorders* 19, no. 2 (Fevereiro, 2015): 125-37.
3. Os muitos benefícios das terapias com animais para sintomas de TDAH são discutidos em Caroline Busch, Lara Tucha, Alzbeta Talarovicova et al., "Animal-Assisted Interventions for Children with Attention Deficit/Hyperactivity Disorder: A Theoretical Review and Consideration of Future Research Directions", *Psychological Reports* 118, no. 1 (Fevereiro, 2016): 292-331.

Estratégia n° 89

1. Para um exemplo de uma perspectiva intervencionista precoce, ver Joan L. Luby, "Dispelling the 'They'll Grow Out of It' Myth: Implications for Intervention", *American Journal of Psychiatry* 169, no. 11 (Novembro, 2012): 1127-29.

Estratégia n° 90

1. Estatísticas sobre comorbidades de TDAH com distúrbios de ansiedade e humor são fornecidas em Beth Krone e Jeffrey H. Newcorn, "Comorbidity of ADHD and Anxiety Disorders: Diagnosis and Treatment Across the Lifespan", em Lenard A. Adler, Thomas J. Spencer e Timothy E. Wilens, eds., Attention-Deficit Hyperactivity Disorder in Adults and Children (Cambridge, UK: Cambridge University Press, 2015), 98; e Gavin L. Brunsvold, Godehard Oepen, Edward J. Federman e Richard Akins, "Comorbid Depression and ADHD in Children and Adolescents", Psychiatric Times, 1 de setembro de 2008.
2. Para relatos sobre o impacto positivo de diferentes abordagens psicoterapêuticas na melhora dos sintomas relacionados ao TDAH em crianças e adolescentes, ver K. M. Antshel, S. V. Faraone e M. Gordon, "Cognitive Behavioral Treatment Outcomes in Adolescent ADHD", Journal of Attention Disorders 18, no. 6 (Agosto, 2014): 483-95; Benedict Carey, "Early Behavior Therapy Found to Aid Children with A.D.H.D.", New York Times, 17 de fevereiro de 2016; e Francine Conway, "The Use of Empathy and Transference As Interventions in Psychotherapy with Attention Deficit Hyperactive Disorder Latency-Aged Boys", Psychotherapy 51, no. 1 (Março, 2014), 104-09.

Estratégia n° 93

1. Os números de rejeição de colegas para crianças diagnosticadas com TDAH são de B. Hoza, S. Mrug, A. C. Gerdes et al., "What Aspects of Peer Relationships Are Impaired in Children with Attention-Deficit/Hyperactivity Disorder?", Journal of Consulting and Clinical Psychology 73, no. 3 (Junho, 2005): 411-23.

Estratégia n° 94

1. A afirmação de que American Academy of Pediatrics fala sobre a importância dos programas de educação física antes da utilização da medicação é retirada da "Medication for Children with an Attention Deficit Disorder", Pediatrics 80, no. 5 (Novembro, 1987): 758. É uma medida da aceitação que a medicação estimulante alcançou em nossa sociedade hoje que essa frase não tenha sido incluída na declaração de política revisada da associação em 2011 sobre medicação. Ver Subcommittee on Attention-Deficit/Hyperactivity Disorder, Steering Committeeon Quality Improvement and Management, "ADHD: Clinical Practice Guideline for the Diagnosis, Evaluation, and Treatment of Attention-Deficit / Hyperactivity Disorder in Children and Adolescents", 2011. Acessado em http://pediatrics.aappublications.org/content/pediatrics/early/2011/10/14/peds.2011-2654.full.pdf.
2. A informação sobre a porcentagem de escolas que requerem 150-225 minutos por semana de educação física foi tirada do School Health Policies and Pro-

grams Study (SHPPS): Physical Education, Centers for Disease Control and Prevention, 2006. Acessado em cdc.gov/healthyyouth/shpps/2006/factsheets/pdf/fs_physicaleducation_shpps2006.pdf.
3. O valor da percentagem de administradores das escolas que denunciam reduções nos programas de educação física e recesso em decorrência de pressões de prestação de contas acadêmicas é de H. W. Kohl e H. D. Cook, eds., *Educating the Student Body: Taking Physical Activity and Physical Education to School* (Washington, D.C.: National Academies Press, 2013).
4. O programa Madison Junior High School PE é descrito em "New PE Trend Stresses Fitness and Fun," *Education World*. Acessado em educationworld.com/a_curr/curr346.shtml.
5. The Woodford County Schools PE programa é descrito em Caralee Adams, "The P.E. Shift," *Scholastic* (2013). Acessado em scholastic.com/browse/article.jsp?id=3757966.
6. A citação de Jeffrey Alexander é de seu artigo "Hyperactive Children: Which Sports Have the Right Stuff", *Physician and Sports Medicine* 18, no. 4 (Abril, 1990): 106.

Estratégia n° 95

1. David Neeleman é citado em Lois Gilman, "Career Advice from the Corner Office: Famous People with ADHD", *ADDitude*, Dezembro/janeiro, 2005. Acessado em additudemag.com/adhd/article/754.html.
2. O vínculo entre estudantes de ensino superior com comportamento semelhante ao de portadores de TDAH e interesses empresariais é relatado em Ingrid Verheul, Joern Block, Katrin Burmeister-Lamp et al., "ADHD-Like Behavior and Entrepreneurial Intentions", *Small Business Economics* 45, no. 2 (Junho, 2015): 85-101.
3. A associação do funcionamento executivo menos eficiente e a tomada de riscos com traços empresariais positivos é feita em Mario Hayek e Michael Harvey, "Attention Deficit/ Hyperactive Disorder As an Entrepreneurial 'Marker' among Family Business Members: A Social Learning Perspective", *Journal of Family Business Management* 2, no. 1 (2012): 6-22.

Estratégia n° 96

1. O estudo que demonstra a melhora da caligrafia de crianças com diagnóstico de TDAH quando escrevem em papel colorido em oposição a preto ou branco é discutido em Margarete Imhof, "Effects of Color Stimulation on Handwriting Performance of Children with ADHD without and with Additional Learning Disabilities", *European Child & Adolescent Psychiatry* 13, no. 3 (2004): 191-98.
2. O uso de marca-texto amarelo para melhorar os comportamentos na tarefa e a resolução de problemas em meninas com risco de TDAH é relatado em

Suneeta Kercood, Sydney S. Zentall, Megan Vinh e Kinsey Tom-Wright, "Attentional Cuing in Math Word Problems for Girls At-Risk for ADHD and Their Peers in General Education Settings", *Contemporary Educational Psychology* 37, no. 1 (Janeiro, 2012): 106-112.

Estratégia n° 97

1. A história de Claire é apresentada em Jeff Rasmussen, "A Girl with A Blog – ADHD Role Model", *ADHD Kids Rock*, 18 de fevereiro de 2016. Acessado em adhdkidsrock.com/a-girl-with-a-blog-adhd-role-model.
2. A pesquisa do Facebook foi relatada em Amy Gajaria, Emanuela Yeung, Tara Goodale e Alice Charach, "Beliefs About Attention-Deficit/Hyperactivity Disorder and Response to Stereotypes: Youth Postings in Facebook Groups", *Journal of Adolescent Health* 49, no. 1 (Julho, 2011): 15-20.

Estratégia n° 98

1. Para o estudo que liga o baixo suporte comunitário do bairro com maiores probabilidades de desenvolver TDAH e níveis mais elevados de gravidade do TDAH, ver Nooshin Razani, Joan F. Hilton, Bonnie L. Halpern-Felsher et al., "Neighborhood Characteristics and ADHD: Results of a National Study", *Journal of Attention Disorders* 19, no. 9 (Setembro, 2015): 731-40.

Estratégia n° 99

1. Para uma discussão sobre a importância da aprendizagem experiencial baseada em projetos desses dois luminares educacionais, ver John Dewey, *Experience and Education* (New York: Free Press, 1997); e Howard Gardner, *The Disciplined Mind: Beyond Facts and Standardized Tests, the K-12 Education That Every Child Deserves* (New York: Basic Books, 2000).
2. O Butterfly Project foi descrito em Wayne D'Orio, "The Power of Project Learning", *Scholastic*. Acessado em scholastic.com/browse/article.jsp?id=3751748.
3. O Clean-Water Project foi descrito em Michael Golden, "Active Learning through Project-Based Learning," *SEEN – Southeast Education Network*, 12 de junho de 2014. Acessado em seenmagazine.us/Articles Article-Detail/articleid/3977/active-learning-through-project-based-learning.
4. A citação de Jonathan Mooney e David Cole é de seu livro, *Learning Outside the Lines: Two Ivy League Students with Learning Disabilities and ADHD Give You the Tools for Academic Success and Educational Revolution* (New York: Touchstone, 2000).
5. O livro do Buck Institute sobre aprendizagem baseada em projetos é de John Larmer, John Mergendoller e Suzie Boss, *Setting the Standard for Project Based Learning: A Proven Approach to Rigorous Classroom Instruction* (Alexandria, VA: ASCD, 2015).

Índice remissivo

A

Abordagem biológica 101
Abordagem cognitiva 102
Abordagem comportamental 101
Abordagem criativa 102
Abordagem cultural 103
Abordagem de desenvolvimento 102
Abordagem ecológica 103
Abordagem educacional 104
Abordagem emocional 104
Abordagem familiar 105
Abordagem física 105
Abordagem social 106
Acesso à luz natural em todo seu espectro 233
Adolescente(s) 37, 95
Adversidade como um gatilho para o TDAH 52
Alfred Adler 243
Alimentos alergênicos e com muitos aditivos da dieta de seu filho 137
Alimentos não saudáveis (junk food) 167
Alimentos ricos em ácidos graxos ômega-3 235
Amadurecimento 31
Amadurecimento tardio de seu filho 292
Ambiente doméstico 42
Ameaça midiática atual 61
American Academy of Pediatrics 23, 61
American Psychiatric Association 10, 85
American Psychological Association 86
Análise longitudinal 27
Animal de estimação 290
Antropologia 91
Aplicativos para celulares 202
Aprendizado cooperativo 278
Aprendizagem 46
Aprendizagem acadêmica 34
Aprendizagem ativa 44
Aprendizagem baseada na valorização 168
Aprendizagem incidental 250
Aprendizagem "mecânica" 45
Aprendizagem na prática 124
Aprendizagem *on-line* como recurso educacional 187
Aprendizagem por meio do movimento 220
Aristóteles 85
Aromas para acalmar e centrar 248
Artes 111
Artes marciais 114
Ashley Montagu 36
Aspirações profissionais positivas 270
Atenção flutuante 71
Atividades de aprendizagem estimulantes 207
Atividades fisicamente mais vigorosas 35
Aulas tediosas podem estar causando os sintomas de TDAH 44
Autoconsciência 279
Autoestima do seu filho 262

B

Barack Obama 48
Blog 308

Bloomers tardios 292
Boa comunicação casa-escola 179
Bolha assassina do TDAH 3, 73
Bom humor e risadas 222
Bom relacionamento professor-criança 214
Brincar 159
Bullying 27

C

Cafés da manhã balanceados 132
Centers for Disease Control and Prevention (CDC) 12
Cérebro com desenvolvimento tardio 32
Cérebro infantil 54
Cérebros melhores 36
CHADD (*Children and Adults with Attention-Defficit/Hyperactivity Disorders*) 19, 77
Ciclo coercivo 145
Cientistas 78
Coach pessoal 161
Cognição fria 37
Cognição quente 37
Comorbidades 17
Companhias farmacêuticas 77
Comportamento do adolescente 37
Comportamento "masculino" dos meninos 40
Comportamento positivo com seu filho 296
Comportamentos "exteriorizados" 39
Comportamentos únicos 94
Comunicação construtiva 144
Condição neurobiológica 49
Condições biogenéticas 93
Condições físicas 93
Conexões cerebrais (*wiring*) 69
Conformidade química 21
Conquistas 157
Conselhos pedagógicos 44
Consequências lógicas e naturais como uma ferramenta de disciplina 231
Construção de nichos positivos 299
Contaminadores ambientais 265
Conversas espontâneas consigo mesmo (autofala) 196
Cores para destacar as informações 307

Cortina de fumaça do TDAH 54
Criação familiar 51
Crianças diagnosticadas com TDAH 49
Crianças indisciplinadas 21
Crianças irrequietas, desatentas, impulsivas e desorganizadas 8
Crianças rotuladas 68
Crianças rotuladas como "pedagogicamente prejudicadas" 68
Criatividade 147
Crítica midiática 86
Cuide-se 130
Cultura acelerada 23
Cura alternativa 128
Curso de treinamento para pais 145

D

Dano cerebral mínimo 11
David Elking 40
Deborah Meier 45
Defeito moral 10
Defesa *ad hominem* ("ataque à pessoa") 83
Defesa da analogia frágil 88
Defesa da reafirmação do óbvio 87
Defesa do argumento da autoridade 85
Defesa do "grande truque da inversão" 84
Defesa do susto 86
Defesa "espantalho" 85
Depressão 18
Desaparecimento da infância em nossa cultura 33
Desatenção 13, 19
"Desempoderamos" nossas crianças na escola 43
Desenvolvimento neurológico 85
Desequilíbrios bioquímicos 7
Diálogo baseado na firmeza com dignidade e respeito 142
Dieta hipoalergênica 137
Diferença do cérebro 41
Diferenças, não transtornos 66
Dificuldade de aprendizagem 67
Diminuição da capacidade de atenção 58
Disciplina Positiva 142
Disfunção cerebral mínima ou DCM (*minimal brain dysfunction – MBD*) 11

Dispersão infantil 32
Distrações 175
Diversidade 112
Diversidade cultural 91
Doença hipercinética da infância 11
Doença psiquiátrica 17
Drug Enforcement Administration (DEA) 24
DSM (*Diagnostic and Statistical Manual of Mental Disorders*) 11, 13

E

Ecologia humana 91
Educação norte-americana 47
Empoderamento interno 245
Energias criativas para as artes 111
Ensinar a uma criança mais nova 277
Epidemia de crianças com sintomas de desatenção, impulsividade e hiperatividade 34
Epidemia de diagnósticos de TDAH 79
Epidemia de TDAH 33
Escala Abreviada de Conner de Avaliação para Professores (*Conners Abbreviated Teacher Rating Scale*) 14
Espaços apropriados para a aprendizagem 150
Especialista de aprendizagem 113
Especialistas em TDAH 51, 83
Espectro 93
Esportes 205, 206
Estabelecimento de regras, rotinas e transições consistentes 155
Estado de alerta 122
Estilo autoritário 155
Estratégias classificadas por tipo de abordagem 101
Estratégias de estudo eficazes 254
Estratégias de organização 319
Estratégias dietéticas que afetam a bioquímica de seu filho 101
Estratégias não medicamentosas 28
Estratégias que ajudam a criar um clima familiar positivo no qual seu filho possa prosperar 105
Estratégias que melhoram os comportamentos observáveis de seu filho 101
Estratégias que fazem uso da natureza física de seu filho para melhorar seu comportamento e capacidade de atenção 105
Estratégias que leva em conta os padrões únicos de desenvolvimento de seu filho 102
Estratégias que melhoram a maneira como seu filho se relaciona com outras pessoas 106
Estratégias que melhoram a maneira como seu filho se sente 104
Estratégias que melhoram o desempenho de seu filho na escola 104
Estratégias que melhoram o modo como seu filho pensa 102
Estratégias que modificam o ambiente de modo a melhorar a habilidade de seu filho de obter sucesso na escola e na vida 103
Estratégias que proporcionam maneiras pelas quais as energias exuberantes de seu filho podem ser canalizadas 102
Estratégias que são sensíveis ao contexto cultural mais amplo de seu filho 103
Estresse da violência 54
Estresse dos pais 51
Estresse familiar 52
Estresse traumático 16
Estudos médicos 7
Eventos cardiovasculares 26
Exercícios diários 177
Experiência nova 239
Experiências adversas de vida 56
Experiências de *flow* (fluxo) 185

F

Falsa dicotomia 38
Famílias problemáticas 84
Farmácia 73
Fator de comorbidade 135
Feedback imediato 281
Feedback sobre o seu comportamento imediatamente 213
Ferramentas metacognitivas 189
Food and Drug Administration 4
Função cerebral 35
Funcionamento do cérebro 173
Funções executivas do lobo frontal 35

G

Gene do transportador da serotonina (5-HTTLPR) 55
Grupos-controle de crianças sem TDAH 15

H

Habilidades 64
Habilidades de autorregulação emocional 192
Habilidades de comunicação 142
Habilidades para definir objetivos 210
Habilidades sociais 301
Habituação 59
Hiperatividade 19, 71
Hipercinesia 3
História do TDAH 10
Histórico familiar 17
Homeopatia 129
Howard Gardner 45

I

Imagem positiva 149
Impulsividade 19, 31, 71
Incapacidade 171
Inclusão de seu filho nas salas de aula regulares 171
Indicador neurocognitivo de amadurecimento 33
Índices de envolvimento acadêmico 46
Indústria farmacêutica 79
Influências ambientais 17
Influências negativas potenciais para o comportamento 252
Inquietação 109
Instintos de empreendedorismo de seu filho 305
Instruções de maneira marcante, que exija atenção 165
Inteligência cinestésico-corporal 228
Inteligência linguística 228
Inteligência lógico-matemática 228
Interesses de seu filho 152
Interesses econômicos particulares 73

J

Jane Nelsen 142
Jean Piaget 45
Jerome Bruner 45
Jogo de tabuleiro 275
John Dewey 44
John Holt 45
Jonathan Kozol 45

L

Lawrence Diller 22
Lesão cerebral mínima 67
Lixo midiático 57

M

Maria Montessori 44
Marketing da medicação para o TDAH 75
Mau comportamento 243
Medicações 20, 23
Medicações de adaptação escolar 44
Medicamentos 19, 22, 74
Medicamentos de controle comportamental 21
Medicamentos, férias de 43
Medicamentos para o TDAH 76
Medicamentos psicoativos 87
Medicamentos vitais 86
Medicar as crianças 19
Medicina Ayurveda 129
Medicina Chinesa Tradicional 129
Meditação *mindfulness* ao seu filho 194
Memória de trabalho 182
Mentalidade de crescimento (*growth mind-set*) 229, 230
Mentalidade fixa 230
Mentor 204
Metacognição 189
Métodos alternativos de escolarização 286
Mídia educacional 62
Mídia violenta 62
Mídias de entretenimento 183
Mito do cérebro normal 65
Mito do TDAH 5, 6, 9
Mobílias móveis 126
Modelo de aprendizagem de reforço 90
Modelos positivos de comportamento 241
Momentos positivos juntos 224
Monitorar comportamento 140

Mudança cultural 63
Mudanças de humor 78
Múltiplas inteligências 227
Mundo TDAH, negatividade 66
Música para concentrar e acalmar 139

N

National Institute of Mental Health 25
Natureza 116
Neuroanatomia 76
Neurodiversidade 69
Neurofeedback 217
Neurogênese 31
Neuroplasticidade 38
Níveis de herdabilidade 17
Novas terapias 74
Núcleo *accumbens* 60

O

Opções de escolha à criança 134

P

Padrões frenéticos 59
Pausa de uma maneira positiva 260
Perspectiva de gênero na sala de aula 42
Perspectivas múltiplas para aprimorar o comportamento da criança e de seu tempo de atenção 90
Pesquisas de escaneamento cerebral 16
Pesquisas médicas 89
Philip Hickley 14
Placebo 28
Poda neuronal (*pruning*) 31
Potencialidades *versus* obtenção de lucros 82
Práticas educacionais 47
Prescrições de medicamentos para o TDAH 22
Professor de sala de aula 113
Programa de educação física consistente 303
Programa de modificação de comportamento 245
Programação de entretenimento 62
Projetos de estudo a serem realizados em casa e na escola 313
Propagandas 74
Psicanálise 91
Psicodinâmica 91
Psicoestimulantes 33
Psicologia 91
Psicologia de desenvolvimento 91
Psicólogo escolar 113
Psicoterapia individual para seu filho 294

Q

Questionário para escolher as melhores estratégias para o seu filho (criança ou adolescente) 95
Quiropraxia 129

R

Reação hipercinética da infância 11
Reações adversas 26
Realidade aumentada 284, 285
Realidade virtual 284, 285
Realização humana 48
Recreação e atividade física em família 197
Recursos de aprendizagem informatizada 281
Rede social de seu filho 310
Resiliência 163
Resposta do sistema nervoso 59
Resposta orientadora 58
Respostas biológicas primitivas 59
Reuniões familiares 118
Richard Saul 13
Rotulagem diagnóstica 68
Rótulo sem causa 15
Rudolf Dreikurs 243

S

Saúde mental 14
Saúde óssea 26
Ser crianças 31
Ser meninos 39
Sintomas associados ao diagnóstico de TDAH 24
Sintomas psicóticos 26
Sociologia 91
Soluções usadas para resolver problemas 316

Sono 267
Stephen Glenn 142
Stephen Jay Gould 36
Substâncias psicoativas 25, 90
Susan Ohanian 45

T

Tabagismo materno 53
Tabagismo pré-natal 266
Tarefas reais da vida 257
TDAH, genes 55
TDAH, mito 5
TDAH, patrimônio genético 71
TDAM (transtorno de déficit de atenção para a mídia) 60
Técnicas de concentração ao seu filho 120
Técnicas de manejo do estresse 199
Televisão 58
Tempo cognitivo lento 11
Teoria da estimulação ideal 45
Teorias dos sistemas familiares 91
Terapia cognitiva 90
Terapia familiar 237
Terapia medicamentosa 28

Toque para confortar e acalmar 218
Transtorno biogenético 91
Transtorno de base neurobiológica 6
Transtorno de comportamento pós--encefalítico 10
Transtorno de estresse pós-traumático 216
Transtorno do déficit de atenção (TDA) 11
Transtorno neurobiológico 51
Tratamento farmacológico 70
Treinamento *neurofeedback* 216

V

Vantagem do TDAH 69
Viciados em mídia 58
Videogames 58, 282

X

Xadrez ou *Go (Weiqi, Baduk)* 275

Y

Yoga 288